INSTRVCTIONS

ſur le faiɬ de la Guerre.

Par Guillaume Dubellay de Langey.

A PARIS;

De l'imprimerie de Michel Vaſcoſan,
pour luy & Galiot du Pré.

M. D. XLVIII.

Auec priuilege du Roy.

SENSVYVENT LES CHAPITRES
de ce present traicté, contenant trois liures.

Ceulx du premier liure.

LES CHAPITRES DV TIERS LIVRE.

FIN DES CHAPITRES.

HENRY par la grace de Dieu Roy de France , au Prenoſt de Paris, Seneſchal de Lyon,
Bailly de Rouen, & a tous noz autres Iuſticiers & Officiers, ou leurs Lieutenãs, ſalut. Galiot du Pré, & Michel de Vaſcoſan libraires iurez en noſtre Vniuerſité de Paris, nous ont faict
dire que puis nagueres ilz ont recouuert un liure intitulé La diſcipline militaire, & inſtru-
ctions ſur le fçict de la guerre, extraict puis peu de temps de pluſieurs Autheurs, leſquelz
auroient traicté dudict eſtat, lequel liure ilz feroient uolontiers imprimer, & mettre en lumiere pour l'inſtruction de pluſieurs Seigneurs & Gentilz hommes deſirans l'excercice des
armes:mais ilz doubtent qu'apres auoir par eulx faict les fraiz & employé grand ſommes
de deniers, tant pour le papier & impreſſion, que pluſieurs figures qu'il conuiendra faire
audict liure,autres imprimeurs ou libraires ne le uoulſiſſent ſemblablemẽt imprimer & uẽ-
dre,& par ce moyen les fruſtrer de leurs labeurs & impenſes, s'il ne leur eſtoit ſur ce pourueu de remede conuenable,humblement requerant icelluy. POVR QVOY Nous ces choſes conſiderées, inclinans a la requeſte deſdictz du Pré & Vaſcoſan , & deſirans que tous
bons liures uiennent en euidence pour l'utilité publicque,leur auons permis & ottroyé, per-
mettons & ottroyons par ces preſentes , d'imprimer, faire imprimer & uendre, & icelluy
mettre en uente durant le temps & terme de ſix ans enſuyuans & conſequutifz , a commencer au iour & datte de la premiere impreſſion qui par eulx en ſera faicte:durant lequel
temps ilz pourront imprimer & uendre, & faire imprimer tant de fois, & en tel nombre
dudict liure que bon leur ſemblera,en maniere qu'ilz en puiſſent fournir a tous ceulx qui en
auront affaire, ſans ce que ce pendant & durant ledict tẽps de ſix ans aucuns marchans, libraires,imprimeurs,ne autres quelconques le puiſſe imprimer,ne faire imprimer, uendre,ne
diſtribuer en noz Royaumes,pays, terres & ſeigneuries, ſans la uolunté & conſentement
deſdictz du Pré & Vaſcoſan. SI VOVS mandons & commettons par ces preſentes,
& a chacun de uous endroit ſoy,& ſicomme a luy appartiendra,que de noz preſens grace,
permiſſion & ottroy , uous faictes ſouffrez & laiſſez leſdictz du Pré & Vaſcoſan ioyr
& uſer plainement & paiſiblement,en faiſant ou faiſant faire inhibitions & defences de
par nous a tous marchans,libraires,imprimeurs, & autres quelconques,ſur peines grandes a
applicquer a nous,& de perdition des liures,& de tout ce qu'ilz y mettroient,de n'imprimer ne faire imprimer, ne expoſer en uẽte ledict liure durant ledict temps de ſix ans, ſans
l'expres uouloir & conſentement deſdictz du Pré & Vaſcoſan: Car tel eſt noſtre plaiſir.
　Donné a Fontainebleau le dernier iour de Decembre, L'an de grace Mil cinq cens quarante
ſept,& de noſtre regne le premier.

par le Roy,Maiſtre Francois de Connan Maiſtre
des Requeſtes de l'hoſtel preſent .

De l'Aubeſpine.　　ſellé de cire iaune.

QVANT Meſſire Guillaume du Bellay Seigneur de Langeay, Che
ualier de l'ordre, Lieutenant de Roy a Turin deceda, il laiſſa vne
tresbelle librairie, garnie d'vn grand nóbre de volumes Grecz, La-
tins, & Frácois, tous de bóne eſtoffe, qu'il auoit aſſemblez de toutes
partz, auec vne merueilleuſe deſpéſe. Mais ſur tous il en y auoit deux
en la maſſe, qui luy auoient plus couſté que le reſte, & ſi n'auoit point
enuoié loing, ne baillé argét pour les recouurer. L'vn eſtoit l'hiſtoi-
re des Frácois, qu'il eſcripuoit en Latin, qui eſtoit deſia bien aduácée,
laquelle le feu Roy luy auoit cómandé traduyre en noſtre langue.

   L'autre eſtoit le preſent traiéé de la guerre, ſur lequel pluſieurs de
ſes ſeruiteurs teſmoignent l'auoir veu beſongner. Et l'vn d'eulz en
apporta toſt apres vn double a certain perſonnage, lequel ſe reſen-
tant du fruiét qu'il auoit cueilly de l'amitié de ce vaillant Seigneur,
& iugeant le liure eſtre du vray patrimoine de la nobleſſe Francoiſe
qui ſuit les armes: pour ſatisfaire a la memoire de l'vn, & au profit de
l'autre, a donné ce liure a l'imprimeur pour le publier, mais tout en
la forme qu'il eſt venu en ſes mains, ceſtadire ſans porter en teſte le
tiltre de celluy qui la faiét: plus pour le deuoir qui nous oblige a trai-
éter religieuſement & par grand'prudence l'œuure d'autruy, parmy
laquelle nous ne pouuós, ſans faire tort a l'Auéteur, entremeſler rien
du noſtre, que pour doubte qu'on doibue faire que le liure ne ſoit
venu de la main du bon Cheualier, qui a ſceu ſagement entreprendre, hardiment exequuter, & proprement eſcripre autant que gentilhomme Francois ou eſtrangier ayt faiét de memoire des hommes.

A.   D.   R.

PROÉME DE L'AVTHEVR, OV IL DISPVTE A SCAVOIR S'IL EST LICITE AVX CHRESTIENS DE FAIRE LA GVERRE.

OMBIEN que la queſtion, Aſcauoir mon ſil eſt permis aux Chreſtiens de guerroyer enſemble, péde encores au cloud, ſans iamais auoir eſté decidee a plain: & ce a cauſe de la difficulté que lon trouue a iuger d'vn different, que les fondemés que chacune des parties allegue de ſon coſté rendét ſi doubteuz, qu'ilz n'en ſcauent ſortir: Neaptmoins i'oſe croire que la guerre qui ne ſe cómence point par ambition, ne pour un appetit de ſe uéger, ne par arrogance, ou pour ſon beau plaiſir, ne en intétion d'vſurper le bien d'autruy, qu'elle ſoit iuſte & permiſe: meſmement a vn Prince, ſi c'eſt pour defendre ſon pais & ſes ſubieǎz: pour le ſalut deſquelz il eſt tenu d'expoſer ſa propre vie. Et ne ſert de rien a mon aduis, ce que aucuns alleguent de l'eſcriture ſainǎe au cótraire, en diſant que le bon Chreſtien doit ſupporter patiemmét les iniures & les tors qui luy ſont faiǎz, ſans rendre mal pour mal, & ſans faire nulle reſiſtence a ceulx qui luy oſterót le ſien, ou qui le frapperont. Car ie penſe endroit moy, que cecy ait eſté dit ſeulemét aux Apoſtres de Chriſt, & a leurs ſemblables, auſquelz eſtoit de neceſſité qu'ilz portaſſent humilité & patience en toutes choſes, ſ'ilz vouloient que la doǎrine qu'ilz preſchoient feiſt bon fruiǎ, & qu'elle print pied: pourautát que la force n'eſtoit pas leur, & qu'a la verité les choſes qui ſe perſuadent ainſi humblement ſont de meilleure tenue que celles que lon faiǎ accroire par violence. Mais touchát a nous qui preſtons bonne foy a la doǎrine Euangelicque, & qui ne ſommes pas appellé pour preſcher : & ceulx qui ont a gouuerner vn peuple, i'eſtime qu'il nous ſoit permis vſer des armes contre ceulx qui nous courét ſus: & qu'a ceſte occaſion le glaiue ſoit eſté baille aux ſeigneurs pour deffendre les petitz, & les gens de bien d'eſtre gourmandez par les plus fors, & par les meſchans: & quant & quant l'authorité de ſayder des armes, & de la force de leurs ſubieǎz, pour faire valoir la puiſſance que Dieu leur a donnée: car ce n'eſt pas ſans cauſe qu'ilz portét le glaiue, ne ſans myſtere. Parquoy il me ſemble que les Princes peuuét prédre iuſtemét les armes pour la garde de leurs ſubieǎz : & les ſubieǎz auſſi pour maintenir l'authorité de leurs Princes: Et a ceſte fin eſtre licite de faire leuée de gens en vn pais, & conſequemment la guerre. Non pas que la leuée qui ſe fera lors doyue eſtre faiǎe a maniere de gens qui ſ'enroollent volontairement, & qui vont aux guerres par gayeté de cueur, ou en intention de faire leurs beſongnes par ce moyen : ains i'enten que la leuee ſe face de mandemét du Prince, & que ſes ſubieǎz n'ayent nulle liberté de ſoy preſenter d'eulx meſmes, ne auſſi de refuſer a venir la ou ſon bó plaiſir ſeta de les enuoyer ſur ſes terres pour repoulſer ſeulement, & non point pour aſſaillir.

A

Sicomme nous voyons en France,que le Roy léue ses Rierebás, & les peult
contraindre d'aller en laquelle des frontieres de son Royaume qu'il voudra
pour la garde d'icelle: auquel cas n'ya Gentilhomme qui puisse refuser, ne
semblablement soy excuser qu'il ne se y trouue au iour assigné, si l'excuse
n'est bien fort legitime. Aussi me semble il que ses Rierrebans peuent aller adonc contre les ennemis du Roy, & entrer côtre eux en bataille,sans ce
qu'ilz en chargent pour cela nullement leur conscience,tant pource que la
raison naturelle veult que chacū defende son bien & sa patrie, que pour autant aussi que c'est nostre Roy qui nous commande d'y aller, auquel nous
sommes tenus obeyr selon Dieu,& a tous autres potestatz, ayans charge de
luy.La leuée donc qui se feroit ainsi, & pour ceste fin n'auroit (comme ie
croy)rien en soy qui peult estre reprouué. Et tout autant en seroit il de la
guerre que les lays feroient, laquelle est bien a mon iugemét si raisonnable,
que i'oserois affermer,que ceulx qui viéderoiét a estre occiz en ceste querel
le, n'en seroient point pourtant reprochez deuant Dieu: ce que ie ne vou-
drois pas dire de ceux qui vont sercher les aduentures hors du Royaume,
quelque apparence de bon tiltre qu'ilz ayent. Car leur excuse n'est fondée
sur aucune couleur de raison que ie sache.Tant ya que si cest le Prince qui
les contraingne a le suyure,ilz en serót beaucoup plus excusables qu'ilz ne
seroient y estans allez de leur bon gré, d'autant que nous deuons (comme
i'ay dit)toute obeyssance a nostre Roy. Et quiconque luy resiste, cest a l'ordonnance,& a la volonte de Dieu qu'il resiste.Parquoy si nous <u>cómettons</u>
<u>quelque mal en luy obeyssant,</u>c'est a dire, si <u>nous</u> offensons ses ennemis, en-
tant que le droit de la guerre le porte,& non plus auant,il fault estimer que
la coulpe ne sera pas dū tout nostre,aincois il y aura sa part : ioinct a ce que
par aduenture se gouuernera lon si gracieusement en desmellant noz querelles, que vne de noz guerres pourra mieulx estre ditte vne menasse, ou
vne correction,qu'autre chose:pource que bónemét on ne la pourroit nómer guerre, attendu que le different ou la querelle que ceulx d'un mesme
party ont entre eux,s'appelle mutinement, & que nous sommes aussi tous
a vn, c'est ascauoir a Christ:dont que les questions que nous auós aucunesfois ensemble,sont vrayes mutineries,& ne se doyuent nommer propremét
d'autre nom: a raison de quoy toutes les fois que lon vient a cest inconuenient,il s'y fault deporter de telle grace,& si moderemét,que d'une sedition
en hors nous,ne tóbons en vne droicte & cruelle guerre: & que nous qui
portós vn mesme nom, & qui faisons profession de prescher perfaicte amy-
tié, disant que plusieurs & tous auec sommes vn seul corps en Christ, ne
soyons venuz estre diuises,& faire tout le contraire de ce que nostre nom
signifie,& de ce que nostre loy porte:car a la verité en nous tormétant ainsi
les vns les autres,comme nous faisons : nostre puissance se debilite, & celle
des infidéles se renforce:lesquelz scauent si bien faire leur prouffit de nosditz
mutinemés,qu'ilz augmentét de iour en iour leur Empire, & l'asseurent ce
temps pendant que nous nous entrebattons pour vn rien,& que nous con-
sumons les forces l'vn de lautre:en quoy ilz vsent d'vne telle industrie,qu'il
y a peril que a la longue ilz ne soient gens pour nous oster tout bellement

des

des mains ce peu de pais que nous auós de reste. Et toutesfois n'y a personne qui s'en dóne de garde: ou bié s'il le preuoye qui face semblāt d'y obuier,
de sorte que chacū s'en rapporte a ceulx qui sont de plus pres leurs voisins:
en disāt qu'ilz se defendét s'ilz veúlét, & qu'il sera bié tard deuāt qu'ilz soiét
iusques a nous: mais c'est vne opinion qui nous pourroit bié deceuoir quelque iour, aussi bié qu'elle en a deccu d'autres qui s'attédoiét a cela: me'me sās
faire compte de s'ayder a esteindre le feu qui s'estoit pris aupres de leurs
maisons, cóme lon peult auoir veu des Grecs, qui ont esté paresseus de secourir les vns les autres, sur ce que les Turcz descédirét premierement au
pais de Grece, & tādis qu'ilz n'estoiét gueres fortz: pource que depuis qu'ilz
y eurent vne fois pris pied, il fut alors trop difficile les en deschasser, & par
ainsi ilz en demeurerét les maistres: & les premiers habitás furent forcez de
sercher autre habitation, ou bié souffrir leur tyránie. Les Hungres pareillement se faisoiét a prier d'enuoyer secours a leurs voisins contre les mesmes
aduersaires, & lon voit aussi cóment ilz s'en trouuét bien. Les Pollonnoys,
les Bohemes, les Allemás, ont esté longuemét negligés a defendre la Hungrie pour entendre a leurs questions particulieres: & voyla que les Turcs
sont a leurs portes. L'Italie, l'Espaigne, la Fráce, & le surplus ont soußert les
vns par despit des autres, que maintes villes fortes, isles de mer, & pais se
soiét perduz depuis quaráte ans enca a vn doigt de leur nez: aussi en portét
ilz desia vne certaine penitéce: c'est des courreries & pillages qui se font ordinairemét le long de leur costes de mer, sans la peur que chacun a de rece
uoir pis, quoy qu'il tarde. Certes c'est alencontre de ce peuple infidele la
que noz Princes se deuroiét declarer viuemét, pour defendre de leur main
ce qui reste du nostre, & pour en retirer ce qu'ilz ont occupé iniustemét sur
la Chrestiété: car plus iuste ne saincte querelle ne pourroient ilz demander
pour hâter les armes, & voir du faiā de la guerre ce qui en est, sans soy mes-
faire enuers Dieu: veu que ce seroit pour resister a vne códition de gens qui
taschét de mettre a neāt nostre religion pour haulser la siéne, & nostre Re-
publique pour deuenir monarche & seigneur de toutz. Et prenez le cas que
nosditz Prínces ne deussent faire autre bié que de deliurer les poures Chre
stiens qu'ilz tyrannisent & outragét a tous propos: & garder que les petitz
enfans ne fussent plus d'orénauāt arrachez des bras & du giron de leurs pe
res & meres pour estre circócis cóme ilz sont, & instituez en pais a eulx in-
cógneu en la tresdánée secte de Mahómet, sans que leursditz parés en puissent iamais plus oyr vét ne nouuelle: & qui pis est, de mébres de Iesufchrift
estre faitz membres de ministres du diable. Seroit ce point assez a nosditz
Princes? Il me semble que si, & grád hóneur, cóme ce leur est grád' hóte &
reproche qu'ilz ne s'en mettent autremét en deuoir. Bien me doubte qu'ilz
en auront vn iour a rendre cópte, & nó seulemét eulx, mais encores ceulx
qui ont quelque puissance parmy nous: principalement messieurs les Prelatz de l'Eglise, qui ne font aucun cas de le remonstrer à qui il appartient:
& d'auantage d'y employer vne bonne partie du leur, veu quilz ont & le
dequoy pource faire, & tresbonne occasion pour en parler. Ce nonobstant
ilz font les froidz, & ne visent point (ainsi que diā est) au danger ou eulx

& nous sommes, ne a la seruitude ou les susdictz poures Chrestiens qui habitent en Grece & en Asie, sont detenus soubz la main des Mescreantz, au grand preiudice de nostre religion: pour laquelle tout autant qu'il y a de fideles se deuroient croiser & empoigner les armes contre nostre commun aduersaire, plustost auiourdhuy que demain. Et pour cecy croy ie fermement qu'il nous soit licite faire guerre, s'il y a aucune autre fin pour laquelle il soit permis: pourueu toutesfois que l'intention qui nous y meneroit fut telle qu'il fault, & que lon ne se deliberast point d'occire ceulx qui ne vouldroient incontinent croyre. Car ce n'est pas a coups d'espée que les infideles se conuertissent, & qu'ilz se Chrestiennent: ains l'exemple & le parler y peuent plus que la force: & la force que ie veulx dire qu'il leur sauldroit faire, ce seroit seulement pour defendre noz marches, ou pour oster les Eglises des susditz pais de la captiuité ou elles sont: au cas que lesditz infideles voulussent entrer plus auant sur nous, ou bien qu'ilz ne voulussent vuider franchement des terres qu'ilz vsurpent. Car il m'est aduis que lon leur pourroit donner dessus pour cest effect, & leur mouuoir vne aspre & chaulde guerre: & neantmoins les traicter aussi humainemét, si lon en auoit le meilleur, cóme nous traicterions l'vn l'autre en noz guerres: pourautant que par auenture se pourroient ilz cóuertir quelque iour. Et au fort, on ne fut iamais reprins de faire honneste guerre, & d'estre humain aux vaincuz. Ceste cy est donc la plus iuste de toutes les guerres que le Chrestien peult faire. La defence de nostre Prince, & de son Royaume l'est apres. Pareillement vn Prince pourroit sortir hors de son pais pour en assaillir vn autre, si c'estoit pour rauoir le sien: si tant estoit que lon le luy occupast contre raison, ou que quelque peuple son subiect se feust rebellé. Car puis que les Princes ont la charge du bras seculier, & par ainsi de punir ceulx qui font tort a autruy, qui est ce qui les gardera qu'ilz ne puissent redemander le leur, & repeter par force, ce que lon leur detiédra par force? attédu qu'ilz n'ont a qui recourir qui soient plus grand qu'ilz sont, ou leur superieur. Ie parle d'vn Roy de France, ou d'vn sien egal, & mesmement apres auoir faict faire les requisitions & remonstrances aux detenteurs qui conuienent en tel cas, ou s'il n'estoit permis d'auoir recours aux armes. En cecy s'ensuyuroit que le monde seroit des plus rusez, & de ceulx qui se scauroient surprendre l'vn l'autre les fins premiers, estant asseurez de non estre reprins ou harcellez de violence qu'ilz feissent: ce qui n'est pas a supporter, pource que la cómune paix s'en troubleroit par trop. Ie diray d'auantage pour les subiectz, c'est que si leur Roy les cótrainct d'entrer sur les terres d'autruy a quelque tiltre que ce soit, qu'ilz n'ont que faire de s'enquerir si la querelle est bóne ou mauuaise, ny ne sont point si fort coulpables que lon pourroit bien dire, puis qu'ilz le font pour luy obeyr: car ilz s'en doyuent reposer du tout en tout sur luy. Mais quát au Roy qui en est cause, se sera son faix, & de ceulx qui le conseillét: dont que pour iouer au seur, le Prince qui a conclud en son entendement de guerroyer, deuroit faire en sorte que son entreprinse ne sentist a pas vne des conditions que i'ay dict tantost au commencement: pource que autrement il ne scauroit si

bien

ſi bien coulorer ſon faiƈt , qu'il n'ait mauuaiſe cauſe : & ſuppoſé encores
qu'il euſt quelque couleur de guerroyer , ſi eſtce qu'il doit mieulx vouloir
auãt toute œuure, & touſiours auec recourir aux arbitres, qu'eſtre occaſion
des maulx que la guerre trayne apres ſoy. Et ſi par fortune ſa partie refuſoit
la Liſſe, & qu'il ne voulut remettre ſon different a arbitres non ſuſpeƈtz, &
qu'a toute force il luy conuienné auoir ſon refuge aux armes, & enuahir ſa-
diƈte partie, ou ceulx qui luy font tort : ce doit eſtre auec vne maxime de fai
re la moins outrageuſe & ſenglãte guerre qu'il pourrã, & la plus courte. A
cauſe de quoy le Prince qui ſe pourroit trouuer quelque iour en ceſte neceſſité d'aſſaillir ſes voiſins, ou bien d'eſtre luy meſme aſſailly, ſe deuroit
fournir de bonne heure de tresbons ſouldars, leſquelz ne fuſſent point tãt
ſeulement vaillãtz & bien aguerriz : mais en oultre que fuſſent gens de bône vie, a celle fin qu'il peult venir a bout de ſes ennemis en peu de tempꝰ
ſans faire trop le dommage des ſiens, ne celluy de ſes aduerſaires, ſinon ainſi
que le droit d'vne gracieuſe guerre requiert. Mais pource qu'il ſeroit impoſſible cõduire ſi toſt vne guerre d'importance a fin, ſans auoir tresbõs ſouldars & d'ailleurs ſe garder d'endommager ſoy & autruy, filz n'eſtoient de
tresbonne vie, il eſt neceſſaire que cedit Prince mette peine en ce que les
gens qu'il entend employer en ſon affaire, ſoiét les moins vitieux, & les plus
expertz au faiƈt des armes qu'il ſera poſſible finer, & pourtant ſercher tous
les moyens de les rẽdre ainſi parfaiƈtz, ce qui ne ſe pourroit faire ſans lire leꝰ
Autheurs qui en ont baille la mode, en quoy ie me ſuis adõné quelque tẽps,
pourceque ie veuldrois bien eſtre cauſe de quelque prouffiƈt a noſtre Roy
ſil ſe pouuoit faire. Et ayãt veu & leu donc aſſez longuemẽt & a loiſir leſditz autheurs, a tout le moins les plus renõmez, ie me ſuis finablemẽt voulu eſſayer par ceſte œuure a mõſtrer la maniere cõmẽt lediƈt ſeigneur pourroit recouurer telz ſouldars que diƈt eſt. Et a ceſte fin ie diſtribue ceſte œuure en trois parties. La premiere mõſtrera la forme de leuer vn bon nõbre de gẽs en Frãce, & pour les addreſſer tellemẽt que lon ſ'en puiſſe ſeruir
en tout bon lieu. La ſeconde traiƈtera de tous les poinƈtz qu'vn Capitaine
general doit ſcauoir pour demener le faiƈt de la guerre a ſon hõneur, & pour
venir audeſſus de ſes ennemys. La tierce pourſuyura ceſte meſme matiere,
& parlera ſemblablement des loix que doyuent regner parmy les ſouldars :
de toutes leſquelles choſes ſera parlé ſi copieuſemẽt, que par aduenture ſe-
ray ie trouué prolixe deuant ceulx qui verront mon labeur : principalemẽt
que ie me ſuis deliberé de faire ample mention de tout ce qui appartient a
ce meſtier, hormis de defendre vne place. Cat ie preſuppoſe que l'oſt que ie
dreſſeray ſera touſiours ſi fort, qu'il ne ſera iamais contrainƈt de ſ'enſerrer
en parc ou il puiſſe eſtre aſſiege : ains ie m'atten le faire tel, qu'il aſſiegera &
pourra aſſallir tous autres. Quoy faiſant, & tout le long du liure i'ay choi-
ſi pour ma guide principalle l'vſage & la couſtume, que ie treuue auoir eſté
obſeruée par les anciens, a l'exẽple deſquelz ie me renge plus que non pas a
la mode qui court de noſtre temps, pource qu'elle eſt trop contraire a la diſcipline militaire, que nous deuriõs obſeruer entre nous pour la meilleure.
Et ce qui me faiƈt croire qu'elle ſoit ainſi cõtraire, & qu'elle vaille beaucoup

moins que celle la ne faifoit: c'eft que toutes chofes concernans ce faict icy, eftoient trop mieulx faictes par eulx qu'elles ne font par nous, & que leurs fouldars eftoient plus adroictz , plus penibles, plus vertueux, & meilleurs gés de guerre que nous ne fômes pas: ficôme les faictz des vns &des autres demôftrent, qui en vouldra faire la côparaifon. Parquoy i'ay voulu former ceulx de qui i'enten parler, fuiuant la mode antique, & felon ma petite capacité. Et combien que i'enfuyue la mode d'iceulx anciés en la plus part des actions qu'vn oft faict:neantmoins c'eft fans reiecter la facon des noftres en ce qu'elle me femble plus feure que la leur. E fi cas eft que i'y adioufte du mien, ceft apres l'auoir examiné tout a loifir , & apres auoir congneu qu'il y à quelque ayantage a en vfer en la forme que ie dy. S'il femble donc que mon opinion foit quelque peu bonne, que lon l'accepte en la bonne heure. Car pour le defir que i'ay de voir noftre difcipline en autre eftat qu'elle n'eft auiourdhuy, l'ay ie faict. Mais auffi fi lon congnoift qu'elle ne vaille rien, qu'on la laiffe toute quiete a ceulx de qui ie l'ay empruntée, & a moy. Et fi d'auenture les affaires de France fe portent mal quelque iour a faulte d'y auoir entendu,(ce que Dieu ne veuille) que la coulpe toute entiere en foit attribuée a ceulx qui y peuffent auoir obuié filz voulfiffent , & non a celluy qui y euft voulu pouruoir, fil euft peu.

Comment le Roy deuroit faire fes guerres atout
la force de fes fubiectz.   Chap. I.

LES AVTHEVRS qui fe font meflez le téps paffé de donner certaines reigles appartenás au faict des armes, veulent par leur dire que les hommes de qui lon fentend feruir, foient leuez en pays téperez, au cas que lon veuille qu'ilz ayent hardieffe & prudence tout enfemble. Car ilz difent que la region chauïde produict les hommes prudentz, mais ilz font couars, & que la froide les produict hardiz, mais ilz font imprudentz. Tant y à comme ie croy, qu'ilz nous ont laiffé ce confeil pour deuoir feruir a vn Monarque, ou bien a quelque trefpuiffant Roy, lequel fuft fi grâd terrien, que toutes ces deux qualitez peuffent eftre trouuees feparément dedens les côtrees qui feroiét foubz fa main,& lequel euft puiffance de leuer & choifir fes gens en tel endroit qu'il les vouldroit prédre, ainfi que les Empereurs anciens faifoient du temps que le monde eftoit prefque en leur obeiffance. Mais pour bailler vne reigle de laquelle les Princes moyennemét puiffans fe puiffent ayder: encores que leurs pays foient affis en region extrememét froide ou chaulde, ie veulx affermer que cefte confideration n'empefchera en rien icelluy Prince qui fe vouldra feruir de fes fubiectz, qu'il ne puiffe faire deuenir hardiz ceulx qui feront naturellemét couardz, & bien aduifez auffi ceulx qui feront autrement imprudentz, pource que nous pouons clairemét voir par les exemples anciens que en tous lieux, foient froidz ou chaulx, y peult auoir de tresbons fouldars, moyennant l'excercice & vne bonne diligence. Car en ce que nature deffault de foy, l'induftrie y peult fupplir & l'excercice, en ceft art icy mefmement
le quel

lequel confifte plus en cefte partie qu'en nulle autre, & moyennant laquelle les Lacedemoniens commanderent longuement a toute la Grece, & les
Thebains foflerent de l'obeiffance des Lacedemoniens, fe remettât en leur
premiere liberté, & les Rommains (comme dit Vegece) furmonterent a
caufe de leur excercice & difcipline, la multitude des Gauloys, la grâdeur
des Allemâs, la force des Efpagnolz, les richeffes & cautelles des Affricâs,
& la prudence & les rufes des Grecs, iacoit qu'ilz feuffent en toutes chofes
inferieurs a cefdites nations, hormis d'excercice & art de guerroyer. D'aultre part ie veux dire que fi vn Prince entêd faire iamais beau faiê, qu'il doibt
leuer & choifir fes gés de guerre parmy fes fubieêz, côbien que fon Royaume foit fitué au milieu de la mer côgellee, ou au fin milieu du pays de Li-
bye, qui font a mon aduis les deux climatz plus eftrangemêt chaud & froiê
qui foient point: pourueu qu'il veuille mettre vn peu de diligence a les a-
dreffer comme il appartient. Principallement que luy eftant neceffaire de
fouldoyer des gens pour faire fa guerre, finon qu'il prenne de fes fubieêz
propres, il feroit dangereux que mal luy en prinft, pource que les eftrangers
ne pourroient iamais feruir fi loyaumêt vn Prince, que fes propres fubieêz
ne le feruêt encores plus fidellement qu'eulx, & de meilleur cueur : a caufe de ce que la querelle du Prince qui les a en charge, n'eft pas feulement le
faiê d'vn fubieê particulier, ne d'vn tiers : ains elle touche a tôus ceulx qui
l'endurent pour leur Sire, entant que fil reçoit quelque pertê, il eft necef-
fairemêt force qu'elle redonde au grand dommage des fubieêz, veu qu'ilz
font la proye des vainqueurs, fi leurdiê Prince eft vaincu. Et aucontraire
qu'ilz fe facent tous riches, & non pas les eftrangers, fi leurdiê Prince eft
viêorieux. Le bon nom & la reputation qu'ilz peuuêt acquerir y eft d'auâ-
tage filz gaignent: qui eft vn poinê qui faiê enhardir aucunesfois les plus
couardz, & la honte qui les attend filz perdent y eft auffi. Car on ne dira
iamais que les Mercenaires ayent perdu : ains nômera lon la nation du Prince : ficomme des fecouffes que le Roy a eues en fon temps, l'on ne dit pas
que les Lanfquenetz, ou les Suiffes, ou bien les Italiens, ayent efté deffaitz:
combien qu'il n'y ait gueres eu d'autres gens en noz camps: mais bien dira
l'on que ce ont efté les Francois, & toutesfois il pourra eftre qu'il n'y en aura pas eu le nôbre de trois mil, la ou les eftrangers eftoient quinze ou vingt
mil perfonnes. Et fi tant eft que nous ayons furmonté quelque fois noz ennemis, on ne nous en attribue pas fi fort la gloire que chacune des autres
nations n'en veuille fa part. Et fi par fortune quelcun dit que les Francois
ont eu le meilleur d'vne bataille, on luy mettra prôptement fur le nez que
c'a efté Dieu mercy les telz ou les telz, & la raifon le ueult auffi, puis qu'ainfi
eft qu'ilz l'ont fait. Tât ya que pour garder ce renom riere nous, il n'y auroit
que les laiffer en derriere, & qu'ilz ne feuffent caufe d'orenauant de nous
faire gaigner ne perdre : ains que chacun defmeflaft fes querelles, & que l'on
laiffaft aux Frâcois debatre les differentz qu'ilz auroient auec leurs voifins:
fans y mefler parmy des autres gés qui ne fe fouciêt gueres de mourir pour
nous: & lefquelz fen paffent fi legerement comme l'on voit, & ce pour autant que laffaire ne les touche en rien, dont tout le penfement qu'ilz ont,

c'eſt de trouuer pluſieurs moyens d'allongner vne guerre, a celle fin qu'on
ait touſiours meſtier d'eux. Car de ſen paſſer n'ya ordre, obſtant le petit cópte que nous faiſons de nous meſmes. Ie dis donc qu'vn Prince ſe doibt ſeruir de ſes propres ſubiectz par les raiſons alleguees. Et ſi l'on veult auoir eſgard aux choſes paſſees, nous auons maintz exemples deuant les yeux a ce
propos: c'eſt des Empires qui en ſont venuz au bas par ceſte faulte, aſcauoir
eſt celluy des Romains, & celluy des Grecz. Car l'empire Romain apres a-
uoir monté iuſq :es au plus hault de la Roue, au téps d'Auguſte Ceſar, print
lors ſon tour quant les citoyens Romains furent reiectez des oſtz, que les
Empereurs dreſſerent. Et qu'ilz ſe fonderent ſur la force des Mercenaires,
& de ceulx qu'ilz auoient autresfois ſurmontez. Et combien que les grans
vertus qui eſtoient audit Ceſar, & le bon ſens entretinſſent la maieſté de
l'Empire tant qu'il veſquit: ſi eſtce que ſes ſucceſſeurs apprindrent de luy a
ſouldoyer autres gens que Romains: ſi cóme Frácois, Allemans, Eſpaignolz
& autres, qui va eſtre cauſe de la ruine d'icelluy : pourautant que tous les
Empereurs qui furent apres ledit Auguſte voulſirét tenir vn oſt d'eſtrangers
auſinpres des murs de la cité de Rome, lequel ſappelloit Pretorien, &
eſtoit tel cóme nous pourrions dire la garde que les Roys ont pour la ſeu-
reté de leurs perſonnes:mais que ceſte garde fut de dix ou douze mil hommes choiſiz entre tous les autres, ou encores plus propremét, cóme eſtoient
les Mámeluz du Souldan, ou les Ianniſſaires du Turc: laquelle mode iacoit
qu'elle ſemblaſt deprimeface eſtre trouuee a l'aduantage dudit Empire:
neantmoins elle le meiſt ſouuent ſen deſſus deſſoubz: pource que ce nombre de ſouldars diſpoſoit de ceſte dignité a ſon beau plaiſir eſtás ſur le lieu,
& en armes, côtre les gens nudz & deſarmez. D'autre part, les autres camps
qui eſtoient en France, en Barbarie, ou ailleurs, ſen vouloient faire acroyre,
& qui nommoit l'vn pour eſtre Empereur, & qui nommoit l'autre : entant
que a la fois il y auoit deux & trois pretédans: leſquelz en penſant conſum-
mer l'vn l'autre, conſummoient l'Empire qui auoit tant couſté d'acquerir, ce
qu'ilz n'ignoroient pas. Mais attendu que preſque tous les Empereurs furent
d'eſtrange nation, comme les ſouldars qui les en auoient creez, l'eſtoient:
cela les faiſoit moins penſer, & ſe ſoulcier moins de le conſeruer, que ſilz
euſſent eſté natifz de la cité. Dont que auſſi bien ceulx qui eſtoient declarez
Empereurs, comme ceulx qui les auoient eſleuz, marchoient contre ladicte
cité de meſme voulunté, que contre leurs ennemis, en intétion d'en trium-
pher. Et Dieu ſcait ſi ces choſes ſe pouoient deſmeller promptement, & que
l'on ne commiſt pluſieurs pilleries & meſchanſetez en ces changemens, &
auſſi pluſieurs meurtres tant des Empereurs meſmes, que des Senateurs &
autres grans perſonnages de Rome. Certainement il fault dire qu'il eſtoit
impoſſible, la oũ nous pouons croire que ſi l'inſtitution que les Romains
auoient du téps que leur vertu viuoit, euſt eſté touſiours entretenue, c'eſtoit
de faire leurs guerres atout leurs gens propres, & non point ſouldoyer les
eſtrangers, ne admettre pareillemét leurs voiſins & alliez dedens leur camp
en plus grád nóbre qu'ilz n'eſtoiét, leur Empire ne ſe fut pas diuiſé, & n'euſt
pas eſté tráſporté hors de leurs mains, ne leur cité deſtruicte pluſieursfois,
& abandonnee

& habandonnee,comme elle a esté.Pource que silz eussent maintenu leur premiere facon de guerroyer, ilz eussent euité tous ces inconueniens, & si fussent tousiours venuz heureusement a bonne fin de toutes leurs emprinses,aussi bien qu'ilz firent tandis qu'ilz se seruirent de leurs propres citoyés. L'exemple de Michel Paleologus Empereur de Constantinople me meust semblablement:lequel ayant appellé quelque nombre de Turcs a son secours pour faire la guerre contre certains Princes Gregeois, qui luy estoiét rebelles:il leur móstra le chemin de passer d'Asie en Europe:&la dessus aussi cesditz Turcs prindrent occasion de venir sur la Grece en tresgrand' puissance,& de l'occuper toute peu a peu : duquel mal fut en cause le susdit Empereur,d'autát qu'il ayma mieulx faire venir les estrangers en son ayde que de leuer sur son pais ceulx qui luy estoiét necessaires pour faire sa guerre,auec lesquelz sil eust voulu il pouoit surmonter a peu de peine vn seigneur de Bulgarie, son vassai, & le chastier sans mettre aucune bende de Turcs en ses terres,lesquelz n'y venant point, la Grece n'eust pas senty les miseres quelle a souffert par le passé , & qu'il luy conuient souffrir chacun iour.Pourtant sans auoir esgard a l'opinion antique,cestascauoir si la region est froide ou chaulde,& pour se contregarder de plusieurs inconueniés qui peuent suruenir a ceulx qui font leurs guerres atout l'ayde des estrangers, il me semble que chacun Prince se doibt faire fort atout ses subiectz , sans faire aucun cópte d'en souldoyer d'autres:pour le moins si l'on se veult seruir des souldars estrangers, si nen doibt on pas faire son fort principal,pour le danger qui en peult venir.Car de fier la personne d'vn Roy ou des plus grás personnages d'vn Royaume en la foy de ceulx qui ne sót ses subiectz, & lesquelz ne l'ayment aucunement : aincois le seruice qu'ilz luy font est pour vn peu descus:est vn cóseil assez mal fonde,pource qu'il est a estimer que les estrágers sont beaucoup plus aisez a corrópre que ne sont pas ceulx qui sont nez & nourriz au pais mesmes d'ou leur Roy est natif. Le salut duquel leur doibt estre naturellement plus recommandé que a ceulz qui ne le seruent sinon pour la soulde:laquelle faillie ilz l'abandonnent aussi bien que silz ne l'auoient iamais congneu.De cecy puis ie alleguer ce que vne grosse trouppe de Lansquenetz fist a monseigneur de Mont Pensier en Naples:lesquelz le laisserent a la mercy des Espagnolz,seulemét pource qu'argent leur failloit,& que les ennemis promettoient les payer de prime arriuee,& des incontinent qu'ilz se feroient tournez de leur party, qui fut cause que icelluy Royaume se perdist la premiere fois. Et pour n'accuser point les Allemans tous seulx,ie diray que les Suisses laisserent aussi monseigneur de Lautrec, des que le terme de leur payement approcha : sur ce qu'ilz se doubtoient qu'il leur conuint cheuaucher sur le mois auenir.Et iacoit que cesditz Suisses ne se retirassent de nous pour estre du party de noz aduersaires:toutesfois chacun scait bien qu'ilz abandonnerent ledit seigneur,au téps que les ennemis estoient esgaulx a luy de force,qui fut la cause de perdre la duche de Millan. Depuis en ca les Grisons se partirét de nostre camp deuát Pauie,& abandónerét la personne du Roy,sur le poinct que les Espagnolz estoient deliberez de hazarder la bataille & de l'assaillir, ce qui aduint peu de iours apres,tãt que l'allee de ces bendes(car ilz eſtoient de ſix a huiᵈ mil hõmes)affoiblit grandement noſtre armee, & fut cauſe que les ennemis entreprindrẽt plus hardymẽt d'aſſaillir noz gens, & que les noſtres furẽt aſſez deſcouragez de les bien receuoir,de ſorte que iointe a ce la mauuaiſe conte nance de noz Suiſſes,leſquelz ſ'en alloient ſans coup ruer, la bataille ſe perdit pour nous. Et ainſi nous appert clairemẽt de la petite fidelité des eſtran gers:& comme il eſt dangereux de mettre noſtre fiáce en leur force. Quoy qu'il en ſoit , ie ne ſerois iamais d'opinion que vn Roy feiſt ſon fort de gens eſtrangers,ne qu'il en print auſſi tant qu'ilz peuſſent eſtre pareilz aux ſiens, ſi tant eſtoit qu'il fut contreinᵈ d'en prendre : car ſi les eſtrangers ſont auſſi fors que ſes ſouldars propres, ſ'il eſt queſtion de vouloir que ceſditz eſtrangers facent quelque choſe oultre leur gré,voyla ſilz reffuſent,qu'il ſault cõbatre,ou n'eſtre point obey:mais ſilz ſe ſentoiẽt les plus ſoybles,ilz n'auroiẽt onque le cœur de deſobeir,ne d'entreprendre ſur l'authorité d'vn Capitaine general,comme ilz font quand il n'a dequoy leur tenir la bride courte. A ceſte cauſe vn Prince qui ſe peult trouuer en la neceſſité de n'eſtre point obey des eſtrengers qu'il ſouldoye,deuroit auoir en ſon camp vn tel nõbre de ſes propres vaſſaulx,que ſil falloit vſer de force,il fuſt aſſez puiſſant pour cõtraindre les rebelles a accomplir ſa voulonté:car autremẽt n'en cheuira l'on point.Parquoy le ſeruice dudit Prince en ſera retardé, & aucuneſfois vne deſobeiſſance pourroit eſtre cauſe de pluſieurs grans dommages,comme fut celle des Allemans que monſeigneur de Humieres auoit en Italie, laquelle ne feit ſeulement perdre au Roy toute la ſaiſon , ains fut encores cauſe de la perte de quelques places qui tenoient pour nous , & de mettre tout le Piedmont en grand branſle d'eſtre perdu ſans recouurer. Et cecy eſt trop certain,tant que ſi monſeigneur le Conneſtable euſt gueres differé a le ſecourir , & qu'il n'euſt vſé de ſa diligẽce acouſtumee, ce qui eſtoit demeuré du noſtre tumboit dedens les mains des Eſpagnolz dela a peu de iours,ſans coup frapper . Touteſfois il y arriua ſi bien a poinᵈ, que les villes qui n'auoient plus que la parolle furent conſeruees, & que vne partie des perdues ſe recouura, & encores des autres , non ſans merueilleuſe deſpence : & tout pour repater la faulte deſditz Allemans, qui auoient conduitte la guerre, & ſelon leur appetit , & contre le gré dudit ſeigneur de Humieres, ainſi que chacun ſcait:lequel auec ce qu'il eſtoit deſobey en ſa charge, tout Lieutenãt general qu'il eſtoit,il fut encores en grãd danger de ſa perſonne meſme,qui eſt vn cas duquel,ie ne me puis esbahir par trop:ne ſemblablement de l'arrogance d'icelle nation:combien que ie m'esbahis encores trop plus de noſtre negligence, attenduz les oultrages que les eſtrangers nous font ordinairement , & que neantmoins nous ne laiſſons de meſpriſer le ſeruice des noſtres pour deuenir tributaires & ſubieᵈz de noz voiſins : comme ſi nous ne nous en pouuions paſſer, auſſi bien que nous nous en ſommes paſſez autreſfois, & touſiours iuſques au temps du Roy Loys vnzieſme : lequel fut le premier Roy de France qui commença a donner penſion aux eſtrangers , meſmement aux Suiſſes : car il en entretenoit d'ordinaire ſix mil a ſes gaiges.

Le Roy

Le Roy Charles viii. l'enſuiuiſt, & en emmena vne groſſe bende en Na- *Charles* ples. Le Roy Loys xii. ſe feruit longuement d'eulx, & des Allemans & d'au- *VIII.* tres eſtrangers. Auſſi a faiɗ le Roy qui regne de preſent durant toutes ſes *Loys. XI* guerres. Tant ya que ſur la fin il ſ'eſt apperceu que les ſiens eſtoient pour le ſeruir auſſi bien, que les eſtrangers pourroient faire : mais ɋu'ilz feuſſent aguerriz, ou bien ſ'il n'a eu ceſte opinion des Francois, ſi la il voulu eſſayer. Et a ces fins (cóme i'eſtime) ont eſté leuez les Legiónaires en ce Royaume en tresbon nombre, lequel nombre mais qu'il euſt eſté leué ſelon la vraye election, eſtoit pour reſiſter a tous noz ennemis. Non pourtant l'heur des Francois n'a pas voulu que ceſte leuee euſt ſa perfection : voyant ſi la leuee ſe faiſoit comme il falloit, que nous eſtions pour deuenir maiſtres de ceulx a qui nous ſômes quaſi ſubieɗz maintenát. Parquoy il nous a laiſſez au meſ- me eſtat que nous auions aprins de viure de pluſieurs ans enca : nonobſtant que ce que nous faiſions ſi peu de cas de noſtre force, & que l'on eſtime tant les eſtrangers, pourroit bien quelque fois eſtre cauſe de noſtre mal, ſi noz voiſins entreprenoient enſemblemẽt de venir ſur nous. Car l'vne partie ſeulle a bien mis la France n'a pas trop long temps en grant effroy : aſcauoir eſt les Suiſſes, adonɋ qu'ilz deſcendirent en Bourgongne, tellemét que pour les faire retirer nous renconnerent d'vne grande ſomme de deniers. Et tant ſen faluſt il que nous euſſions la hardieſſe de nous preſenter en poinɗ pour les receuoir, que la plus grád part ſ'attendoit de leur faire place & de vuy- der le pays. Dieu tout puiſſant! qu'eſtoit deuenue l'anciéne vertu Francoiſe? du nom de laquelle toutes nations trembloient deca & dela la mer : & la- quelle eſtoit en poſſeſſion d'aſſaillir les autres pays, & non pas d'eſtre trou- blee dedans le ſien que par les ſiens propres : ne contrainɗe d'achapter paix, veu que ceulx qui la nous vendoient ne ſ'eſtoient peu defendre quelques ans parauant dedens leur pays propre de l'armee du Roy Charles. vii. dela- quelle eſtoit chef Loys ſon filz eſtant a lors Daulphin, & depuis Roy. L'on doibt croyre que icelle deſcéte eſtoit pour noſtre prouffit, puis qu'elle nous ſeruit d'enſeignement : car au merueilleux trouble ou le Royaume ſe trou- ua pour vingt ou trente mil Suiſſes, tous a pied, mal fourniz d'artillerie & de tous appareilz neceſſaires pour enuahir vn tel pays, il peult comprendre que c'eſt qu'il feroit ſi leſditz Suiſſes de rechef, & les Allemans, Flamens, Anglois, Eſpagnolz, & Italiens, faiſoient ſemblant de venir ſur nous d'vn commun accord, leſquelz ne pourroient auoir faute d'aucune autre choſe, que ſeulemét de bonne vnion. Ie ne me ſcaurois pas aduiſer de moyen qui feuſt ſuffiſant pour reſiſter a vne telle coniuration. Car de ſ'attendre a leur monſtrer viſaige, ſeroit encores trop plus mauluais conſeil que celluy de móſeigneur de la Tremouille ne fut, d'apaiſer leſditz Suiſſes auec des eſcus. Pource que gens deſordonnez, mal aguerris, & treſmal equippez, ne pour- roient ſeruir d'aucune choſe contre gens bien ordonnez, bien aguerris, & equippez d'armes, & de tout ce qu'il appartient en tel cas : ſinon a les irriter & animer d'auantage. Quant a ſoy fier ſur ce que les frontieres ſont tresbié pourueues de villes fortes, eſt vne fiance mal aſſeuree : car quiconɋ eſt ſei- gneur de plat pays, i'enten d'vn pays grand & large, comme la France,

vient apres facillement au deſſus des places qui ſe tiennent:principallemét
quand vne telle multitude ou vne grand' partie de ceulx que ſay nommez,
entreroient par diuers lieux chaſcune nation par ſon cartier, & quilz ſe ſeroient deſia parauant departiz les pais.Car autremét nous aurions quelque
raiſon de nous attendre qu'en téporiſant ilz ſe vinſſent a ſepparer par diſ-
corde,ou pource que l'on en pourroit praticquer quelque partie:toutesfois
en ces choſes fauldroit du temps, & ce pendát endurer que pluſieurs maulx
ſe fiſſent deuant noz yeulx ſans y pouoir remedier. Et poſé le cas que de
veoir aduenir vne telle deſolation en vn ſi noble Royaume fuſt quaſi choſe impoſſible:ſi eſtce qu'il n'ya pas remede plus apparent pour y obuier, &
pour oſter a noſditz voiſins toutes occaſions de conceuoir ceſte deſperan-
ce en leur entendement , que de nous faire fortz de noſtre coſté meſme :
mais ie veulx dire tellement fortz,que ceulx qui leuent maintenant penſion
de nous, ſoient tous aiſes d'eſtre noz alliez ſimplemét:& que les autres qui
ſe ſont monſtrez noz ennemis couuertement, ſoient contentz de diſſimu-
ler:& que ceulx qui diſſimulent ſe declairent noz amis a bon eſcient.Quoy
faiſant,ie ne conſeilleroye point que noſtre force fut aucunement meſlee de
ſouldars eſtrangers,tant pour auoir la reputation a nous ſeulz de ce que noz
ſouldars feroient quelque beau faiét , comme auſſi pour euiter les dangers
qui peuent ſuruenir d'auoir vne armee de diuerſes pieces:car cela eſt ſouués
cauſe que noz ennemis ſcauét noz ſecretz preſqu'auſſi toſt qu'ilz ſont ditz:
ſinon que ce fut pour affoyblir noz aduerſaires, ou pour contenter noz alliez,& pour acquerir la beneuolence de ceulx du pais ou la guerre ſe feroit,
comme i'eſtime que le Roy faiét des Italiens:en ſouldoyant leſquelz, il péſe
gaigner le cueur de l'Itallie, & en ſouldoyant les Suiſſes, les entretenit:& a-
pres oſter la force des Allemás a ceulx qui ſen pourroiét ſeruir cótre luy,ſil
n'en retenoit vn grand nombre.Et ſi tant eſtoit que le Roy ſen vouluſt ſer
uir encores de quelque nombre de ceulx la, il le pourra faire(comme il me
ſemble)pourueu que les ſiens propres ſoiét touſiours les plus fortz:& qu'il
ſe ſerue des eſtangers comme d'aydes,& non pas leur bailler le hault bout,
ne les aduantages qu'ilz ont acouſtumé auoir parmy nous : ſicóme d'auoir
la garde de l'artillerie, & communemét de faire la bataille ſans eſtre gueres
tenus aux coruees ne aux aſſaulx,comme ſont les Frácois, leſquelz ſont dé-
putez a l'auantgarde ou a l'arrieregarde , ainſi que les moins vaillantz : &
les eſtrangers ont touſiours le lieu de la bataille,comme ceulx de qui on ſe
fie par deſſus tous,ſans leſquelz nous n'aurons pas le cueur d'entreprendre
la moindre choſe que ce ſoit.Ie ne leur porte pas enuye de l'hóneur que l'on
leur faiét, & ſi ſcay bien que les lieux ou les Francois ſont colloquez, ſont
grandement honnorables, & qu'ilz ſe peuét monſtrer telz qu'ilz ſont auſſi
bien eſtant a l'arriere garde comme a la bataille, & a la bataille cóme eſtant
a l'auantgarde,c'eſt tout vn:car par tout y peult auoir affaire. Mais ie voul-
droie bié que le Roy euſt de nous vne ſi bonne opinion,qu'il en penſaſt eſtre
auſſi bien ſeruy cóme il pourroit eſtre de toute autre nation : & qu'il n'aui-
ſaſt point a faire ſon fort pluſtoſt des Allemans ou des Suiſſes que de nous.
Car ſilz nous paſſent de lordre maintenant,nous le pourrons bien auoir pareil ou

reil ou meilleur en peu de téps. Quand aux autres poinctz ie ne‸voy point
de raison pour les estimer plus que nous:& qui regardera depres au tout,il
congnoistra qu’ilz nous seruét plus de nom que de faict,& plus de faire nő-
bre que d’autre chose:pource qu’au temps present lon ne donne bataille
gueres iamais:pour laquelle ilz se disent estre bons, & estre souldoyez seulement pour icelle fin.Aussi plus ilz ne vont point aux assaulx,ne aux escarmouches,ne semblablement aux autres factions : ains toutes ces coruees
sont pour nous:desquelles facős de guerroyer on se ayde auiourdhuy plus-
que daultre : ainsi ilz seruent & leuent leur soulde sans exposer leurs per-
sonnes en peril.Ilz nien prent pas dela sorte aux Francois que le Roy soul-
doye:car ilz ont la peine & le danger,& les estrangers le prouffit & la re-
putation.Vne chose ya que fait grandement pour les Suisses & Allemans,
c’est le bon ordre qu’ilz ont parmy eulx,tant a renger leurs gens en bataille,qu’a obeyr a leurs chefz:duquel nous auons tresgrande faulte. Pourtant
il nous fauldroit essayer de prendre leur facon de faire, ou vne autre plus
seure,& y mettre telle diligence,que si le Roy se uouloit seruir de nous en
tout & partout , qu’il sen trouuast tresbien serui , & qu’il ne se repentist
point d’auoir laissé les estrangiers pour nous.Tát ya que par la creation des
legiós,chacun estimoit que la maniere de souldoyer autres souldars que les
Francois, se deust laisser : mais le Roy a congneu que leur leuee auoit plusieurs defaulx, & par ce moyen qu’il ne seroit gueres sagement faict de reiecter quand & quand le seruice des autres:& pource ont ilz esté entretenus,& vne grád’ partie de nos legions:& oultre plus quelques bédes d’aué
turiers pour contenter les vns & les autres,& s’asseurer de tous costez:mais
si lintention du Roy eust esté bien executee en ce qu’il failloit faire apres ce
que les legions furét dressees,on pouoit esperer vn tresbon téps pour nous:
neátmoins en lien de ce que les Capitaines & les officiers que le Roy auoit
instituez se deuoient trauailler d’adresser bien leurs gens, ilz n’en nont rien
faict. Peult estre aussi que qu’il ne leur estoit pas commandé par expres : &
gens qui n’ont gueres bonne volonté d’eulx mesmes,ont prou de petite excuse. Ie me doubte aussi bien que les legionnaires estans leuez en la forme
que l’on les leuoit,n’y eussent bonnement voulu entendre d’vn coup en la.
Ainsi doncq’la faulte procedoit de plus d’vne chose, & principallement de
ce que chacun estoit volontaire, & qu’il ne sy mettoit personne que de
son franc arbitre.Et la coustume du iourdhuy est,que ceulx qui se presen-
tent de leur bon gré,sont cómunemét des pires de tout le pays:car a grand
peine senroole vn bon mesnager, ou vn homme paisible craignant Dieu
& Iustice; & aymant son prochain : attendu que ces conditions ne se sont
poinct auec les souldars volontaires du temps present,lesquelz sont si tres
vicieux , qu’il y a danger que leur seruice ne nous soit plus dommageable
que nostre fortune aduerse ne pourroit estre,d’autát que nostre Seigneur en
est offencé en toutes guises. Ausurplus ilz ne sont que trop vaillantz:mais
d’estre mal conditionnez, ilz le sont, tellement qu’il est impossible de
plus .Ie ne veulx pas dire que tous les volontaires le soient : pource que ie
ferois tort a beaucoup de gens vertueux : car ie parle seulement de la plus

B

grand' partie,& non pas de tous : & comme ie dy qui font mal conditionnez, i'ofe dire auffi qu'ilz n'ont pas l'ordre bon, & ſi ne ſont point ſi obeiſ-
ſans qu'il ſeroit requis qu'ilz fuſſent pour excercer l'art de la guerre,comme
il fault : parquoy il eſt impoſſible qu'vn Capitaine pour vertueulx & diligét qu'il ſoit, puiſſe faire que ſes ſouldars imitent pas vne des facons de faire des ſouldars anciés,leſquelz eſtoiét ſi gés de bien:ne pareillement qu'vn
de noz Lieutenás generaulx pour le Roy puiſſent iamais introduire en ſon
oſt la mode que les armees du téps paſſé obſeruoiét,tant a dreſſer & renger
leurs batailles,cóme a guerroyer:ſans reprendre laquelle mode , ne ſera iamais poſſible faire choſe qui gueresvaille:la raiſó eſt,car la matiere de quoy
nos oſtz ſont compoſez & baſtiz eſt ſi mal diſpoſee de ſoy,que de la cuider
applicquer en quelque bonne beſongne ſeroit abuz, & cuider reduire l'art
militaire en ſon premier naturel,tout vn: car lon auroit compoſé a moindre difficulté des ſouldars tous nouueaulx,deuant que ceulx qui ont deſia
prins leur ply fuſſent remis en leſtre qu'il fault.Mais ſil plaiſoit au Roy de
faire en Fráce vne nouuelle leuee de gens ſelon la vraye eſlection,leſquelz
fuſſent apres inſtituez diligemment en l'art militaire, ie croy fermemét que
les ſouldars imiteroient les anciens en tout ce qu'ilz furent eſtimez excellens par deſſus tous ceulx qui ont eſté depuis que le faiɗ des armes eſt venu comme a rien.Et en oultre le General remettroit facilement la mode
d'iceulx anciés en ſon oſt,& par ce moyen lediɗt ſeigneur ſe trouueroit le
mieulx ſeruy que Prince qui fut iamais, & ſi ſe pourroit vanter d'auoir les
meilleurs ſouldars,& les mieulx addreſſez qui fuſſent ſur la terre : & pour
les auoir telz il ſeroit neceſſaire en premier item , que les hommes que lon
choiſiroit fuſſent des plus gens de bien & de bonne vie, que ſe pourroient
trouuer ſur les terres du Roy , & du remanant en laiſſer cheuir aux chefz
qui auroient la charge de les addreſſer: car ilz les ſeroient telz qu'ilz vouldroient apres.Et pour leuer ſes gens de bien que ie dy, iͥ fauldroit du commécemét faire vn peu de force,& les contraindre a ſenrooler, ou bié l'ele-
ɗtion ne ſeroit pasvraye.Et a celle fin que ceſte force ne mal cótétaſt perſon
ne,il les y fauldroit attirer ſur vne eſperáce de quelque bié&hóneur aduenir,& de quelques priuileges que lon prometteroit a ceulx qui ſeroiét leur
deuoir:& que pédant le temps qu'ilz ſeruiroiét ilz euſſent honneſtemét dequoy ſentretenir:par ce moyen n'y auroit perſonne qui ſe feit tirer l'oreille:
principallement ſilz ſcauoient que le Roy fut mal content de ceulx qui ſe
ſeroiét prier. Ce faiſant l'art militaire retourneroit en ſa premiere vigueur,
& le Roy ſeroit le premier qui ſen trouueroit bié,& cóſequémét ſon peu-
ple.Les larcins que pluſieurs Capitaines cómettét ſur les deniers dudit ſeigneur en faiſát leurs móſtres ou autremét,n'auroiét plus lieu:& les penſſiós
annuelles que les eſtrágers leuent prendroiét fin, & ſi ne le recouureroient
plus cóme ilz ont acouſtumé:car y auroit aſſez des ſiens:dauátage l'ordre ſe
roit tel qu'il ne luy fauldroit doubter autre choſe que l'ire du ſeigneur Dieu:
car quand aux hómes ilz ne luy pourroiét aucunemét nuyre. Et pour abbre
ger,le peuple ne ſeroit plus couru,mágé ne pille par les noſtres meſmes,có
me il eſt : ains en ſeroit tant plus aſſeure contre noz ennemis: & auſurplus
enrichy,

enrichy,ou du moins largent que lesditz estrangers emportent, demeureroit riere nous.Toutes lesquelles choses ensemble me font conclure que le
Roy se trouueroit bien, d'employer son peuple es guerres qui luy conuiét
faire touteffois & quantes il est question de l'vtilité & conseruation du
Royaume : & qu'il deuroit colloquer toute sa defence en la vertu des armes Francoises comme ainsi soit qu'il ait telle ou meilleure commodité de
ce faire que Prince viuant pourroit auoir, ou Prince qui aist iamais esté
pourroit auoir eue.Et ceste miéne conclusion est si bien prouuee que ie n'ay
que faire d'insister d'auantage en ce propos:mais bien puis passer oultre,
pour cómencer a dire mon aduis du moyen qu'il fauldroit obseruer a mettre sus vne nouuelle leuee en France,& la conduire de degré en degré iusques au poinct ou il la fault mener, pour faire les souldars telz que i'ay promis, & vne armee presque inuincible & non pareille.

Du nombre des gens qui pourroit estre leué en France pour
nous asseurer contre noz voisins. Chap. II.

E ROYAVME est tellement enuironné de tous costez
de plusieurs nations qui l'ayment bien petit,que pour s'asseurer contre elles, vn tresgrand nombre de gens luy feroit bien
mestier,& tel nombre que celuy de noz legions estoit:toutef-
fois que la despéce que ceste multitude feroit,seroit insupor-
table:& d'aillieurs,la soulde de quatre francz & exéption d'vn autre franc
de taille chacun an,ne pourroit iamais suffire pour tenir les hommes contentz & obligez au deuoir que cecy requiert,pour sen seruir ne bié ne beau:
de sorte qu'a faire vne telle leuee se despendroit beaucoup,& si nostre force n'en feroit pas pour cela plus grande, d'autant que les telz seruiroient
cótre cueur se voyant si petitemét souldoyez:parquoy il vauldroit mieulx
prendre tant moins de gens,& leur donner des gaiges raisonnables,que nó
pas vn grád nombre & en auoir meilleur matché:& que sesditz gens eussent en temps de paix vn estat honneste duquel ilz se peussent vestir passa-
blemét deux fois l'an:& se desfrayer aux allees & venues des móstres qu'ilz
feroiét sans manger le peuple,comme font les souldars du temps present.
Et en apres silz estoient leuez pour aller a la guerre,que des le iour qu'ilz se
mettroient en train de marcher,leur soulde fut augmétee,laquelle les peult
entretenir vestuz & nourriz honnestement selon leur qualité:& que les
chefz,mébres & officiers fussent entretenus en téps de paix & de guerre aux
mesmes gaiges que les legionnaires auoiét par cy deuant. Quand a ce que
ie dy qu'il en fauldroit leuer tant moins,ie n'enten pas que le nombre doi-
ue estre si fort diminué,qu'estant ensemble il ne puisse móstrer la iuste forme d'vn ost:sicóme de XXV mil hómes de pied,ou enuiron:car autremét
ce feroit leuer des gens pour faire despéce,& nópas pour seruir:mesmemét
que le petit nóbre tourneroit a neant en peu de téps,a cause d'infinis em-
peschemés qui suruiénét maintesfois aux hómes,de sorte qu'il faudroit enrooler des gés nouueaux a tous les coups pour réplir les bendes,qui se defe-

roient.Et pource que cedict nombre ne pourroit eftre rengé ne excercité comme il appartiét,s'il eftoit leué en diuers lieux diftans gueres l'vn de l'au-tre:pour raifon de ce que les hommes ne fe pourroient affembler fans gros fraiz qui les vouldroit adreffer & aguerrir : & par ainfi les mettre fouuent enfemble, ce qui eft neceffaire : car en ne les addreffant point,ilz feroient inutiles. Il feroit bon que la premiere leuee qui fe feroit, fe dreffaft fur les frontieres qui font les plus fubiedz aux courreries des voifins,& que cecy fe feift es gouuernemens qui font les plus prochains l'vn de l'autre.Si com-me fi l'on fe doubtoit des Allemans,on pourroit faire cefte leuee en Cham-paigne,Bourgógne, & Daulphine. Et qui craindroit les Efpagnolz,fe pour-roit pourueoir en Languedoc, & Guyenne : car fe font pais tous limitro-phes: & ainfi des autres. Sur lefquelz pais circonuoifins feroient leuez les fufditz X X V mil hómes, & les addrefferoit on vn an durant, ou deux,ou bié trois,iufques a tant qu'ilz feuffent eftimez eftre affez bié aguerris.Et paf-fé ce terme,nouuelle leuee feroit faicte es autres endroidz:laquelle f'entre-tiendroit vn autre temps. Et venir apres par renc a fuyuir les autres pais & frontieres de la France,iufques a ce que tout fut fuiuy, pour recommencer de rechef a remettre en leur ordonnance les premiers qui auroient efté en-roollez: & confequemmét les fecondz, & apres les autres.Et que ceulx qui fe repoferoient tandis que les autres f'adreffent(car i'enten qu'il n'y en euft d'entretenus a la fois que le nombre fufdict) fuffent tenus fur groffe peine de f'exerciter particulierement en leur maifon, & enfemble s'ilz le peuent faire fans defpence,a celle fin qu'ilz recordent tous les iours & retiennent tát mieulx ce qui leur aura efté monftré du fait dela guerre.Les roolles pa-reillemét de ceulx qui ne fe bougeront,demouróiét en leur entier,fans per-mettre que perfonne fe caffaft ce pédát, ne qu'il fut effacé defdidz roolles que par le cógé du Cóneftable,iacoit que le Roy ne luy dóne aucuns gaiges pour lors. Et ce pour attendre que fon tour reuienne,ou qu'il fe faille defen-dre : car ilz en feront tant plus promptement mandez & leuez , que fi l'on faifoit a toutes les fois de nouuelles leuees & nouueaulx roolles.Ce faifant le Royaume fe trouueroit auoir vn grand nombre de gens de guerre,qui feroient leuez & adreffez en cinq ou fix ans, lefquelz feroient fi bien faiz & duidz aux armes,que la moidie(c'eftafcauoir le L. mil : car autant fe mó teroit la droidte moidie,ou bié pres) fuffiroit pour refifter a tout vn monde d'ennemis:& fi le Roy ne fen fentiroit cóme point:attendu qu'il n'en foul-doyroit a la fois comme i'ay dict, que feulement X X V mil, ou enuiron. Mais fi ce confeil icy n'eftoit point trouué bon, ce feroit affez pour refifter aux foudaines courreries de noz voifins, que l'on leuaft lefdidz vingt cinq mil hommes fur les quatre frontieres qui font les plus expofees a ce dan-ger:lequel nóbre fut ordinairemét entretenu cóme dit eft.Et pofé le cas que cecy fe fift,ou que ce que i'ay defia dict:il ne faudroit ia pourtát doubter que les fouldars fuffent pour faire quelque defordre es pais ou ilz feroiét leuez: cóbien qu'il femble y auoir peril,pource que tout le deferroy que telle ma niere de gens peult faire, eft en deux fottes:c'eftafcauoir entre eulx mefmes, ou cótre autruy. Quand au defordre qui peult furuenir parmy eulx,entant

qu'ilz

qu'ilz font foubz les enfeignes, les loix de ces gés leuez par voye d'ordónáce y obuiét:lefquelles puniffent aigremét les querelleux, les mutins, & toutes
autres códició de gés qui cómettét aucun crime, ainfi qu'il fera móftré vers
la fin de ce prefent liure. Et n'y a rien qui les puiffe garder d'eftre griefuemét
puniz, quelques armez qu'ilz foient, ne en point pour fe defendre : car le
Roy feroit toufiours le pluffort, & pluftoft les prendroit on au pied leué,
que non pas laiffer vn delict impuny. Et quand tout eft dict, les fouldars
Allemans fe rengent bien foubz la loy, & fi entretiennent bien Iuftice parmy eulx, lefquelz vfent en leur pais (i'entendz hors des groffes villes) d'vne
trop plus grande liberté de mal faire, que les plus corrompuz des noftres
n'vfent en France: & neantmoins, en venant contre leur naturel & contre
leur couftume, ilz fe foubmettent legerement a la Iuftice d'un Preuoft, quát
il eft queftion d'aller en eftrange terre, ou qu'ilz fe leuent en grand nombre
pour demeurer fur leur fumier mefme. Que feroient doncq' par voftre foy
noz fouldars qui fót nourriz en vn Royaume qui fe gouuerne par les loix,
& lequel a fa Iuftice criminelle la plus rigoreufe que nul autre que l'on fache? Certes il me femble qu'ilz viuroient, du moins, autant honneftement
que lefditz Allemans viuét. & fi ne feroient de rien moins obeiffans a leurs
chefz, & a ceulx que chafcun fouldart doibt obeyr, qu'ilz font. Touchant
les faultes que ces gens de qui ie parle pourroient commettre en temps de
paix, & en demeurant chez eulx, la Iuftice ordinaire des lieux ou chacun
des malfaicteurs habiteroit, en auroit a congnoiftre: comme auffi la declara-
tion faicte fur ce par le Roy nous enfeigne: par laquelle il entend que la Iuftice des Collonnelz preigne la congnoiffance des fouldars de leur Legion
qui verferont mal, feulement ce temps pendant qu'ilz feront en camp ou
ailleurs foubz les enfeignes, defquelz ilz facent bonne & briefue punition,
& que adoncq' qu'ilz feront de retour, ou qu'ilz ne feront point leuez, que
la Iuftice ordinaire les puniffe. Mais fi tant eftoit que les fouldars fe voulif-
fent exempter de la iurifdition ordinaire par force, & que moyennant leur
nombre ilz feuffent tant plus próptz & hardiz a mal faire, & de faict fe miffent enféble, ou fiffent femblát d'eulx leuer de leurs lieux fans mádemét expres du Collónel, & ce pour courir & gafter le pais, ou pour courir fur quelqu'n: en ces cas il pourroit eftre permis au peuple de foy leuer, & mettre
en armes pour prefter la main forte a la Iuftice, fi elle l'en requeroit: & fans
elle ou fans quelque officier Royal qui fut encores des principaulx, ne ferois ie point d'opinion que vn populaire fe deut leuer : car il feroit dangereux qu'ilz ne fiffent plus d'exces que ne feroient les gens de guerre mefme, ainfi que firent ceulx qui fe leuerent dernieremét en la ville de Tours
& es enuirons: lefquelz apporterét en peu de iours plus de mal & de dommaige aux bonnes gens & aux lieux ou ilz pafferent, que les pillardz qu'ilz
puorfuyuoient n'auoient faict depuis le temps qu'ilz tenoient les champs.
Et en cefte maniere croy ie qu'il faille entendre l'ordonnance faicte par le
Roy L'an mil cinq cens vingt trois: Par laquelle il permect au peuple de
defendre leur bien d'vn tas de mangeurs de poulle, qui fe mettent aucunesfois fur le pais fans commiffion. Mais pource qu'il eft trefdifficile que les

souldars facent gueres iamais aucun scandale sans le sceu de leurs chefz, lesquelz font semblant bien souuent de n'entendre les faultes que leurs gens commettent : ou bien pource qu'ilz sont trop negligens a les faire honnestement viure. Ioinct 'a ce qu'ilz leur seruent par fois d'exemple a faire mal, de sorte que les oultrages que leursditz gens font, procedent autát de la faulte des Capitaines, comme dela mauuaise nature des souldars. Il y faudroit ie vous diz prendre garde depres, & punir les meschans chefz a la rigueur: a celle fin que ce fust enseignemét aux autres leurs semblables de s'amender: & aux bons, pour les faire deuenir tant plus songneux de châstier leurs gens mauuais. Et si ceste leuee sembloit dangereuse a cause de ce que elle se pourroit donner aux Collonnelz, lesquelz pourroient renger les souldars tellement a leur deuotion, qu'ilz en disposeroient apres a leur volonté, pour raison de la longue authorité qu'ilz auroient eue sur lesditz souldars, & a cause aussi de la frequentation continuelle. Le plus seur seroit de châger souuent les Collonnelz, côbien qu'en baillant semblables charges a ceulx qui auroient monstré desia quelque preuue de leur loyauté, ne seroit a craindre qu'ilz se voulussent iamais ayder de la force de leurs gens contre le Roy, ne contre ses subiectz, comme ie crois. Car n'y a celluy en la France qui n'ayme trop mieulx demeurer pauure en son obeissance estant reputé homme debien, que seruir ses ennemis & deuenir riche pour estre tenu a traistre & meschát. Au fort si quelqu'un s'essayoit de faire aucun mouuemét au moyen de son authorité, ledict seigneur seroit tousiours assez fort pour le deffaire, & semblablement pour mettre en pieces ceulx de sa suyte, a peu de difficulté. Ne il ne fault plus doubter c'est inconuenient : car ceulx qui donnoient iadis hardiesse au peuple de s'esleuer sont estainctz, & leurs Duchez & pais conioinctz a la couronne, tant qu'l n'y a homme en France qui osast auoir persuadé a souldard quelconque de se bouter aux champs pour diminuer l'authorité du Roy, ne pour entreprédre côtre sa maiesté. Et quant bien il y auroit pensé, qui fust pour le fauoriser encontre sa puissance.

Comment cest qu'il fauldroit leuer les géns, & les enrooller, & des qualitez communemét requises en vn nouueau souldart. Chap. III.

P O V R leuer le susdict nombre de XXV mil hómes, il seroit necessaire auát toute œeuure aduiser en quel endroit c'est que la leuee deuroit estre faicte: & quant & quant il fauldroit nómer les Capitaines qui les doyuent gouuerner : ausquelz seroiét assignez les pais, soit par Eueschez ou par Senechaulsees, ou chacun d'eulx deuroit leuer les siens apart: & ce faict, ilz pourroiét estre enuoyez sur les lieux auecques leurs cómissiós, lesquelles fussent addressees a quelque hóme notable du pais, ou officier Royal: lequel fut tenu d'assister auec le Capitaine, iusques a ce que son roolle seroit complet, en luy faisant prester obeissance par tout suyuát la teneur de ses lettres, côtraignát tous les habitás des villes & villages de leur charge, a soy móstrer deuát eulx, & que cecy se feit sans toucher a ceulx qui sont exéptz de telles charges publiques
par les

par les loix,ou par priuileges expres. Sicôme font gens d'Eglife,Gétilz hômes,officiers Royaulx & Sexagenaires,pour choifir entre tous les autres nô
exemptz,ceulx qui fembleroient les plus aptes au faiêt des armes,& ce iufques au nombre qu'ilz en pourroient leuer felon les feulx,foit de X ou de
XX feulx vn,ou de L X. comme fe faifoit du temps que les Roys de Frâce fe feruoient de francz Archers,& qu'en ces monftres ne fe feit point de
finefles,& que perfonne ne fuft fupporté par faueur ne autrement,ains que
fans exception lon choifift les plus idoines ayant quelque patrimoine. Et la
caufe pourquoy ie demande qu'ilz ayêt quelque bien,eft a celle fin que lon
foit toufiours plus feur d'eulx,que filz n'auoient rien a perdre. Car quand
ainfi feroit que quelqun d'eulx commettroit vn crime, & qu'il fenfuyroit
fi loing qu'il n'y auroit ordre de le rataindre, fon bien en feroit adonc la
maille bône,& que lon les enrolaft au liure du Roy:le feruice duquel doit
eftre preferé au prouffit particulier. car cefte leuée n'eft pas prouffitable feulemét audiêt Seigneur:ains encores elle eft trefneceflaire a chacû de fes fub
ieêtz,entant qu'il n'eft poffible que nous ayons vn feul poil de bien affeure,
fans les armes propres:pource que les eftrâgers nous peuent plus nuyre que
ayder,fans lefquelz & n'en ayant point de noftre cofté,nous ferions a toute
heure mangez & tormentez de noz voifins : & auecques ce,que les armes
nous font neceflaires,& qu'il n'eft poffible nous en paffer, qui ne vouldra
mettre le tout en habandon. Nous les pouons excercer fans laiffer pourtât
a faire noz negoces,pource que ce feroit feulemét aux iours ocieux, que les
gens feroient tenus faffembler pour fadreffer aux armes:laquelle chofe ne
feroit aucun dommage au pais ne aux hommes:mais en lieu de les endommager,elle refiouyroit les ieunes hommes qui confumment leur temps aux
iours des feftes a iouer par les tauernes,n'ayans moyen de fadóner en quelque honnefte excercice,& mefnemét a celluy des armes,auquel ie fuis certain qu'ilz yroient pour plaifir.Car tout ainfi qu'a ceulx qui regardét c'eft
vn bel esbat de veoir manier les armes : tout ainfi feroit il grandement de-
leêtable aux ieunes gens de les pouoir tenir en la main,& fy excerciter:auec
ce,que ce que ie diz a prefent,n'eft pas fi nouueau qu'il n'aift efté ordóne autreffois en France,afcauoir eft de fexerciter aux armes par les villes & villa-
gés du Royaume,& mettre pris aux mieulx faifás:pourtât ne fauldroit trou
uer mó dire trop eftrâge ne mauluais: car ie ne parle de chofe qui n'aift efté
ordonnée quelque fois au temps iadis par les Roys de France, ou de noftre
temps par le Roy,qui regne de prefent.Mais laiflons cecy a part,& difons
qu'en l'eleêtió de fes gés icy fauldroit prédre garde a l'age: car pour vne or
dónáce nouuelle il les fauldroit choifir de X V II a X X X V ans.Touchât
de les choifir plus ieunes,il eftoit defendu anciénement par vne loy que C.
Gracchus prononca eftât Tribun a Rome: auffi me femble il que vne perfonne ne pourroit a grand' peine endurer le labeur qu'il fault fupporter en
apprenât ce meftier,fil eftoit plus ieune que de X V I I ans, & qui les en-
roolleroit depuis qu'il auroiét paffé X X X V , ou au plus fort X L ans, il les
prendroit trop aduancez pour les inftituer facilemént au faiêt des armes, &
pour fen pouoir feruir encores X V ou X X ans ou plus,felon les affaires

ou le bon plaifir du Roy:car le temps paffé les fouldars fuyuoient la guerre aucuneffois X X ans, & par fois X X X & X L ans ,ficomme il eft aifé a
veoir au premier liure de Cornelius Tacitus, quand il parle des mutinemés
des Legions qui eftoiét adonc en Hungrie,durant tout ce temps ne iamais
ilz ne fe pouoient retirer des bandes fîlz ne vouloiét encourir la peine que
les fugitifz meritoient,fans auoir licence du Senat ou de l'Empereur : auffi
eftoient ilz bien recompenfe de ce long feruice a la fin, quand les Iegions
auoient leur conge,ou en argent,ou bien en terre,que le Senat diftribuoit
a chacun felon fon eftat,ou l'Empereur mefmes faifoit les dós, & aucuneffois du fien propre,fans toucher au cómun.Quát a regarder de quel art ilz
deuoiét eftre,& coniecturer par ce moyen la bonté ou la lafcheté du fouldard,n'en peult chaloir,mais qu'autrement ilz foiét aptes pour excercer le
faict de la guerre.Vray eft que i'y vouldrois bien regarder pour m'en pouoir feruir auec plus grande commodité:pour ce qu'il eft des meftiers moult
neceffaires a vn oft,ficomme font Forgerons,Armuriers,Efperonniers,Ma-
refchaulx,Charpentiers,Roturiers,gens acouftumez aux Mines, Cordon-
niers,Chauffetiers,Tailleurs,Selliers,& autres leurs femblables, defquelz
feroit bon en prendre vn grand nombre:car ilz peuent feruir de leur art au
befoing:& oultre plus,faire l'office de fouldars. Touchant de congnoiftre
ceulx qui font aptes aux armes par la phyfionomie, aura lieu en ceulx qui
n'ont aucune experiéce du faict de la guerre,pource que des autres qui feront experimentez,il fuffira d'auifer fîlz font entiers de leurs membres : &
fîlz font reputez gés de bóne vie,par ceulx des villes ou villages ou ilz feront leuez. Les fignes pour cógnoiftre les plus idoines a ce meftier,font les
yeulx vifz & efueillez,la tefte droicte,l'eftomach efleué,les efpaulleslarges,
les bras longs,les doigtz fors,le vétre petit,les cuiffes groffes,les iábes grefles,
& les piedz fecz,lefquelz poinctz feroiét bien feantz en toute perfonne qui
les y trouueroit cómunement:pource que l'homme ainfi taillé ne pourroit
faillir d'eftre agile & fort, qui font deulx qualitez grandement requifes en
tout bon fouldard:nonobftant fî ne fauldra il pas refuzer ceulx qui n'aurót
tout ce que deffus, mais qu'ilz foient autrement bien difpofez. Sur tout il
fault aduifer que ces gens nouueaulx foient honneftemét conditiónez felon leur qualité, & qu'ilz ne foient point de ceulx qui font de vice vertu:
car ce feroit choifir des inftrumés pour faire tous les iours nouueaulx fcan-
dales,& pour corrompre les autres qui feroient quelque peu bons: comme
ainfi foit qu'en vne perfone mal nourrie & defhonnefte, & en vn vilain
cueur & ord ne puiffe iamais entrer ne habiter vn feul poinct de vertu. Si
les fouldars fe peuent donc trouuer bien condicionez du cómencement,
il fault donner ordre qu'ilz continuent tout le temps qu'ilz feront des bandes,& a ces fins eft expedient qu'ilz ayent toufiours quelque occupation
pour ne les laiffer iamais oififz,& que cefte occupation foit pour faire leurs
propres negoces,ou pour f'exerciter aux armes aufquelles ilz pourroiét va-
quer le iour des feftes,& que les autres iours ilz entendiffent a leur affaires,
& a trauailler de leur art:& fîlz n'auoient point d'art, ilz deuroiét eftre cótrainctz d'en aprendre dans certain temps.Ie parle de ceulx qui ne font no-
bles

bles,a celle fin qu'ilz euſſent dequoy ſe pouoir nourrir en téps de paix, ſans
le meſtier de la guerre, & qu'vne guerre faillie ilz fuſſent treſcontés de retourner a leur meſnage viure de leur art,ou de leur bié. Ce faiſant on verroit que le Roy ſeroit ſans comparaiſon mieulx ſeruy d'eulx, qu'il n'eſt pas
de ceulx qui exercét le faict de la guerre pour leur meſtier propre.Au fort
ſi le danger qui pourroit venir de ceſte leuée eſtoit eſtimé poiſer autát que
l'vtilité ou plus,& que le conſeil du Roy ſarreſtaſt a ceſte cóclufion,qu'il eſt
plus ſeur de laiſſer dormir ſes communes en temps de paix, que non pas les
eſueiller en leur mettant les armes en la main. Pour le moins il me ſemble
qu'aduenant la guerre,& quil eſt queſtion leuer de gens en France, qu'on ſe
deuroit ayder de ceſte forme deſlire les ſouldars, & qu'ilz deuroiét eſtre cótrainctz ſenrooller tout ainfi que i'ay dict, de quoy fauldroit bailler bonne
puiſſance aux Capitaines,& ſemblablement leur donner quelque honneſte
terme pour les choiſir & leuer:car de les preſſer(comme lon faict)n'y a or-
de : ſenten ſi lon veult auoir gens de ſeruice: pource que en ce cas les Capitaines ſont contrainctz receuoir tous ceulx qui viennent vers eulx, tant
les bons que les mauuais : & aucuneſſois les pires ſe font prier, & achepter
mieulx que ſil valoient quelque choſe, & neantmoins il en fault auoir,ne
fuſt que pour accóplir leur nombre. Ie vouldrois donc que ſeſdictz Capitaines euſſent plus de temps a faire leurs bandes qu'ilz n'ont pas, pendât lequel ilz fuſſent tenus a faire bonne diligence d'adreſſer leurs gens : & en les
addreſſant touſiours marcher vers le lieu de l'affaire a iournees raiſónables.

Commét c'eſt qu'il fauldroit armer & embaſtonner les ſouldars
ſelon la facon des anciens,& des modernes.   Chap. IIII.

A PRES ce que lon auroit trouué les hommes choiſiz &
enroollez,il les fauldroit armer le plus ſeurement que
lon ſe pourroit aduiſer, & en ſorte qu'ilz euſſent aduátage ſur tous autres. Pour ceſte cauſe il me ſemble qu'il
ſera bon d'examiner quelles armes les anciens portoiét,
& celles que lon porte auiourdhuy, a celle fin de prendre celles qui ſemblerót les plus ſeures.   Les Romains
diuiſoient leurs gens de pied en gens armez peſamment , & en gens armes
legerement.Ilz appelloient les ſouldars armez legeremét d'vn meſme nom,
a ſcauoir Velites,ſoubz lequel vocable ſentendoient tous ceulx qui ſay-
doiét de la Fonde,des Dars, & des Arcs.la pluſpart deſquelz,cóme dit Polybe, eſtoiét armez de Cabaſſet:& pour ſe couurir ilz auoient vne Rondelle au bras,& combatoient ſans tenir rue ne ordre aſſez loing de l'armeure
peſante.Les hommes armez peſamment auoient vne Salade qui leur cou
uroit la teſte, & leur deſcendoit iuſques aux eſpaulles : ilz auoient le corps
arme d'vne Cuyraſſe,laquelle auec ſes Fauldes couuroit les cuiſſes iuſques
ſus les genoulx:ilz auoient d'auantage les iambes & les bras couuers de
Greſues & d'Auátbras,& ſi portoient vn Eſcu de quatre piedz de long, &
large deulx & demy,lequel auoit vn cercle de fer par le hault pour ſouſtenir

nir mieulx les coups,& le garder de fendre:& vn autre cercle de fer deffoubz,qui gardoit que l'Efcu en l'appuyant contre terre ne fe confommoit legerement:ie l'acompare a vn pauois,mais que le pauois euft fur le fin mitan vne couppe,ou vne boffe de fer bien ferree & ioincte comme fefdictz efcus auoient,pour fouftenir tant mieulx les coups qu'on ruoit a l'encontre: oultre ce ilz auoient ceincte vne Efpee fur le cofté feneftre, & fur le cofte dextre vne courte Dague:ilz auoiét vn Dard en la main lequel il appelloiét Pilum,& le lancoient lors qu'ilz cómécoient le combat.Aucuns efcriuans difent,que oultre le Pauois fufdict ilz portoient encores vne Picque, mefmemét les fouldars Grecz:mais cela femble impoffible,d'autant qu'ilz euffent efté affez empefchez de f'ayder de l'vne de ces armes apart, & que de f'ayder bien de toutes deux enfemble feroit mal ayfé: car la Picque toute feulle requiert les deux mains:& d'autre part le Pauois fert tant feulemét de foy couurir,a caufe qu'il n'eft point tort maniable, & mefmes la Ródelle ne pourroit eftre maniée bonnement: ains feroit quafi inutile,finon que au commencement de la bataille on f'aydaft de la Picque ayant la Ródelle fur le doz,& que venant a f'entr'approcher de fi pres que ladicte Picque ne feruit plus de rien,que lon l'embandonnaft adonc pour prendre la Rondelle,de laquelle les fouldars f'aydaffent apres,& de l'Efpée parmy la preffe. Et ie dy cecy de ceulx qui fe vouldroient ayder d'vne Picque ne plus ne moins que filz n'auoient autre chofe a porter : car pour ceulx qui ne vouldroient faire finon pouffer,ie veulx dire que la Ródelle ne les pourroit empefcher tant ne quant,encores qu'ilz la tiennent en la forte qu'il la fault tenir. Les Grecs ne fe chargeoient pas de fi pefant Harnois que les Romains, mais ilz f'adonnoiét auffi beaucoup plus a porter la Picque, principallemét les Phalanges Macedonicques, lefquelles portoient des Picques appellées Sariffes longues X couldees,a tout lefquelles ilz f'efforcoient d'ouurir les rengz de leurs ennemis,fans fortir pour cela hors des leurs:mais puis que les Romains conqueſterent tout le Monde,nous pouons croire qu'ilz eſtoient les mieulx armez de tous. La facon du temps prefent eſt d'armer l'hóme de pied d'vn Hallecret cóplet,ou d'vne Chemife ou Golette de maille , & de Cabaffet,ce qui me femble affez fuffifant pour la defence de la perfonne:& le treuue meilleur que la Cuyraffe des anciés n'eftoit. Quant auz armes pour offendre, nous portós l'Efpee comme eulx, mais vn peu plus longue:les autres armes font,la Picque,la Hallebarde,la Pertuzane,la Harquebuze,& plufieurs autres moins accouftumees parmy fouldars,& la Rondelle,i'acoit que lon faict peu de compte de cefte cy,fi ce n'eft pour quelque affault,encores ne f'en charge ilz gueres perfóne,fi ce ne font les Capitaines. La Harquebuze a efté trouuee de peu d'ans en ca, & eft tresbonne, mais qu'elle foit gouuernee par gens adroictz: toutesfois qu'au temps prefent chacun ueult eftre Harquebuzier:ie ne fcay fi c'eft pour leuer plus de gaiges, ou pour eftre moins charge,ou pour combatre de plus loing, en quoy fauldroit mettre quelque reigle,& ordonner pluftoft moins de Harquebuziers, & que ceulx la fuffent bons,que non pas plufieurs,& qu'ilz ne vaillét gueres:car cefte negligéce eft caufe qu'en vne efcarmouche, ou en vn combat,

ou lon

ou lon tirera X mil harquebuzades, n'y mourra pas aucuneffois vn feul hôme, pour ce que le plus des Harquebuziers fe contentent de faire bruit, &
ainfi ilz lachent leur Harquebuzes a l'aduéture. Les Hallebardes font armes nouuelles inuentées par les Suiffes, comme ie croy, lefquelles font tref-
bonnes, mais qu'elles foient fortes & bien trenchans, & non pas legeres cóme font celles que les Italliens portent, plus pour faire belle monftre, comme
ie cuyde, que pour bonté qu'ilz y treuuent, pour raifon de leur foibleffe: &
autant en eft il de leurs Pertuzanes, lefquelles eftant plus fermes & mieulx
acerees qu'elles ne font, feruiroient contre gens nudz: mais contre les arméz
ne peuét elles pas faire grand feruice. Entre les autres armes moins accouftumees font l'Arc & l'Arbaleftre, qui font deulx baftons qui peuuét faire
trefgrand dómage fur les gens nudz ou mal armez, mefmemét en temps de
pluye que le Harquebuzier pred fa faifon, & n'eftoit ce que les Archiers
& les Arbaleftiers ne peuuét porter fur eulx telle munitió pour leurs Arcs
& Arbaleftes que font les Harquebuziers pour leurs harquebuzes. Ie loue-
roys les gens de traiét de mefme ceulx la, tát pour leur promptitude de tirer, qui eft beaucoup plus fouldaine, qu'auffi pour la feurté de leurs coups,
lefquelz ne feront gueres iamais vains: & i'acoit que le Harquebuzier puiffe tirer de plus loing, neantmoins l'Archer & l'Albaleftier occira auffi bien
vn homme nud de C, ou de CC pas loing que le meilleur Harquebuzier:
& telle fois que le harnois f'il n'eft des plus fors n'y pourra refifter. Au fort
le remede feroit que ceulx cy tiraffent le plus pres qu'ilz pourroiét: & fi cela ce faiét, lon trouuera plus de gens affolez & occiz par le traiét, que par le
double de Harquebuziers. Et cecy vouldroys ie prouuer par l'Arbaleftier
qui eftoit dedens Thurin au temps que monfeigneur le Marefchal d'An-
nebault en eftoit gouuerneur, lequel a ce que i'ay entendu, occift ou bleffa
plus de noz ennemis en V, ou VI efcarmouches ou il fe trouua, que les meilleurs Harquebuziers qui fuffent en la ville, ne firent durant tout le téps du
fiege. D'vn autre ay ie oy parlé, lequel fe trouua feul Arbaleftier en toute
l'armée que le Roy auoit foubz la charge de mófeigneur de Lautrec, & occift le iour de la bataille de la Bicorque vn Capitaine Efpaignol nómé Ihan
de Cardonne, qui auoit feulemét haulfé la veue de fon armet. I'ay parlé fpe-
cialemét de ces deulx, pource qu'ilz fe font trouuez feulz en des affaires ou
il y auoit grand' harquebuzerie, parmy lefquelz il fe font faiétz congnoiftre
tant quil meritent bien que lon en face mention. Qu'euft ce efté d'vn grád
nóbre de leurs femblales? mais paffons oultre, & parlons de la Picque de laquelle fi les Suiffes n'en ont efté les inuéteurs, fi l'ont ilz pour le moins remife en vfaige, pource qu'eulx eftant poures du commencement, & voulant viure en liberté, ont efté contraintz de combattre contre l'ambition
des Princes d'Allemaigne, lefquelz a caufe de leur richeffe & puiffance
pouoient entretenir plufieurs gens a cheual, ce que lefdiétz Suiffes n'euffent peu faire, & a cefte caufe ilz faifoient leurs guerres a pied. Ilz furét con-
traindtz donc pour foy defendre de la cheualerie de leurs ennemis, recourir
a la maniere ancienne, & d'icelle choifir quelques armes qui les peuffent
garder des gens a cheual, laquelle neceffité leur a faiét ou maintenir, ou

retrouuer les ordres du téps passé, sans lesquelz les gens de pied sont du tout inutiles: ilz prindrent pourtant les Picques, comme bastons tresvtilles, non seulement pour soustenir l'assault des gensdarmes, mais encores pour les vaincre: au moyen desquelles armes, & a la fiáce qu'ilz ont en leur bon ordre, ilz ont prinse telle audace, que XV ou XX mil hommes des leurs oseroient bien entreprédre sur tout vn Monde de gens de cheual, comme ilz monstrerent a Nouare, & a Marignan: combien qu'il leur print mieulx de l'vne bataille que de l'autre. Les exéples de la vertu que ces gens ont monstree auoir au faict des armes a pied, sont cause que depuis le voyage du Roy Charles VIII les autres nations les ont imitez, mesmement les Allemans & Espagnolz, lesquelz sont montez en la reputation que lon les tient auiourdhuy: pour autant qu'ilz ont voulu imiter l'ordre que lesdictz Suisses gardent, & la mode des armes qu'ilz portét. Les Italiens s'y sont adonnez apres, & nous finablemét: mais c'est de si loing, que nous quát a l'ordre, ne pourrions iamais estre leurs pareilz, si ne faisons valoir ceste ordonnance autremét parmy nous que nous n'auons faict iusques a present. tant y a aussi qu'ilz ne nous scauroient auácer de nul autre poinct. Il nous fault donc trauailler d'acquerir cest ordre icy, & s'il est possible en trouuer ou en former vn plus seur, moyennant lequel nous nous puissons defendre de chacun, & nous preferer a tous. Pour ce faire il fault tresbien armer les corps de noz souldars, a celle fin qu'ilz soient de tant moins exposez aux coups, & de tant plus mal aisez a desaire: principalement ceulx qui doyuent seruir dauant mur, & tous auec s'il est possible, chacun selon le baston qu'il portera. Les armes que nous prendrons pour le corps, seront ceulx cy: Premierement le Hallecret cóplet & Tassettes iusques au dessoubz du genoul, & les bas des chausses de maille, & la braye de fer, & de bons Auátbras & Gantelletz, ou gantz de maille, & d'vn bon Cabasser qui ait la veue presque couuerte. Les autres harnois de corps seront la Chemise ou Golette, mánches & gátz de maille, & Cabassetz descouuertz. Les bastons serót ceulx cy: Premierémét l'Espée de moyenne longueur, laquelle doit estre portée assez hault, ne du tout a la Françoise, ne du tout a l'Allemáde: car la façon de la porter si basse comme nous la portons auiourdhuy, empesche grandement vn souldart. La courte Dague sera aussi entre les bastós plus necessaires, de laquelle lon se peult mieulx ayder en vne grand' presse, que non pas de l'Espee. La Picque, la Hallebarde, & parmy vn nombre de hallebardes quelque Pertuzane, sont les autres bastons. La Rondelle ne peult estre dicte baston, neantmoins c'est vne tresbóne piece. La Harquebuze sera comptée pareillemét entre les bastós, & l'Arc & l'Arbaleste aussi. Vray est que ie laisseroye porter ces deux bastons aux gens du pais ou ilz ont le plus de cours, mais cecy en certain nombre. Ceulx qui porteront la Picque seront diuisez en ordinaires & extraordinaires. Les ordinaires seront armez de Hallecret cóplet en la forme susdicte: & oultre ce, ilz porterót vne Rondelle sur leurs doz, de laquelle ilz se pourrót ayder. Apres ce qu'ilz serót venuz si pres de leur aduersaires que la Picque ne serue plus de rien, ilz s'en pourrót semblablément couurir ayant affaire contre des Archers ou Arbalestiers, & aussi aux

assaulx:

affaulx : car auffi bien y eft la Picque quafi inutile, & ne fault point trouuer eftrange mon dire, entant que ie charge ces gens de tant de conditions de harnois:car ie ne tache que a les armer feurement en la forme que
ceulx qui veulent tenir bon , doyuent eftre equippéz, & non point en la
forte de ceulx qui f'arment legerement, lefquelz eftans mal couuers & armez penfent pluftoft a f'en fuyr qu'ilz ne penfent a vaincre : & fur cefte intention veullent ilz eftre ainfi deliurez. Ie prens auffi mon exemple fur les
Romains, lefquelz armoient les foulars qu'ilz ordonnoient par Batailles
le plus pefamment qu'il leur eftoit poffible, pour les rendre tant plus fermes
contre les ennemis : & que fentant leurs perfonnes ainfi chargees de harnois, ilz ne f'attendiffent a fe pouoir fauluer pour fuyte: ains de mourir fur
la place, ou gaigner la victoire. Vegece fe plainct en fon liure de ce que
les foulars de fon temps alloient armez trop legerement, & qu'ilz n'en-
fuyuoient les anciens lefquelz fouloient furmonter tous leurs ennemis, a
caufe de ce qu'ilz eftoient toufiours bien armez, & que les defarmez e-
ftoient ordinairement vaincuz en toutes leurs Batailles. Si les noftres veulent auffi eftre reputez vaillantz hommes par deffus tous leurs voifins, ilz
eft neceffaire qu'ilz f'arment le plus feurement qu'il leur fera poffible, principalement ceulx qui doyuent faire le fort des Batailles. Et encores le doyuent eftre les autres qui font pour les Efcarmouches, pour dóner tant plus
de peine aux aduerfaires de les defendre, & a eulx tant plus de force pour
leur refifter. A cefte fin dy ie que les Picquiers extraordinaires feront armez de Hallecret, & de Manches de Maille, & d'vn bon Cabaffet : les Hallebardiers doyuent eftre armez de mefme forte que les Picquiers ordinaires font : & les Harquebuziers, Archers, & Arbaleftiers feront armez de
Chemife & Manches de Maille, & de Cabaffet: ou en default de Chemi-
fes de Maille, ilz auront des Pourpointz d'Efcaille, & de bonnes Briganti-
nes, i'acoit que cecy fente vn peu fon temps iadis, ce qui ne peult chaloir,
mais que lon y congnoiffe quelque auátage. Toutes ces armes leur deuroiét
eftre fournies par le Roy, & qu'elles fuffent mieulx choifies que celles
qui furent baillees aux Legionnaires n'eftoient. Les Capitaines feront aduifez de defpartir les armes, & les diftribuer ainfi qu'il appartient : ficomme de bailler les armes pefantes, afcauoir eft les Picques, & les Hallebardes aux plus grandz & fors : & celles qui requierent eftre gouuernees par
gens agiles, les bailleront aux gens legers, fans oublier de mettre au roolle les armes & les baftons que chacun prendra a porter, pour leur en faire
rendre compte fi befoing faict, & pour les punir filz chang'oient de condition d'armes, fans congé : car depuis qu'vn fouldard aura prins a porter
la Picque, il ne pourra apres prendre la Harquebuze, f'il ne luy eft permis
par le Collonnel: ne le Harquebuzier femblablement ne pourra prendre
la Picque ou la Hallebarde: pource que fi les foulars eftoient en liberté de
changer lés armes a leur appetit, le nombre de chacune forte d'armes aug-
menteroit a toute heure ou diminuroit : & i'enten que le nombre des baftons d'vne chacune forte foit toufiours vn pour renger les Legions plus
proprement. Et f'il aduient que quelques vns de ceulx qui font le corps du

Bataillon meurent , ou fe perdent, ou deuiennent malades, & que a cefte caufe leurs places demeuraffent vuydes, il fauldra prendre des Picquiers des Flancz pour remplir les lieux vuydes de ceulx la. De ces Picquiers des Flancz fera parlé tantoft. Apres ce que les armes feront diftribuees, chacun Capitaine fe doit pourueoir de quelques honneftes hommes, s'il ne la defia faict , entre lefquelz il choififfe les plus vertueulx pour faire de l'vn fon Lieutenant , il fera de l'autre apres fon Porteur d'enfeigne, & les autres feront fes officiers . Et pource que lon fe fert en fes offices icy communement de Gentilz hommes, & que i'ay dict qu'ilz doyuent eftre exemps de femblable deuoir, il fault dire que du commencement on ne leur fera point de force : mais fi tant eft qu'ilz f'enroollent vne fois, qu'apres f'eftre enroollez, ilz feront tenus de feruir le Roy autant longuement & de mefme, que feront les plus fimples Legionnaires, fans fe pouoir caffer depuis qu'ilz auront donné leurs noms, ne plus ne moins que les autres, ne iufques a ce que le Roy leur donnera licence : tant y a qu'il fera bon d'y mettre vn certain terme, ficomme de XV ans ou enuiron, ou plus, a la difcretion dudict Seigneur.

La maniere de diftribuer vn bon nombre de gens par Bendes, & confequemment plufieurs Bendes en vn nombre principal.   Chap. V.

L ES nations qui ont eu autreffois ordonnance de gens de pied, ont faict vn nombre principal des gens qu'ilz leuoiét, lequel i'acoit qu'ait efté nommé diuerfemét, fi a il efté prefque pareil en nombre, pource que tous l'ont ordóné de VI a VIII Mil hommes, lequel nombre eftoit appelle Legió par les Romains, par les Grecz Phalange , par les Francois Caterue, & de noftre temps les Suiffes & Allemans luy donnent vn nom en

vn Hourt. leur langue, qui vault autant a dire que Bataillon en la noftre. Et de ce mot vfent auffi les Italiens & les Efpagnolz: mais pource que les hommes leuez par election meritent d'eftre dictz Legionnaires, & leur nombre eftre dict Legion, ioinct a ce que le Roy a voulu vfer de ce terme cóme du plus propre, i'en vferay auffi comme il a faict. Et pource que les Romains (comme dict Vegece) faifoient leurs Legions de VI Mil & Cent hommes, i'ordonneray auffi celles que ie dreffe de mefme nombre, & departiray apres ce nombre en XII Bendes, & en cela feray ie different a eulx: car ilz diuifoient leurs Legions en dix Bendes, defquelles ilz faifoient leurs Bataillons, & ie le feray comme eulx, & fi auray encores deux Bendes pour les Enfans perduz: car ainfi nommeray ie ceulx qui doyuent commécer la Bataille. Chacune des X Bendes fera gouuernee par vn Capitaine, & foubz chacun Capitaine y aura vn Lieutenant, vn Portenfeigne, vn Sergent de Bende, vn Conferuateur de la difcipline Militaire, vn Fourrier, deux Tabourins, & vn Fiffre: & oultre ces membres & officiers chacun Capitaine aura foubz fa charge cinq Cens & dix hommes, lefquelz feront diuifez

uifez en fix petites Bendes, que fix Capporalz ou Centeniers gouuerne=
ront. Les cinq Capporalz feront referuez pour le corps du Bataillon,& le
fixiefme fera pour le flanc.Soubz chacū Capporal y aura quatre Caps d'Efquadre. Soubz chacque Cap d'Efquadre y aura deux Dizeniers ou Chefz
de chambre. Et foubz chacun Chef de chambre feront mis neuf hommes. Ainfi le Cap d'Efquadre en aura vingt a gouuerner, & il fera le vingt
& vniefme. Le Capporal fera Chef de L X X X V hommes, fa perfonne
comprife.Les IIII de ces Capporalz auront tous leurs gens Picquiers,&
le cinquiefme aura tous les fiens Hallebardiers, referué que pour armer les
flācz des Hallebardiers il fault qu'en chacune chābre de ce Capporal icy y
ait trois Picquiers,& que le furplus foiét Hallebardiers. Ceulx du fixiefme
Capporal feront la moitié Picquiers,& l'autre moitié Harquebuziers,finō
que lon y vouluft entremefler quelque gens de Traiét,& faire que l'vn
Cap d'efquadre euft les fiens tous Harquebuziers,& que l'autre euft l'vn
Dizenier des fiens tous Archers,& l'autre Dizenier tout d'Arbaleftriers,
& que lon fe vouluft feruir de fes gens icy pour les lieux ou les Harquebuziers font inutiles : ficomme en temps de pluye, ainfi que diét eft,ou pour
faire vne charge fecrette que le feu n'auroit garde de les defcouurir, ou ailleurs que ces deux baftons peuent feruir plus feurement que ne feroit vne
Harquebuze. Les deux Bendes d'enfans perduz feront le nombre de D
CCCLXVIII hommes,ainfi a chacun en touchera CCCCXXXIIII.de ceulx
cy l'vn fera le Capitaine, lequel aura foubz foy le mefme nōbre de mébres
& d'officiers que l'vn des dix Capitaines a en charge.Et les CCCCXXV
qui reftent,feront diuifez en cinq petites Bendes,lefquelles feront gouuernees par cinq Capporalz,chacun defquelz aura foubz foy autant d'Efquadres & d'hommes,que l'vn des fufdiétz Capporalz a.Les quatre feront tous
Harquebuziers,& meflez de gens de Traiét comme deffus,qui vouldra. Et
le cinquiefme aura les fiens tous Picquiers,lefquelz f'appelleront Extraordinaires,pour autant qu'ilz combatent hors d'ordre,& fans tenir renc. Les
hommes de toutes ces Bendes font en nombre V I M & L X X. oultre lefquelz il fault qu'en chacune Legion y ait vn Chef general par deffus les Ca
pitaines,lequel fera nommé Collonnel, & aura pour fes officiers ceulx qui
fenfuyuent:afcauoir eft ỹn Maiftre de Camp,vn Sergét maiour,vn Preuoft:
& foubz le Preuoft quelques hommes fcauans,pour affifter en fes iugemés,
&pour le confeiller touchant le faiét de la Iuftice. Lediét Preuoft aura enco
res vn Greffier,& quelques Sergens ou Archers comme vous vouldrez,&
vn maiftre des haultes œuures. Il eft neceffaire d'auátage que lediét Colō-
nel ait vn preftre ou deux pour faire le feruice diuin,& pour adminiftrer les
facremés de l'Eglife a ceulx de la Legion. Il y fault encores vn Medecin, vn
Apothicquaire, & vn Cirurgien: quelque faifeur de feuz artificielz & de
pouldre,& quelque Armurier.Le furplus iufques au cōplemét de XXX pla-
..s auec les fufdiétz que ie viens de fpecifier,pourrōt eftre referuez pour fa
garde. Il fauldra,apres auoir ainfi diftribué le nombre fufdiét,impofer nom
aux X Capitaines.Ie veulx dire que l'vn fe nōme Premier,l'autre fecond,&
l'autre enfuyuāt tiers,quart,quint,fiziefme,feptiefme,huiétiefme,neufiefme

& dixiefme : les deux autres fe nómeront Capitaines des enfans perduz. Et
toutes les XII enfeignes deuroiét eftre d'vne colleur, & auoir quelque diffe
rence en facon, ou par quelque barres , pour eftre congneues les quantief-
mes elles feront, & pour congnoiftre facilemét le lieu qu'illes doyuét tenir
eft ant en bataille. Ie vouldroye pareillement que les fouldars fe veftiffent de
la colleur des enfeignes, pour f'en recongnoiftre mieulx: & qu'ilz euffent
quelque diuife, ou quelques congnoiffances en leurs chauffes, par laquelle
l on peut difcerner les fouldars des vnes bédes aupres des autres. Les Chefz
& officiers doyuent auoir leurs Cabaffetz couuertz de quelque coulleur,
ou bien qu'ilz euffent des Bauderelles pour fe faire cógnoiftre d'affez loing.
En la forme fufdicte vouldroy ie diftribuer vne Legion : car c'eft la meilleu
re que ie fache trouuer pour réger vn Bataillô, en telle forte qu'il foit quafi
inuincible. Et fi cefte Legion fembloit trop difficile a renger en telle forme
que ie diray tátoft, & que lon eftimaft plus feure & plus aifee la forme que
nous gardons auiourdhuy en rengeant noz gens en bataille: & femblablement que la mode de noz Legions Francoifes pleuft mieulx, & leur ordre,
que l'ordonnance de celles que ie dreffe: fi feroy ie d'aduis que lon diftri-
buaft les Bendes des Legions en autre forte que n'a efté faict encores: car elles feroiét tant mieulx difpofees a faire quelque beau faict qu'elles ne font:
i'acoit que leur ordonnance ne foit pas trop mauuaife, toute telle quelle
eft. Quant a moy ie les ordonneroye comme fenfuyt: c'eft que chacú des fix
Capitaines que le Roy a ordonnez en chacune Legion, euft quatre Cappo
ralz ou Céteniers tous de Picquiers ordinaires: & deux autres qui euffent
moictié Picquiers, & moictie Hallebardiers, ceft afcauoir deux Efquadres
de l'vn, & deux de l'autre: chacun defquelz fix Capitaines euft foubz foy
quatre Caps d'efquadres, & chacú Cap d'Efquadre deux Chefz de chábre,
& que chacú chef de chábre euft LXI hommes a gouuerner. Par ce moyen
les Efquadres feroient de XXV, & les fix Centeniers auroiét iuftemét Cét
fouldars pour homme: les fix Centeniers fufdictz feroiét pour le corps du
Bataillon. Quát aux flancz chacun Capitaine auroit encores vn Centenier
foubz luy, lequel auroit quatre caps d'Efquadre, & foubz chacun cap d'efquadre deux chefz de chambre, foubz chacun defquelz chefz de chábre y
auroit X hómes. Les deux Efquadres feroiét de Picquiers ordinaires, & les
deux de Harquebuziers. L'vn des trois Centeniers qui reftent pour faire les
dix qui font foubz chacú des fufdictz Capitaines, auroit les fiens tous Picquiers, lefquelz feroiét XCIII en nóbre, comprinfe la perfone du Centenier: & les deux autres en tel nóbre auffi que cedict Centenier, auront les
leurs tous Harquebuziers, & feront tous ces trois Centeniers, & leurs gés
appellez enfans perduz, & feruirót de ce que les fufdictz enfans perduz feruét. Ainfi pourra eftre diftribuee chacune béde de mil hommes, encores y
aura il XXVIII places de refte, lefquelles feront du Capitaine & de deux
Lieutenans, de deux enfeignes, de quatre Sergens de béde, de deux Fourriers, de quatre Tabourins, & de deux Fiffres. Et pource que les fix Céteniers
referuez pour faire le corps du bataillon n'ont point efté cóprins fur le nóbre de leurs gens, ilz feront comptez en ce nombre qui refte: & encores y

aura

aura cinq places lefquelles feruiront pour le Collonnel, & pour les officiers, & pour la garde qu'il doit auoir: & pourtant il y auroit en chacune
bende de ceulx cy, D I I I I Picquiers ordinaires, C I I Halbardiers,
& pour armer les flancz ilz y auroit X L V I Picquiers ordinaires, &
autant de Harquebuziers: & oultre ce, la perfonne du Centenier. Pour les
enfans perduz y auroit X C I I I Picquiers extraordinaires, & CLXXXVI
Harquebuziers, qui font en tout DCCCCLXXVIII. Les XXII qui reftét
font pour le Chef, membres, officiers, & pour le Collónel, ainfi comme i'ay
defia dict. A ce compte y auroit en vne Legion I I I M X X I I I I Picquiers
ordinaires : D C X I I Hallebardiers. Pour les flancz y auroit CCLXXXII
Picquiers, & CCLXXXII Harquebuziers. Quát aux enfans perduz il y auroit CCCL VIII Picquiers extraordinaires, & MCXVI Harquebuziers. Le
furplus eft pour les places des Chefz, membres, & autres ainfi que dict eft.
Touchant la maniere que ie vouldroye garder a renger vne de ces Legions
en bataille, fera dit apres auoir parlé de quelques petites chofes particulieres. Et apres ce que i'en auray renge vne de celles que ie dreffe fuyuant la
mode antique, laquelle eftant diuifee, comme dict eft deffus, confifteroiét en
I I I M D C Picquiers ordinaires, comprins les CCXL Picquiers qui doyuent armer tous les rengs des Hallebardiers fur les flancz, & en D C Hallebardiers : & ceulx cy feruent pour le corps du Bataillon. Or pour les
flancs il y auroit CCCCXX Picquiers, & CCCCXX Harquebufiers: Et
oultre ce X Capporalz pour les gouuerner. Quant aux enfans perduz il y
auroit DCLXXX Harquebuziers, & CLXX Picquiers, qui font le nóbre
de V M D CCCC hómes. Le furplus eft occupe par les Chefz, mébres &
officiers de toute la Legion, lefquelz ne font comprins nullemét fur le nóbre fufdict. Et la, & quand ce nombre de Harquebuziers fembleroit trop
petit, on le peult augméter, & en dreffer quelques bendes a part hors la Le
gion, lefquelz Harquebuziers pourront eftre nommez proprement Auenturiers ou extraordinaires, d'autát qu'ilz feront leuez & entretenus feulement ce temps pendant que lon fera guerre, & non plus. Ce que deffus fuffira touchant la diuifion, & deformais nous fault defcendre a parler des excercices que chacun fouldart & que chacune bende doit faire particulieremét, fans lefquelz lon ne fe pourroit feruir de ces gens efleuz, armez, embaftonnez, & diftribuez par bendes en quelque bon affaire : car ilz ont befoing de plus, que de cela.

Cómét il fault excerciter premieremét ces nouueaulx fouldars en diuers
excercices, & en apres les bendes auant que les affembler. Chap. V I.

P OVRCE que les excercices aufquelz ces gens nouueaulx
doyuét eftre adreffez font de plufieurs fortes, il fault faire métion fommairement de chacun: car de les fpecifier par le menu
feroit vn propos trop prolixe. Il conuient donc parler de tous
ces excercices, comme d'endurcir le corps a la peine, f'ayder bien des armes
qu'ilz porteront, de garder l'ordre en marchát par pais, & lors qu'il fauldra
cóbatre, & de la maniere de loger vne de ces Legions, ou plufieurs enfem-

ble dedés vn Camp,qui sont a mon aduis les principaulx poinctz qu'vne ar
mee doit sçauoir.Pourtant il est necessaire que les souldars y soient accoustumez tant souuét que sera possible,mesmemét au Diméches & aux iours
de festes,en quoy les Capporalz ou les Céteniers,Caps d'esquadre,& chefz
de chábre seront diligens,& s'assembleront auec leurs gens le plus souuent
qu'ilz pourront.Aussi les fauldroit il leuer si pres les vns des autres,& des
compaignós,que sans grande difficulte ou despense les Capporalz peussent
assébler leurs souldars en peu d'heure,pour les faire excerciter a courir pour
deuenir vistes a saillir:pour ce faire dextres a ruer la pierre,le dart,la barre de
fer,& a luitter silz veullét estre fors,sans lesquelles qualitez vn souldart ne
peult rien valoir:pource que la vistesse faict l'homme apte pour preoccuper
les lieux a l'ennnemy,quelques difficilles qu'ilz soient:elle faict diligét pour
surprédre les ennemis lors qu'ilz s'en doutent le moins:& silz fuyent,ilz les
peuuent tát mieulx suyuir & rataindre:si les souldars sont dextres & agiles,
ilz en eschiuerót mieulx les coups,& si en saulteront mieulx & passeront vn
fosse,& en monterót tant plus habillemét en vne Bresche,& a vne Eschel-
le.La force leur fera supporter le faix des armes,heurter& ensocer plus rude
mét l'ennemy,soustenir & repousser plus seuremét son assault. Il fauldroit
pareillement accoustumer ses souldars a porter poisans faix,a celle fin que si
quelque entreprinse se dressoit, pour laquelle mettre a executió il leur faul
sist cheminer plusieurs iours sans trouuer viures, qu'ilz en puissent porter
vne bonne quantité a leur doz: car tousiours ne peult lon pas auoir les Viuandiers a la queue,ioinct a ce que telle fois il seroit expedient qu'ilz cha-
riassent boys,terre,ou autre matiere pour reparer,que ne s'estant desia adó-
nez a porter quelque charge pesante,il seroit dágereulx qu'ilz ne le peussent
faire au besoing.Oultre plus,qui vouldra que ces gés ne puissent estre empeschez par aucune Riuiere n'ayát auec eulx aucun Pont, ne le dequoy en
dresser próptement vn,il sera tresproufitable de leur faire apprédre a nager:
car cest excercice est comprins entre les autres plus necessaires.Quant a lau
tre mode des excercices,c'st de s'ayder bié des armes que lon porte. Chacun chef de chambre,Cape d'esquadre, & Capporal,doit estre diligent d'a-
dresser les siens auát toute œuure au Ieu de l'Espée:& apres cecy,que ceulx
qui ont la charge des Picquiers addressent les leurs a la Picque,& ceulx qui
ont des Hallebardiers & des Harquebuziers a gouuerner, monstreront a
leurs souldars la facon de se pouoir ayder de chacune de ses armes, & de
les bien porter,en s'essayant a ces armes,&en s'exercicitant a la pluspart des
autres excercices. Les souldars deuroient estre arméz du harnois qui leurs
est baillé pour armer le corps : car par ceste coustume ilz apprendront a
estimer la poisanteur du harnois de mesme celle du pourpoinct,& ne s'en
sentiront en rien plus greuéz pour long chemin qui leur conuiéne faire,ou
estre longuemét en armes.Ilz obseruerót donc les choses susdictes,silz veu
lent estre reputez du nombre des bons souldars, combien qu'encores n'est
ce pas assez pour meriter d'estre dictz bons, i'acoit qu'ilz soiét duictz a la pei
né,qu'ilz soient tant vistes,gaillardz & adroictz que vous sçauriez bien di-
re:car il est necessaire qu'ilz apprengnét d'auantage a se renger en simple ordonnance,

donnace,& entédre les voix des Capitaines,des Sergens de bende, & a o-
beyr promptemét: pour comprédre aussi tous les sons des Trompettes, &
toutes les batteries des Tabourins, & leur signifiance:& en toutes ces cho
ses vacquer visuement & souuent,ou autremét (sinon que ceste discipline
soit diligemment obseruee & accoustumee presque tous les iours) ces nouuelles gens ne pourroiét faire seruice qui valust , pour hardiz & courageux
qu'ilz feussent:pource que la hardiesse sans bon ordre est beaucoup plus de-
bile, que n'est pas la coardise bien ordonnee,a cause de ce que lordre chas-
se la peur du cueur des hommes,& que le desordre l'y meét:ce que a grand
peine aduiendra a ceulx cy,mais quilz soient instituez & adressez comme il
appartient:Ascauoir les gens d'vn Capporal ensemble au bout de chacun
mois:esquadre pour esquadre tous les Dimenches: & les Chábrees a toutes les Festes. Et les Bédes s'assembleront chacune a part,sentéd auec leurs
gés & officiers de trois en trois mois:& la Legion deux fois l'an:les Cappo
ralz de chacune bende assemblerót leurs Esquadres de trois mois en trois
mois comme dit est: & se rendront au lieu que chacun Capitaine ordonnera aux siés,la ou il se trouuera luy mesmes,auec tous ses souldars: & ce pour
les adresser es autres poinétz que chacun souldard doibt scauoir particulieremét,a celle fin qu'ilz ne puissent apres trouuer estrange, ce qu'il leur sauldra
faire en general:car en ce mestier des armes lon s'estudie sur tout en ce
que les hommes doyuent scauoir faire en chacune bende , & en ce qu'vne
bende doibt faire quand elle est auec les autres en vn camp:& les souldars
qui scauent bien faire le premier,obseruent facillement le second:mais sans
scauoir le premier,n'est possible de paruenir a la discipline du second.Cha-
cune béde donc doibt apprédre a part soy a bien tenir le renc en toute qua
lité de mouuement,C'est ascauoir a marcher lentement,ou en diligence:&
d'auátage apprédre tous les sons,tous les signes,& tous les criz,par lesquelz
lon commande en vne bataille,& que chacun congnoisse leur signifiance,
ne plus ne moins que les forcez des Galleres entédent ce qu'il leur fault faire par le seul sifflet du Cómit,en quoy le souldart doibt estre prompt & aduisé pour obeyr incontinent & a propost a la batterie des Tabourins, soit
pour marcher auant,ou pour s'arrester ou pour reculler,ou bien pour tourner le visaige & les armes deuers quelque part.Et a ces fins le Collónel doit
ordonner que tous ses Tabourins ayent vne mesme & semblable batterie,
& que tous vsent d'vne mesme forme de sonner aux champs,de sonner vne
alarme,& pour faire vne cryee pour se mettre en bataille, pour s'aduancer,
pour reculler,pour se tourner d'vne part ou d'autre,pour la retraicte : & en
somme pour signifier tous les autres poinétz que la voix d'vn seul ne peult
faire si bien entédre que faiét le son de plusieurs Tabourins:lesquelz se font
oyr es plus grás tumultes & es plus grans presses. Les souldars aussi doyuét
estre si attentz a escouter ce que lon leur diét & commáde,qu'ilz n'y puissent iamais faillir.Les tabourins semblablemét doyuét estre prompts a bat
tre leurs Caysses selon le cry des trompettes du Collonnel,par lesquelz se
gouuerneront en toutes leurs bateries : la trompette du Collonnel doibt
estre expert en toutes ces sonneries , & qu'il les sache faire si clairemét,qu'il

ne face entendre vne chofe pour autre : ains que fache exprimer comme il appartiét le cómandement du Collonnel, aupres duquel il luy fauldra toufiours eftre, & ne l'abádóner point. Et pour vous dire la caufe qui me faiĉ ordóner des Trompettes pour les gens de pied, c'eft qu'ilz feront beaucoup mieulx entenduz que les Tabourins ne pourroiét eftre, fil y auoit vn grand tumulte, & qu'il faulfift varier de fon : car ce fera par les Trópettes qu'ilz fe gouuernerót : la fonnerie defquelz eft plus haultaine que n'eft la batterie des Tabourins, ce que les Suiffes qui font inuéteurs du Tabourin ont cógneu. Et a ces fins voyez vous qu'ilz ont des Trompettes audeuát de leurs Bataillons, par lefquelz leurs Chefz fignifiét ce que le Bataillon doibt faire, & na pas trop de temps qu'ilz auoiét de grandz Cors. Toutes ces chofes menues deuroient eftre monftrees a chacune bende a part, auant que les renger toutes enfemble, a celle fin quelles ayent l'art de bié tenir l'ordre & le renc, fans ce que nul lieu, pour difficulté qu'il foit, les peult defbaratter : & auffi que le fon du Trópette leur fuft fi familier qu'ilz ne peuffent errer, ne prédre lune chofe pour l'autre : ains que ces bendes puiffent apres facilement apprédre tout ce que le Bataillon doit faire eftát enfemble. Et pource que lon dreffe vne armee en bataille ou pour raifon des ennemis que lon voit, ou pource que lon les doubte fans les veoir : chacune béde doit eftre excercitee en telle forte & inftruiĉte, qu'elle puiffe marcher feuremét par pais & cóbattre fi befoing faiĉt, en monftrant aux fouldardz ce qu'ilz auroient a faire filz eftoiét affailliz d'vn cofté ou d'autre au defpourueu. Et quand lon les inftruiĉt en la manicre qu'il fault garder pour refifter aux ennemis a vn iour affigné : & quand lon les voit il leur conuient monftrer comment c'eft qu'vne bataille fe commence : & commét c'eft qu'vn Bataillon aborde vn autre Bataillon d'ennemis : & leur móftrer le lieu ou ilz fe doyuét retirer eftans repoulfez : & qui c'eft qui fe doibt mettre en leur place : a quelz fignes, a quelz fons, & a quelz criz ilz doyuent obeyr : & ce qu'il leur fault faire oyans les criz, & les fons, & voyás les fignes : & les accouftumer auec ces batailles & affaultz fainĉtz, tellement bien qu'apres ilz ofent non feulement attendre : mais encores d'auantage defirer les combatz qui fe font a bon efcien : laquelle affeurance leur viendra trop mieulx de ce qu'ilz fe verront bien addreffez & régez, que non point de leur hardieffe propre : & mefmement de ce que ces Bataillons feront rengez en telle forte que l'vn pourra fecourir facilement l'autre, qui n'eft pas de petite importance, pour affeurer les fouldars. Pource que fi ie fuis des premiers combatans, & que ie fache en quelle part ie me doy retirer eftát furmonté, & qui ceft qui doibt venir en ma place, ie combatray toufiours de meilleur cueur voyant mon fecours prochain, que fi ie ne le fcauoye point, ou que ie ne le veiffe pas. Pareillement fi ie fuis des fecondz (iacoit que les premiers foient repoulfez, & que ie les voye reculler) cela ne m'eftonnera en rien : pource que ie fauray defia que ce reculement fignifie, & fi auray defir qu'il en aduienne ainfi, a celle fin d'eftre celluy qui peult gaigner la viĉtoire, & que les premiers n'ayent point ceft honneur tous feulz. Ces excercices icy font tres neceffaires, & pour les hommes noueaulx, & pour les agguerriz auffi : car ló voit qu'encores que les Romains

fceuffent

sceussent tout ce qu'ilz deuoient faire en vne bende particulierement, &
apres en tout vne armee,& qu'ilz apprinssét tous ces poinctz en leur ieunes
se.Neantmoins si estoient ilz excercitez continuellemét aussi bien en téps
de paix qu'en ayant les ennemis tout aupres. Et Iosephe dict en son histoi-
re,que les excercices continuelz de larmee Romaine estoient cause que la
multitude de ceulx qui suyuoient vn camp,seruoient a vn iour de bataille
aussi bien que les gens de guerre : car tant les vns que les autres scauoient
bien garder leur renc, & en le gardant ilz scauoiét bien combatre.Mais vn
excercite de gens nouueaulx,ou que vous leuez soubdainemét pour vous
en seruir sur lheure,ou que vous en faictes vne nouuelle ordonnance pour
les employer auec le temps, il deuiendroit a pute fin sans ces excercices :
pource que l'ordre estant necessaire,il fault auecques double industrie& fatigue le monstrer a ceulx qui ne l'entendent, & le maintenir en ceulx qui
le scauent,cóme lon voit que pour maintenir & enseigner ceste discipline
que plusieurs Capitaines excellentz se sont iadis trauaillez. Mais ce propos
m'a transporté aucunemét:car auát qu'auoir declairé les moyés d'excerciter
lesbédes en particulier,i'ay parlé de larmee entiere:toutessois laffectió que ie
porte a cest ordre en a esté cause:pourtát il me fault reuenir en mó poinct.

Pour renger vne bende apart en bataille,& l'ordre qu'elle doibt
garder en allant par pais:& la maniere dela loger en camp en son
quartier apart,& vne legion ensemble.   Chap. VII.

A premiere importance qui soit es excercices des bendes,
c'est a bien scauoir tenir les rencz:parquoy il les fault réger
premieremét en simple ordonnance:c'est de trois en trois,
ou de cinq en cinq,ou de huict:cóme il viédra le mieulx a
propos,sans prédre garde au nóbre sil est pair ou non pair:
car cela n'y faict rien:ains c'est vne obseruatió trouuee sans
fondemét, & mesmes Vegece nen scait assigner aucune raison,mais que de
l'usage.I'ay dóc dit que chacune desdictes X bendes ordónees pour le corps
du bataillon de chacune des Legions que ie dresse nouuellement,(ie laisse
apart les Legiós leuées par cy deuant)sera de cinq Cens & dix hómes,sans
compter le Capitaine,ses membres & officiers:lesquelz D X hómes doyuét
estre reduictz en C II rencz,a cinq pour renc.Et apres en marchát ou tout
bellemét,ou en haste, il les fault multiplier:sicomme de deux rencz de cinq
en faire vn de X: & de deux de X en faire vn de X X, & tout a vn coup
les oster de ce renc,& les remettre en leur premier& simple ordre.Et a celle fin qu'ilz sasseurent mieulx,il est necessaire leur faire faire des limassons
lors qu'ilz sont en simple ordonnance,& les aduertir que les secondz se tié-
nent tousiours au derriere des premiers sans les perdre : & les tiers au droit
des secondz:& les autres ensuyuát iusques aux derniers. Ce faict,lon pourra
dresser chacune de ces bendes en lestat qu'il fault quelles se rengent pour
renger toute la Legió ensemble.Et pour faire cecy,les Picquiers des flancz
& les Harquebusiers sortiront de l'ordonnance, & se mettront au coste:&
lors les deux Cappóralz de picquiers ordinaires feront la teste,l'vn Capporal & ses gens tout premier:& l'autre Capporal & ses gens apres:le Cap-

poral des Hallebardiers les fuyt, & le Portenfeigne eft au milieu de ces
Hallebardes. Les deux Capporalz de Picquiers feront la queue chacun a-
uec les fiens. L'ordonnance de ces gens icy fera de cinq en cinq, & fera mô-
ftré á chacun Capporal le lieu qu'il deura occuper en tous temps : & les
Capporalz le monftreront apres a leurs Caps d'efquadre: & les Caps d'efquadre aux Dizeniers. Le Capitaine eft a la tefte de l'ordonnáce, & le Lieutenant a la queue. Le Sergent n'a point de lieu arrefté, finon que le Capitaine le luy baille: car il doit toufiours trotter ca & la par les rencz pour faire tenir bon ordre, & pour cômander la volonté dudict Capitaine. Le Cô-
feruateur dela difcipline y fera auffi hors de renc pour prédre garde a ceulx
qui faillent, a celle fin de les punir apres, felon les ftatutz que le Collonnel fe
ra a ces fins furce en cheminât ou fans bouger comme vous vouldrez. Le fe
cond renc entrera dedens le premier : le quart dedens le tiers: le fixiefme
dedens le cinquiefme, & les autres apres enfuyuant, tant que les L X X X V
rencz que les V Capporalz font eulx & leurs Caps d'Efquadre côpris re-
uiennent a X L I I, chacun defquelz rencz eft de X hommes, fans compter
les Capporalz, lefquelz font rengez maintenant au deuant de leurs gens.
Ces X L I I rencz feront encores redoublez en faifant entrer lun renc dedens l'autre côme dit eft: & de X hommes qu'ilz eftoient cy deuant en chacun renc ilz feront X X aprefent : auec chacun defquelz fe rengera le Cap
d'efquadre au fin milieu, de forte qu'il ait X hommes fur le cofté gauche,
& X fur le droict, qui eft iuftemét vn Efquadre. Le Capporal fe met au deuant de fes quatre Efquadres : Ainfi les fouldars d'vne bende feront X X
rencz: chacun réc de X X I homme. Les V I I I premiers rencz, & les V I I I
derniers feront Picquiers : & les I I I I du mitan feront Hallebardiers,

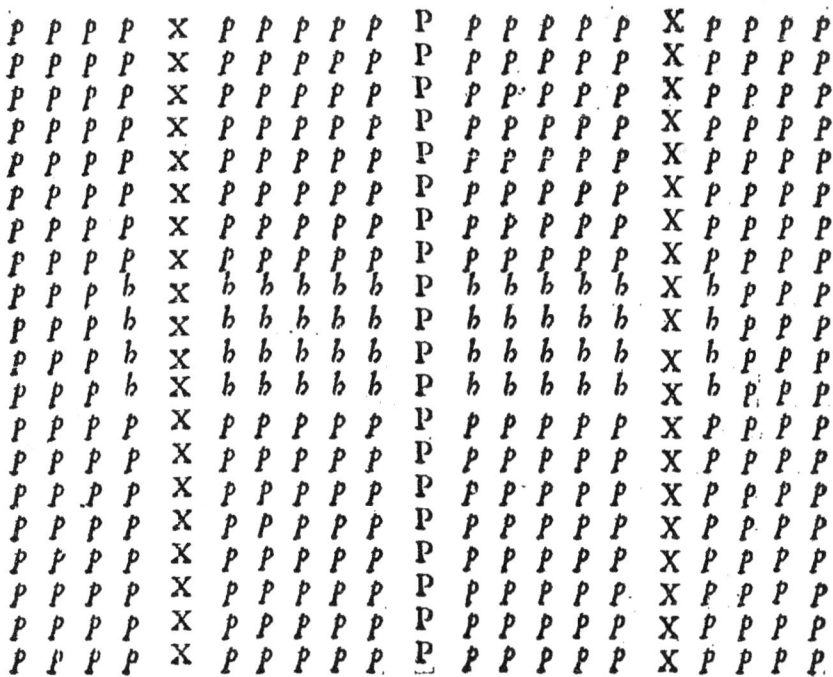

p	p	p	p	X	p	p	p	p	p	P	p	p	p	p	p	X	p	p	p	p
p	p	p	p	X	p	p	p	p	p	P	p	p	p	p	p	X	p	p	p	p
p	p	p	p	X	p	p	p	p	p	P	p	p	p	p	p	X	p	p	p	p
p	p	p	p	X	p	p	p	p	p	P	p	p	p	p	p	X	p	p	p	p
p	p	p	p	X	p	p	p	p	p	P	p	p	p	p	p	X	p	p	p	p
p	p	p	p	X	p	p	p	p	p	P	p	p	p	p	p	X	p	p	p	p
p	p	p	p	X	p	p	p	p	p	P	p	p	p	p	p	X	p	p	p	p
p	p	p	p	X	p	p	p	p	p	P	p	p	p	p	p	X	p	p	p	p
p	p	p	b	X	b	b	b	b	b	P	b	b	b	b	b	X	b	p	p	p
p	p	p	b	X	b	b	b	b	b	P	b	b	b	b	b	X	b	p	p	p
p	p	p	b	X	b	b	b	b	b	P	b	b	b	b	b	X	b	p	p	p
p	p	p	b	X	b	b	b	b	b	P	b	b	b	b	b	X	b	p	p	p
p	p	p	p	X	p	p	p	p	p	P	p	p	p	p	p	X	p	p	p	p
p	p	p	p	X	p	p	p	p	p	P	p	p	p	p	p	X	p	p	p	p
p	p	p	p	X	p	p	p	p	p	P	p	p	p	p	p	X	p	p	p	p
p	p	p	p	X	p	p	p	p	p	P	p	p	p	p	p	X	p	p	p	p
p	p	p	p	X	p	p	p	p	p	P	p	p	p	p	p	X	p	p	p	p
p	p	p	p	X	p	p	p	p	p	P	p	p	p	p	p	X	p	p	p	p
p	p	p	p	X	p	p	p	p	p	P	p	p	p	p	p	X	p	p	p	p
p	p	p	p	X	p	p	p	p	p	P	p	p	p	p	p	X	p	p	p	p

ou bien que tous les hommes de toute vne Efquadre fe fuyuent l'vn l'autre:& que d'autant d'hommes comme lon vouldra dreffer l'ordonnance,
que lon y mette autant d'Efquadres:car ie veulx dire que chacune ne fera
qu'vn feul renc.Et par ainfi que fi l'ordonnance eft de cinq en cinq,& que
lon veuille renger les X X Efquadres en bataille,il fauldra que les Efquadres aduácent l'vne par le Flanc de l'autre iufques a ce que toutes foiét régees ne plus auant ne plus arriere l'vne que l'autre.Le premier de chacun
renc fera le Cap d'Efquadre, & le fecód l'vn des deux Chefz:& apres luy
toute fa chambree.L'autre Chef de chábree fera tout le fin dernier du renc,
&feruira icelle de garder le Doz.Ses fouldars ferót oppofez a ceulx de fon
compagnon,deforte que les derniers de l'vn & de l'autre facent le mytan
du renc. Et pource que ie mettois tátoft des Hallebardiers fur ce mylieu,
i'entendz qu'il y en ait encores tout autant, & fe feront les deux derniers
d'vne chacune chambree qui porteront des hallebardes : & ainfi n'y aura
point d'Efquadres expreffes pour les Hallebardiers. A ce cópte il y auroit
en ce petit bataillon X X I renc,a X X hommes de fronc : chacun des Capporalz fe met au deuant de fes Efquadres.

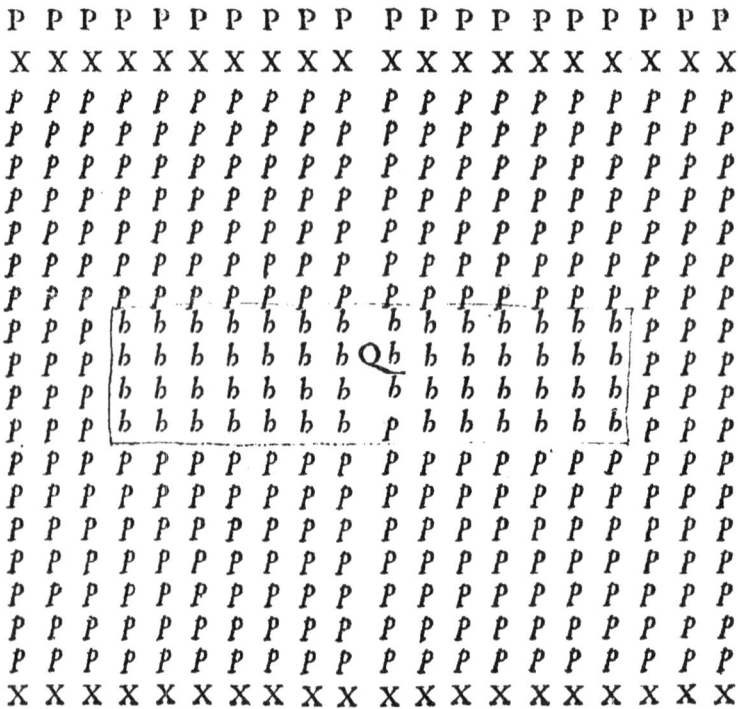

Et suppose que lautre forme soit trouuee meileure que ceste cy, ou au cõtraire:si est ce qu'il est expedient que tous les souldars soient addressez en telle sorte qu'ilz se sachent d'eulx mesmes renger en bataille:& pource les fault il faire marcher hastiuement en auant & en arriere:les faire passer par des lieux difficiles sans troubler l'ordre, ne sans se rompre:& si les souldars scauent bien faire tout cecy,ilz meriteront d'estre dictz experimentez : & combien qu'ilz n'ayent onquesmais veu ennemy,si les deuroit lon appeller vieulx souldars : & aucontraire ceulx qui ne scauent tenir ces ordres, iacoit qu'ilz se soient trouuez en mil guerres, si doyuent ilz estre tousiours estimez noulleaulx souldars. La difficulté est bien grande aussi a faire que les gens se remettent ensemble soubdainement & en leur premiere ordonná ce depuis qu'ilz sont rompuz,a cause des chemins mal aysez, ou que les ennemis les auront mis en desordre:car en cecy est besoing d'vn grand excercice,& d'une longue coustume.Pourtant il est necessaire pour y obuier auoir deux choses,l'vne que les Enseignes puissent estre cógnues facillemét, & que les Chefz , mébres & officiers ayent certaine congnoissance en leurs armes,ou en leurs acoustremés.Et l'autre est,qu'vne mesme béde soit tousiours rengee en vn certain lieu du bataillon,sans le faire iamais changer de place : & que les Caporalz scachent le lieu qu'ilz doyuent auoir auec leurs trouppes sans se transmuer en nul temps : ains que si l'vn Caporal a accoustumé d'estre au premier renc,qu'il y demeure tousiours : & le souldart en la place que luy sera ordonnee du commencemét.Et si vne bende a apprins d'estre au coing dextre,qu'elle n'en bouge aussi point: & que celle du senestre retourne au senestre.Par ce moyen si les souldars s'accoustument a recó gnoistre leurs places(pose le cas qu'ilz se trouuassent hors d'ordre)ilz s'y remettront legeremét:car les Enseignes scauront desia l'endroit ou elles ont accoustumé d'estre assisez dedans le Bataillon,& les Caporalz recongnoissant chacun sa place,pourrõt iuger a l'œil de quelle part c'est qu'ilz se doyuét renger:car ceulx du front se retirerót vers le front,& ceulx de la queue semblablement a leur lieu.Oultre plus,les Caps d'esquadre scauét en combien de rencz ilz se doyuent renger,& tant eulx que leurs Caporalz entendent assez qui cest qui doit preceder, & qui cest qui doit suyuir.Pourtant les souldars qui n'ont autre chose a faire qu'a imiter leurs Chefz,se rengerót promptement chacun en sa place, sans auoir que faire de Sergent de bende, ne d'autre pour les y remettre, attendu que l'usage les aura rendu maistres parfaictz.Ces choses icy s'enseignent & s'apprennét bien tost,pourueu que lon y mette diligence,& que lon s'y accoustume menu & souuent:& depuis qu'elles sont vne fois bien retenues , elles s'oublient apres a grand peine. Il est encores necessaire leur aprédre a se tourner tout a vn coup:car par fois il fauldra faire du doz front ou queue de l'vn des Flancz,selon la force des ennemis,& selon lendroit par ou lon peult estre assailly.Et pour respondre deuers la part qu'il sera besoing,il ne fault que tourner sa personne vers lédroit que lon commande,& ainsi celle part vers laquelle les souldars auront tourné visage, sera le front. Mais qui vouldroit que tout vn Bataillon tournast tout d'vne piece,cóme lon dict, & cóme s'il estoit vn corps massif,

il fauldroit

il fauldroit en cecy auoir vne grád'praticque & diſcretion:car pour le tour
ner ſur la main ſeneſtre il fauldroit que le coing gauche ſarreſtaſt,& que
ceulx q luy ſont aupres ſaduáceaſſēt ſi létemét,que ceulx du coing droiĉt ne
fuſſent cótrainĉtz de courir,autremét tout ſe cófondroit:mais cecy ſe peult
mieux móſtrer par effeĉt que par eſcript.Au regard des deux Bédes des Enfás perduz,leurs Picquiers pourrót eſtre régez en ordónáce pour apprédre a
garder l'ordre:car ie me vouldrois ſeruir d'eulx & de ceulx des Flácz aux fa-
ĉtiós particulieres,c'eſtaſcauoir aux Eſcortes,& aux autres Coruees,ſil n'eſt
requis d'y enuoyer grád nóbre de gés:mais pŕincipallemét ie veulx ceulx des
Flácz pour arm̄er& pour couurir les coſtez du Bataillō:& les Enſás perduz
Picquiers & Harquebuziers,ie les dreſſe pour cómécer le cóbat,& pour có
batre parmy laGédarmerie,ſás tenir poćt d'ordre.Et a ces fins les ay ie armez
legeremét:car leur office ſera de cóbatre ſás tenir ferme,& en courát ca&la,
ſoit qu'ilz chaſſét les ennemis,ou bié qlz ſoiét chaſſez:enquoy les Picquiers
ſeruirót de beaucoup:car ilz ſouſtiédrót les Harquebuziers,& pourrót mó
ſtrer viſage a ceulx qles preſſeroiét fuſſét ilz a Cheual ou Pied,ou pour pourſuyure ceulx qui ſeroiét en fuyte,& pour enfoncer les ennemis quád ilz les
verroiét cháceller. Ainſi dóc tant les vns ſouldars cóme les autres ſoiét ilz
du corps du Bataillō ou des Flácz,ou des Enfans perduz,ont beſoing d'eſtre
bié excercitez,a celle fin qu'ilz ſachét tenir les rencz,& recongnoiſtre leur
place pour ſ'y rebouter ſoudain d'eulx meſmes,ſilz ſ'eſtoient rópuz a cauſe
de quelque mauuais paſſage & eſtroit,ou bié que les ennemis les euſſēt mis
en deſarroy:& ſi les ſouldars ſcauét faire cecy dedés leurs bendes,chacune
béde apprédra facilemét apres a ſe réger au lieu qu'elle doit tenir dedés le
Bataillon,& tout de ſuyte elle ſcaura fort bié ce qu'elle deura faire eſtát au
Camp.Quád aux bendes des Legiós deſia ordónees en Fráce,qui ſont de
Mil Hómes:chacun pour les mettre en ordónáce de VI en VI,il fauldra re
duire les gens de VI Capporalz qui ſont pour les corps du Bataillon,en
XCVI rencz,nó cóprins les Capporalz,ne les Caps d'eſquadre:& apres les
doubler,& de VI en faire XII,faiſant entrer les vns récz dedés les autres,có
me dit eſt deſſus.Ainſi les XCVI rencz deuiédrót a XLVIII.De recheſilz
ſerót redoublez,& de XII pour renc ilz monterót iuſques a XXIIII.Et a
lors les Caps d'eſquadre ſe ioindrót auec eulx:par ce moyé chacun renc ſe
ra de XXV Hómes.Les Capporalz ſe mettét au deuát de leurs Eſquadres
chacun auec les ſiés.Les deux Capporalz des Picquiers ſont le deuát de l'or
dónáce:& les deux Capporalz des Hallebardiers fót le mylieu:& celuy q eſt
vers le deuát feroit vn renc de Hallebardiers,& puis II récz de Picquiers,
& apresvn autre réc de Hallebardiers.L'autre Capporal q eſt apres luy fait
auſſi vn réc de Hallebardiers:puis II récz de Piquiers,& met apres vn autre
réc de Hallebardiers,auquel cópte y a II rêncz de Hallebardiers enſemble,
& les enſeignes ſont au fin mytan.Les autres deux Capporalz de Picquiers
ſont la queue,& chacun de ces Capporalz font IIII rencz.Touchát les autres Capporalz l'vn ſe tiét ſur le Flanc,&les III ſe tiennent ſur le deuant du
Front au lieu que les Enfans perduz doyhét occuper. Et c'eſt la forme que
ie vouldroys garder en rengeant les bendes d'vne de ces Legions apart.

D

```
p p p p p  X  p p p p p p   P p p p p p p p  X  p p p p p
p p p p p  X  p p p p p p   P p p p p p p p  X  p p p p p
p p p p p  X  p p p p p p   P p p p p p p p  X  p p p p p
p p p p p  X  p p p p p p   P p p p p p p p  X  p p p p p
p p p p p  X  p p p p p p   P p p p p p p p  X  p p p p p
p p p p p  X  p p p p p p   P p p p p p p p  X  p p p p p
p p p p p  X  p p p p p p   P p p p p p p p  X  p p p p p
p p p p p  X  p p p p p p   P p p p p p p p  X  p p p p p
b b b b b  X  b b b b b b   P b b b b b b b  X  b b b b b
p p p p p  X  p p p p p p   P p p p p p p p  X  p p p p p
p p p p p  X  p p p p p p   P p p p p p p p  X  p p p p p
b b b b b  X  b b b b b b   P b b b b b b b  X  b b b b b
b b b b b  X  b b b b b b   P b b b b b b b  X  b b b b b
p p p p p  X  p p p p p p   P p p p p p p p  X  p p p p p
p p p p p  X  p p p p p p   P p p p p p p p  X  p p p p p
b b b b b  X  b b b b b b   P b b b b b b b  X  b b b b b
p p p p p  X  p p p p p p   P p p p p p p p  X  p p p p p
p p p p p  X  p p p p p p   P p p p p p p p  X  p p p p p
p p p p p  X  p p p p p p   P p p p p p p p  X  p p p p p
p p p p p  X  p p p p p p   P p p p p p p p  X  p p p p p
p p p p p  X  p p p p p p   P p p p p p p p  X  p p p p p
p p p p p  X  p p p p p p   P p p p p p p p  X  p p p p p
p p p p p  X  p p p p p p   P p p p p p p p  X  p p p p p
p p p p p  X  p p p p p p   P p p p p p p p  X  p p p p p
```

En quoy les fauldroit accoustumer souuent.Et mais que le Roy permiſt
que ces ordres fuſſent executez diligémét & mis tous les iours en vſage, il
auroit pluſieurs bós ſouldars en ſon Royaume dedés péu de téps:toutelfois
le deſordre auquel lon veit auiourdhuy eſt cauſe que ces choſes ſont meſ-
priſees:& a ceſte cauſe noz armees ne ſót point bónes,iacoit que les Chefz
ſoient naturellemét vertueux,leſquelz pour autát qu'ilz ſont mal ſuyuiz &
obeyz ne peuét móſtrer leur ſcauoir ne leur vertu. Il pourroit encores ſem
bler que les Chefz que i'ordonne en vne Legion fuſſent ſuperfluz,ou pour
ſe cófondre entre eulx,a cauſe du nóbre que i'en lieue,ce qui ſeroit d'oub-
teux ſil ne ſe referoiét tous a vn ſeul Chef:mais ayát vn Chef principal par
deſſus eulx,la pluralité ſera cauſe de l'ordre:car auſſi bié ſil n'y auoit vn bon
nóbre de Chefz,il ne ſeroit poſſible gouuerner tát de gés,pource qu'vne mù
raille laquelle s'encline vers terre,demáde pluſtoſt pluſieurs butés,combié
qu'elle ne ſoiét gueres fortes,que peu,encores qu'elles ſoiét maſſiues:pource
qu'vne ſeulle pour forte qu'elle ſoit ne pourroit garátir la muraillē que ſeu
lemét en ſó endroit. Et tout ainſi fault il qu'en vne Legió & parmy tous les
X hómes il y en aitvn de plus de cueur,ou au moins de plus gráde authorité
que les autres,lequel tiéne les autres ſouldars fermes & diſpoſez a cóbatre,
moyénát leur bó cueur, leur exéple,leurs parolles,& leur authorité:meſme
mét les Chefz de chábre y ſont bié neceſſaires quád bien ilz ne ſeruiroiét
ſeulement que de maintenir les rencz droiz & fermes : & ſi eſt impoſſible
que les

que les fouldats fe defordonnent : & fi tant eft qu'ilz fe rompent,qu'ilz ne
fe reduifent incontinent en leur lieu, au moyen de ce que ces Chefz icy y
prenent garde de pres,& les Caps d'efquadre font par deffus ces Dizeniers:
& les Capporalz par deffus tous eulx:lefquelz aduifent en tout ce que con
cerne l'office des fouldats & le leur:mais auiourdhuy nous ne nous feruós
de tous fes Chefz a autre effect,qu'a leur donner plus de foulde qu'aux au-
tres:pource qu'iz ont credit d'amener quelques compagnons aux bendes,
ce qui eft caufe de plufieurs ligues parmy les fouldats. Lon fe fert auffi des
Enfeignes en ce temps icy plus pour faire grand monftre que pour autre
vfage militaire : & les anciens fen feruoient pour guide, & pour fe fcauoir
remettre en ordre : car chacun apres ce que Lenfeigne feftoit arreftee fcauoit le lieu qu'il deuoit tenir aupres d'elle, & fy remettoit incontinent. Ilz
fcauoient pareillement que fi elle fe moüuoit ou felle farretoit,quilz fe deuoient auffi mouuoir,ou fe deuoient arrefter : pourtant il eft befoing qu'en
vn Oft y ait plufieurs Corps, c'eft a dire bédes:& que chacun Corps ait fon
Enfeigne pour guyder ceulx qui font d'icelluy Corps.En ayát cecy, l'Oft
aura plufieurs ames,& par confequent affez de vie.Les fouldats fe doyuent
donc gouuerner felon les Enfeignes,& les Enfeignes felon le fon:lequel e-
ftant ordóné cóme il fault, cómáde a toute vne Legió,laquelle mais qu'elle marche en telle guife que les pas refpondét a la batterie des Tabourins,
gardera facilement l'ordonnáce. Et a ces fins auoient les anciés des Fluttes
& des Phiffres,& des fons accordez parfectemét:car comme celluy la qui
danfe felon les cadences de la Muficque n'erre point , tout ainfi vn Bataïl-
ló qui en fon alleure obeïft au fon du Tabourin ne fe peult auffi point mettre en defarroy.Et pource quand ilz vouloient changer d'alleure, ou felon
ce qu'ilz vouloient efchauffer, appaifer,& affeurer leurs fouldats,ilz chan-
goient pareillemét de fonnerie:& comme les fons eftoient variables, leurs
noms auffi eftoient diuers:car ilz auoiét le fon d'Orique,& le fon Phrygié,
l'vn qui efchauffoit le cueur des fouldats, & l'autre qui les appaifoit. Ilz a-
uoient femblablement plufieurs autres fons,ficomme Aeolien, Iafien, Ly-
dien,& autres,lefquelz feruoiét tous pour appaifer on enflammer les cueurs
des hommes. Nous auons de noftre temps les Tabourins pour les pietons,
& les Trompettes pour les gens a cheual:chacun defquelz inftrumens a des
batteries & des fons pour efchauffer les fouldats quád il eft requis.Et a cefte fin font ilz inuentez & pour commander & pour fe faire entendre de
loing : mais ie croy bien que les Tobourins ont efté trouuez pour feruir de
mefure aux fouldats en marchant : car tous les temps de leur batterie font
vrayes cadences & mefures pour aduácer ou pour retarder l'alleure des gés
de guerre.Puifque les bédes fót adreffees aux excercices qu'elles doyuét fca
uoir faire particulierement,& aufquelz elles fe feront effayees mainteffois,
il fera téps de les mettre aux champs pour faffembler toutes XII en quelque endroict ou il fera aduifé que la Legion fe pourra mettre enfemble, le
plus commodement. Auquel lieu tous les Capitaines fe rendront au iour
affigné auec leurs fouldats:& pour y aller les moins chargez de Bagaige
que fera poffible, ilz commenceront eulx mefmes a retrancher leur eftat,

filz eſtoient couſtumiers de mener gueres d'atirail. Au ſurplus ilz pouruoi-
rót a ce que les Capporalz, Caps d'eſquadre, & Chefz de chambre ne montent iamais a cheual, & tant moins les ſimples compagnons. Le Capitaine
& ſes membres n'y monteront que le plus tard qu'ilz pourront : ie ne dy
pas que ſil y auoit des malades qu'en ce cas il ne leur feuſt permis:mais non
point autrement:car puis quilz ont entreprins de faire l'eſtat de gés a pied,
il eſt neceſſaire qu'ilz le facent entierement. Quand a faire charier leurs be
ſongnes, il ſera aſſez d'vn cheual, lequel porte deux paillaſſes de groſſe toile,
deux couuertes & vne tente pour lune châbre, & autant pour l'autre, auec
quelque linge, potz, & vaiſſelle: & les inſtrumentz pour faire des Tran-
chees, Baſtions & Eſplannades, & oultre plus vne Eſchelle de bonne longueur, faicte a pieces. Chacune chambre peult auoir vn Varlet:le Cap d'Eſquadre vn, & le Capporal deux. Le Capporal & ſes quatre Caps d'Eſquadre auront vne Téte, & vn Cheual pour la porter. Les Capitaines menerót
tant peu de Cheuaulx & de Varletz qu'il ſera poſſible:les mébres en pourront auoir chaſcun deux, les officiers chaſcun vn, & les Tabourins n'en tiédront point:mais ilz ſeront logez chez le Capitaine & chez ſes membres.
Le Collonnel & les officiers de la Legion en tiédront le moins qu'ilz pour-
ront:car d'vn grand Bagaige procedent aucuneſſois pluſieurs deſordres, &
la fin d'vne armee:& tát les Cheuaulx que les Varletz doyuent eſtre prins
& choiſis telz qu'ilz puiſſent ſeruir de plus d'vn meſtier au beſoing: ſur
tout qu'il n'y ait perſonne qui traine Bahuz, Coffres, Charrettes, ne Putains.
Et ce faiſant, toutes les Bendes & la Legion ſeront tant mieulx diſpoſees a
faire toutes choſes honneſtes, que ſi elles eſtoient chargees de tous ces eın-
peſchemens:auecques ce que toute la Legion ſe paſſera quatre iours au beſoing auec les Viures que les Putains, les Pages, & les Cheuaulx que l'vne
des Bendes que lon dreſſe maintenát meine, cóſummeroit en vn ſeul iour.
Ayant pourueu ainſi au Bagage, les Capitaines ſe mettent aux champs chacun a part auec les ſiens, & ſans faire long ſeiour ilz iront vers le lieu ou
la monſtre Generale ſe doit faire : & ce au meilleur ordre quilz pourront,
ſentans leurs bons ſouldars, & leurs gés de bien. Et pour eſtre eſtimez telz,
ilz marcheront par pais en bonne ordonnance au ſon du Tabourin, & non
point a la File, comme gens deffaictz, & ſe logeront en Camp hors des Villes, & en lieu ou il n'y ait point de couuert, mais que la dure.

La forme de leur Camp ſera telle.

Camp de D C L X. pas en quarré de toutes parts pour loger une
Legion de Gens de pied, distribuee en XII. Bendes.

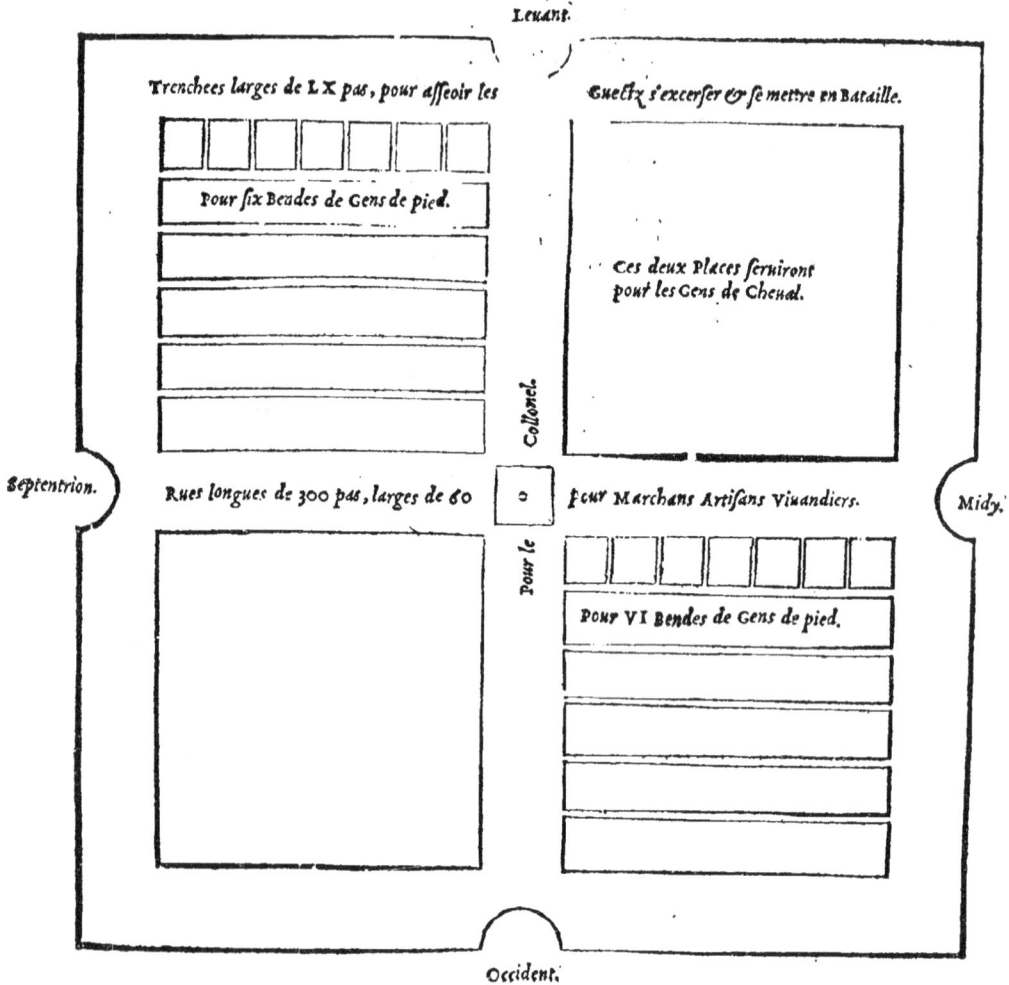

Leuant.

Trenchees larges de LX pas, pour asseoir les

Gueltz s'excerser & se mettre en Bataille.

Pour six Bendes de Gens de pied.

Ces deux Places seruiront
pour les Gens de Cheual.

Collonel.

Septentrion.

Rues longues de 300 pas, larges de 60

Pour le

Pour Marchans Artisans Viuandiers.

Midy.

Pour VI Bendes de Gens de pied.

Occident.

D iii

Laquelle longueur eſt de C C X L pas:& la largeur de X X X V.Ceſte
longueur eſt diuiſee en V I I places,chacune deſquelles aura X X X pas, &
entre deux y aura vne diſtance de cinq pas: l'vne de ces places ſeruira pour
loger le Capitaine & ſes membres & officiers: les V I places ſeront pour lo
ger les V I Capporalz, & leurs gens:chacun Capporal auec ſes Caps d'eſqua
dré & leurs ſouldars. La tente du Capporal & des Caps d'eſquadre eſt au
fin milieu d'icelle place, & les tentes des V.I I I Chefz de chambre luy ſont
tout a lentour. Ceſte longueur peult eſtre compartie ſans rien gaſter: car il
ſuffiroit de deſigner les lieux a tout de Cordes, & ne faire Foſſez ne autre
choſe:mais qu'aſſeoir les bédes,chacune en ſon quartier,Si le Camp pouoit
eſtre enuironné de quelque petite tranchee au gré de ceulx du lieu la ou
la Bende logeroit,il feroit tant meilleur:&ce pour garder la meſme forme
de ſe loger,qu'ilz garderoient ſi les ennemis eſtoiét au pres. Il fauldroit auſſi
aſſeoir Guet pour la nuiĉt, & en toutes choſes ſe garder de ſurprinſe auſſi
ſongneuſement que ſilz eſtoient en temps de guerre:& le matin ayant deſcouuert les lieux qui ſont a lentour d'eulx,comme ſilz doubtoient quelque
embuſche, ilz pourront leuer leur Guet, & apres deſlogeront tous enſemble: mais auant que partir,le Capitaine fera contenter tous ceulx qui leur
auront fourny viures ou autre choſe,en ſorte qu'il ne puiſſe eſtre diĉt qu'ilz
prenent tant peu ſoit de bien ſans payer,ne maulgré les bónes gens du pais:
ains luy meſmes & ſes ſouldars ſe doyuent gouuerner ſi gratieuſement par
tout,que lon ne puiſſe a peine ſentir qu'aucune Bende y ſoit paſſee.En menant donc ceſte vie de gens de bien, & de bons ſouldars,ilz s'en iront vers
le lieu dela monſtre comme i'ay diĉt: & quand ilz en deuront approcher,
leur Forrier s'aduancera pour demáder le quartier que la Bende doit tenir
dedens le Cáp ou la Legion logera:& ſauldra qu'il s'adreſſe au Maiſtre du
Camp d'icelle Legion:l'office duquel entre autres choſes,c'eſt d'aduiſer len
droit le plus ſain pour aſſeoir ladiĉte Legió en Cáp. Et ayát trouué quelque lieu commode,il depart les quartiers, & ſi ordonne quellement il doit
eſtre fortiffié: & a ces fins ce Maiſtre de Camp ſe ſera deſia aduancé pour
auoir diuiſé & comparty le tout de bonne heure,& deuant que les Bendes
arriuent.Le Collonnel ſera attendát en icelluy lieu, & le Preuoſt de la Legion doibt eſtre ſur les champs pour entendre ſi les ſouldars feront quelque
deſordre, ou autres ſoubz leur vmbre, a celle fin de punir ceulx qui com-
mettrót quelque forfaiĉt. Oultre plus certains hómes ſerót deputez expreſ
ſemét pour ſuyuir les Bédes de pres,pied par pied:leſquelz s'enquerront de
leur facó de viure,& apres informerót le Collónel du tout a la verité:& ſil
y auoit quelque plainĉte,ledit Collonnel ſen prédra au Capitaine de la Béde qui aura faiĉt le mal:au cas que le mal fuſt eſté cómńs par ſa negligéce,ou
qu'il ne ſe fuſt mis en deuoir de punir les malfaiĉteurs: car il feroit tenu alors
a reparer le dómage de ſes deniers propres,ſi c'eſt choſe qui puiſſe eſtre repa
ree par argét:& ſi c'eſtoit cas qui meritaſt peine corporelle,ledit Capitaine
feroit tenu de trouuer le malfaiĉteur,& le mettre entre les mains du Preu-
uoſt:& ſil s'eſtoit deſrobé, les pourſuytes ſe feroiét a ſes deſpés:car moyennant ceſte rigueur,les Capitaines prendront garde de pres a leurs gens, &

feront

feront tant plus diligens de les faire bien viure,ou de les chaftier aigremét,
qu'ilz ne font.Mais il nous fault loger les Bédes qui arriuent, & parler de
la forme de leur Camp,pour y loger toute la Legion. Pour le logis dóc de
X I I Bendes,qui les vouldra mettre enfemble en Camp,il conuient choifir vne place quarree qui ait DCLX pas de long,& autát de large : fur le fin
milieu de cefte place quarree en fera faiéte vne autre, laquelle aura X L pas
de chacune part, dedás lequel efpace ie mettroye le logis du Collonnel:car
auffi bien doit il tenir Cáp cóme fes fouldardz:& enuiróneroye ce quarré
d'vne Trenchee moyéne:& fur le dedés de cefte diéte Tréchee ie logeroye
le Maiftre de Cáp,le Preuoft,& les autres officiers de la Legion,& la garde
du Collonnel.Auffi ceulx qui auroient fuiuy le Collonnel pour leur plaifir
fans auoir party,pourroient loger fur le dehors,& alentour de ladiéte Tréchee. Et pour bien renger le furplus,ie feray que le Fronc du Cáp fera vers
Leuant,& le Doz vers Occidét,& les Flácz feront vers les autres deux Legiós. Pour la diftinétion des quartiers,fault commécer vne ligne qui parte
du quartier duCollónel tirát vers Leuant,laquelle ait CCCX pas de long,
& faire deux autres lignes qui mettét celle la au mylieu,& foitde la mefme
lógueur que la premiere,&diftát d'elle chacune XXX pas,a celle fin que la
largeur de cefte efpace foit de LX pas.Au bout de ces lignes ie feroye vne
Barriere ou Porte,laquelle ie nómeroye la porte de Leuant, & l'entredeux
de ces lignes qui font les extremitez, feroit vne belle Rue,partant du logis
du Collónel pour fortir hors du Camp,laquelle feroit large comme diét eft
LX pas.De l'autre cofté du quartier du Collonnel vers Occidét feroiét fai
étes autres trois lignes de telle longueur,& de pareille diftáce que les trois
fufdiétes font.Du cofté deuers Midy fera faiéte vne autre Rue,lógue & lar
ge comme les deux defia diétes font:& du cofté deuers Septétrion. Auffi ie
faiz ces Rues ainfi larges pour y pouoir loger toute maniere de Marchans,
d'Artifans , & de Viuendiers fuyuant la Legion: & d'auantage pour fy pouoir excerciter particulieremét.Oultre plus ie feroie quatre places quarrees
entre ces quatreRues,chacune defquelles places auroit CCXL pas de large,
& autant de long. Tout lequel pourpris fera encloz d'vne Trenchee, entre
laquelle & lefdiétes places y aura vne efpace de LX pas tout entour, lequel ne fera occupé d'aucune Loge,ains fera vuide,&feruira pour affeoir les
Guetz,& pour fe mettre en Bataille,fe befoing faiét. Quant aux quatre pla
ces fufdiétes,les deux qui font entre la Rue de Leuant & de Septétrion,&
entre la Rue de Midy & d'Occident,feruiront pour loger les X I I Bendes:
afcauoir eft,les VI en l'vn quartier,&les VI autres Bédes en l'autre.Chacũ de
ces deux quartiers fera diuifé en V I places,lefquelles auront CCXL pas de
long,& XXXV de large,& chacune d'icelles fera encores diuifee en VII,có
me i'ay diét deffus,en log'ant vne Béde a part. Entre les quartiers de toutes
les deux bendes y aura vn Chemin le long du quartier,lequel fera large VI
pas,& feruira'pour aller &venir aux quartiers particuliers fans trouuer em-
pefchemét: les deux quartiers qui reftét ferót tátoft mis en befongne:mais
quant aux XII Bendes cecy doit fuffire.Ainfi doncques ou mieulx fe logera
chacune Legió toutes les fois qu'elle f'afféblera pour faire móftre generale.

Comment c'eſt qu'il fauldroit adiouter certain nombre
de Gendarmerie auec chacune Legion. Chap. VIII.

POVRCE que les Romains en toutes leurs leuees de Gés
de pied, ont touſiours incorporé certain nóbre de Gés a cheual auec eulx, & que leurs Legiós perfaictes conſiſtoiét en ces
deux manieres de Souldardz, il me ſemble raiſonnable d'adiouter auſſi quelques Gendarmes a la leuee de ces nouueaulx Legionaires
icy, leſquelz Gendarmes ſoient incorporez auec leurs Legions, & qu'ilz ſe
treuuét auec elles aux monſtres generalles pour ſ'excerciter enſemble, &
pour aprendre le meſtier des armes, les vns auec les autres: Car autremét &
ſilz ne ſ'entédent, rie ſera poſſible que piece de ces deux códitions de gens
face iamais beau faict, d'autát que les deux font vn corps entier, lequel doit
eſtre tellement compoſé, que chacun mémbre face ſon office a propos, & du
conſentement des autres parties. Et pourueu que cecy ce face, vous verrez
adonc qu'vne Legion entiere ſera plus de ſeruice, que trois d'autres Legiós
accópagnees d'vne multitude de Cheuallerie ne ſcauroiét faire, ſi les Gés de
pied & de cheual ne ſ'entendent. Pourtant il ſeroit bon que le Roy ordó-
naſt que quelques cópagnees de ſes ordonnances fuſſent conioinctes aux
Legions, & qu'elles ſe trouuaſſent enſemble aux monſtres generalles auec
elles, & aux factions: auſſi chacune Bende deuroit eſtre de C. Hómes d'armes, & qu'il y en euſt deux incorporees auec chacune Legion, leſquelles
Bendes ie vouldroye que fuſſent diuiſees en C. Hómes d'armes, en C. cheuaulx legiers, en L. Eſtradiotz ou Guecteurs, & en L. Harquebuziers. Et ſi
ceſtoiét cópagnees que le Roy dreſſaſt nouuellemét, il fauldroit choiſir des
plus moderez & experimétez pour eſtre Hommes d'armes: & apres de degré en degré preferer les Cheuaulx legiers aux Eſtradiotz, & les Eſtradiotz
aux Harquebuziers, tellement que les Harquebuziers fuſſent les moindres
de ces quatre códitions de Gens a cheual. Il fauldroit ſemblablement prendre garde a l'erreur que l'on cómect auiourdhuy en noz ordonnances, c'eſt
des ieunes Hómes qui ſont faictzHómes d'armes au ſortir d'eſtre Pages, ou
au ſortir de l'Eſcolle: Car pour auoir les compagnees meilleures qu'elles ne
ſont, il ſeroit neceſſaire faire vne ordónáce, par laquelle tous les Ieunes Hómes qui veullét eſtre des Bédes a cheual, apres ce qu'ilz ont XVII. ans ſans
en excepter vn ſeul, ſinon qu'il fuſt Prince, fuſſent cótrainctz eſtre Harquebuziers durát deux ou trois ans, & en apres qu'ilz fuſſent Eſtradiotz autát,
& en enſuyuát Cheuaulz legers, parmy leſquelles trois códitions de Souldardz, ilz apprendroient les choſes qui ſont neceſſaires a tout bon Homme
de cheual. Et auant que partir d'auec eulx, ilz pourroient auoir paſſé la fureur & le feu de leur ieuneſſe, & eſtre deuenuz froiz & moderez pour ſe ſcauoir gouuerner apres ſagement parmy les Hommes d'armes, du nóbre deſquelz il ſeront cótrainctz eſtre durát l'eſpace de trois ou quatre ans, ſans ſe
pouuoir caſſer. Et ce terme paſſé, ſilz ſont vn Hóme d'armes pour raiſon de
leur fief, ilz ſeront tenuz laiſſer la Gédarmerie, & ſe retirer chez eulx, pour
eſtre touſiours preſtz de rendre ce deuoir toutes les fois qu'il leur ſera cómandé.

mandé. Cefte reigle deuroit eftre entretenue fur tous ceulx qui s'y mettroient, côbien qu'ilz fuffent plus aagez : autrement le droiĉt de Riereban
que les Gentilz hommes de France doyuent au Roy faneantiroit, comme
de prefent lon peult veoir qu'il eft venu fort bas: & le tout procede de ce
que chacun veult eftre des ordonnances pour s'exempter du Riereban, de
forte que les gouuerneurs qui fouloient faire cinq & fix Cens hómes d'armes,n'en pourroient a grand peine mettre maintenant Cent enfemble:&
ceulx la encores qu'ilz y mettroient, fe trouueront fi trefmal en point,que
c'eft vne derifion de les veoir tant ilz font pouremét equippez. Mais voul-
driez vous ce meftier eftre plus defprife, que ceulx la mefmes qui font tenus a ce deuoir,& lefquelz ne veulent eftre defdiĉtes ordonnáces s'en ex-
emptent en enuoyant quelque Varlet en leur place,la ou le téps paffé tous
les principaulx de la Fráce tenoient a grand honneur de s'y trouuer en perfonne. Touteffois auiourdhuy non les plus grandz feulement,mais auffi les
maindres cuident eftre defhonorez s'il fault qu'il y refpondét.A cefte caufe ceulx qui y font tenuz, fe mettét aux ordonnances pour en eftre quiĉtes:
& fi tous n'y peuent eftre,fi eft il ainfi que la plufpart controuuét quelque
excufe pour s'en exempter.Et fi tant eft que leur deffaiĉt ne foit receuable,
ilz y viendront adonc fi mal adoubbez & fi enuiz,qu'il eft impoffible qu'ilz
facent pour le Roy chofe qui vaille : qui eft occafion que la Nobleffe de
Fráce n'eft plus eftimee ainfi qu'elle fouloit.Mais qui la maintiendroit en tel
eftat qu'elle eftoit le temps paffé, il eft certain que nous ferions beaucoup
plus redoubtez de noz voifins que nous ne fommes : auecques ce que le
Roy ne feroit pas contrainĉt d'entretenir tel nombre de Gendarmes qu'il
entretient:ains pourroit diminuer fes ordonnances de plus de la moiĉtie,
pour conuertir l'argent qu'il baille au trop,a l'entretenement de quelque
bonne quantité de gens de pied d'ordénance.Et aufurplus lediĉt Seigneur
deuroit côtraindre fa Nobleffe a fe tenir en autre poinĉt de feruir au faiĉt
de la guerre qu'elle n'eft,& luy defendre pluftoft les pópes que nó pas fouf
frir le Gentilhóme Francois eftre mal a cheual,& mal armé,& encores plus
mal a droiĉt:& a ces fins ordonner que les monftres dudiĉt Riereban fe feroient en armes deux fois lan pour le moins: pour veoir faire lefquelles feroient deputez cómiffaires certains hommes feueres, lefquelz ne deuffent
paffer que les perfonnes mefmes obligees a ce deuoir,filz n'eftoient Sexage
naires,ou attaintz de griefue maladie:car ceulx icy font excufez, principalement les Sexagenaires:mais les malades i'acoit qu'ilz foient quiĉtes quát
a leurs perfonnes, fi fault il qu'ilz monftrét leur equipage, & a faulte de ce
faire,leur fief deuroit eftre faify incontinent,auffi bien que celluy des fains
qui ne compareftroient,ou de ceulx qui ne feroient armez & môtez felon
leur charge.D'auátage il fauldroit auffi punir ceulx qui feroiét mal adroiĉtz,
tant que ce fuft exéple & terreur a tous ceulx qui feroiét negligens de foy
monter,armer,& adreffer cóme il appartiét. Ce faifant, le Roy aguerriroit
fadiĉte Nobleffe,& en feroit vne excellente Cheualerie. Et a celle fin que
les Gentilz hommes Francois ne s'excufaffent plus fur la grand'charté de
cheuaulx que nous auós en Fráce,lediĉt Seigneur pourroit faire venir quel-

que bóne & belle raſſe de Iumétz de diuers pais:& apres les diſtribuer aux
Prelatz,& aux Cómandeurs,& a ceulx qui tiennent les gros benefices,pour
en dreſſer pluſieurs Haraz en ce Royaume,deſquelz ceſdiĉtz Prelatz &
leurs ſucceſſeurs fuſſent tenuz rendre bon compte d'an en an,& faire gou-
uierner ceſdiĉtes Iumétz, & nourrir leurs Poulains,& les addreſſer cóme il
appartiét a leurs propres deſpens.Par ce moyen ie ne faiz aucun doubte que
la France ne ſe trouuaſt en peu de temps mieulx fournye de bons cheuaulx
que voyſins qu'elle ait,ſans ce que leur entretenemét couſtat rien au Roy:
& ſi ſeroit cauſe que ceſdiĉtz Prelatz feroiét quelque ſeruice a la Republicque Francoiſe, la ou ilz ne luy ſeruent auiourdhuy de gueres grand choſe,
(i'enten de ceulx la qui font l'office des módains,& non pas le leur)Et la &
quant lediĉt Seigneur ſe vouldroit rembourſer des deniers que les Iumentz
& Eſtallós luy auront couſté d'achapt,& de les faire venir,il le pourroit faire en baillant des meilleurs cheuaulx qui ſortiroient d'iceulx Haras a ſes
Genſdarmes mal montez,en rabatemét d'vne partie de leur ſoulde.Et pour
faire vendre le ſurplus,& trouuer promptement qui les veuille achepter,il
pourroit ordonner que nul hóme de quelque eſtat ou códition qu'il ſoit,ne
peuſſe tenir Mule ne Mulet, Courtault ne Harquenee,ſil ne tenoit pareillement vn bon cheual:de ſorte que ſil vouloit tenir vne ſeulle monture,
que celle la ſoit bonne pour les armes.En oultre il pourroit eſtre defendu,
que perſonne ne portaſt Drap de Soye,ſil n'en auoit vn. Et a mon aduis que
le nombre de ceulx qui veullent eſtre richemét veſtuz eſt tel,que ie ne ſcay
pas ſil y auroit aſſez Haraz en ſix Royaumes pour les en fournir: parquoy
ne fauldroit doubter que lon ne trouuaſt a qui vendre les cheuaulx,quel-
que abondance qu'il y en euſt.Le Riereban y eſt d'auantage,lequel en auroit auſſi beſoing de beaucoup, tant que ie croy ſi ces choſes auoient lieu,
& oultre plus qu'il fuſt permis a chacú tenir Haraz ſil vouloit, que lon verroit vendre les cheuaulx en France a ſi petit priz, qu'il y auroit plus de raiſon d'eſtimer qu'ilz ſe donnaſſent, que non point qu'ilz ſe vendiſſent : qui
ſeroit cauſe que la Gendarmerie de France (laquelle ne ſ'oze pas abandonner ne hazarder, que tout a poinĉt aux lieux ou les cheuaulx peuét eſtre occiz ou perduz (voyant qu'ilz ſont ſi mal aiſez a recouurer, & ſi chers : re-
prendroit ſon ancienne vertu, & ſe monſtreroit autre que lon ne l'eſtime
pas auiourdhuy, & feroit lors meilleur marché des perſonnes, que lon ne
faiĉt a preſent des cheuaulx. Pareillement ſi le Roy vouloit que ſes gens
de cheual feiſſent encores moindre compte de leur vie, & meilleur marché des cheuaulx qu'ilz ne feroient en les acheptant,il les en pourroit four
nir du commencement, & toutes & quantes fois auec qu'ilz leur ſeroient
occiz en combatant, ou qu'ilz les auroient perduz par inconuenient, &
non point par leur faulte:car en ce cas ilz ſeroient tenuz en remettre au-
tretant en leur place, & rendroient compte de ceſdiĉtz cheuaulx a chacune monſtre:& ſi tant eſtoit qu'ilz ſe caſſaſſent, ou qu'ilz fuſſent caſſez, ilz
ſeroient tenuz de rendre les cheuaulx que le Roy leur auroit baillé,ſilz e-
ſtoient encores en eſtre : & les áyans laiſſé perdre ou gaſter par leur negligéce,ilz en achepteroient d'autres auſſi bons.Autant en ſeroit faiĉt quát les
Harquebuziers

Harquebuziers viendroient a eftre Eftradiotz:& les Eftradiotz Cheuaulx
legers: & les Cheuaulxlegers a eftre Hómes d'armes, que chacun laifferoit
le cheual qui luy avroit efté fourny pour le reftituer a celluy qui fuccede-
roit en fa place:Car ie prefuppofe que l'Hóme d'armes a befoing d'vn plus
grád & plus fort cheual que n'a pas le Cheual leger:& le Cheual leger plus
que l'Eftradiot:& l'Eftradiot plus que le Harquebuzier.Pourtát y deuroit
auoir en France de maintes fortes de Haraz, ficóme de Courfiers & Rouf-
fins pour les Hommes d'armes:de Turcz,Valacz,Polacz, Coruacz & cheuaulx d'Epagne pour les Cheuaulxlegers : de Barbes, Morifques, & petitz
cheuaulx d'Efpagne pour les Eftradiotz:Et finablement il fauldroit choifir
tout les plus petitz qui fe trouueroiét es Haraz fufdictz,mais qu'ilz fuffent
au demeurát legers & viftes pour les bailler aux Harquebuziers.Mais cecy
a affez duré,retournons au Riereban, & difons que pour raifon des allees
& venues qu'il feroit chacun an en allant aux monftres, que ce feroit pour
deftruire le menu peuple,f'il luy eftoit permis de viure a difcretion,ou de
tenir les champs fans payer, cóme il faict de prefent: a caufe de quoy il feroit neceffaire ordonner que ce fuft au defpens de la Nobleffe, & non aux
defpés des bónes gés du pais:& faire que les Móftres fe fiffent par fois fur le
mylieu des gouuernemens, & aucuneffois es autres endroiz, tant que les
Gentilz hommes qui feroiét l'vne fois loing du lieu ou la Monftre fe feroit,
fe trouuaffent l'autre fois pres,a celle fin que les vns ne fuffent plus greuez,
ou plus foulagez que les autres.Mais cecy ne fert de rien a mon propos,tou
teffois i'ay bien voulu toucher ce point en paffant.Pour retourner donc a ce
que ie difoye,que les Ieunes Hommes doyuét fuyuir les Harquebuziers a
cheual deuant que pouoir venir aux Eftradiotz:& les Eftradiotz deuát que
pouoir monter a l'eftat de Cheuaulxlegers,& auoir efté de ces trois eftatz
certains temps auát que pouoir deuenir Hómesd'armes . Il refte a dire que
pour alleger ceulx qui trouueront ce terme trop long, & pour ofter l'efperance a tout hóme de paruenir a ce dernier degré par faueur ou autremét,
fi ce n'eft ainfi que leur renc viendra,ou qu'ilz feront aduances par quelque
acte vertueux,ie feroye d'aduis que nul hóme quel qu'il fuft ne peult faillir de l'vn de fes eftatz a l'autre,finon qu'il les fuyuit vn apres autre fans in-
termiffion de temps, & que fans les auoir fuyuiz tous quatre, ilz ne puiffe iamais obtenir aucune charge,ne membres de Genfdarmes,ne femblablement aucun office ou eftat Royal, ains qu'ilz fe deuffent tenir chez eulx
tous preftz de feruir au Riereban:& de telle ordonnance procederoiét plufieurs vtilitez. Car premierement les Ieunes Hómes fe addonneroient au
Meftier des Armes plus qu'ilz ne font. Apres les Bédes feroiét remplies de
meilleurs gens qu'elles ne fe rempliffent du iourdhuy: & fi les Gens a cheual feroient plus expertz qu'ilz ne font pas, & n'y auroit a lors homme en
ces ordonnances qui fuft paruenu iufques a l'ordre des Hómesd'armes, qui
ne fuft fuffifant pour gouuerner vne bonne charge. Pourtant ce feroit vn
riche trefor qu'auoir des compagnies en France : les hommes d'armes def-
quélles fe fceuffent conduire eulx mefmes,& autruy.Finablement les offices & eftatz qui touchent le faict de la guerre,ficóme font charge de Genf-

darmes,Seneschaucees,Preuoſtez,Mairyes, Chaſtellenyes, & autres offices
de Robe courte,que le Roy donne,ſeroient trop mieulx employez a ceulx
cy, & ſi ſeroient mieulx excercez par eulx,qu'ilz ne pourroient eſtre venás
entre mains de gens qui ne veirent iamais rien, ou qui ne luy auront iamais
faiĉt ſeruice.Or paſſons oultre:les Cent hómes d'armes, & les autres gens a
Cheual diſtribuez cóme i'ay diĉt deſſus, ſeront mis ſoubz vn Capitaine, le-
quel(ainſi que lon faiĉt de noſtre téps)aura ſoubz ſa charge vn Lieutenant,
vn Porteur d'enſeigne, & vn Porte guydon.Les Hómes d'armes ſuyuront
l'Enſeigne:Et les Cheuaulx legers, Eſtradiotz & Harquebuziers a Cheual
ſuyuront le Guydon. Ces quatre Chefz ou mébres ſeront pardeſſus le nóbre des Cent hommes d'armes,& vn Mareſchal des logis d'auátage,lequel
ſert a departir les quartiers. Il y aura encores deux Fourriers pour faire les
logis,& quelques Trompettes,leſquelz auſſi ſeront hors du nóbre. Et cóme i'ay aſſigné parmy les gens de Pied certains Chefz particuliers:tout ainſi
nous en fault il mettre quelques vns pármy les gés a Cheual,mais nó point
de tant de ſortes:car il ſuffira que les Hommes de Cheual ayent de neuf en
neuf vn Chef,lequel face le dixieſme,& ſoit nómé Decurion. Oultre plus
y aura vn Chef ſur les L Eſtradiotz,& vn autre ſur les L Harquebuziers
a cheual,le nom deſquelz ſera Benderal,encores que les Italiens entendent
par ce nom les Portenſeignes:car ie m'ayderay de ce terme pour ſignifier
les Chefz de ces petites Bédes, leſquelz pourront auſſi eſtre appéllez códu-
ĉteurs,& ſeront par deſſus le nóbre,& ſoubz la charge du Capitaine,& de
ſes mébres auſſi bien que les autres:pourtát en vne compagnie de C hommes d'armes Legionnaires y aura CCCIX Hómes a cheual,ſans les Trom
pettes.Les armes de ces gés a Cheual ſeront ſelon la charge de chacun:car
autrement ſera armé l'Hóme d'armes que le Cheual leger:& le Cheual leger autrement que les Eſtradiotz,& que les Harquebuziers.Premieremét
l'Homme d'armes ſera armé de Soulleretz,Grefues entieres,Cuyſſotz,Cuy-
raſſe auec les Taſſettes,Gorgerin,Armet auec ſes Bauieres,Gantelletz,Auát
bras,Goſſetz & grádz Pieces:ce que i'ay ſpecifié ainſi par le menu,pour rai
ſon des Hómes d'armes du temps preſent,qui veulent eſtre diĉtz Hómes
darmes:& neantmoins eſtre armez & equipez tout ainſi que les Cheuaulx
legiers ſont. Et vous ſcauez bien qu'vn Homme armé legerement ne ſera
iamais l'effort que l'Homme armé ſeurement peult faire, lequel ne peult
eſtre endommagé de coups de main,la ou le Cheual leger eſt expoſé aux
coups en pluſieurs endroiĉtz de ſa perſonne: Et ce a cauſe de ſon Harnois
qui n'eſt ſi peſant,ne ſi ſeur que celluy de l'Hóme darmes doit eſtre,& non
ſans cauſe : car a la peine que les Cheuaulxlegers, & les autres armez legerement doyuent prendre,n'y auroit corps qui peult ſouffrir la peſanteur du
Harnois complet,ne Cheual qui le peuſt porter:mais les Hommes d'armes
qui ſont ordonnez pour demeurer ferme, & non point pour courir ça &
la,pourront eſtre chargez d'vn Harnois peſant. Et pour bien porter vn tel
faiz,ilz doyuent auoir de fortz & grádz Cheuaulx:car oultre ce il fault
qu'ilz les ayent bardez.Ces Hommes d'armes doyuent auoir l'Eſpee d'armes au coſté,l'Eſtoc a l'Arcon de la Selle d'vne part, & la Maſſe de l'autre:
leur

leur Lance fera groffe & bien longue,leurs Robes feront de la couleur de
l'Enfeigne, laquelle & le Guydon doyuent eftre de la mefme couleur que
font les Enfeignes des Pietons d'icelle Legion.Les Cheuaulx legers ferót
bié a Cheual,& armez de Haulcecoul, de Hallecret,auec les Taffettes iufques au deffoubz du Genoul,de Gáteletz,d'Auantbras,& grandes Efpaul-
lettes, & d'vne Salade forte & bien couuerte a veue couppee: leurs Ca-
zacques feront de la couleur de l'Enfeigne : ilz doyuent porter l'Efpee large au cofté,la Maffe a l'Arcon,& la Lance bien longue au poing. Les E-
ftradiotz auront bons Cheuaulx,& feront armez de mefme les Cheuaulx
legers fauf des Bras: car en lieu d'Auantbras & Ganteletz ilz auront des
Manches & des Gantz de Maille, l'Efpee large au cofté,la Maffe a l'Arcon,
& vne Arzegaye au poing, lógue X ou XII piedz, ferree par chacun bout
d'vn fer bien aigu & trenchant: ou bien ilz porteront auffi la Lance comme les autres: leur accouftrement fur le Harnois doit eftre affez court,&
fans Manche, & de la coleur que deffus.Ces Eftradiotz peuuét feruir pour
les Efcarmouches,& font gros meurtre de Gés defarmez,& de Cheuaulx
a tout leur Arzegaye: & aucuneffois f'il fault mettre Pied a Terre,ilz peuuent faire le mefme effeæ que les Picquiers feroient : f'il eft cas qu'ilz portent Lance, ilz f'en pourroiét ayder comme les autres. Les Harquebuziers
auffi feront bien montez, & leurs Harnois fera pareil a celluy des Eftradiotz, referue de la Salade : car ceulx cy auront feulement vn Cabaffet, a
celle fin de vifer mieulx, & auoir la tefte plus deliure,l'Efpee au cofté, la
Maffe a l'Arcon d'vne part, & la Harquebuze de l'autre dedens vn Four-
reau de Cuir boully, lequel tienne ferme fans branfler . Ladiæe Harquebuze pourra eftre de deux Piedz & demy de long, ou de trois ou plus, &
qu'elle foit legere : leurs Robes feront de la mefme facon & de la couleur
de celles des Eftradiotz. Les gaiges de ces Harquebuziers pourroient eftre
trois Efcuz en temps de paix pour chacun mois : & de l'Eftradiot quatre:
du Cheual leger cinq,& de l'Homme d'armes fept.Les Decurions des Hómes d'armes deuroient auoir vn petit plus de gaiges que n'a vn fimple Hóme d'armes: & les Decurions des Cheuaulx legers plus que les Cheuaulx
legers n'en ont,& ainfi des autres:lefquelz gaiges pourront eftre doublez ou
haulces en téps de guerre,fi ceulx que ie dy femblent trop petitz. Touchát
l'eftat des Chefz & des membres, ilz pourroit demourer tel qu'ilz l'ont de
prefent,il fauldroit feulement haulcer celles du Marefchal des Logis,& que
les Fourriers leuaffent autant que les Cheuaulx legers , & les Trompettes
comme les Eftradiotz.Quát aux deux Códuæeurs ilz leueront autant que
les Decurions des Hómes d'armes leuent.Et maifque cefte foulde fuft bien
payee par chacun quartier, ou en faifant la Monftre des Legions,ne feroit
trop neceffaire leur bailler Garnifon en temps de paix,comme lon a accou
ftumé de faire en France, pource qu'il me femble que la foulde eft affez
honnefte pour auoir dequoy f'entretenir chez eulx , ou ailleurs fans qu'il
faulfift fouler le Peuple moyennant cefte charge: car pour quelque garnifon que la Gédarmerye Francoife ait,& pour quelque long temps qu'elle y feiourne,vous ne voyez point qu'ilz facent pour cela plus grand fer-

E

uice au Roy quand la guerre arriue, que filz n'y auoient iamais efté. Ie ne
dy pas que filz en vfoient en la forte qu'ilz doyuent, que ce ne fuft bien
faict de tenir les Bédes en garnifon en tous temps, pour f'addreffer enfemble & fexcerciter aux armes. Mais auiourdhuy la plus part des Genfdarmes
font leur prouffit de leurs garnifons, cóme les Marchans de leur marchádife, & n'ya bonnement autre difference, que de ce que les marchans vendent
leurs denrees au premier qui leur en donne la raifon, & que les Genfdarmes contraingnent les bonnes gens d'achepter a tel pris qu'il veulent les
viures que le Roy leur ordonne pour fentretenir, tant que c'eft plus manifeftement vne Rancon, que marchádife ne autre chofe. Et pofé le cas que
les Garnifons fuffent oftees, il fauldroit ordonner que les Bendes fe deuffent trouuer aux Monftres generalés enfemble, & les hommes montez &
armez felon l'ordre duquel ilz feroient, & qu'entre deux Monftres chacun fexcercitaft chez foy : ou au cas que la facon de donner Garnifon aux
Gendarmes fuit toufiours gardee, il feroit befoing de les contraindre d'y
faire plus longue refidence qu'ilz ne font: voire & que les Capitaines mefmes fy tinffent comme ilz faifoient du temps du Roy Loys XI, que la Gé-
darmerie de Fráce emportoit le bruict par deffus toute autre, tát d'addref-
fe, que d'equipage: non pas d'adreffe a danfer a diuerfes modes (combien
que la dance fi lon penfoit a en faire fon prouffit n'eft finon bonne) ne pareillement a fe parer mignotement, ne fequiper de Lictz de Camp, ne d'a-
couftremens de plufieurs fortes : car alors n'en eftoit tenu aucun compte,
ains celluy qui mannioit & qui picquoit le mieulx vn Cheual, qui couroit
vne Lance, qui fe combatoit le mieulx a l'Efpee, qui luictoit, failloit, ruoit
la Barre, & voltigeoit mieulx que les autres, eftoit le plus eftimé: & celluy
la auffi auoit la vogue deffus fes Compagnons qui eftoit monté & armé
mieulx qu'eulx, de forte que lon n'euft gueres fceu trouuer Gédarme qui
ne fuft monté de trois ou quatre grans Cheuaulx pour le moins, & l'vn d'i-
ceulx, ou les tous bien bardez. Quant a leur perfonne, ilz n'auoient garde
de fe deftruire en habillemens, comme les Gentilz hommes d'auiourdhuy
font, mais auffi eftoient ilz armez en fainctz Georges, & fournis d'Efcus
comme chiens de pulces. Aufurplus ilz leur deuroit eftre defendu de vendre leursdictes Garnifons, ou les viures ordonnez, & de leuer autre munition que celle que le taulx diroit. I'enten auffi que cecy leur a efte defendu puis nagueres : mais foit ce qu'ilz ayent garnifon, ou qu'ilz n'en ayent
point, fi fault il que ces gens a Cheual fexcercitent, & f'addonnent a eftre
bien difpofez & aifez de leur perfonne dedens le Harnois, & fi accouftumer pour les neceffitez qui furuyennét aucuneffois: car telle fois pourra eftre que les Genfdarmes feront contrainctz demeurer a pied longuement, & a cheminer vn long pais fans remonter a Cheual: que filz n'y e-
ftoient defia tous accouftumez, ilz ne pourroient au befoing fupporter le
faix du Harnois, ne pareillement faire leur deuoir au commbat. Ilz fexcer-
citeront d'auantage a monter a Cheual armez de toutes pieces, la Lance
au poing, & a defcendre a toutes mains, fans auoir ayde ne aduantage,
& fans eftriers : & a ces fins ilz pourront auoir quelque Cheual de bois fur
lequel

lequel ilz f'addreffent, du moins vne heure du iour, pour fe faire promptz
a defcédre & a remonter au premier figne que le Capitaine en fera. Oultre plus ilz f'excerciteront a paffer les plus groffes Riuieres a nou tout a
Cheual, & armes : & femblablement a monter les plus roides & difficiles Montaignes qui foient, & a les defcendre en courant, ou en grand'diligence, principalement les Harquebuziers & les Eftradiotz, & auffi les
Cheuaulx legers. Quant aux Hommes d'armes ilz ne feront gueres iamais
ceft office : ains fe tiendront fermes, & ne feruiront point de ce que ceulx
d'auiourdhuy feruent, lefquelz deuroient eftre ainfi qu'vn Fort pour refifter a tous venans, & pour fracaffer & rompre tous ceulx qu'ilz affaul-
droient. Mais a l'appetit des Courreries & des Efcarmouches en quoy lon
les accouftume ordinairement, qui font lieux ou il eft force de fuyr le
plus fouuent en lieu de tenir bon, ilz ont aprins de monftrer les tallons: par
quoy il feroit neceffaire de defendre aufdictz Hommes d'armes les Efcarmouches, & tous les lieux ou ilz conuient fuyr, & la ou ilz peuuent gafter
leurs Cheuaulx fans nul prouffit. A ce propos le Baron de Gramont lequel
mouruft au voyage de Naples, difoit qu'oncques puis que les Genfdarmes
Francois f'addonnerét a ces legeres Batailles, ne feuft qu'ilz ne fuyffent tou
teffois & quantes il falloit combattre a bon efcient, & ce a caufe qu'ilz a-
uoient defia aprins par couftume, & par l'ordonnance des Efcarmourches
a monftret fans crainéte de reproche le Doz aux ennemis. Auffi a la verité
dire, l'Efcarmouche eft vne chofe qui appartient mieulx aux Cheuaulxlegers que non pas a eulx: & pour icelluy effeét font proprement eftabliz lefdiétz Cheuaulx legers: & pour les Efcorches & pour les Coruees en toutes
autres chofe ie vouldroye qu'ilz feiffent l'office de noz Hommes d'armes: &
les Eftradiotz, & les Harquebuziers feroient les Efcoutes, & tiédroiét có-
paigne aux Cheuaulxlegers en tous lieux, & feruiroient pour d'efcouurir
& pour efcarmoucher: & les Cheuaulxlegiers pour les foubftenir: les Hommes d'armes feroiét le Fort du Guet. Pour dire ce qu'il me femble des excercices que les Gens a cheual doyuent faire, ie fuis d'aduis premierement
que les Harquebuziers f'adonnent a la Harquebuze, & qu'ilz f'eftudient a
en tirer feurement & droiét de toutes mains, & en arriere, i'acoit que les
cheuaulx courent: & auffi a defcendre foubdainemét, pour garder vn pas
tout vn comme les Harquebuziers a pied feroient. Les Eftradiotz fe doyuent fcauoir ayder de l'Arzegaye a toutes mains, en donnant l'vne fois d'v-
ne poinéte, & apres de l'autre, ou (comme diét eft) filz portét Lance, ilz f'en
ayderont comme lon faiét. Les Cheuaulxlegers f'adonnent a bien mener
vn Cheual, & le mannyer, & a bien courir vne Lance, & f'ayder de l'Efpee
ou de la Maffe quand il fera temps, les Hommes d'armes en feront tout autant : tous lefquelz Hommes de Cheual fe doyuent entendre en toutes
maladies de Cheuaulx pour y trouuer les remedes : car ce fera vne chofe
honnefte, & qu'ilz les fachent emboucher & ferrer, pour n'auoir a defirer
aucune petite partie en leur Meftier. Ces Gens de Cheual ainfi armez & addreffez que diét auons, fe pourront trouuer aux Monftres enfemble, auec la
Legió pour f'excerciter apres les vns auec les autres, ne fuft que pour fen-

trecongnoiſtre & aimer mieulx que ſilz ne ſe hantoient point. Touchant le Bagaige de ceulx cy, il ſera retrenché auſſi bien que celluy des Gens de Pied, & en meneront tant peu qu'il ſera poſſible: & que celluy la encores ne les empeſche, ny ne les charge de rien en allant a la Monſtre. Ilz viuront de leur Bource, ſans rien prendre de l'autruy, & marcheront en bon ordre touſiours armez, faiſant Guet la nuiȼt: & apres quant le iour ſera venu, deuant que ſortir de leur logis, le Capitaine enuoyra des Auantcoureurs deſcouurir les paſſages par ou la compagnie aura deliberé de faire ſon Chemin au partir d'illec. Et ceſte charge ſera baillee a quelques Decurions de Harquebuziers & Eſtradiotz auec leurs Decuries, leſquelz ſerót ſuyuiz de quelques Decurions de Cheuaulx legers pour les ſoubſtenir:apres leſquelz le Bagaige pourra marcher; & puis les Cheuaulx legers, & les Hommes d'armes apres. Et ſi lon trouuoit meilleur de mettre le Bagaige derriere que deuant, il pourroit eſtre en ce lieu icy: & derriere luy viendroit le ſurplus des Eſtradiotz, & des Harquebuziers. Les rencz des vns & des autres en marchant ainſi par pais ſeront par Decuries entieres, ſinon que le Chemin feuſt trop eſtroiȼt. En la forme dóc que diȼt eſt, pourra marcher chacune Bé de de Gens a Cheual, en allant & en retournant au lieu des Monſtres: & deuant qu'y arriuer, le Mareſchal des logis ſ'aduancera, & les Fourriers auſſi pour ſcauoir leur Quartiers, lequel ſera ioignant le quartier de Gés de Pied, & pourra eſtre de telle forme.

Camp de D C L X pas en quarré de toutes partz, pour loger une Legion de Gens de pied en XII Bendes, auec deux Bendes de Gens a cheual, contenant chacune C. Hômes d'armes, C. Cheuaulx legiers, L. Eſtradiotz, & L. Harquebuſiers.

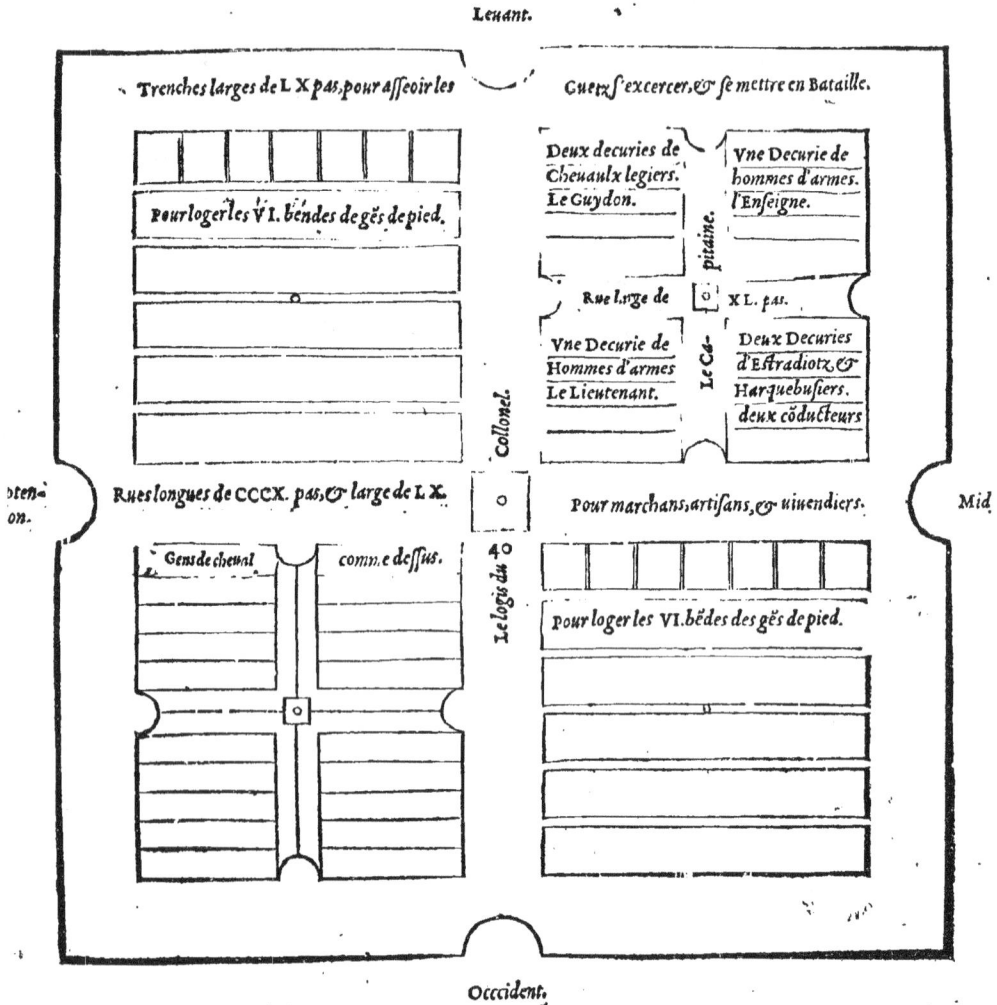

Leuant.

Trenches larges de L X pas, pour aſſeoir les

Guetz ſ'excercer, & ſe mettre en Bataille.

Pour loger les VI. bêndes de gês de pied.

Deux decuries de Cheuaulx legiers. Le Guydon.

Vne Decurie de hommes d'armes. l'Enſeigne.

Le Capitaine.

Rue large de ◦ XL. pas.

Vne Decurie de Hommes d'armes Le Lieutenant.

Deux Decuries d'Eſtradiotz, & Harquebuſiers, deux côducteurs

Collonel.

Rues longues de CCCX. pas, & large de L X.

Le logis du 4 0

Pour marchans, artiſans, & uiuendiers.

Gens de cheual comn. e deſſus.

Pour loger les VI. bêdes des gês de pied.

oten-
on.

Mid

Occident.

LE QVARTIER cy deſſus tiré doibt eſtre quarré, & auoir de chacune part CCXL pas. Pour le compartir iuſtement, il fauldroit regarder le droiæt mylieu de la place, & y faire vn quarre, lequel ayt XX pas de chacun coſté, pour y loger le Capitaine. De ce quarré en hors fault commécer vne ligne tirát vers Leuát, qui ayt CX pas de long: & apres en faire deux, leſquelles partiront dudiæt logis du Capitaine, & mettront la premiere au mytant, & qu'elles ſoient autant longues l'vne que l'autre, & diſtantz XX pas de celle du mylieu, a celle fin que la largeur ſoit de XL pas: laquelle largeur mettra le logis du Capitaine au mytant, & ſeruira de Rue. De l'autre coſté du logis du Capitaine, tirant vers Occident, ſeront faiætes autres trois lignes de meſme longueur & largeur que les ſuſdiætes ſont, pour faire vne autre Rue ſemblable a la premiere. Autant en ſera faiæt deuers les autres deux regions de Midy & Septentrion, de ſorte qu'il y ayt quatre Rues, & au bout de chacune Rue y ayt vne Porte ou Barriere de moyenne largeur. I'enuironneroys apres tout ce quartier d'vne petite tréchée, que ie feroys faire par les varletz de la compagnie, & fortifiroys ainſi le quartier des Gens de cheual, pour les faire repoſer plus ſeurement, & pour les defendre tant mieulx de la main des Larrons, qui leur pourroiét deſrobber les cheuaulz, cóme l'on veoit faire ſouuét, quand les Gens de pied peuuent aborder aux Gens de cheual. La place comprinſe dedans ceſte trenchée, & entre les quatre Rues qui faiæt quatre petitz quartiers, chacun deſquelz a C. pas de long, & autant de large, ſera pour loger les Gens de cheual: a ſſauoir eſt les Hommes d'armes es deux places qui ſont entre la Rue d'Orient & de Midy, & entre la Rue de Septentrion & d'Occident. La place qui eſt entre la Rue de Leuant & de Septentrion, ſera pour loger les Cheuaulx legiers: Et celle d'entre la Rue de Midy & d'Occident, ſera pour les Eſtradiotz, & pour les Harquebuſiers. Au quartier du Capitaine logét les Fourriers, les Trompettes, & le Mareſchal des logis: & les deux Códuæteurs logent au quartier des Eſtradiotz, & des Harquebuſiers. Le Guydon loge auec les Cheuaulx legiers: l'Enſeigne loge en vn quartier des Hómes d'armes, & le Lieutenát en l'autre. Quant a la diuiſion des quatre quartiers ſuſdiætz, elle ſera telle: c'eſt que chacú ſera diuiſé en cinq parties, chacune deſquelles aura C pas de long, & XVI de large: & entre deux de ces places y aura vn eſpace auſſi long que la place eſt longue, & large V pas. Chacune de ces V places ſera aſſé ſpacieuſe pour y loger C. cheuaulz & plus. Et oultre ce, y pourront eſtre aſſiſes X grandz Tétes le long d'icelle, ſi les Hómes d'armes veulent auoir chacun la ſienne. Quant auz autres ilz logeront deux a deux. Les places qui ſont au quartier des Hómes d'armes recepueront aiſéement chacune tout vne Decurie d'Hommes d'armes: & es places des autres deux quartiers pourront facilemét deux Decuries de Cheuaulx legiers, ou d'Eſtradiotz & Harquebuziers a cheual, ſans eſtre preſſez.

Cóment il

Commment il eſt neceſſaire partir vn chacun Bataillon en trois Batailles ſeparees l'vne de l'autre.
Chappitre I X.

PVYS que la Legion eſt aſſemblee & logee, il nous fault
deſcendre a dreſſer ces Bendes tant a pied qu'a cheual enſemble, a celle fin de nous en pouoir ſeruir contre noz
ennemys : qui eſt la fin pour laquelle ceſte Diſcipline ſor-
donne, & que l'on trauaille tant a la bien dreſſer. Et pour
en dire ce qu'il m'en ſemble, il fault entendre que le plus
grand deſordre que ceulz qui ordonnent vn Bataillon puiſſent faire : c'eſt
de ce qu'ilz ne prenent garde que a faire la teſte bonne, en laquelle ilz
mettent les Capitaines & tous les plus vaillantz, & mieulz armez des
Bendes, ne faiſant eſtime de pourueoir au doz, auz flancz, & aux rencz
qui ſont en dedans, comme ſi les premiers rencz eſtoient toute l'eſperan-
ce de la victoire, & que les autres ne ſeruiſſent que de faire nombre. Car
par ce moyen ilz ſoubzmettent tout le hazard du combat a deux ou
trois rencz, auſſi bien que ſilz eſtoient immortelz, ou ſuffiſans pour reſiſter tous ſeulz ſans auoir que faire de l'ayde de ceulz qui leur ſont derriere : qui eſt venir droictement contre l'ordre que les anciens obſer-
uoient: C'eſt de faire receuoir l'vn renc dedans l'autre, & l'vne Bataille dedans l'autre, & combatre obſtineement iuſques aux fins derniers. Car
ſans ceſte mode, il n'eſt poſſible ſecourir les premiers ne les defendre : ne auſſi en les retirant dedans leurs rencz, venir au combat en leur
place. De laquelle mode les Romains ſe ſceurent ayder ſouuent: & a
ces fins auoient ilz parties leurs Legions en trois maniere de Gens, qui
eſtoient appellez Haſtaies, Princes, & Triaires. Les Haſtaires faiſoient le
front, & auoient leurs rencz fourniz de beaucoup d'Hommes. Les Princes faiſoient la ſeconde Bataille, & eſtoient rengez auec leurs rencz plus
clers que les premiers. Et les Triaires faiſoient la tierce & la derniere
auec leurs rencz ſi clers, qu'au beſoing ilz peuſſent receuoir parmy eulz les
deux premieres Batailles. Oultre plus ilz auoient des Velites, qui e-
ſtoient armez legerement, & qui faiſoient tel office que les Harquebuſiers font de noſtre temps, & les mettoit on ſur les aeſles entre le Bataillon,
& les Gens a Cheual. Ces Gens armez legierement commencoient la Bataille: & ſi tant eſtoit qu'ilz ſurmontaſſent les ennemys, ilz pourſuyuoient
la victoire : & ſilz eſtoient repoulſez, ilz ſe retiroient aux flancz du Bataillon. Apres la retraicte deſquelz, les Haſtaires venoient a combatre
auec les ennemys: & ſilz ſe ſentoient trop foibles pour reſiſter, & que les
ennemys les ſurmontaſſent, ilz ſe retiroient adoncq peu a peu au dedans
des rencz clers ſemez des Princes, auec leſquelz ilz renouuelloient la Bataille : Et ſilz eſtoient enfoncez de rechef, alors les vns & les autres ſe
retiroient deuers les Triaires, auec leſquelz tout de nouuel ilz recómen-
coient a cóbatre. Et ſi ces trois conditions de Souldars eſtoient renuerſees,

il n'y auroit plus aucun remede pour se refaire. Bien me semble que ceste facon de se redresser trois fois soit inuincible, pource qu'il fault que la fortune vous abandonne par trois fois : & auec ce, il est force que vostre ennemy vous côbate & surmôte autres trois fois. Les Grecz a tout leurs Phalanges n'auoient pas ceste mode de se refaire: & iacoit qu'il y eust plusieurs
Chefz & plusieurs rencz en icelles, neantmoins de tous ensemble n'en
estoit faicte qu'vne seulle teste, & vn corps. Et la maniere qu'ilz auoient
pour secourir l'vn l'autre estoit, non pas de se retirer les vns rencz dedans
les autres, comme faisoient les Romains, mais d'entrer l'vn Souldard en la
place de l'autre : & cecy faisoient ilz ainsi, & en telle maniere que vous
orrez. Leur Phalange estoit rengee par rencz comme noz Bataillons se
rengent. Tant y a que ce n'estoit pas si confusement: Car chacune Bende
scauoit son lieu. Et les Decuries (c'est a dire Chambres ou Esquadres) estoiét
tellement régees, que les Souldardz suyuoient l'un l'autre, & estoient a filles, & non point de front, comme nous mettons les nostres. Dont le premier s'appelloit Doyen ou Decurion: (quant a moy ie l'appelleray Chef de
chambre) & le fin dernier se nômoit Guyde du doz. Le second auoit nom
Substes, & l'autre Prestes, & cósequemment les autres s'appelloient Substes
& Prestes, iusques audict Guyde qui faisoit la fin. De ces renches icy y en
auoit tant & plus, de sorte qu'vne Phalange auoit C C L V I Hommes de
de front, & L X I I I I rencz en long. Vray est qu'ilz estoient despartiz en
quatre Collonnelz: lesquelz marchoient tous d'vn frôt, auec quelques espaces entre deux. Or mettôs le cas donc qu'en chascune Rue y eust C C L V I
Hommes: & faisons qu'ilz viennent a rencontrer les ennemys. S'il aduenoit
qu'en allant ou en combatant, quelque vn d'eulz fust occis ou abbatu, celluy qui estoit du second renc, & endroict de la place de l'homme abat-
tu, c'est asscauoir celluy que i'ay nommé Substes, s'aduancoit promptement, & se mettoit au lieu du premier. Et par ce moyen les hommes d'-
icelluy renc demouroient tousiours debout & completz. Et pour em-
plir le second renc, il falloit que ceulz du tiers, assauoir est ceulz qui se
nommoient Prestes, s'aduanceassent, & se missent es places vuydes: & que
ceulz du quart fournissent le tiers, & ainsi successiuement: & tout a vn coup
les derniers rencz fournissoient les premiers, en telle sorte que les premiers rencz estoient tousiours entiers: & n'y auoit lieu qui demourast vuyde, excepté au dernier renc, lequel se consumoit n'ayant personne sur le
derriere qui le resist, tellement que le dommaige que les premiers rencz
souffroient, estoit cause de cósumer les derniers. Ainsi ces Phalâges moyennant leur ordre pouuoient plustost estre consummees que rompues. Car de
les renuerser estoit trop difficile, pour raison de leurs gros nombre, Les
Romains vserent de Phalanges au commencement, & si auoient instruict
leurs Legions a la mode Gregeoise: mais depuis enca cest ordre leur des-
pleust: parquoy ilz diuiserent leurs Gens en plusieurs corps : cest assauoir en Cohortes & Manipules: Car ilz estimerent, comme i'ay dict nagueres, que celluy corps la qui auroit plus d'ames, deust auoir aussi plus de
vie ; & lequel corps seroit composé de plus de parties. Les Bataillons des

Suysses

Suiſſes, Allemans, noſtres, & autres imitent en ce temps icy vne partie des façons des Phalanges auſſi bien en ce que nous régeons vn grãd nombre de
gens enſemble : comme auſſi de ce que nous les mettons en tel eſtat qu'ilz
peuent entrer l'vn en la place de l'autre. Mais que ceſte maniere ne ſoit
point ſi bonne que celle des Romains eſtoit, pluſieurs exéples des Legiós
Romaines le démonſtrent, pource que toutes les fois que les Romains cõ-
batirent cõtre les Grecz, leurs Phalanges furent deffaictes & conſumees par
les Legions : car la differéce des armes que chacune de ces deux nations portoit, en fuſt cauſe : & la mode de ſe refaire ainſi par trois fois, euſt auſſi plus
de force que le grand nombre, ne la ſolidite des Phalanges n'auoit. Ayant
donc a dreſſer vn Bataillon a tout ces exemples, il m'a ſemblé bon de retenir les armes & les façons en partie des Phalanges Grecques, & en partie
des Legions Romaines, & de noz gens de guerre modernes. Et pour ce ie
vouldroys qu'en vne de noz Legions y euſt III M DC Picquiers ordinaires
pour le Corps du Bataillon, & CCCC XX pour les Flácz, & CLXX d'extraordinaires pour les Enfãs perduz qui ſont les armes des Phalãges. Oultre les Picques, ie vouldroye DC Hallebardiers, qui ſont armes trouuees de
noſtre temps : & d'auantage CCCCXX Harquebuziers pour les Flancz, &
DCLXXX pour les Enfans perduz. I'ay diuiſé le corps du Bataillon en X bédes, cõme les Romains dreſſoiét leurs Legiós en X Cohortes. I'ay ordõné les
Harquebuziers & Enfãs perduz pour cõmécer la Bataille, & pour les Eſchar-
mouches, cõme les Romains auoiét leurs Velites : & ce que ie leur ay baillé deux Capitaines & deux Enſeignes, c'eſt pour m'en pouoir ſeruir mieulx
que ſil n'en auoient point : & pareillemét pour les enuoyer aux Coruees &
ailleurs auſſi bien que les autres bédes. Et pource que cõme les armes ſont
prinſes de diuerſes nations, il fault auſſi que ces bendes participent a l'ordre de pluſieurs gens. A ceſte cauſe, ay ie faict que chacune deſdictes X bédes ait VIII rencz de Picquiers deuant l'Enſeigne, & VIII apres : & ſur le
mylieu IIII rencz de Hallebardiers : Et par ce moyen chacune Bende faict
XX rencz, chacun deſquelz eſt de XXI. Les Picques ſeruét de reſiſter aux
gens de Cheual, & pour entrer dedens les gens de Pied, & pour reſiſter au
premier rencontre des ennemis : deſquelles Picques ie me veulx ſeruir ſeulement pour les ſouſtenir, & m'ayder apres des Rondélles, que ceſdictz Piquiers portent ſur leſpaulle : & des Hallebardiers pour vaincre nies aduerſaires. Et qui vouldra bien noter la vertu de ceſte ordonnãce, il verra que
chacune ſorte de ces armes fera entierement ſon office : car les Picquiers
ſont vtiles cõtre les Cheuaulx : & quand lon vient contre les gés de Pied,
Bataillon contre Bataillon, elles ſeruent treſbien deuãt que les Rencz ſe
retraingnét : pource que depuis qu'ilz ſont reſtrainctz elles deuiénent inu-
tilles. Dont les Suiſſes pour euiter ceſt inconuenient, mettent de III en III
rencz de Picques vn renc de Hallebardes, ce qu'ilz ſont pour donner eſpace & lieu pour combatre en vne preſſe a leurs Picquiers : mais encores n'eſt
ce pas aſſez. Quand a nous, nous mettrõs noz Picques deuãt les Enſeignes
& derriere, a tout des Rondélles, & puis ſur le mitan y aura des Hallebardes pour ſouſtenir, moyennãt ceſt ordre & gens de Cheual & gés de Pied,

& pour entrer apres dedans les ennemis : car vous fcauez bien que les Picques ne feruét plus de rien quád les rencz font reftrainctz enfemble:pour-
ce qu'alors les fouldars font quafi l'vn fur l'autre : parquoy fi les Picquiers
n'ont autre chofe que la Picque & l'Efpee, ilz demeurent tous nudz,qui eft
la caufe que ie leur baille la Rondelle pour fe couurir des coups,& pour cõ
batre en tout lieu pour preffe qu'il foit : & oultre plus les Hallebardiers y
font,lefquelz peuuét trop mieulx cõbatre en vne preffe a tout leurs Hallebardes que ne feroiét pas les Picquiers a tout leurs Picques.Lefquelz Hallebardiers font deputez expreffement pour ceft effect, & auffi peuent ilz
fuyir lefdictes Rondelles au tallon pour les defcharger de ceulx qui font
trop armez aux grandz & pefans coups qu'ilz rueront a tout leurs Halle-
bardes.Quãd aufdictes Rõdelles ie vouldroye qu'ilz frappaffent toufiours
d'eftoc:encores que ce ne feuft qu'au Vifage & aux Iambes & aux Piedz ,
fi tant eft que les ennemis n'aient autre chofe de defarmee. Mais pour ne
m'arrefter plus fur ces chofes menues,ie men voys renger les X bendes en
vn Bataillon entier.

Pour renger vne Legion en Bataille, & quellement il la fault excerciter.   Chapitre. X.

QVI VOVLDRA renger les X bendes en vn Bataillon,il
fault premierement qu'il mette apart les Picquiers & Harquebuziers qui font deputez pour la deffence des Flãcz:c'eftafcauoir ceulx des cinq bédes d'vne part, & les autres vers lautres
& femblablement l'vne bende des Enfans perduz fera d'vn
cofté, & l'autre deuers l'autre, de forte que cefdictes bendes & ceulx des
Flancz laiffent vne grand' place vuyde entre deux,laquelle feruira pour rã-
ger le Bataillon, & ce fera en cefte forme.La premiere bende precedera la
feconde, & la feconde la tierce, & la tierce la quarte : & ainfi des autres.
Leurs rencz feront de cinq en cinq,cõme i'ay dit:& ce fera leur ordonnance fimple. Apres le Collonnel commãdera a fon Trompette, qu'il fonne,
Le Roy ordonne pour doubler les rencz. Et alors les rencz de cinq fe dou-
bleront, & fe feront de X. Ce faict le Collonnel ou le Sergent maiour cõ-
mandera de rechef au Trompette qu'il fonne,Le Roy trouue expreffemét
pour redoubler les rencz,lefquelz a ce fecond cry fe feront de XX,dedens
lefquelz fe mettront les Caps d'Efquadre chacun auec fon Efquadre,pour
faire le renc de XXI. Le Trompette fonnera la tierce fois par le commandement de qui deffus:& a cefte criee la premiere bende f'aduãcera iufques
au lieu que le Front du Bataillon doit eftre,& f'arreftera illec,& fe tiendra
en tout tel ordre que i'ay rengé les bendes particulieres.La place que chacun fouldard occupe de large en marchant en fimple ordonnance, eft trois
pas,& eftant en bataille deux,& lors qu'il combat vn.La diftance d'vn réc
a autre eftant en fimple ordonnance,eft de quatre pas,& eftant en bataille
deux,& en combatant vn.Ainfi donc les XXI Hommes de chacune bende
eftant en bataille occupét XLII pas de Front,& les XX rencz en occupét

LX en long,comprins l'efpace que chacun fouldard occupe qui eft vn pas.
La premiere bende ainfi rengee,la feconde f'aduancera par le cofté droict
auffi a'uant que la premiere eft,& tiendra autât de place en long & en large comme le fufdict tient. Les rencz ferót droict a droict par Flanc l'vn de
l'autre,& les deux Bédes feront maintenât XLII hommes de Front,& fera leur ordre tout pareil:elles aurót entre elles vn interualle de cinq pas.La
tierce bende f'aduancera par le cofté feneftre de la premiere bende,& fe régera ne plus ne moins que l'vne des fufdictz fe rége,& entre elle & la premiere y aura vn interualle auffi de cinq pas. La quarte f'aduâcera par le cofté droict de la feconde,& fe rengera en tout tel ordre de rencz & interualles que l'vne des autres eft,& en tout temps fera le coing droict. La quinte
f'aduancera par le cofté gauche de la troiziefme béde,& fera régee de mefme l'vne des autres,& fera en tout temps le coing feneftre.Ces cinq bendes
ainfi ordonnees font CV hómes de front,& occupét en largeur CCXXX
pas,& LX en long.Sur le derriere de ces Bédes nous fault renger la fixiefme,feptiefme, & huictiefme, loing des cinq bendes fufdictes XXV pas en
droicte ligne,& que ces trois bendes occupét autât de largueur en frót que
les cinq:iacoit que les hómes foient beaucoup plus clers que ceulx des cinq
premieres.La fixiefme bende eft au milieu:La feptiefme au cofté droict,&
la Huictiefme au feneftre:lefquelles trois bédes font LXIII hómes de front,
& l'efpace qu'elles occupent en long,eft X C pas.Au doz de ceulx cy ferót
colloquees par droicte ligne la Neufiefme & la Diziefme bende, loing des
fecódes XXV pas. La Neufiefme fera au cofté droict,& la Diziefme au gauche, lefquelles occuperont autât de large que les cinq premieres. Vray eft
que les rencz de ceulx cy feront encores plus clairs que ceulx des fecódes
ne font:màis il eft neceffaire qu'ilz foient telz pour les raifons que ie diray
tantoft.Leur ordonnâce fera toute femblable a celle des autres bendes,fi-
non en tant que la diftance des rencz de ces deux icy fera plus grande que
celle des autres n'eft:car la ou les fecondes n'ont que X C pas du premier
renc iufques au dernier, ceulx cy en auront C XX : parquoy toutes enfemble tiendront CCXXX pas de large, & CCCXX pas depuis le premier renc du Bataillon iufques au dernier. Au furplus ie vouldroye que ces
trois Batailles euffent quelques noms expres : car les Romains en auoient
auffi donné aux leurs,& nommoient cóme i'ay dict les fouldars de la premiere bataille Haftaires,& les fecondz Princes, & les troifiefmes Triaires.
Pour armer les Flancz,& premierement le droict ie prédroye les Picquiers
de la premiere,feconde,tierce,quarte,feptiefme & neufiefme bende, & les
rengerois le long du Flanc du Bataillon deux a deux, tant que le Flanc re-
prefentaft vn tel nombre de gens que le Front reprefente.Les Harquebuziers des cinq bendes fufdictes feront auffi régez deux a deux tout le long
du Flanc de ces Picquiers cinq ou fix pas loing d'eulx. Les Picquiers de la
tierce,cinquiefme,fixiefme,huictiefme,& diziefme béde clorrót le cofté feneftre,& feront rengez de mefme les autres de l'autre part , & les Harquebuziers auffi comme ceulx de l'autre part font régez.Les Capporalz de l'vn
cofté & de l'autre font a part au deuât de leurs gens.Les deux bendes d'En-

fans perduz font lune fur lun Flanc, & l'autre fur l'autre. Leurs Harquebuziers font rengez en XVI rencz : & apres eulx les Picquiers font rengez en IIII rencz, chacun defquelz rencz eft de XXI homme. L'enfeigne
de ceulx cy eft au mylieu des Picquiers : l'vne compagnie de C. Hommes
d'armes fera fur lun Flanc, & l'autre compagnie fera fur l'autre, & ferôt ainfi
que deux Aefles. Quand aux Cheuaulx legers ilz feront rengez audeuant
des Hommes d'armes, ou au cofté qui vouldra, tellement que tous enfemble facent vn Front : ou bien fi les voulez renger vns & autres de deux en
deux Decuries, c'eft a dire de XX en XX, vous le pouez faire. Les Eftradiotz
font plus en auant, & les Harquebuziers a Cheual encores plus : les Capitaines font fur le deuant des Hommes d'armes : les Lieutenans font fur le
deuant des Cheuaulx legers, & les Côducteurs font deuant les Eftradiotz,
& deuant les Harquebuziers, chacun auec les fiens. Le Collonnel fera en
l'efpace que i'ay dict deuoir eftre vuyde entre les Haftaires & les Princes, ou
a la tefte du Bataillon fur lun des coings entre la Quarte bende & les Picquiers du Flanc droict, ou entre la Quinte & les Picquiers du Flanc feneftre, felon ce qu'il viendra le mieulx a propos. Ie vouldroys qu'il euft auec
luy fon Efquadre, & le Sergent maiour, & quelques hómes efleuz, lefquelz
fceuffent executer fagement vne commiffion d'importance. Son Trópette
& fon Tabourin maiour luy feront aupres pour crier & faire entédre fou-
dainement fa volonté. Sur ce que le Bataillon fera ainfi ordonné, ledict Collonnel commandera au Trompette de faire le cry qui fera ordonné pour
marcher le pas, & vn peu apres fonnera celluy qui faict trotter, & dela a vn
temps celluy qui faict combattre. Il ne fault auffi point oublier d'excerciter
les Haftaires a fe fcauoir retirer dedens la bataille des Princes : & toutes ces
deux batailles de Haftaires & de Princes fe retireront apres au dedens dela
bataille des Triaires, le tout fans fe mettre en defordre, & fans fe rompre.
Les Picquiers des Flancz fe doyuét retirer comme les batailles fe retirent :
afcauoir eft, le premier renc fe doit retirer dedés le fecond, & le tiers dedens
le quart, & le quint dedens le fixiefme, & les autres confequemment. Les
Enfans perduz feront auffi adoncq' leur office, & la Cheuallerie femblablement le fien. Ce faict la retraicte fonnera, & chacune Enfeigne recueillera
fes gens apart pour fe remettre de nouueau en ordonnance fimple, & pour
rétrer dedés le Camp en ce poinct. Et fi l'ordre des Princes & des Triaires
fembloit meilleur eftant rengez d'vn Front, il fe pourroit faire auffi bien
que des cinq bendes des Haftaires : car alors ne fauldroit que faire auancer
la Neufiefme & Diziefme bende, & qu'elles fe miffent au derriere de la feconde & de la tierce bende, par droicte bende : & que lefdictz Princes &
Triaires tinfent la mefme ordonnance que les cinq bendes des Haftaires
tiennent, & qu'ilz occupaffent autant de largeur & de longueur comme
cefdictz Haftaires occupét : ou bien que les quatre bendes des Haftaires fiffent le Front, & que la cinquiefme bende fe retiraft auec l'vne bende des
Princes, & fe rengeaffent en X rencz, chacun renc de LXXX IIII : & que
la Septiefme & Huictiefme bende defdictz Princes fe rengeaffent auec les
Triaires. Et par ainfi feroient quatre bendes au derriere, comme au deuát,
rengees

rengées ne plus ne moins que les Haftaires, & les deux feroient aû fin mytan : ou qu'elles fuffent au derriere tenant la place des Triaires felon l'ordonnance de Polybe : lefquelz eftoient toufiours la moiétie moins que les
Princes ou Haftaires n'eftoiét :& qu'en chacune des autres deux Batailles y
euft quatre bédes, & en cefte cy feulemét deux :pourueu que de XX rencz
qu'elles feroiét, fans changer leur ordre, elles n'en fiffent que X maintenát :
a celle fin de reprefenter tout tel Front que les autres Batailles monftrent.
On pourroit bien auffi renger vne de ces Legions en forme de Phalange
fimple : touteffo:s pour la faire quarree iuftement, comme l'ordonnnace de
ladiéte Phalange requiert, il fauldroit changer vne grand' partie de l'ordre
de ces Legions, intendz qui vouldroit qu'il n'y euft rien adire. Mais quand a
parler d'vne de ces Legions que i'ay dreffees cy deffus : c'cft tout l'ordre que
ie vouldroye obferuer pour en renger vne ou plufieurs en bataille : combien que s'il m'en failloit renger vne de celles que le Roy a ordonnees en
France, i'y procederois autrement, fi tant eftoit que la forme de la renger
felon la mode de celle que deffus, ne fuft trouuee bonne : & que cefte maniere de Haftaires, Princes & Triaires ne pleuft point : car en ce cas ie ferois
feulement deux Batailles, & mettrois en la Premiere trois bendes auec
leurs fix Enfeignes : & en l'autre Bataille, ie mettrois les autres trois bendes
& leurs fix Enfeignes : & cecy vouldrois ie faire felon la forme que i'ay
defia diéte, en parlant de renger vne de ces Bendes a part foy, au Chapitre
VII. Ainfi les trois bendes feroient LXXV Hommes de Front :& auec
les deux efpaces de cinq pas qui doyuent eftre entre ces bendes, ilz occupe-
roient CLX pas de large :& les XXIIII rencz occuperoiét en long LXX
pas. Ie mettrois les autres trois au doz de ces trois Bendes icy, en tout tel
ordre qu'elles font : fauf de ce qu'elles feroient la Tefte deuers la queue, &
leurs Efpaulles feroient contre les Efpaulles des premiers : entre lefquelles Efpaulles des vns & des autres y aura vn interualle de XX pas : par ce
moyen la longueur du Bataillon pourroit auoir CLX pas. Pour l'vn des
Flancz y feroient les Picquiers des trois bendes : & pour l'autre y feroient
les Picquiers des trois autres, tous rengez deux a deux : & les Harquebuziers des Flancz vn peu plus a quartier. Les Enfans perduz auroient le deuant fur les Aefles, & les gens de Cheual tiendroient le mefme lieu qu'ilz
tiennét auec les Legiós fufdiétes :& le Collonnel feroit fur l'vn des coings
entre l'vne des bendes, & les Picquiers de l'vn des Flancz, ou ailleurs, comme l'on eftimeroit eftre le meilleur. Et iacoit que cefte forme peult fembler
affez bonne, fi eft ce que la maniere de l'vne des Legions que i'ay ordonnees en la forte que diét eft deffus, me femble trop plus feure : & ce pour
raifon du moyen qu'elle a de fe refaire trois fois, & de fe cóbatre par trois
fois : ce que celle que i'ay rengee dernieremet ne pourroit faire : car s'elle
combatoit bien vne fois, ce feroit tout :nonobftant que par vn long excercice l'on luy pourroit móftrer a la fin la mode de combatre vn renc apres
autre, en quoy feroit neceffaire monftrer au premier renc de fe fcauoir retirer
par entre le fecond, & par entre les autres, iufques au fin dernier, fans ofter
perfonne de fa place, ce qui fe pourroit faire : mais que ceulx qui deuroient

F

faire la place aux autres en paſſant, ſe miſſent de coſté, pour les laiſſer paſſer:
& que ſouldain ſe remiſſent en leur premier eſtre. Autant en fauldroit faire quand le ſecond ſe retireroit, & les autres : & pourueu que ceſte facon ſe gardaſt, i'eſtimerois beaucoup ceſte derniere ordonnáce. Au fort en quelque mode que lon les dreſſe, tout peult ſeruir: mais que les Souldardz ſoiét excercitez menu & ſouuét. Et pour reprendre mon dire de la hault deſſus, il fault que la Legion ordonnee par moy ſelon la forme antique, ſoit excercitee en diuers excercices tous les iours qu'elle ſeiourne apres la móſtre faicte. Et par ceſte voye le Collonnel pourra congnoiſtre ſi ſes Capitaines auront eſté diligentz a bien addreſſer leurs Souldardz, ou negligens: a celle fin de les louer ou blaſmer en preſence de tous ſelon leur merite : & les Souldardz ſemblablement apprendront a ſe renger enſemble, auſquelz ſeront móſtrez tous les excercices que chacun doit ſcauoir en general eſtant deſia accouſtumez, comme i'ay dict aux particuliers. Pour eſtre expertz en tous leſquelz, il ſeroit beſoing d'aſſembler la Legion deux fois l'an pour le moins: & que les bendes ſ'excercitaſſent en particulier de mois en mois, & plus ſouuent ſ'il eſtoit poſſible: & les Souldardz a part, a chacun iour de feſte auec leurs Chefz de chambre, Caps d'Eſquadre, & Capporalz. A quoy & a toute aultre choſe vertueuſe les exhortera le Collonnel, en general & en priué : & apres donnera licence a chacun de ſen retourner en ſa maiſon: lequel retour ſera tout tel que l'allee, en gardant la meſme mode de marcher, de loger, & de bien viure que dit eſt. Ce qui pourra auſſi eſtre obſerué toutes les fois qu'vne Legió ſe leuera pour aller ſeruir le Roy a la guerre.   I'ay faict tirer en ce lieu la forme que chacune des Legions ſuſdictes deuroit auoir eſtant en Bataille.

Harquebusiers à Cheual.

Conducteurs.

Estradiots.

Lieutenans, Capitaines.

Cheuaux d'ar-legers m5X X en froit.

Homes d'ar-legers m5X X en froit.

Enfans perduz XVI en front.

A. Haslaires de la 3.5.6.8.10. Bendes au flac deux à deux.
B. Harquebusiers de la 3.5.6.8.10.Bendes au flanc deux à deux.

A

B

Haslaires 21 en front.
5 C

Haslaires 21
3

Les Princes 21 en froit.

25 pas.

Haslaires 21 premiere Bende.

Le Collonel.

Les Princes 21.

Triaires 21 en froit.

25 pas.

Haslaires 21.
2

25 pas.

Les Princes 21.

Haslaires 21.
4 C

Les Princes 21.

A

B

Enfans perduz XVI en front.

A. Haslaires de la 3.5.6.8.10. Bendes au flanc deux à deux.
B. Harquebusiers de la 5.6. 8. 10. Bendes au flanc deux à deux.

Hom-mes d'ar-legers mes X X en froit.

Lieutenans, Capitaines.

Estradiots.

Conducteurs.

Harquebusiers à Cheual.

Bataillon large de 130 pas, long de 310 pas.

I 4

Pour renger de tous poinctz quatre Legions en Bataille :
& comment l'ordonnance que l'Autheur baille est
la meilleure qui soit point.
Chapitre XI.

ENSVYT que nous parlons desormais de la maniere de
renger toute vne Bataille ensemble, puisque nous auons ordonnees les Legiós a part. Et pour ce faire, il seroit necessaire
en ce passage narrer bien amplement, comme c'estoit que les
Grecz & les Romains ordonnoient leurs Batailles pour faire
iournee : tant y a que leur mode peult estre trouuee & consideree par vn
chacun dedans les autheurs anciens qui en parlent. Pourtant ie laisseray
plusieurs choses particulieres de leur facon, & parleray seulement des plus
necessaires, & de ce que nous deurions emprunter du leur, pour donner
quelque partie de perfection a la Discipline militaire de nostre temps. Ce
faisant ie monstreray tout d'un train, quellement c'est que l'on dresse vne armee pour vn iour de Bataille : & cómme c'est qu'vn Ost affronte & aborde a bon escient les ennemys : & la maniere de l'exerciter en Batailles sain-
ctes. Pource il fault entendre qu'en vn Ost ordinaire de Romains, lequel ilz
appelloient Cósulaire, n'y auoit que deux Legions de Citoyens Romains,
qui estoient D C Cheuaulz & X M Hommes de pied. Oultre ceulz cy ilz
auoient autant de Gens a pied & a Cheual des alliez, que des leurs propres :
lesquelz estoient diuisez en deux partz. L'vne estoit appellee Corn droict, &
l'autre Corn gauche. Ne ilz n'eussent iamais souffert que ces Gens de pied
Auxiliaires surpassassent le nombre des Legionaires. Mais quant aux Gens
de Cheual, il ne leur chaloit gueres encores qu'ilz fussent plus que les leurs.
Auec vne telle armee donc de X X M Hommes de pied, & d'enuiron M D
Cheuaulz de seruice au plus hault, vn Consul Romain entreprenoit toutes
factions, & les faisoit. Vray est que quant ilz auoient a respondre a vne trop
gráde force d'ennemys, ilz assembloient a lors leurs deux Cósulz, & faisoiét
ioindre les deux Ostz Consulaires. Il fault noter d'aduantage qu'en toutes
les trois actions principales que les armees font, si comme de marcher, loger, & combatre, que les susdictz Romains mettoient leurs Legiós au mylieu, pource qu'ilz vouloient que la force en laquelle ilz auoient le plus de
fiance, fust aussi la plus vnye : combien que les Auxiliaires n'estoient gueres
moins vtiles qu'eulx, a cause de la praticque qui estoit entre les vns & les
autres : & de faict ilz estoient adressez & rengez de mesme sorte. Tout ainsi
donc qu'ilz auoient deux Legiós des Citoyens propres, & deux d'alliez en
chacun de leurs excercites, ie prendray semblablement quatre Legions de
Fráçois ou deux pour le moins, & serót de V I M C Hómes de pied chacune. Car ce nóbre me plaist mieulx, ioinct a ce que Vegece en a vsé en ordon
nant ses Legions. Et des deux susdictes Legions Francoises, ie feroys mon
principal fort. Si tant estoit que l'on y voulust des Souldars estrágers, ie collo-
queroye cesdictz estrágers aux deux poinctes de l'armee, cóme les Romains
y mettoiét leurs aydes. Mais ie presuppose qu'il n'y aura point d'estrágers en
l'Ost

l'Oſt que ie dreſſe maintenant, ou ſ'il en y auoit, le nombre que ie demande
de Legions ne ſ'amoindriroit pas pource : ains y en auroit touſiours quatre : par la diſpoſition deſquelles ſe pourra entendre facilement comme
c'eſt qu'vne plus grand' armee ſe renge : car au cas qu'il euſt plus grand
nombre de gés que celluy deſdictes Legions n'eſt : il ne fauldroit que dreſſer pluſieurs petitz Bataillons, & les aſſeoir ſur le derriere, & aux coſtez de
la Bataille, en forme de Subſides, pour ſecourir de la en hors l'endroit qui ſe
roit preſſé : deſquelz Subſides faict bon vſer pour les diuerſes formes de Bataillons que les ennemis dreſſent aucuneſſois, a celle fin que ſans rien chan
ger ne oſter de la place, on ait ſur l'heure dequoy leur reſpondre : ſicomme
ſi quelque vnes de leurs Batailles eſt rengee en Pointe, que nous puiſſions
ſubit faire auancer vne partie de ces gens qui ſont au Doz & aux Flancz, &
les renger en forme d'vnes forces pour receuoir entr'eulx la Pointe qui approche, & l'enuelopper : ou ſi leſdictz ennemis marchét auec leur Front de
longue eſtendue, que ceulx cy ſe puiſſent renger en Pointe, & ſ'efforcer
d'entrer dedés eulx. Ces gens auſſi ſont bons pour repoulſer ceulx qui viénent charger ſur quelqu'vn des coſtez au deſpourueu ou par le Doz : ilz ſer
uént pareillement pour releuer ceulx qui ſont eſbranlez, ou pour enfon-
drer ceulx qui chancellent : & pour pluſieurs autres effectz que ie laiſſe, dót
on y pourroit depputer ceulx qui ſeroient en noz armees plus que des qua
tre Legions ſuſdictes : combien que pour cecy n'en fault ia leuer d'auantage, attendu que les Enfans perduz & ceulx des Flancz y pourront bien ſeruir. Au ſurplus ie ne croy point qu'il faille recorder de rechef le nombre
dés gens que i'ay mis pour chacune Legion, ne comme il y a X bendes d'or
dinaires, & deux d'extraordinaires : ne quelles armes & baſtons ilz portent,
ne la difference des Picquiers, ne quelz Officiers & Chefz y a en chacune :
pource que ie le viens de dire par le menu. Parquoy ſans plus replicquer
autre choſe, ie dictz que la premiere Legion (car toutes ſeront ainſi diſtin-
guees par degré) doit tenir en tout temps vne meſme place, & les autres
auſſi. Pourtant ie vouldroye que la premiere fiſt le coſté droict, & la ſecon
de fiſt le gauche : & que les premiers rencz des Haſtaires de ces deux Legiós
fuſſent auſſi auant l'vn que l'autre, & tous les autres rencz enſuyuant. Et
pour plus claire demonſtrance, ie metz le cas que les aduerſaires ſoient deuers Oriét, il nous fault donc renger le Front de noz batailles deuers eulx.
La premiere Legion a le coſté droict vers Midy, & la ſecóde a le ſien gauche vers Septentrion : leur Doz eſt vers Occident : les Haſtaires ſont droict
adroict, & autant auant les vns que les autres : & les Princes de l'vne &
de l'autre : & les vns Triaires, & les autres gardent vn meſme ordre, & vns
meſmes rencz, eſpaces & interualles l'vne Legion cóme l'autre : elles doyuent auoir vne eſpace entre elles deux, du Front iuſques a la queue, qui ait
de large XXX pas : ces deux Legions tiendront le lieu que les deux Legions de purs Romains occupoient : aſcauoir eſt le mylieu. Touchant la
Pointe droicte, ie y colloquerois la tierce Legió : & ſur la ſeneſtre ie y mettrois la quarte : & ce en tout tel ordre que les deux ſuſdictz ſont, auec
les eſpaces entre deux chacun de XXX pas : ainſi les quatre Legions

auront de large M pas & plus. Les Enfans perduz font fur le deuant : & la Gendarmerie de la premiere & de la tierce Legion feroit fur læfle droicte : & l'autre Gendarmerie, afcauoir celle de la feconde & de la quarte Legió, feroit fur læfle feneftre. Et pour bien gouuerner cefte armee il eft neceffaire auoir quelques Chefz principaulx & certains officiers qui refpondent & obeyffent tous au Lieutenant general. Les Chefz feront deux : afcauoir vn Capitaine general de la Cheuallerie, auquel obeyront tous les Capitaines ayát charge de gens de Cheual. L'autre Chef fera vn Capitaine general de tous les gens de Pied, auquel tous les Collonnelz & Capitaines ayans charge de Pietons feront tenus obeyr. La dignité de ces deux Chefz eft toute pareille : pource que l'vn prefide a l'vne condition de Souldardz, & l'autre prefide fur l'autre : auffi font ce les plus haultz degrez qui puiffent eftre en la Remilitaire, hormis le Chef general : & aufquelz tous les autres degrez tendent chacun en l'eftat qu'il faict : ficomme les gens qui font le Meftier a Cheual, lefquelz peuent monter iufques a ce poinct de Capitaine general de la Cheuallerie : & l'vn de ceulx qui font le Meftier des Armes a Pied, peult mó ter femblablement iufques a eftre Capitaine general des gens de Pied : & pour y paruenir fault paffer autát de degrez en l'vn Meftier comme en l'autre : car i'en metz XII en chacun. Premierement entre les gens de Pied y a Enfans perduz, qui eft le premier lieu ou ie vouldroye mettre ceulx que i'enroolleroye pour remplir vne Legion. Le fecond lieu ceft eftre des Flácz, & qu'en ces deux lieux ilz fuyuiffent tous les offices iufques a eftre Capporalz auát que pouoir entrer au Bataillon : & y eftant venus ilz feroient Picquiers ou Hallebarbiers auant toute œuure, le tiers des Haftaires, le quart des Princes, le quint des Triaires, le fixiefme fauldroit eftre Dizenier, le feptiefme Cap d'Efquadre, le huictiefme Capporal, le neufiefme Enfeigne, fuft de Bataillon ou des Enfans perduz, le diziefme Lieutenant, le vnziefme Capitaine, le douziefme Collonnel. Quand aux gens de Cheual le premier poinct c'eft d'eftre Harquebuzier, le fecód Eftradiot, le tiers Cheual legier, le quart Homme d'armes, le quint Decurion d'Arquebuziers, le fixiefme Decurion d'Eftradiotz, le feptiefme Decurion de Cheuaulx legers, le huictiefme Decurion d'Hómes darmes, ou Conducteur d'Arquebuziers, ou d'Eftradiotz, le neufiefme Guydon, le diziefme Enfeigne, l'vnziefme Lieutenant, le douziefme Capitaine. Touchant les autres eftatz, ficóme de Fourriers, Sergeis de bende, Sergés maiours, Marefchalz des logis, Maiftres de Camp ou Preuoft (car c'eft tout vn) & autres, ce font offices & non pas degrez : par lefquelz ne fe doit peruenir aux deux degrez fouuerains, finon que la volonté du Roy les y difpenfaft, lequel peult alterer & changer toutes ordonnances. Au regard des officiers qui doyuét eftre en vn Oft oultre ceulx que i'ay dict icy, il y fault premieremét vn fcauant homme de Robe lógue qui face l'office de Chácellier, ou d'Affeffeur, cóme lon le vouldra nómer : & apres y font neceffaires vn maiftre d'Artillerie, vn General des Finance : & finablement vn Marefchal de Camp : on y pourroit adioufter vn Preuoft general. Or pour affigner a chacun des Chefz principaulx les lieux qu'ilz doyuent tenir eftant l'armee fur le poinct de combatre : &

femblablement

femblablement aux officiers cy deffus nommez,il fault dire que le Lieutenant general doit eftre fur le cofté droiɗ entre les Gens de Pied, & entre
ceulx de Cheual:car ce lieu eft le plus apte qui foit pour gouuerner l'armee.
Ce Lieutenant general du Roy pourroit auoir en fa compagnie C ou C C
Hommes efleuz,les vns a Cheual,& les autres a Pied: du nombre defquelz
y en ait quelques vns qui foient fuffifans pour excecuter vne charge d'importáce,il deuroit eftre a Cheual,& tellement armé qu'il peult faire le meftier a Cheual & a Pied,felon ce que le befoing le requerroit.La Cornette feroit aupres de luy,c'eft l'Enfeigne des Chefz des armees, & le Trompette general auffi par le Roy,duquel tous les Trópettes du Camp fe gouuernent,& confequemment tous les Souldardz. Le Chef general d'vne armee doit donc eftre fur le cofté droit, car c'eft le propre lieu pour donner
ordre par tous les endroitz de la Bataille,& pour y pouruoir a moindre dif
ficulté,finon que laffiette du lieu fuft plus propice deuers l'autre cofté.Mais
ie prefupofe que ceft Oft foit a prefent régé en quelque belle grand plai-
ne.Le Capitaine general de tous les Gens de Pied fera a la tefte de l'interualle qu'eft entre les deux Legions du mylieu pour gouuerner toutes les
quatre Legions,& pour remedier aux accidens qui peuuent furuenir. Et a
ces fins il aura entour foy quelques Hommes de Pied extraordinaires, & fi
fe pourra auffi ayder des Picquiers,& des Harquebuziers des Flácz fil veult:
mefmement de ceulx aux Flancz du dedens de ces deux Legions du mylieu : car elles feront bien tard affaillies par la . Le Capitaine general des
gens a Cheual fera fur le cofté feneftre pour le gouuerner,comme le Lieutenant general gouuerne le droiɗ : & pourra auoir entour foy quelques
gens de Pied Picquiers & Harquebuziers , lefquelz il prendra fur les Enfans perduz,& les fera combatre parmy les Cheuaulx fans tenir ordre.L'ar
tillerie doibt eftre mife fur le Front de L'armee, finon que le pais fuft tel
qu'elle peult eftre affize fur les Flancz, ou ailleurs en feur lieu, & en telle
part que les ennemis ne la peuffent approcher legerement. Le maiftre d'i-
celle doibt eftre entour auec fes Commiffaires & Canonniers: vne bonne
partie des autres officiers principaulx pourront eftre auec le Capitaine general:& le furplus au derriere des Batailles pour prendre garde qu'elles ne
puiffent receuoir quelque dommage par icelluy lieu. Quant au Bagaige il
feroit affiz en quelque lieu fort par nature,ou par art, lequel pourroit eftre
gardé par les varletz de l'Oft. Et a ces fins ay ie demádé qu'ilz foient choi-
fiz de telle forte qu'ilz puiffent feruir de Souldardz au befoing:& l'Oft rége en la maniere que diɗ eft,pourra au combat tout autant que l'ordre des
Phalanges peult, & tout autát que les Legions Romaines pouoient: pource que les Picquiers font au Front,& fur toutes les aduenues. Et oultre ce,
les Souldardz font tellement rengez par rencz, que fi en combatant auec
les aduerfaires, les Souldardz des premiers rencz font océiz ou abbatuz,
ceulx qui font des fecondz peuent entrer fouldain en leur lieu, & remplir
les places vuydes,felon l'vfaige des Phalanges.D'autrepart filz font hurtez
tellement que les premiers rencz des Haftaires foient cótrainɗz a fe rompre,ilz fe peuent adonc retirer deuers les Princes qui leur font au Doz, &

eulx renger de nouueau parmy leurs rencz, lesquelz ne sont pas si espoix que ceulx des Hastaires: car il s'en fault deux Bendes: & auec ce il y a vne plus grande distance du premier renc des Princes iusques au dernier que lesdictz Hastaires n'occupent estant en leur ordonnance: parquoy ilz se peuent combatre de rechef, & monstrer visage de la en hors. Et quãd cecy ne suffiroit, ilz se peuuent retirer la seconde fois tout ainsi que la premiere, & entrer dedens les Triaires, & combatre la tierce fois, de sorte que ceste façon de se refaire trois fois, & de fournir les places des Abatuz, est selon la mode des Grecz & des Romains. Oultre plus il ne seroit possible ordonner vne forme d'excercite plus forte que ceste cy est, pource que tous les costez de noz Batailles sont tresbien muniz de Chefz & de bonnes armes, tellemẽt qu'elles ne peuuẽt estre assaillies par aucun endroict qui ne soit tres fort & bien ordonné: ioinct a ce que les ennemis ne sont gueres iamais en si grand nombre qu'ilz puissent assaillir egallement de toutes pars ceulx a uecques qui ilz ont affaire. Et si tant estoit qu'ilz fussent assez fortz pour ce faire, ie ne conseilleroye iamais au foible de presenter la Bataille, ne de l'ac cepter, ne pareillement de sortir hors de son Fort pour descendre en païs large & descouuert. Tant y a, que la & quand vostre ennemy seroit si fort qu'il eust trois fois autant de Gẽs que vous, & aussi bons Souldardz que les vostre seroient, & qu'il vous assaillist par diuers lieux: si vous pouuez tant faire que l'vne de ses Batailles soit mise en Roupte, vous estes certain que le surplus yra paurement: car pour vous assaillir par diuers endroictz, il est force que les Batailles des ennemis diminuẽt & s'affoiblissent, & si sont cõ trainctz de s'esloigner les vns de autres: parquoy si l'vne partie est mise en fuyte, n'ayant lieu ou se retirer promptement, ou gens qui la secourent: les autres parties s'estonneront, ou pour le moins elles resisteront a plus grand difficulté. Touchant la Cheuallerie des ennemis, si elle est plus forte que la vostre, si en estes vous garanty, au moyen des Picquiers qui enuiron nent voz Batailles de tout costé: car de quelque part que lon vous assail le, vous auez des Picquiers pour vous defendre: d'auãtage les officiers, mẽ bres & Chefz sont disposez en telz lieux que facilemẽt ilz peuent commã der a leur Gens, & obeyr au Capitaine general. Les interualles & espaces qui sont entre les rencz, entre les Bendes, & entre les Batailles, seruent non seulement a receuoir l'vn l'autre, mais encores a donner lieu a ceulx qui vont & viennent, & qui apportent & rapportent les mandemens des Ca pitaines. Oultre plus i'ay dict que les Romains auoient en quatre de leurs Legions le nombre de XXI M Hommes de pied, qui estoient tous les Gens qu'ilz auoient communement en chacune de leurs Armees. C'est icy que ie dresse en aura enuiron XXV M, sans compter les Chefz principaulx & of ficiers de l'Ost, lesquelz auront pareillement quelque suyte. Finablemẽt ilz auoient beaucoup de Gendarmerie: aussi bien en auront les nostres vn bon nombre, laquelle sera mieulx armee & equipee que n'estoit la leur: parquoy il ne reste plus que veoir mettre ces Gens icy en besongne, puis que les Ba tailles sont de tous poinctz prestes a combatre. Et pource faire ie deman de qu'il me soit permis en ce passaige de dõner la Bataille auecques ces Le

gions

gions contre vn autre gros nombre d'ennemis , a celle fin de monſtrer en
quelle maniere c'eſt que ie vouldroys que noz Gens combatiſſent. Et cela
faiꞓ, ie rendray raiſon de ce que ie leur auray faiꞓ faire, durant ceſte iournée que ie donne ainſi par imagination.

L'autheur monſtre par vne Bataille fainte comme celle qui auroit
IIII Legions ordonnées a l'exemple de ceulx cy, pourroit
combatre a bon eſcient contre ſes aduerſaires.
Chapitre XII.

OVRTANT ie preſuppoſe que chacun comprend aſſez
l'ordonnáce de ceſt Oſt, & qu'il le luy ſemble veoir empoinꞓ
pour cómécer la Bataille de quelque heure qu'il ſera beſoing.
Ou faiſós encores mieulx, mettós le cas que les ennemis ſoiét
deſia ſortiz hors de leur fort, & pareillemét les noſtres, & que les vns & les
autres n'entendent qu'a ſe rencótrer, & qu'ilz ſe ſoient approchez iuſques
a la vollée du canon. Suppoſons auſſi, que leſdiꞓz ennemis ſoient rengez en
bonne forme de bataille, & qu'ilz ayent groſſe puiſſance de toûte manieres
de gens, tant de pied que de cheual : & dauantaige vne bonne bende d'artillerie. En oultre que la place ou cés deux armees s'attédét paſſer la iournée,
ſoit ample & bien vnye, a celle fin que l'aſſiete du lieu ne puiſſe ayder a l'vne
pour nuyre a l'autre. Et les choſes eſtát en ces termes, il ne reſte, & puis que
les deux Oſtz ſe ſont entre veuz, que de bouter le feu aux pieces, & les deſ-
charger. Vous pouez donc veoir que les Canoniers d'vn coſté & d'autre
ne dormét pas. Et ſi pouez oyr cómét l'Artillerie tire. Prenós bié garde au
meurtre quelle ſera. Auez vous veu le peu de dómáge que la noſtre a faiꞓ
de la premiere vollée aux ennemis? Sur ce vous oyez le Trópette du Lieutenant general, qui ſonne le cry ordonné pour cómencer la bataille. Et ce
faiꞓ, vous voyez noz Enfás perduz & noz Harquebuſiers des flancz qui s'aduancét, & ſortét de leurs places : & noz Harquebuſiers a cheual, & noz Eſtra
diotz s'aduancét auſſi : & tous enſemble aſſaillét les ennemis ſans tenir renc,
& les approchét le plus furieuſemét, & en la plus grand' crierie qu'ilz peuuét. L'artillerie des ennemis a deſchargé vne fois, & a paſſé par deſſus la teſte de noz Gés de pied, ſans leur faire dómaige : & pour la garder de tirer la
deuxieſme fois, noz Enfás perduz & les Harquebuſiers & Eſtradiotz ſe ruét
ſur elle, & s'efforcét de l'occuper : & les ennemis de la defendre, de ſorte que
la leur ne la noſtre ne peult plus faire ſon office. Voyez cómment noz Gés de
cheual, & Gens de pied eſtát meſlez les vns parmy les autres, cóbatent ver-
tueuſemét & a propoz, en ſoy ſecourát l'vn l'autre (l'excercice qu'ilz en ont
faiꞓ en eſt cauſe, & la fiáce qu'ilz ont es Bataillós qui leur ſont au doz.) leſquelz ont deſia baiſé la terre, & cheminét ordonneement cóme vous voyez
le bon bas, auec la Gendarmerie aux aiſlez a C Hómes d'armes pour réc. Et
les Cheuaulx legiers qui ſont autát de récz, ſont au coſté des Hómes d'armes en dehors, & ſont vn renc apres autre : tous leſquelz marchét bien ſerrez. Regardez que noſtre Artillerie pour faire place au batailles, & pour leur

laiſſer le chemin franc,ſeſt retirer aux eſpaces qui ſont entre les Legions.
Voyez vous comment le Lieutenant du Roy, & les Capitaines generaulx
de la Cheuallerie & des Pietons,vont pardeuant les Bataillons, exhortant
les Souldardz a bien faire,& les Capitaines auſſi,en appellát chacun par ſon
nom,ou par ſon office,monſtrát la victoire eſtre en leurs mains, mais qu'ilz
attendent & recoiuent le choc des ennemis ſans ſ'esbráler?Attendez vous
aux Harquebuſiers d'ordonnance, & aux Eſtradiotz, qui ſe ſont ouuers
pour faire place a noz batailles,& aux Harquebuſiers des flácz qui retournent en leurs lieux? Et prenez garde aux Enfans perduz du coſté droict,
qui ſen vont vers le coſté droict, & ceulx du ſeneſtre vers le ſeneſtre, &
vous verrez comment ilz combatent touſiours en ſe retirant,ſans ſ'effrayer ny ſe mettre en ſuyte,iacoit qu'ilz ayét les ennemis bien pres en plus
grand nombre qu'ilz ne ſont: & tout d'vn train comme ilz ſen vont vers
le derriere pour ſe remettre en nouuelle ordonnance: c'eſtaſcauoir les enfans perduz des deux Legions enſemble:& ceulx des autres deux Legions
auſſi deuers leur coſté enſemble,Picquiers a part,& Harquebuſiers a part.
Les Picquiers des deux Legions ſe rengét en VIII rencz, & chacun renç
eſt d'vne Eſquadre de XXI homme : car toutes ſont de ce nombre,qui eſt
nombre ſuffiſant pour repreſenter vn petit Bataillon. Or ces deux petitz
Bataillons ſe rengent,comme vous pouuez veoir,ſur le derriere des Triai-
res:chacun Bataillon droict au deuant de leſpace qu'eſt entre les deux Le-
gions:Et les Harquebuſiers ſe rengent par troppeaulx, & ſe tiennent illec
pour garder qu'il ne puiſſe eſtre faict quelque dommage aux Legions par
le derriere tandis que le front combat. Ilz attendent ſemblablemét en icelluy lieu,que le Chefgeneral puiſſe auoir quelque occaſion de les employer
ſur les aduerſaires,ou que d'eulx meſmes leur puiſſent nuyre.Mais ce pendant que i'ordonne les Enfans perduzſur la queue de noz Legions, ie voys
que les deux excercites ſe ſót abordez Picque a Picque.Regardez auec quelle aſſeuráce les noſtre ont ſouſtenu l'impetuoſité des ennemis,& auec quelle vertu & ſilence. Voyez le Lieutenant general qui cómande aux Hómes
d'armes qu'ilz ſoubſtiennent, & qu'ilz n'aſſaillét point, & qu'ilz ne ſeſloi-
gnent,ny ne ſe ſeparent d'auec les Gens de pied.Et ſur ce il commande aux
Cheuaulx legiers qu'ilz aſſaillent, & apres qu'ilz auront faict leur charge,
qu'ilz ſe remettent de rechef en leurs ordonnances. De l'autre part ie voys
que noz Harquebuſiers d'ordonnance, & les Eſtradiotz & Harquebuſiers
du flanc droict ſont allez charger ſur quelques Bendes de Harquebuſiers
ennemis,qui vouloient donner par flanc: & ſi voys quant & quát que les
Cheuaulx legiers des ennemis les ont ſecouruz,& ſont a preſent les Gens a
cheual d'vne part & d'autre ſi treſmellez,que les Harquebuſiers ne ſe peu
uent ayder de leur harquebuſes:ains ſont contrainctz ſe retirer deuers leurs
Gens.En ces entrefaictes deux Guydós des noſtres vont ſecourir noz Gés a
cheual,& chargét ſi viſuemét ſur les ennemis,qu'ilz les repoulcét, & repoul
cez qu'ilz les ont bien loing,ſen retournét a leur place.Tenez cómét noz
Harquebuſiers d'ordónance,& les Eſtradiotz tormétét les aduerſaires ſans
repoſer.Voyez vous pas quellement noz Picquiers cóbatét brauemét?Re-
gardez

gardez que les ennemis & les noſtres ſont ſi pres les vns des autres qu'ilz
ne peuuent plus manier les Picque: de ſorte que ſuyuant noſtre diſcipline,
les premiers Picquiers des Haſtaires laiſſent leurs Picques & prennét leurs
Rondelles & deſgaigent leurs Eſpees:deſquelles ilz ſ'aydent d'Eſtoc ſeu-
lement.Sur ce vous pouez veoir qu'vne groſſe trouppe de Genſdarmes ennemis a repouſſe noz Eſtradiotz du coſté ſeneſtre: leſquelz ſe retirét deuers les Picquiers d'icelluy Flanc, auec l'ayde deſquelz & des Harquebuziers ilz ont monſtré viſaige, & ſouſtenu les ennemis.Voyes vous noz Che
uaulx legers qui vont au ſecours?regardez comme ilz chargent ſur leſdiétz
Genſdarmes vne Bende apres l'autre.Eſcoutez le froiſſiz des Láces: tenez,
les voyla meſlez: aduiſez le meurtre que les Picquiers d'icelluy Flanc ſont
des Cheuaulx ennemis en courant parmy les noſtres, leſquelz les ſouſtien-
nent contre les charges que les ennemis ſont contre eulx:& noſdiétz Picquiers auſſi aydent aux Cheuaulx legers a ſe deſcharger.Mal ayt celluy des
aduerſaires qui ſera abatu, ſ'il eſchappe des mains des Gens de Pied ſans
mort.Voyez vous celle autre groſſe trouppe d'Hómes d'armes ennemis qui
vient aſſaillir les Hommes d'armes de cediét Flanc, tádis que les Cheuaulx
legers & les autres ſont embeſógnez ailleurs?Puis apres voyez vous les Enfans perduz des deux Legiós, qui ſont le coſté gauche de noſtre Bataille,có
me ilz vont ſecourir noz Hómes d'armes en grant haſte?Touteſſois ilz ſont
vn peu bien loing pour arriuer au Choc aſſez a temps : neantmoins ilz ſ'aduancent le plus diligemment qu'ilz peuuent en l'ordre que nous les auons
veu renger naguares.Ce temps pendant leſdiétz Hommes d'armes ennemis chargent ſur les noſtres, tant que Cheuaulx peuuent traire: & prenez
bien garde a la maniere des noſtres,qui les attendent de pied quoy. Mais ie
voy qu'ilz ont picqué tout a vn temps des que le Trompette du Capitainé
general de la Cheuallerie a ſonné:cóbien que le picquer qu'ilz ont faiét n'a
eſté qu'enuiron XX ou XXX pas.Et cecy ont ilz faiét(cóme ie croy)pour
attédre plus bruſquemét le Hurt deſdiétz ennemis. Auez vous veu cómét
noz Genſdarmes ont donné de leurs Lances contre les flancz,& cótre les
pys des Cheuaulx des aduerſaires,eſtant aſſeuré que les Láces des ennemis
ne peuuent nuyre a leurs perſonnes n'a leurs Cheuaulx : pource qu'ilz ſont
tresbien armez quant a eulx,& que les Cheuaulx ſont bardez & garniz de
Chanfrain,& de Crinieres,ce que n'ót les aduerſaires? Qui eſt la cauſe que
vous voyez tant trebucher d'ennemis, & des noſtres ſi peu? Tenez la, que
les noſtres ne ſont que repouſſer les ennemis a la force de leurs Cheuaulx,
& a coups d'eſtoc,en tuant les cheuaulx tant qu'ilz peuuét,&chargeant ſur
les Hommes par tout ou ilz les peuuent choiſir au deſcouuert.La Maſſe y
faiét pareillement bien ſon office:& le Capitaine general de la Cheuallerie
exhorte les Hommes d'armes a ſe tenir ſerrez ſans rompre le réc,ne ſouffrir
que les ennemis entrent dedens eulx de quelque endroiét que ce ſoit.Surce
les Picquiers des Enfans perduz arriuent,leſquelz paſſent par la voye que
noz Hommes d'armes leur ſont,droiét au mylieu de leurs rencz,les voyant
arriuer: & tous d'vn fais les Picquiers donnent dedens les ennnemis,& les
Hommes d'armes auſſi ſe mettent a leurs Flancz, & chargent tous enſem-

ble.Et les Harquebuziers f'en vont charger vers les Fancz . Mais aduifez
vers le cofté droict au Lieutenant general , qui a enuoyé vne compagnie
d'Hommes d'armes charger par Flanc fur le Bataillon, qui faict la poincte
gauche des ennemis, & tout a vn coup il eft defcédu,& a donné auec ceulx
qui fuyuent fa Cornette fur l'vn des coings de cedit Bataillon,lequel mal-
menoit noz Gens de Pied en icelluy endroict? Voyez vous comme il les a
arreftez fur le cul : & comme les noftres reprenent cueur, & chargét vigoreufement fur eulx tant qu'ilz les renuerfent?Ce faict, le Lieutenant eft remonté & les fiens auffi:& voyant quelques compagnies de Gens a Cheual
ennemis qui alloient charger par le derriere de noz Batailles pour les mettre en defordre, il a commandé aux Eftradiotz & aux Harquebuziers d'ordonnáce,& a vne partie des Harquebuziers de fon cofté, de f'en aller pró-
tement contre eulx pour les arrefter, & il a enuoyé apres les Cheuaulx le
gers.Auez vous pas veu comme noz Harquebuziers & Eftradiotz les ont
arreftez, & comme ilz combatent enfemble par Efcarmouche? Toutesfois
voyant arriuer les Cheuaulx legers & les Harquebuziers a leur queue, les
ennemis f'en retournent leur chemin le grand galop.Mais n'aduifons plus a
ce que lon faict fur les coftez,ains prenons garde aux Batailló s qui combatent de fi trefpres,que les renez font l'vn fur l'autre , de telle forte que les
Souldars ne fe peuuent ayder a grand' peine de leurs Efpees,ains font contrainctz la plus grand'part f'ayder des Dagues. Regardez comment les ennemis meurent & tombét a monceaulx, n'ayant autre chofe que la Picque
& l'Efpee,lefquelles font inutiles,mefmement la Picque, laquelle ne fert
plus de rien,a caufe de la preffe,& pour raifon de fa longueur. Et fi l'Efpee
n'eft inutile du tout en vn lieu preffé, fi eft elle de peu de valeur: pour ce
que lefdictz aduerfaires font mal armes du corps, & qu'ilz n'ont Rondelle
ne aucune autre chofe pour fe couurir des coups d'Eftoc,que noz Gés leur
donnent par les piedz, par les iambes, par la veue,& par les autres deffaulx
du Harnois,par quoy ilz tombent de toutes pars,comme vous voyez,mors
& affolez.Or pouuez vous veoir que les ennemis de la poincte droicte re-
cullent : ains ie vois clairemét qu'ilz fondét l'vn fur l'autre, & que la queue
prent la fuyte.Tenez comme ceulx de la poincte feneftre en font tout au-
rant,& confequemment ceulx du mylieu.Voyez vous le Lieutenant general qui enuoye apres eulx tous les gens a Cheual de fon cofté, referué C C
hommes d'armes,& comme il faict aduancer tous les Enfans perduz, & les
Picquiers & Harquebuziers des Flancz, pour fuyuir la victoire, & pour ne
leur donner aucun loyfir d'eulx r'alier.Semblablement le Capitaine general de la Cheuallerie,lequel vient de repoulfer les Genfdarmes ennemis qui
l'auoient affailly,enuoye apres les aduerfaires tous les Gens a Cheual de fon
cofté,fauf C C Hommes d'armes, lefquelz fe remettent en leur premiere
ordonnance ainfi que vous voyez les Enfans perduz de fon cofté : & les
Picquiers & Harquebuziers des Flancz fe mettent auffi a pourfuyure la vi-
ctoire:Et les quatre Bataillons fe rengét de rechef en tout telz ordre qu'ilz
eftoient deuant le combat.Apres ce que les Picquiers qui auoiét abandóne leurs Picques pour prendre leurs Rondelles, ont releuees & reprinfes

leurs

leurs Picques, & ayant refaictz leurs rencz, ilz marchent le bon pas apres
noz Gens iufqu'a ce qu'ilz voyent qu'aux ennemis n'y a plus aucune defen
fe, ains que tous fuyent a qui mieulx mieulz, efcartez comme perdreaulx.
Ie croy que la retraicte fonnera tantoft, & mais qu'il femble au Lieutenant
en eftre temps. Nous auons donc obtenue la Victoire, & vaincu heureufe-
ment cefte iournee, fans ce qu'il ait efté neceffaire de faire combatre les
Hallebardiers des Haftaires, mais que feulement les huict premiers rencz
des Picques, & fans ce auffi qu'il ait efté befoing que lefdictz Haftaires fe
retiraffent dedens les Princes, ne faire defcédre la chofe iufques aux Triaires: car les Haftaires ont efté affez fors pour fouftenir le faix des ennemis, & pour les furmonter : Pourtant en cefte partie ne refte a dire autre
chofe, finon qu'affigner les raifons que m'ont faict renger les Batailles en
la forme fufdicte, & qui m'ont meu a faire aduenir les chofes durant le cóbat de la forte qu'elles font aduenues, ce que ie feray le moins mal & le
plus briefuement qu'il me fera poffible.

L'autheur rend raifon de chacune chofe aduenue deuant
que commencer le combat, & apres.   Chap. XIII.

POVR rendre raifon de ce que i'ay faict defcharger noftre
Artillerie vne feulle fois, & de ce que ie la fiz retirer foudai-
nement vers le derriere des Batailles, & qu'a efté la caufe que
ie n'en ay faict depuis aucune mention, & femblablement
d'auoir dict que celle des ennemis auoit faict hault: car il fembleroit que ie l'euffe affize a mon appetit pour la faire tirer hault ou bas cóme i'auroye voulu. Ie dy quát au premier poinct, que toute perfonne fe doit
plus garder d'eftre attaincte de l'Artillerie des ennemis, & eft cecy de plus
grand importáce que nó pas de frapper l'ennemy. Or eft il ainfi, que fi vous
voulez que voftre Artillerie tire plus d'vne fois, il eft force que celle des
ennemis aye tout autel loyfir de defcharger fur voz Batailles que vous en
voulez auoir pour defcharger la voftre fur les leurs: ce qui ne fe peult faire
fans expofer voz gens au danger de ladicte Artillerie, laquelle vous peult
faire plufieurs grandz dommages deuant que venir main a main. Parquoy
il vault mieulx que voftre Artillerie laiffe a faire fon office, que fi en le faifant celle des ennemis vous affole, & occift voz bons Souldardz: car vous
deuez tant feulement euiter les coups qui viennent de loing, eftant certain
que moyénant voftre bon ordre, mais que voz rencz puiffent arriuer iufques aux ennemis, que vous obtiendrez facilement la victoire: attendu que
voz gens font mieulx adreffez, rengez, & armez que ne font voz aduerfaires. Ainfi donc vous ne deuez tant eftudier a autre chofe que de pouoir a-
mener vofdictz Souldardz, & voz rencz tous entiers iufques a rencontrer vóz ennemis. Et pour ce faire, & pour vous garder que l'Artillerie ne
vous face aucun dommage: il eft neceffaire que vous foyez en tel lieu qu'el
le ne vous puiffe attaindre, ou que vous vous mettez derriere vn mur, ou
derriere vn rempar : car n'y a autre chofe qui la puiffe retenir. Encores
eft il befoing pour eftre affeure, que l'vn & l'autre foit treffort: mais pour

autant que les Capitaines qui veulent donner vne Bataille ne peuuent pas
eftre couuers de Muraille ny de Rempar, ne auffi fe mettre en lieu que l'Ar
tillerie n'aduienne iufques a eulx: il fault donc puis qu'ilz ne peuuent trou
uer aucun moyen qui les engarentiffe, que pour le moins ilz en trouuent quelqu'vn qui les garde d'eftre par trop endommagez. Et le meilleur expedient que i'y voye, c'eft celluy que ie vous voys dire: c'eft d'occuper foubdain ladicte Artillerie, & l'aller affaillir viftement fans tenir
point d'ordre, & fans y aller lentement & en trouppe : car au moyen de la
viffeffe vous ne luy donnez point de loyfir de redoubler le coup. Et pour
ce que vous eftes efpars, elle rencontre tant moins de gens quant elle tire:
& vous fcauez bien qu'vne Bende de gens ordónez ne peült pas faire cecy: pour ce que felle chemine auffi en grád' hafte comme il eft requis qu'elle face, il eft certain que les rencz fe mettent hors d'ordre. Et fi tant eft que
ceftedicte Bende y aille efpandue, l'ennemy la rompra aifement: a caufe de
ce que lefdictz rencz fe rompront d'eulx mefmes fans leur faire autre force. Pour obuier auquel peril i'ay ordonné l'armee en telle forte qu'elle
peult faire l'vn & l'autre fans danger : afcauoir eft, les Enfans perduz & les
Harquebuziers des Flancz, lefquelz font expreffement deputez pour dóner
fur l'Artillerie des ennemis, auec les Harquebuziers d'ordonnance, & auec
les Eftradiotz, & pour l'occuper. Ce qui ne fe peult faire qui vouldra que
l'Artillerie des deux coftez tire toufiours, par la raifon que i'ay alleguee deffus, c'eft que vous ne pouuez auoir ce loyfir pour vous, & l'ofter aux autres.
Senfuyt donc que pour rendre l'Artillerie des ennemis de nulle valeur, n'y
a autre remede que l'affaillir próptement. Et fi vous pouuez tant faire que
les ennemis l'abandónent, vous la pouuez adonc occupper: & f'ilz la veulét
defendre, il fault qu'ilz la laiffent derriere eulx, en forte qu'eftant occupee
par vous ou empefcher par eulx, elle deuient inutile. Ie cócludz donc que fi
vous voulez defendre voz Batailles du traict qui vient de loing, ficomme
de l'Artillerie, vous n'auez autre remede que de l'anticiper & furprendre a-
uec la plus grand' viftelle qu'il fera poffible. Quant a ce qu'il peult fembler
que i'aye guidé les coups de l'Artillerie des ennemis a mon appetit, les faifant paffer par deffus la tefte des Gens de pied, ie refpondz que l'Artillerie
groffe fault a toucher les Gens de pied plus fouuent fans comparaifon que
non pas qu'elle les touche : car lefdictz Gens de pied font fi bas, & elle eft fi
difficille a gouuerner, que pour peu que lon la haulce, les Boulletz pafferót
par deffus leur tefte: & fi lon l'abbaiffe, ilz donneront en terre: & ainfi les
coups n'aduiendront point iufques a eulx. Le terrouer auffi pour peu boffu
qu'il foit, les faulue. Et touchant les Gens de cheual, principalement les Hómes d'armes & les Cheuaulx legers, ie les vouldroye mettre derriere les Ba
taillons, iufques a ce que l'Artillerie euft tiré, fi ainfi eftoit que le pais fuft
vny & planier: car pour raifon de leur haulteur, & pource qui font plus fer
rez que les Harquebuziers & Eftradiotz ne font, ilz peuuét mieulx eftre attainctz que les Gens de pied. Vne chofe y a, c'eft que l'Harquebuzerie & Ar
tillerie menue des ennemis, peult encores grádemét nuyre: toutesfois nous
en auons auffi bien qu'eulx. Et au pis aller, n'y a que venir promptement au
combat.

combat.Et côbien que du premier assault en meure quelques vns, si est ce que tousiours en est mort & mourra quelque nombre du premier rencontre,auecques ce que le danger particulier n'est pas tellemét a craindre que le general:pour ce que la perte de cinq Cés ne de Mil hommes ne pourroit iamais estre si dommageable, que celle d'vne plus grand trouppe ne le soit plus,sinon que la perte tombast sur les principaulx, combien qu'encore en ce cas ne se fauldroit pas esbayr par trop,ne tenir aussi la Bataille pour perduc: car en default des principaulx il y a tant d'autres Chefz distribuez & rengez par si bon ordre, que la perte de quelque particuliers ne se congnoistroit pas si legeremét côme lon pourroit bien dire.Au fort,telles choses ne se peuuent hanter sans peril: & le tout bien compté,nostre mode est la moins hazardeuze qui soit point,d'autant que vous commécez a bonne heure de pouruoir a ce que les ennemis ne vous nuyssét de loing,en quoy gist le plus grand hazard: car les coups qui se ruent de pres, se peuuent euiter a moindre peril & dommage,moyennát les armes, ou au moyen du bon ordre,que ne font ceulx qui viennent de loing, & ausquelz n'y a chose qui puisse resister,côme sont les coups de l'Artillerie,contre laquelle nous fauldroit vser de la coustume des Suisses, qu'est d'aller assaillir la teste baissee en quelque part qu'ilz la scachent, comme i'ay ouy dire qu'ilz ont faict plu sieurs fois,& mesmement a la iournee de Marignan, & lesquelz ne refuserent onc Bataille contre qui que ce fust,pour doubte qu'ilz eussent de l'Artillerie: ains ont parmy eulx vne loy de faire mourir ceulx qui sortiroient du renc,ou feroiét aucun semblát d'auoir paour d'elle.I'ay encores faict retirer nostredicte Artillerie au derriere de noz Bataillós,apres ce qu'elle a eu descharge vne fois: ce que i'ay faict a celle fin que les Bataillons eussent le passage couuert & franc . Et ce que ie n'en fiz depuis mention, fust pource que ie l'estime inutile,puis que les gens sont main a main : car aussi bien ne sert elle plus de rien.Il me fault respondre en ce lieu a quelques gés qui iugent les harnois de corps que nous portons, & l'ordonnance antique estre inutiles,ayant regard a la violence de cest instrument : car il semble a leurs parolles que ceulx du temps present ayent trouué quelque meilleur ordonnance,& qu'ilz veulent occiz ou blessez a leur escient.De ceulx cy s'en trouueroit a mon aduis bien peu qui n'aymassent trop mieulx monstrer les tallons aux ennemis,que receuoir aucun mal.Mais pour quoy est ce donc qu'ilz blasmét les harnois, puis qu'estát nudz ilz sont exposez aux coups, & qu'ilz ayment mieulx fuyr qu'estre blessez, & par ce moyen abandôner leur Prince au besoing?Ie vouldroye semblablement entendre pour quelle cause les Suisses & Allemás fôt des Batailles de X & de X V Mil hômes tous en vn bloc,a l'exéple des anciés,& pour quelle raison c'est que tous les autres les ont imitez,veu que ceste mode peult souffrir le mesme peril de l'ar tillerie que les autres qui vouldroient imiter l'antiquité,souffriroiét.Ie croys qu'ilz ne scauroiét quelle responfe me faire:mais qui le demáderoit a quelque Souldard qui eust vn peu de iugement,il respondroit que ceulx qui ne veulét porter le harnois,sont mal côseillez: car i'acoit que les harnois soiét trop foibles pour resister a l'Artillerie ou aux Hacquebuziers, neantmoins ilz defendent la perfonne des coups de Picque, de Hallebarde, d'Efpee, du Traiét, des Pierres, des Arbaleftres, & des Arcz, & de toute autre offéce qui peuuent proceder de la main des ennemis. Et par fois vne Harquebuze fera fi mal chargee, ou fi fort efchauffee, ou bien pourra tirer de fi loing, que le Harnois pour peu qu'il foit bon fauluera la vie d'vn homme. Cedíét Souldard refpondroit auffi a l'autre demande, que les Gens de guerre vont auffi ferrez enfemble, comme nous voyons: & comme font lefdiétz Allemans & Suiffes, pour mieulx pouoir fouftenir les Gens a cheual, & pour dóner aux ennemis plus de difficulté a les rompre: en forte que lon peult veoir que les Souldars ont a craindre maintes chofes oultre l'Artillerie, de toutes lefquelles ilz fe peuuét defendre moyénát les armes, & le bon ordre: de quoy fen fuit que de tant plus qu'vn excercite eft bien armé, & de quant plus il a fes récz ferrez, de tát eft il plus affeure: tellemét que quicóque eft de l'opinion fufdiéte, il conuiét qu'il foit mal fage, ou qu'il ait péfé bien petit en ces chofes icy. Pour ce que fi nous voyons que la moindre partie de la mode de farmer du téps paffé, de laquelle nous nous aydons maintenant, qui eft la Picque, & la moindre partie de leur ordonnáce, cóme font les Bataillons des Suiffes, nous font tant de bien, & baillent tant de force a noz armees, pourquoy ne deuons nous croyre que les autres armes, & les autres ordres qui fe font laiffez, ne foient prouffitables? Apres, fi nous n'auós regard a l'Artillerie en nous mettant ferrez & ioinétz enfemble comme font les Suiffes & Allemans, quelle autre ordonnance la nous peult faire doúbter d'auantage? cóme ainfi foit que nul ordre ne la nous deuroit tát faire craindre, que celluy qui tiét ferrez & ioinétz les hómes enfemble. D'autre part, fi l'Artillerie ne nous efbayft en mettant le fiege deuant vne ville d'énemis, laquelle Artillerie nous peult nuyre adonc plus feurement, attendu que nous ne la pouons occuper, a caufe des murs qui la defendent, & qu'il n'eft poffible faire de long temps autre chofe que luy ofter les defenfes a tout la noftre, de forte qu'elle peult redoubler fes coups a fon aife: pour quoy eft ce donc que nous la deuons craindre en la Cápaigne ou lon la peult occuper incótinét? Bref ie m'arrefte en cecy, que l'Artillerie ne peuit nullemét empefcher que les Souldars du téps prefent ne puiffent vfer des facons anciennes prefque auffi bien que fil n'en y auoit point. Et fi fuis d'opinion que lon ne doibt point laiffer d'armer fa perfonne encores que le Harnois ne nous puiffe gader contre l'Artillerie: car comme i'ay móftré, lon eft fubieét a maintz autres dangers qu'a celluy d'eftre attainét de l'Artillerie. Au demeurát ie fuis plufque certain qu'il femblera que i'aye rengee cefte Bataille & gaignee la viétoire a mon appetit: neantmoins ie veulx replicquer cecy, qu'il eft impoffible qu'vne armee ainfi ordonnee que i'ay diét, ne furmontaft du premier rencontre tout autre excercite qui feroit ordonné, comme les armees du temps prefent fe dreffent: car les Bataillons de maintenant n'ont gueres iamais que deux ou trois rencz en Front armez, aufquelz lon difpofe les Chefz, & les plus vaillans hommes, fans faire grand' eftime du furplus. Mais auffi fi ces deux ou trois rencz en font emportez, les autres rencz feront petite defenfe. Pareillemét les Bataillons de noftre temps n'ont point

de Rondelles,

de Rondelles, & peu ou nul Hallebardier : ou ſilz en ont, ilz les gardent
ſeulement pour la defenſe des Enſeignes, & non pas pour entrer dedés les
ennemys: d'auantage ilz ſont deſarmez, parquoy eſtant main a main, ceulx
qui ſeront armez ſeuremét, & oultre plus qui auront vne Rondelle, les oc-
ciront aiſeement, & tout auſant en feront les Hallebardiers. En ſomme
noſdictz Souldars d'auiourdhuy ſe rengent de telle ſorte, mal a leur aduã-
tage, qu'ilz rengét leurs Bataillons en l'vne de ces deux formes : car ou bien
ilz les ordonnét de trop grand' largeur, & les mettét l'vn au Flanc de l'autre pour faire leur Front de tant plus grand' eſtandue : & en ce cas les Batailles ſe font trop greſles: parquoy elles ſont en peril d'eſtre enfocees a peu
de difficulte. Ou en mettant l'vne Bataille apres l'autre, comme lon a accouſtumé de faire, ſi elles n'ont l'art de ſe ſçauoir retirer l'vne dedés l'autre,
& de ſoy receuoir ſans deſordre, vous pouuez eſtre certain que l'excercite
ſe confondera, & pourra eſtre desbaratté facilemét: & n'y faict rien ce qu'ilz
mettent trois noms a leurs Oſtz, & qu'ilz les diuiſent en trois Batailles, a
ſçauoir eſt en Auant garde, Bataille & Rieregarde: pour ce que ceſte diuiſion ne ſert qu'a marcher par païs, & a deſpartir les quartiers pour loger:
car pour donner vne iournee de Bataille, ceſt ordre ne leur peult donner
aucun aduantage, non plus que ſilz n'eſtoient diuiſez: ains tout le hazard
du combat deſpéd de l'vne de ces trois Batailles, qui cóbatera la premiere,
ſelon la fortune de laquelle les autres ſe gouuernét: car ſi elle eſt renuercee,
les autres ſeſtonnét & perdent toute volonté de bien faire, & par aduéture ſeront elles miſes en deſordre pour raiſon des ſuyans qui ſe retirét a garand vers elles. Et ſi tát eſt que la premiere Bataille qui eſt aſſaillie repoulſe les ennemis qui ſe ſeront addreſſez a elle: ſi n'eſt ce que l'vne partie des
ennemis qui eſt deffaicte, veu que les autres demeurét en leur entier. Ainſi
c'eſt a recommencer, auec ce qu'il y a danger que ſi ceulx qui aurót vaincu
leurs ennemis les veulét gueres pourſuyure qu'ilz ne ſoient encloz des autres Batailles a la veue de leurs amis. Or auant ſuyuons noſtre propoz, vous
auez veu la hault comme noz Eſtradiotz & Harquebuziers d'ordónances
du coſté ſeneſtre furent repoulſez par la Cheuallerie des ennemis, & qu'ilz
ſe retirerét vers les Picquiers d'icelluy Flác. Ie vous dy que ie l'ay faict aduenir ainſi pour monſtrer de quoy les Picquiers des Flancz peuuent ſeruir,
leſquelz ne ſont pas ordonnez ſeulement pour garder touſiours les coſtez
des Bataillons, ains peuuét auſſi eſtre employez en plus d'vne choſe. Pareillement i'ay faict combatre les Hommes d'armes en la maniere que ie vouldroye qu'ilz cóbatiſſent, c'eſt aſcauoir ſans ſortir hors de leur ordre, & ſans
ſ'amuſer aux hommes qui ſont trop chargez d'harnoiz : car ſe ſeroit temps
perdu ; ioinct a ce que le plus ſeur eſt de tirer aux Cheuaulx qui vouldra auoir les hommes apres a ſon aiſe. Et quant a ce que ie les ay faict attendre a la Quintaine, me ſemble beaucoup meilleur que charger a bride ab-
batue, tát pour demeurer en bon ordre, qu'auſſi pour tenir les Cheuaulx en
alaine, & les auoir fraiz pour le combat. Il eſt vray que ie les ay faict picquer
tous a vn temps, & ce pour ſouſtenir mieulx le Choc des ennemis: touteffois qu'il eſt bien difficile qu'vne compagnie de gens a Cheual ſe tiéne en

renc,& qu'ilz marchêt tous de mefme,pour peu que les Cheuaulx courét,
a caufe des Cheuaulx qui font plus viftes les vns que les autres:parquoy
il y a moindre peril a fe tenir ferme fans bouger,qu'il n'y a de f'aduancer. Et
de cefte mode f'ayderent noz Hommes d'armes a Rauenne: auffi reuerfe-
rent ilz legerement les Hommes d'armes Efpaignolz.Oultre plus i'ay faict
aduancer les Enfans perduz pour fecourir les Genfdarmes, a celle fin que
vous congnoiffez le feruice que cefte ordonnance d'Enfans perduz peult
faire:lefquelz apres ce qu'ilz ont commence la bataille,fe rengét en tresbon
ordre fur le derriere ou fur les flancz, pour feruir de Subfides, en attendant
qu'ilz voyét quelque occafion de nuyre aux ennemis: pédant lequel temps
les Harquebuziers font de toutes pars a terre pour faire toufiours quelque
dommage aux aduerfaires.Et pour vous dire la raifon qui m'a meu a faire
defcendre le Lieutenant general a pied,vous debuez entédre qu'au temps
iadis les Capitaines generaulx des Oftz donnoient ordre eulx mefmes par
toute l'Armee,fuft ce a renger les Batailles,a donner les fignes de cómencer le cóbat,ou a enuoyer les Subfides d'vn lieu en autre.Et en fomme tout
ce qui fe faifoit depuis le cómencement iufques a la fin,tout fe gouuernoit
par leur commandement: & de ce pourroys ie alleguer infinie exemples.
Encores n'eftoit ce pas tout:car fi leurs gés eftoiét preffez de quelque part,
ilz les fecourroient promptement,& mettoient pied a terre au befoing,ou
demeuroient a Cheual f'il falloit qu'ilz cóbatiffent a Cheual: qui eftoit caufe que les iournees eftoient trop mieulx combatues qu'elles ne font a pre-
fent:d'autant que les Chefz ne laiffoient a faire aucune petite partie de leur
office, feuft de Chef ou de Souldard. Mais ceulx d'auiourdhuy ne penfent qu'a faire ce qu'vn fimple Souldard vaillant homme doibt faire depuis
que la Bataille eft commencee:la ou il feroit requis qu'vn bon Chef adui-
faft par tous coftez ce que les ennemis font contre les fiens, a celle fin de
pourueoir en tout,& garder que ceulx de fon party ne recoyuent quelque
perte par fa faulte,en quoy il eft neceffaire qu'il employe les vns & les autres des fiens:& telle fois fault il que fa perfonne mefmes y boute la main:
neantmoins cecy doibt eftre le plus tard qu'il fera poffible : car vn Lieutenant general ne deuroit iamais combatre,pour raifon des inconueniens
qui f'en peuuent enfuyuir:ou f'il combat,fe doibt eftre a l'extremité,ficom-
me noftre Lieutenant general a faict,lequel a mis pied a terre pour releuer
le Baftillon que fes ennemis oultrageoient defia:& que pour arrefter plus
feurement celluy des ennemis,auez vous veu qu'vne Béde d'Hommes darmes eft allee charger fur eulx par Flanc,& que les autres Bendes ont monftré ce pendant vifaige aux Gens de Cheual ennemis, faifant femblant de
les aller affaillir pour les deftourner d'aller au fecours de leurs Pietons,&
redreffé qu'il a eu ledict Bataillon, il eft foubdain remonté. Et tout ainfi
vouldroys ie que noz Chefz feiffent,lefquelz fe deuroient deliberer de ne
combatre iamais fans y eftre forcez, ains qu'ilz laiffaffent cefte charge de
combatre a ceulx qui n'ont le gouuernement que de leurs perfonnes, ou
des Bendes particulieremét, ou bien qui ne font en tel degré qu'vn Lieutenant general eft. Et ce faifant,il ne luy pourra eftre nullement reproché
qu'il

qu'il ne s'acquiste honnestement de sa charge, iacoit qu'il n'y mette point
les mains : car il est a croyre que puisqu'vn homme est paruenu iusques a
ce point, que c'est par vertu, & qu'il est assez esprouué vaillant & hardy homme : parquoy ne fault qu'vn Chef general doubte d'estre reprins
comme couard, s'il ne combat point. Et quand tout est dit, il peult venir
plus de mal de faire le hardy, que de prouffit de faire le couard : comme
plusieurs histoires anciennes tesmoignent, ainsi que de Fabius couard, &
de Minutius trop hardy, & de plusieurs autres : mesmemēt de monseigneur
de Foix qui fut occis par trop de hardiesse : la mort duquel porte plus de
dommagé aux François, que la victoire qu'il obtint ne nous fust vtile. Mais
passons oultre sans nous arrester en ce qui est trop manifeste : & disons
quelque chose de la forme de nostre ordonnance : car de parler du surplus
qui est interuenu sur la fin du combat, seroit superflu ; attédu que i'ay desia
dict en donnant la Bataille & deuant, les causes qui donnent l'aduantage
& le gaing de la victoire aux nostres, depuis qu'ilz viennent au combat de
l'Espee. I'ay pareillement faict partir la moytie de la Gendarmerie d'auec
noz Bataillons pour soustenir noz Chasseurs, si d'auanture quelque embusche les chargeoit, ou si les fuyantz mesmes se vouloient remettre en def-
fense, & qu'ilz les repoulsassent. Et quád a ce que i'ay retenu le surplus des
Hommes d'armes, & faict remettre eulx & les Bataillons en ordre : ce a e-
sté pour auoir tousiours le plusfort de mon Ost prest a combatre, s'il estoit
cas que les ennemis se raliassent, ou que gens fraiz leur vinssent : car de faire le contraire, en est souuent prins mal a plusieurs Chefz : sicomme a
Couradin en Naples, l'an mil CCLXVIII : lequel pensoit auoir gaignee la
Bataille contre Charles Roy d'icelluy pais, pource qu'il ne veoit plus personne qui se deffendit : mais estát sorty ledict Charles de l'embusche a tout
ses gés fraiz, il chargea sur les autres qui s'amusoient a saccager & despouil-
ler les siens, & les deffit, & ledict Couradin aussi. Il pourroit sembler que
i'aye rengez noz Bataillons mal a propos, entant que i'ay mis cinq bendes
au Front, trois au mytan, & deux a la fin : car lon pourroit cuyder qu'il feust
meilleur de les ordonner au contraire : pource qu'vn Bataillon est tousiours
plus mal aisé a rompre quand celluy qui l'assault le treuue tant plus fort,
de la quand il entre plus auant. Et touteffois il semble que l'ordre ordonné par moy se fasse tousiours plus foyble en entrant : neantmoins ce que ie
scay que par les Romains n'estoient depputez que DC Hómes pour estre
de la tierce Bataille, ascauoir est les Triaires, est cause que i'ay mises deux
bendes en ladicte tierce Bataille : chacune desquelles bendes est de CCCC
XXV Hommes, qui sont DCCCL en tout, sans les Capitaines & autres membres, & ceulx des Flancz. Parquoy puis que i'ensuis l'ordre Romain, i'aurois plustost failly en prenant trop de gens que peu : & combien
qu'en imitant si bon exemple que le leur, ie ne pense faillir n'estre reprins,
si vous en bailleray ie raison. Vous entendez trop mieulx que le Front de
tout Batailló quarré doibt estre massif, & espoix : pource qu'il luy fault soustenir le premier assault des enuemis, & si faict il bien le milieu, & la queue :
sinon qu'on le renge en la facon que i'ordonne ceulx cy. Mais pour ordon-

ner le mylieu & la queue de telle forte que les vns puiffent receuoir les
autres dedens leurs rencz:il eft neceffaire que les fecondz , lefquelz font
nommes Princes , foient beaucoup moins que les premiers que i'ay nommez Haftaires,ne font.Et a cefte caufe ay ie mis C V Hommes en chacun
renc des Haftaires, & en vn chacun renc des Princes n'y en a que LXIII.
qui font XLII Hommes pour renc. Oultre plus i'ay ordonné que
la place que cefdictz Princes occupét en long, foit la moitié plus longue
que celle des Haftaires n'eft,à celle fin que les récz & la place que les Princes occupent,puiffent receuoir les Haftaires alors qu'ilz fe retireront vers
eulx.Les rencz des Triaires font encores plus clairs:car ilz font feulement
XLII Hommes pour renc,& la place qu'ilz occupét en long,eft deux fois
autant longue que celle des Haftaires:& ce pour receuoir en cefte derniere
Bataille les deux precedentes.Or pource que lon pourroit dire que cóme
plus l'ennemy entre endedens,que de tant trouue il le Bataillon plus debi-
le ,a caufe des Batailles(comme i'ay dict)qui vont en diminuant de gens,
& que les rencz fefclarciffent de plus en plus. Il fault entendre qu'en gardant cefte ordonnance l'ennemy ne pourra iamais combatre auec les Princes qu'il n'aye deffaict premierement les Haftaires:lefquelz par noftre difcipline ne doyuent pas attendre qu'ilz foient deffaictz du tout.Ains adonc
qu'ilz fe fentiront trop mal mener aux ennemis,& qu'il ne fera en leur feule
puiffance d'y refifter : ie diz que le Collonnel d'icelluy Bataillon doibt faire
fonner a fon Trompette,Le Roy ordóne pour ceft effect:afcauoir eft pour
rentrer dedens les Princes:lequel cry faict & non point pluftoft, les Hafta-
res fe retireront tout bellement fans tourner vifaige:& a celle fin qu'ilz fe
puiffent retirer fans defordre , ce fera le dernier renc des Haftaires qui fe
retirera le premier, & le penultime apres, & les autres enfuyuát.Tous lefquelz rencz fe rengeront parmy les autres rencz des Princes: c'eftafcauoir
le dernier renc des Haftaires auec le dernier des Princes: & le penultime
renc des Haftaires auec le penultime des Princes : & confequemment les
autres rencz fe rengeront auec les rencz leurs femblables. Et pource que
les rencz des Princes feroient maintenant trop preffez , i'entendz que les
Souldardz qui y pourront eftre fy mettent,& que les autres fe rengent entre les rencz & en facent de nouueaulx:car ilz ont affez de place en la longueur que les Princes occupent. Si les premiers donc fe rengent auec les
fecódz,& que de ces deux Batailles f'en faffe vne, eft ce trouuer les Batailles tant plus foibles de quand lon entre plus en auant? certes vous direz
que non:pource que vous voyez bien que les ennemis ne peuuent combatre auec la feconde Bataille, que la premiere ne foit conioincte auec elle,
de forte qu'ilz viennent toufiours a trouuer le mylieu du Bataillon plus
fort,& nou pas plus foible,d'autant qu'ilz auroiét affaire maintenant auec
huict bendes, la ou au commençement ne leur failloit combatre que contre cinq.Tout autant en aduiédra il a l'ennemy fil force cefte feconde Bataille,& qu'il paruienne iufques a la tierce : car non feulement il fera contrainct d'auoir affaire auec des gés fraiz:mais encores auec tout le Bataillon
enfemble, pource que cefte derniere Bataille des Triaires doit receuoir les

Haftaires

Haftaires & les Princes. Et a cefte caufe fault il que la place foit moins empefchee que la Secóde n'eftoit : parquoy i'ay faict les rencz de XLII hommes, & leur place en long le double plus longue que celle des Haftaires,
pour receuoir les premiers & les fecondz plus facilement entre eulx. Et fi
ceft efpace vous femble petit pour receuoir les VIII Bendes:entédez que
les rencz eftant en leur premier ordre occupent beaucoup plus de place
que quand ilz font alterez : pource que les rencz fe retraignent ou f'eflargiffent quand ilz font trop preffez. Ie veulx dire qu'ilz f'eflargiffent quand
ilz ont volonté de fuyr, & qu'ilz fe retraignent quand ilz fe veulent defendre pour n'eftre ouuers & enfoncez legerement. Or eft il ainfi que fi les
ennemis arriuét iufques aux Triaires, il fault eftimer qu'il y aura beaucoup
de Souldardz defia occis ou abbatuz : & par ce moyen ne fauldra tant de
place aux deux premieres Batailles que filz eftoiét demeurez en leur entier.
D'auantage ie prefuppofe que nofdictz Triaires auront bonne volonté de
fe defendre, & les autres qui f'y feront retirez auffi:parquoy ilz occuperót
tant moins de place:& au piz aller,l'efpace qu'ilz occupent eft affez ample
pour receuoir toutes les X Bendes enfemble:auec ce qu'ilx ont le derriere,
& les Aefles a leur commandement. Il me fault encores declairer vne autre chofe,c'eft pour quelle fin ie faiz partir les Enfans perduz,& les Harquebuziers d'ordonnance,& les Eftradiotz en fi grand cririe quand ilz partirent pour affaillir les ennemis : & pourquoy c'eft auffi qu'en approchant
lefdictz ennemis auec noz Bataillons, ie feiz garder fi grand filence:car il fera bien apropoz que la caufe de telle varieté foit congneue,enquoy les opinions des Capitaines anciens ont efté diuerfes:Afcauoir mon fi lon fe doit
hafter en menant grande noife,ou bien marcher tout bellemét fans fonner
mot:attendu que cefte derniere mode fert a tenir l'ordonnance plus ferme,
& pour entendre mieulx les commandemens des Chefz:& que la premiere fert a allumer & efchauffer les cueurs des Souldardz.Touteffois quand a
moy ie croy qu'il faille auoir efgard a l'vne & a l'autre de ces deux chofes,
& qu'il foit neceffaire que les vns facent le plus grand bruit qu'ilz pourront,& que les autres gardent le plus grand filence qu'il fera poffible:car il
ne me femble point que de braire continuellement,foit faict a propoz:i'entendz qui vouldra que les Chefz foient entenduz. Et pareillemét de commécer vne Bataille fans crier,eft vne fignifiance de paour:& communemét
la voix fert d'indice de ce qui eft aduenir du faict d'vne Bataille,par laquelle
lon peult fperer la victoire,ou fe deffier de l'obtenir. Ainfi donc me femble
bon que la Bataille fe commence a grandz criz,i'entendz feulemét au premier affault, & non pas depuis que les Bataillons f'entreaprochent:car lon
peult veoir par les Cronicques Romaines que les Souldardz qui fuyoient
defia fe font mainteffois arreftez par les parolles & par le côfort des Chefz,
& ont en vn inftant changé leur ordre en plufieurs fortes, ce qui ne feuft
peu aduenir,fi la noyfe euft furmonté la voix defdictz Chefz : ou fi la cririe
euft toufiours duré. Quand a proceder haftiuement en commécant la Bataille,i'ay dict quelle maniere de gens la doyuent cómécer. Ainfi touchant
les Bataillons il eft aucuneffois bon qu'ilz affaillét a grand hafte:mefmemét

si l'Artillerie les endommageoit trop , & parfois est bon qu'ilz attendent a pied coy:cestascauoir quand le lieu est mal aisé,& qu'ilz se pourroiét rópre d'eulx mesmes n'estant gueres duictz a ce mestier. Ie croy que desormais ie pourray passer plus auant m'estant acquitté raisonnablement cy deuant,de ce que i'auois promis assigner les raisons d'auoir régee & dónee la Bataille en la facon que vous auez veu , & que nous venons a parler des autres poinctz que ne sont moins necessaires que ceulx dela dessus,ce que ie seray apres vous auoir ramentu qu'il fault necessairemét excerciter noz Legions souuent,& les mettre ensemble, & renger en la forme susdicte, a celle fin que tant les Souldardz comme les Officiers membres & Chefz scachét ce qu'ilz doyuent faire:car aux Souldardz appartient de bien tenir les rencz en chacune bende,& les Officiers mébres & Chefz doyuent tenir les rencz en leur ordre, & les Bendes bien ordonnees:& qu'elles scachent obeir au cómandemét du Capitaine general. Pourtant il fault qu'ilz soient expertz a conioindre l'vne Bende auec l'autre , & leur monstrer a prendre leur place soudainement. Et pour le faire a moindre difficulté , il fault que les Enseignes ayent descript en lieu apparent les quantiesmes elles sont , tant pour leur pouoir cómander,cóme pour estre facilemét recongneues de chacun: & mais qu'elles scachent leur place,& les Souldardz leurs lieux,vous trouuerrez que le Bataillon se régera tout tel qu'il doit estre des que le Trompette du Collonnel sonnera:&consequémént l'armee tout aussi tost que le Lieutenát general en donnera le signe. Et cest excercice icy sera le premier de quatre qu'vne armee en doibt scauoir faire, auquel elle sera excercitee tous les iour qu'elle seiournera,& en vn iour plusieurs fois. Secódemét vne armee doibt estre excercitee a marcher en Bataille,allant le pas, le trot,& le cours,en gardát tresbien l'ordre. Le tiers excercice est que les Bataillons apprénent ce qu'il leur conuiét faire a vn iour de Bataille:sicomme de faire tirer l'Artillerie & la retirer, & faire sortir les Harquebuziers des Flancz,& les faire aduancer auec les Enfans perduz. Et apres ce que les Harquebuziers auront tiré trois ou quatre Harquebuzades pour homme en courant ca & la sans tenir ordre:& neantmoins qu'ilz s'accordét auec les Picquiers & auec les Gens a cheual a qui ceste charge touche,ilz se retireront par les Flancz,& par les interualles chacun en son lieu : c'estascauoir les Harquebuziers des Flancz aux Flancz,& les Enfans perduz au derriere,pour se réger en la forme que i'ay dict:car silz demeuroient au deuant des Batailles, ilz empescheroient les Bataillons de combatre:les Gés a cheual aussi se retireront aux Aesles: il fauldroit semblablement que les Hastaires, comme s'ilz estoient forcez, se retirassent dedens les Princes : & apres que les Hastaires & Princes tous ensemble entrassent dedens les Triaires: & ce faict, que les Hastaires retournassent en leur premier lieu, & les Princes aussi au leur. Le quart excercice est que chacun s'adonne a entendre les commandemens des Chefz, & la significance des criz des Trompettes, & les Batteries des Tabourins : par lesquelz sera signifié tout ce qu'est de general: scauoir est de quád il sera téps de se mettre ensemble en Bataille,& quand ilz deburont marcher,ou s'arrester,aller en auant,ou tourner visage d'vne part
ou d'autre,

ou d'aultre, baiser la terre & combatre. Pareillement sera signifié par le cry desdictes Trompettes lors qu'il sera téps que l'Artillerie tire, & qu'elle se retire lors que les Harquebuziers, Enfans perduz, & autres deuront partir, & quand ilz se deuront retirer : & aussi en quel temps les Hastaires se deuront retirer vers les Princes. Et apres quand il fauldra que ces deux Batailles se retirent vers les Triaires, & finablement quand il sera heure que chacun se retire de la Bataille: Toutes lesquelles choses seront premierement ordonnees par le Lieutenant general, & soubdain signifiees par son Trompette: le cry duquel sera facilement entendu des autres Trópettes qui luy seront le plus prez, pour faire paruenir le cry de main en main iusqu'au plus loingtain Trompette de l'armee. Lon peult aussi faire entédre la pluspart de toutes ces choses par signe, sans vser des Trompettes ne des Tabourins, & semblablement par la voix: toutesfois que le cry de Trópette me semble plus seur, a cause de ce que chacun ne peult pas veoir le signe : mais il peult bien oyr le son, & que la voix se peult interpreter par fois en diuerses sortes, enquoy fault bien estre aduisé: car maintesfois les cómandemens des Capitaines estant mal entenduz, ou mal interpretez, ont mis a mal fin les Ostz qui estoient soubz leur chargé. Pourtát les voix auec lesquelles on commande aux lieux ou il y a grand peril, doyuent estre claires & nettes: & le son du Trompette & la batterie du Tabourin doyuent estre si differentz l'vne sonnerie de l'autre, que les Souldardz ne puissent estre receuz en prenant vne chose pour autre. Et si tant est que le general veuille commander a tout la voix, il fault qu'il fuye les voix qui se peuuent entendre a double sens, & doit vser des voix particulieres: & encores ne se doit il ayder aucunemét des particulieres, si elles ne sont expressemét inuétees pour vne seulle chose, ou si lon les pouoit interpreter en mauuais sens: pource que la voix ne peult pas tousiours estre bié entédue pour raison du bruit que les armez font, & pour le hannissemét des Cheuaulx, ou pour la tépeste que l'Artillerie meine, & pour le son des Tabourins. D'autre part on ne se peult pas ayder tousiours de signes en tel cas, a cause de ce qu'vn téps fort couuert, & vn brouillatz, ou la pluye, ou le soleil au visage troublét & empeschét facilemét la veue: & d'abondát l'assiette du lieu sil est bossu ou trop couuert d'Arbres y nuit grádemét : ioinct a ce qu'il est quasi impossible de trouuer vn signe expres pour vne chacune chose : mesinement qu'il peult suruenir maintesfois des cas tous nouueaulx, esquelz les Souldardz n'auront esté encores iamais excercitez : parquoy il fault auoir recours aux Trópettes, cóme i'ay dict: & neátmoins on se peult ayder des signes & des voix en téps & lieu: Il ne seroit que bó que lon s'aydast auiourdhuy du Cornet ou d'vne Tróppe de veneur pour la retraicte, & d'vne Trópette pour cómécer le cóbat, ou au cótraire: car il est tresdifficile que les Trópettes signifient tant de choses auec vn mesme instrument. Veu aussi que la sonnerie d'vne retraicte approche quelque peu a celle de sonner a l'Estádart, de sorte qu'alors que lon est troublé, & cóme hors de soy mesme il y a beaucoup affaire, a sçauoir discerner laquelle des deux choses est ce que le Trópette sonne.

Fin du Premier liure.

Comment vn Chef general peult renger ſes Batailles en diuerſes ſortes a ſon aduantage: enſemble quelques ruſes
qui peuuent ſeruir toutes & quantes fois que lon
eſt ſur le poinct de combatre ſes ennemis.
Chapitre Premier.

A PARTIE precedente n'a trauaillé
iuſques icy en autre choſe, que ſeulement a
dreſſer vn bon nóbre de gens enſemblé, duquel nous nous peuſſions ſeruir la & quand
le bon vouloir du Roy ſeroit qu'vne leuee
de gens ſe fiſt en ſon Royaume au patron de
ceſte cy, ou ſuyuant vn meilleur exemplaire:
& a procedé ſi auant en la beſongne, qu'vn
Oſt a eſté aſſemblé & rengé en bataille : &
conſequemment mene au combat contre ſes
ennemis: auquel il ſeſt ſi bien porté moyennant ſon adreſſe & bonne diſci
pline, qu'il a obtenu victoire ſur eulx. Il ne reſte maintenát qu'a traicter des
autres actions qu'vn Oſt doit ſcauoir ſur le doigt, & de la maniere commét
il pourra auoir touſiours l'aduantage dela guerre de ſon coſté, & finablement demourer victorieux de tous poinctz : qui eſt la fin ou tendent tous
ceulx qui ſentremettét de guerroyer autruy. Or pour y paruenir, n'y a meil
leur remede que bailler vn treſ bon Chef general aux Souldardz ſuſdictz:
leſquelz ſont tellement inſtituez qu'ilz n'ont beſoing de nulle autre choſe
que de bonne conduicte: lequel Chef ſoit conſommé en ceſt art par longue experience : & lequel ſentende parfaictement en tous les aduantages
qui ſont au faict de la guerre: car ſans cela ne merite il pas ceſte charge, n'y
ne pourroit iamais faire choſe qui valut. Tant y a auſſi que ſil eſt tel, & au
demourant homme de vertu, lon la luy peult fier legerement, pour autant
qu'il eſt tout certain qu'il ne perdra rien par ſa negligence, ny ne hazarde-
ra rien que tout a poinct: & a celle fin qu'il ſen puiſſe mieulx acquiter, ay ie
voulu pourſuyuir mon propoz comméce, & rediger par eſcript les choſes
que i'ay trouuees ſeruir a l'office d'vn Capitaine general ca & la dedens les
bons autheurs qui ont traicté de ceſte matiere, en y ſemant quelque cho-
ſette de mon creu parmy, pour ne demourer nud du tout, ſi d'auenture ceſdictz autheurs venoient a recongnoiſtre leurs pieces & a les retirer: ce qui
ſeroit aiſé a faire, attendu que preſque en tous les lieux ie ne faiz que tra-
duire le Latin ou l'Italien mot a mot: & ay amaſſé toute la fleur de ce que
i'y ay trouué eſcript touchant ce meſtier, dequoy i'ay faict certains chapitres
en forme d'aduertiſſemés: leſquelz tiendront lieu de memoires, & pourrót
encores vn iour faire quelque peu d'honneur a celluy qui ſe trouuera auoir
ſemblable auctorité, ne fuſt que pour luy ramenteuoir ce qu'il aura oublié
par laps de temps, ou bien qu'aucuneſfois les autres occupations qu'il aura

pour raifon de fa charge, le deftournerốt de pouoir fonger guères auất eñ
ceft affaire: de forte que fi quelque cas furuient au defpourueu, ou tandiz
qu'il eft ainfi occupé, ce luy fera grấd foulagemết de trouuer fubit le moyế
d'y pourueoir, & le remede que les Capitaines anciens auront vfé en cas pa
reil. Et fuppofe qu'il luy peult aduenir des inconueniens non oyz, & defquelz ne feroit faicte aucune mention dedens iceulx Liures, ne dedens le
mien : fi eft ce que les plus communs, & ceulx qui font aduenuz, ou peu f'en
fault, y font contenuz, & la prouifion quand & quand : & au pis aller, les
Souldardz font compofez de fi bonne matiere & tellement addreffez, que
pour peu de bon efprit qu'il ait de foy, il trouuera promptemết auec eulx
aux nouueaulx accidentz, nouueaulx remedes. Aufurplus, ie ne voy point
qu'il foit trop requis que ie parle des qualitez qu'vn Lieutenant general
doit auoir en foy, attendu que le Roy fentend fi bien en gens, qu'il n'en
cree pas vn qui ne les ait toutes, ou la maieur part. Mais pour non laiffer cê
fte partie du tout en arriere, & tout de fuyte pour venir briefuement a traicter des autres chofes qu'il doit fcauoir, Ie nômeray vn Seigneur que nous
auôs en France (fans aller plus loing) en ymaginant & contemplant les diuines conditions duquel, nous pourrons veoir clairemết toutes les bonnes
taches qu'vn parfaict Lieutenant general doit auoir en foy : tant que qui le
vouldra former tel, n'a que faire d'emprunter l'exemple d'autre que luy :
car a mon iugement il eft tout tel qu'il le fault : & cecy puis ie affermer fans
deuoir eftre dict flateur, tant ne quant, ayant pour moy la verité & l'opinion de ceulx qui f'y entendent: C'eft Monfeigneur le Conneftable, auquel
Dieu a voulu faire tant de graces, qu'il la faict excellent homme de guerre, quand il eft queftion de guerroyer: & apres quand la paix arriue, il n'en
eft point de plus apte pour l'entretenir: de forte que ie ne péfe auoir iamais
veu perfonne que fi bien fe fceuft accommoder a tous les deux temps qu'il
faict, & qui ne f'adonnaft plus a l'vn qu'a l'autre, la ou par ce que nous en
voyons, il en vfe indifferement. Dieu le nous a donc forgé tout tel qu'il
nous eftoit deu pour excercer, comme il appartient, l'eftat que le Roy luy
a baillé entre mains : car il fcait faire la guerre pour auoir paix, & entretenir la paix, pour euiter la guerre : & ainfi il ne pend peu ne prou plus deuers l'vne part que deuers l'autre, combien qu'il ait toutes les deux en fa
main, & que le Royaume f'en repofe du tout en tout fur luy, pour raifon
de fa vertu, & qu'il eft accompaigné de toutes les qualitez neceffaires a
manier tous ces deux temps. Et laiffons le temps de paix apart, n'a il pas
toutes celles qui conuiennent a vn parfaict Lieutenant general, fil eft befoing de faire guerre: car n'eft il point yffu de tresbố & treshault lieu pour
attirer a foy la faueur des Souldardz (fi tant eft que la nobleffe du fang y
face quelque chofe) n'eft il point riche & puiffant pour gaigner le cueur
des gens a force de donner, & pour mener vne groffe defpenfe ? n'eft il
point temperé, fobre, penible, fubtil, liberal, de bon aage, affable, bien parlant, & homme de reputation & bien renommé? fi eft certes. Or font ce
les principalles conditions qu'vn Chef general doit auoir, ficomme d'eftre
temperê, a celle fin que la volupté ne le desbauche, ny ne le deftourne de

H

donner ordre aux affaires d'importáce qu'il a fur les bras: Sobre,fil veult
eftre vigilant, & auoir l'efprit deliure pour entendre aux chofes difficiles:
car lhomme qui s'adonne a viure delicieufement,& a trop máger & boire,
endort & enfepuelit fon entendemét,en telle forte qu'il ne le peult apres
rauoir quant il en a befoing: ains fil l'auoit aigu auparauant, il le trouuera
adonc tout rebouche & inutile: Penible,pour autant qu'il fault qu'il foit
toufiours le mois las a la peine,& celluy qui en fupporte plus que nul: Le
premier efueillé, & le fin dernier a s'endormir: Subtil, & de telle nature
qu'il difcourt en peu d'heure en fon entédemét toutes chofes pour les fca
uoir deuiner & preuoir de longue main,& femblablement pour compren
dre vne fineffe ou pour l'inuéter: Liberal,car par ce moyen il fera de fes ennemis fes amis: des eftrangers incongneuz,fes priuez: & les meilleurs des
fiens f'amenderont filz voyent qu'il vfe de liberalité enüers ceulx qui
feront quelque beau faict: les peu vaillantz n'en feront pas moins: ce qui
ne luy aduiendroit pas fil eftoit auaricieulx & chiche: ains feroit dangereulx qu'il ne fe laiffaft furmóter a l'auarice,& par ainfi qu'il ne deuint corrompu & defloyal a fon Roy: De bon aage, c'eft a dire ne ieune ne viel:
pource que l'vn ne veult croire que foy mefme, & fi eft aufli trop auda-
cieulx:& que l'autre eft imbecille au faict des armes,& trop craintif: Affable, d'autant qu'il n'y a rien plus mal feant a vn tel Chef, ne qui le face tant
hayr de chacü,cóme il eft facheux & difficile a aborder:Au cótraire n'ya rié
qui face plus alouer en luy, que fil eft gracieux & bening a tous:i'entendz
que cefte benignité foit moderee, & qu'il la mefure felon la valeur des gés:
car il fault monftrer plus de priuaulté aux vns que non pas aux autres: &
touteffois que tous fen contétent fil eft poffible: Bien parlant,a celle fin
qu'il fache perfuader a fes Souldardz par fon beau parler,qu'ilz doyuét def-
prifer tous perilz,pour entendre aux haultz faictz,& pour difpofer a fa volonté de tous ceulx qui l'efcouterót: Hóme de reputatió & bien renom-
me,a caufe de ce que fil n'eftoit tel, les Souldardz le fuyuroient a regret,
comme ainfi foit que chacun trouueroit bien dur d'obeyr a celluy qu'il efti
moit pire de foy,ou valoir aufli peu qu'il vault. On pourroit demáder auf
fi qu'il euft des Enfans, pourautát que c'eft defia vne feurté au Royaume,
qu'il ne machinera ia rien alencontre: & filz font petitz,quilz feruiront
comme d'Oftage, & d'vn frain a leur Pere de non ofer entreprendre quelque chofe au preiudice de fon pais,quant ainfi feroit qu'il lauroit deliberé,
doubtant perdre fes Enfans:Et au cas qu'ilz fuffent en aage pour porter armes,il en fera fecouru de confeil,de force, & d'autres chofes diuerfes plus
fidellement, que d'vn qui ne luy touchera pas de fi pres. Tous lefquelz
bons poinctz font , comme i'ay dict, en Monfeigneur le Conneftable, &
beaucoup d'autres que ie laiffe, fi comme fes faictz l'ont toufiours demon-
ftré en touš les lieux ou il feft trouué: parquoy n'ya que l'imiter, filon fe
veult faire digne d'excercer la charge de Lieutenant general, & de commander aux Souldardz qui feroient telz, que font ceulx que i'ay leuez en la
fufdicte partie. Et pourueu qu'il l'enfuyue en toutes chofes,le Roy pourra
fier hardimét vn bon Oft en fes mains, & fe remettre a luy totallemét du
faict

faict d'icelle guerre, hors mis de conclurre vne Paix ou vne Tresue auec les
ennemis:car touchant de donner vne Bataille ou ne la donner pas, & de
marcher auant en pais, ou de s'arrester & d'assieger ceste Ville, ou bien l'autre : & en somme de demener la guerre comme bon luy semblera, le Roy
n'a que faire de s'en entremettre:mais que seulement de luy fournir les cho
ses necessaires a son Camp: Autrement s'il la veult conduyre de loing en
hors par courriers & messages, il sera cause que son Lieutenant deuien-
dra peu songneulx de prendre garde a son faict, & se fera lent & tardif en
lieu de deuenir vigilant & prompt:pource qu'il verra bié qu'encores qu'il
fasse quelque beaufaict, que ce ne sera pas luy qui en rapportera toute la
louenge : ains se sera celluy qui l'aura conseillé qui en aura la meilleure
part. Oultre plus, il n'y faict rien que le Roy soit tresexpert au mestier de
la guerre (comme il est a la verité plus que ie ne sçaurois dire) si tant est
qu'il la veuille gouuerner de son sens par le seul rapport qu'il aura de l'estat
auquel seront les affaires:car autruy n'y peult bonnement mettre la main,
que celluy qui est porté sur le lieu, a cause de mil petitz poinctz, ausquelz
conuient regarder de pres,& des accidentz qui peuuent suruenir d'vne
heure a autre, sans veoir & entendre tous lesquelz est impossible en dire
son aduis, si ce n'est a l'aduenture. Et pourtant il deuroit vouloir que cedict Lieutenant menast la guerre a son appetit, & que l'honneur feust tout
sien s'il faisoit bien, & que le blasme luy en demourast s'il s'en acquittoit
mal : car ce faisant, l'vn luy seruiroit d'esperon pour l'inciter a bien faire sa
charge : & l'autre de mordz pour le retirer de l'excercer autrement que
comme il fault. Neantmoins on en vse auiourdhuy au contraire en plusieurs lieux, & ordonne lon aux Capitaines generaulx des Ostz toute la
maniere comme ilz se doyuent gouuerner : tant que s'il est question de
mouuoir vn Camp d'vn lieu en autre, ou d'assieger vne place & l'assaillir,
ou de combatre les aduersaires, ou de faire quelque autre action, ilz n'y oseroient a toute peine auoir pense sans en aduertir, auant toute œuure, ceulx
qui leur aurót baillee la charge de cesdictz Ostz. Laquelle mode a esté em-
pruntee des Venitiens. Aussi appelle lon leurs armees les Camps de la Sa-
uete, d'autant qu'ilz ne viennent gueres iamais au poinct : ains quand leurs
Generaulx ont quelque bóne occasion de combatre, ou d'assaillir vne Ville, ilz la perdent ce temps pendant qu'ilz sont contrainctz en enuoyer demander aduis a leur Senat, & d'en attendre la response auant que rien entreprédre: & voyla que le téps se passe, & que leurs ennemis se pourueoiét
sur ce. Si le Roy permet donc a quicóque sera son Lieutenant, qu'il puisse
vser de sa teste, il s'en trouuera beaucoup mieulx que s'il luy limite sa cómis-
sion:& cedict Lieutenát ne le seruira aussi iamais sinon a son contétemét,
s'il prend sa visee aux bonnes conditions susdictes. Et a ce qui sera dict cy
en apres en continuant le propos que i'ay laissé, pour reprendre lequel &
entrer auant en la matiere, ie prie au lecteur de retenir ce qui a esté monstré desia : car il est necessaire pour l'intelligence de ce qui s'ensuit. Et pour
ce que la susdicte forme de renger vne armee en Bataille, me semble estre
la meilleure de toutes celles que ló a vsees iusqu'au iour present, l'ayie or-

donnee telle que dit eſt. Et combien que ſa diſpoſition ſoit aſſez bonne &
ſeure : neantmoins il fault regarder ſi les anciens ont point vſé de quelque ſingularité en ce cas, de laquelle le Chef general qui pourroit auoir
la charge de ces Legions, ou d'autres mieulx ordonnées, ſe peult ayder au
iourdhuy : & quand & quand il ſauldra parler de certaines conſiderations
qu'il deuroit auoir deuant les yeulx pluſtoſt que donner iamais Bataille: &
tout de ſuyte ie traicteray des accidentz qui ſuruyennent aucuneſſois en
icelluy poinct, & des remedes que lon y pourroit trouuer : car l'importance de ſonger en ces affaires n'eſt pas petite, attendu que le combat de deux
armees ne peult durer gueres plus de deux ou de trois heures, & que la pe-
nitence d'auoir mal diſpoſé ſon faict, eſt d'vne treſlongue duree, & de merueilleuſe conſequence. Pourtant il fault noter cecy qu'entre toutes les modes de renger vne Bataille n'y en a point de plus dangereuſe, que d'eſtendre beaucoup le Front des Bataillons : & par ce moyen faire tant moins de
rencz, ſinon que lon aye vn treſgrand nombre de gens, & que ceulx la encores ſoient des bons. Autrement on doit pluſtoſt faire le Bataillon groz
& peu large de Front, que non pas le faire de grand eſtendue & tant plus
menu : a cauſe de ce que l'eſpoiſſeur du Bataillō eſt ce qui ſouſtient le Choc
des ennemis, ou bien qui les renuerſe : & que la pluralité des rencz ſert
pour refaire les premiers, & pour entrer au combat en leur place: & ſem-
blablemēt pour eſtre tant plus mal ayſez a tranſpercer par les Gens de chē-
ual. Et ſi tant eſt que le Chef general ait trop peu de gens a comparaiſon
de ſes ennemis, il n'y a que de chercher vn endroict lequel ſoit enuironné
deuers quelque part, ou de Riuiere, ou de Maraiz, ou d'autre lieu naturellement fort pour renger illec ſon armée, & faire en ſorte qu'il ne puiſſe
eſtre aſſailly de tous coſtez ne encloz. Et ſi le lieu eſtoit tel qu'il n'y peuſt
trouuer pas vne de ces cōmoditez, il doit adonc faire faire des tréchees ſur
les Flacz, & ſur le derriere ſil veult, & qu'il préne vne reigle generalle en
ce cas: c'eſtaſcauoir d'eſlargir ou de reſtraindre le Front de ſes Bataillons, ſelon le nōbre des gés qu'il a, & ſelon la force de ſes ennemis, auāt touſiours
eſgard au lieu ou il eſt aſſiz: car au lieu eſtroict fault eſtreſſir les rēcz, & aux
lieux fort ouuertz, les eſlargir moyennemēt. Il me ſemble que ces Legions
pourroiét bien garder en tout téps vne meſme forme: car elles ont les rēcz
tellemēt cōpartiz, qu'ilz ne ſont ne trop eſtenduz ne moins qu'il appartiét:
touteſſois l'aſſiete gouuerne. Mais poſōs le cas que les ennemis ayét moins
de gens que noſtre general n'a, il les doibt lors attirer en païs large & fort
ouuert, acelle fin que nō ſeulemēt il puiſſe enclorre illec ſon ennemy: mais
encores eſtendre bien ſes rencz, & ordonner ſes Batailles enſuyant noſtre
diſcipline, qui eſt vn auantage qu'il ne pourroit pas auoir ailleurs es lieux
eſtroictz & difficiles, d'autāt qu'il ne pourroit point ordonner ſes gens a ſa
guiſe, ne ſelon leur ordonnance: dequoy les Romains eſtoient auſſi treſſoin-
gneulx iadis, & leſquelz fuyoient de tout leur pouoir les lieux eſtroictz &
mal aiſez, & cherchoiét les païs ouuers & larges. S'il eſt cas que ce general
ait peu de gens, ou que ceulx qu'il aura ſoient mal adroitz, il doit faire le cō-
traire: car il fault alors chercher les lieux qui ſont aptes a ſauluer le petit
nombre

nombre,ſicóme le hault des montz:pourueu qu'il ſe puiſſe trouuer pluſtoſt
abondance de viures,que nó pas qu'il y en ait faulte:& le païs fort,ſert bié
auſſi au petit nombre.Il doit encores eſlire le lieu hault pour auoir meilleur
moyen de hurter lennemy:combien que ſi doibt il eſtre aduiſé de n'aſſeoir
iamais ſon armee en pédent de mótaigne,n'en lieu qui ſoit pres de quelque
coſtau : pource que le lieu bas le ſoubzmettroit a la mercy de l'Artillerie
des ennemis,ſ'ilz occupoient le deſſus:cótre laquelle il ne ſcauroit trouuer
autre remede que de cháger place & l'eſloigner.D'auátage celluy qui ordó
ne vne armee pour dóner vne Bataille,doit auoir eſgard au ſoleil,& au vét,
a celle fin que l'vn ne l'autre ne puiſſe frapper ſes Souldardz au viſage : car
ilz empeſchét grandemét la veue,aſcauoir eſt le ſoleil a tout ſes raiz, & le
vét a tout la poulſiere : auecques ce que lediét vent empeſche ſouuéteiſois
par ſa violéce,que les Picquiers,Gés de cheual,& gés de traiét ne ſaydét des
Picques, des Lances, & de leur traiét,ſi bien qu'ilz feroiét ſi le temps eſtoit
doulx & coy.Or péſez cóme il peult eſtre aiſé qu'ilz ſen ſeruét, adóc qu'ilz
l'auront droiét dedens les yeulx. Les Romains en perdirét la Bataille a Ca-
nouſe contre Annibal. Et quand au ſoleil, il ne ſouffit pas ſe donner garde que pour l'heure que lon vouldra commencer la Bataille il ne donne en
la face:ains il conuient aduiſer ſil les pourra greſuer en montant ou en de-
ſcendant:& pour cecy il fauldroit qu'en rengeát les Batailles il fut au doz
des Souldardz, & qu'il ne ſe fiſt que leuer,a celle fin que le combat peuſt
eſtre finy auant qu'il ſ'abaiſſaſt pour luy donner au viſage:& ſi lon eſtoit logé vers le ſoleil leuant,& par ainſi que lon l'euſt au viſage vne grande partie du iour,il fauldroit differer d'étrer en Bataille iuſques ſur le midy, & par
la on mettra lediét ſoleil a ſon doz,& droiét dedens les yeulx de ſon enne-
my.Ceſte ruſe feuſt obſeruee par Marius contre les Cimbres,& par le Roy
Philippe Auguſte contre les Flamens.Si ce general auoit beaucoup moins
de gendarmerie que les ennemis,il peult renger ſes Batailles parmy des Vignes,& parmy des Arbres,& autres ſemblables empeſchemens,comme fiſt
le grand Capitaine des Eſpaignolz a la Serignolle quand les Francóis y furent deffaiétz.Et par ce moyen les Gés a cheual des ennemis ne luy pourront aucunement nuyre, ne les Pietons gueres bien:a cauſe de ce que les
arbres,les hayes,& autres deſtourbiers les garderont d'approcher ſans rom
pre leurs ordres : & les gens de ce General qui né feront qu'attendre,au-
ront l'aduantage, deſquelz il ſe pourra ſeruir treſbien,mais que la place
ou ilz ſeront rengez,ſoit planiere & nette : & celle qui ſeroit ſur le deuant
des Batailles auſſi enuiron L pas. Autreſſois a lon veu qu'auec les Souldardz que lon auoit perdu quelque bataille, qu'auec ceulx la meſme on a
eſté victorieulx depuis en changeant l'ordonnance ou la maniere accouſtumee de combatre,ſicomme il aduint aux Carthaginois,leſquelz ayans eſté
vaincuz aſſez ſouuét par Marcus Regulus,furent apres victorieulx par le có
ſeil de Xantippus Lacedemonien : lequel par le ſeul changement & cómu
tation de lieu, conuertiſt la fortune dela guerre Punicque , & la releuá:car
voyát leſdiétz Carthaginois eſtre plus fors de cheuallerie que les Romains
n'eſtoient,& oultreplus eſtre treſbien accompagnéz de Pietons & de plu-

fieurs Elephans : & auec tout cecy foy tenir par les montaignes, & que les
Romains qui eſtoient ſeulement fortz de Pietons, ſe tenoient en la plaine,
il fiſt deſcendre leſdiⅇtz Penois en la planure, & illec combatit & ſurmó-
ta les Romains. Il me ſemble que quaſi tous les Capitaines anciés quãd ilz
ont cógneu que l'ennemy mettoit ſa plus grãd force en l'vne des poinⅇtes
de ſon armee, qu'ilz ne luy ont pas mis au deuant la leur plus forte: ains leur
ont preſentee la plus foyble Bataille qu'ilz euſſent, & ont mis la plus forte
au deuãt de la plus foyble: & puis apres vn peu deuant que cómencer la Bataille, ilz ont commandé aux meilleurs gens qu'ilz auoiét qu'ilz ſouſtinſſent
ſeulemét les ennemis ſans les repouſſer, & ont cómandé a ceulx qu'ilz eſti
moient valoir le moins, qu'ilz ſe laiſſaſſent vaincre, & reculaſſent touſiours
tirant vers le derriere des Batailles. Et cecy faiſoient ilz a bonne tauſe, ſcachant que ceſte ruſe peult conduyre lennemy en deux grandz deſordres.
Le premier eſt, car il trouue la plus forte partie de ſes Souldardz eſtre en-
cloſe entre les Batailles de ſes aduerſaires. Le ſecond eſt, qu'adonc qu'il péſe auoir obtenu la victoire, ce ſera merueille ſi ſes Batailles ne ſe mettent
en deſordre tant pour ſuyuir la victoire qu'ilx cuydent auoir gagnee, cóme
pour aller au pillage: dequoy ſenſuyt qu'il vient a perdre en peu d'heure ce
qu'il penſoit auoir deſia cóquis. Cornelius Scipió eſtãt en Eſpagne cótre
Aſdrubal, ſcachant que ſon ennemy eſtoit aduerty qu'il auoit accouſtumé
de réger ſes Legions ſur le mylieu du front de ſes Batailles, & qu'il régeoit
ſur les poinⅇtes ceulx de qui il faiſoit le moindre compte : & qu'a ceſte cauſe lediⅇt Aſdrubal mettoit auſſi au mylieu les meilleurs Souldardz qu'il
euſt pour les affronter auec les Legions, lediⅇt Scipion changea ſon ordónance le iour de Bataille, & colloqua ſes Legionnaires aux coings de ſon
armee, & miſt ſes gens legerement armez ſur le mylieu: dela force deſquelz
il ne faiſoit aucune eſtime. Or venãt depuis a vouloir combatre enſemble,
le ſuſdiⅇt Scipion fiſt marcher tout bellement ceulx du mylieu, & fiſt auancer diligemment ces deux poinⅇtes en telle ſorte, que les deux coings des
armees combattoient ſeulement, & ceulx du mylieu d'vne part & d'autre ne ſentr'aprochoient point : parquoy les plus fortes Batailles de Scipion combatoient contre les plus foybles d'Aſdrubal: & les plus robuſtes
Souldardz que Aſdrubal euſt, ne ſeruoient que de regarder : car larmee
des Romains faiſoit ainſi qu'vn croiſſant auec les deux cornes auancees: &
le mytan retiré, par lequel moyen leſdiⅇtz Penois furent vaincuz. Quand
vn Capitaine general ſe trouue auoir plus de gens que lennemy n'a, ſ'il le
veult enuironner de tous coſtez auant qu'il ſ'en auiſe, il doit renger par
front ſes Batailles de telle largeur que celle des ennemis ſeront; & apres
ce que la meſlee ſera commencee, il fauldra que les Batailles du mylieu ſe
retirent peu a peu, & que les poinⅇtes ſeſtendét, & vous verrez que l'ennemy ſe trouuera enueloppé de toutes pars, ſans y prendre garde: ſicomme fu
rent les Romains a Cannes par les Souldardz aguerriz de Hannibal. Si le
Lieutenant general veult combatre comme aſſeuré, & hors de dãger d'eſ-
ſtre du tout deffaiⅇt, il doibt ordóner ſon Oſt en tel lieu qu'il puiſſe retirer
ſon armee a refuge, ſi beſoing faiⅇt, en quelque part aſſez pres du lieu ou la

Bataille

Bataille fe dóne,& que ce refuge foit au doz de fondiĉt Oft, ficóme pourroit eftre quelque Maraitz ou des Montaignes, ou bien quelque bonne &
puiffante Ville,pour ce qu'écores qu'il perde la Bataille,il ne peult eftre def
faiĉt du tout:& fil la gaigne,les ennemis n'auront pas ceft aduátage:car les
pourra fuyuir fi bon luy femble. Hánibal fayda fouuent de ces termes , de
puis que fa Fortune commenca a fe changer, & tandis qu'il euft affaire a-
uecques Marcellus. Aucuns Capitaines pour troubler l'ordre des enn emis
ont commandé aux Souldardz legerement armez,qu'ilz comméceaffent la
bataille:& apres l'auoir commencee,qu'ilz fe retiraffent au dedens des Bataillons:& des que les armees feroient venues a l'aborder,& que les ennemis fattendroient a combattre,qu'ilz iffiffent adonc par les flancz,& char-
geaffent fut les coftez defdiĉtz ennemis. Ie trouueroye tresbon auffi qu'aucuneffois lon mift vn renc de Rondelliers au deuát des premiers rencz des
Haftaires, lefquelz fuffent pourueuz de potz,grenades, & autres engins a
feu,aptes a láncer contre les ennemis,& qu'ilz fuffent bien aduifes de les ge
ĉter au mylieu de leurs renches ainfi qu'ilz fapprocheroient a X ou a XV
pas. Et ce faifant, il eft a croyre que la violence d'iceulx potz & feuz artificielz affoleroient plufieurs hómes,ou du moins leurs rengs fe troubleroient.
Et pofe le cas que cecy n'aduint,fi eft ce vne chofe certaine que les Rondelliers nuyroient grandement aux Picquiers des aduerfaires, en coppát leurs
Picques a tout leurs Efpees,fans pouoir eftre gueres endómagez,au moyen
des Rondelles qui les couuriroient, & des Haftaires qui leur feroient aux
tallons. Et fil aduenoit que fefdiĉtz Ródelliers peuffent gaigner le deffoubz
des Picques des ennemis,ilz pourroiét venir alors iufques a eulx facilemét
leur donner de l'Efpee a la gorge,tandis que les Haftaires les arrefteroient
en combatant:& vous entendes bien fi ce cas aduenoit,que les ennemis au
roient ie pire du combat. Touchant ce propoz,ie me fuis l'ayffe dire qu'a la
iournee de la Serignolle les Efpagnolz a tout leurs Rondelles entrerét dedens noz Suiffes,qui eftoient tous Picquiers defoubz leurs Picques, & les
contraignirent a les abandóner,& mettre main aux Efpees,lefquelles eftát
trop longues,ne leur feruirent de rien a caufe de la preffe:dequoy fenfuyuit
que le lefdiĉtz Suiffes furét deffaiĉtz.Il f'en falluft bien petit qu'il n'en print
autant a noz Lanfquenetz a la iournee de Rauéne:car les Efpagnolz moyennant leurs Ródelles leur auoient defia ofte l'vfaige des Picques,& les de-
trenchoient a leurs volonté & fans la furuenue de noz Géfdarmes qui les
fecoururent,ilz les euffent tous occiz. Si vn Lieutenant general auoit peu
de Cheuallerie,il peult mettre au derriere des cheuaulx quelque trouppe
de Picquiers,& doibt cómander aufdiĉtz Gens de cheual qu'ilz facét place
aux Picquiers en combatant, a celle fin qu'ilz puiffent venir a la meflee en
bon ordre contre les Genfdarmes des aduerfaires.Pourtant vn Lieutenant
general deuroit faire addreffer quelque nombre de Géns de pied,Picquiers
& Harquebuziers armez legeremét ainfi que i'ay diĉt deffus,lefquelz fceuffent cómbatre parmy les Gens de cheual:car cecy peult faire grand' ayde,&
plufieurs bons Chefz f'en font autreffois aydez, & mefmes auiourdhuy les
Harquebuziers y feruét de beaucoup. Cefar furmóta fes ennemis en Phar-

salye,moyennant cest ordre de mesler les Pietons parmy les Gésdarmes. Pareillement Escaderbeg Duc d'Epire, a obtenu depuis XC ans en ca maintes belles victoires sur les Turcz, vsant de ceste mode de cóbatre, ainsi que lon peult lire dedens le liure faict de ses gestes. Et pource que nous parlons de ceulx qui ont iadis trouué plusieurs aduantages sur la forme de renger leurs Gens en bataille, ie veulx dire que Scipion & Annibal ont esté les deux hommes de leur téps les plus expertz en c'est art, ne qui ayent esté depuis, reserué Cesar, auquel i'oze bien attribuer le loz d'auoir esté le meilleur homme de guerre qui fut iamais: touteffois apres luy les deux susdictz sont tous les plus excellens, lesquelz monstrerent principalemét leur bon esprit au iour qu'ilz combatirent en Africque, tant qu'ilz en ont esté louez de chacun, & seront eternellemét. Or estant ces deux Chefz auec leurs Ostz prestz a donner la Bataille sans la pouoir euiter honnestemét, ilz ordonnérét leurs armees en telle forme que ie voys dire: Annibal qui auoit ses Souldardz de diuerses nations, mist au Front de ses Batailles LXXX Elephantz, au derriere desquelz il colloqua les aydes ou alliez, & apres eulx les Carthaginois, & rengea les Italiens sur la queue, ausquelz ilz se fioit vn bien petit. Ce qu'il volust ordóner ainsi a celle fin que les aydes estant entre les ennemis & entre les Carthaginois, n'eussent lieu de fuyr : ains qu'estát forcez a combatre, ilz vainquissent, ou du moins lassassent bien fort les Romains, esperant apres pouoir surmonter ayseement lesdictz Romains, estant desia lassez de detré cher les premiers a tout les siens fraiz & reposez: a l'encontre duquel ordre Scipion colloqua ses Legions a la mode accoustumee, & fist le Front tout plain d'interualles: & a ce que lesdictes interualles ne se monstrassent, mais bien que le Front appareust fourny comme tousiours, il remplist ces places vuides de ses Velitez, ausquelz il commanda faire voye aux Elephans des qu'ilz viendroient a donner dedens les Batailles, & qu'en leur ouurant le passage, qu'ilz se retirassent au dedens des Legions par les lieux ordinaires. Et par ainsi que l'impetuosité desdictz Elephás fust rédue de nulle valleur, comme elle fut aussi, ce faict, les Batailles de Scipion vindrét cóbatre main a main a celles d'Annibal, & les deffirent: durant lequel combat Scipion assembla ces Princes & Triaires, & feit ouurir les Hastaires pour leur faire voye, & les enuoya sur les costez, voyant qu'ilz estoient desia tous lassez de cóbatre contre la premiere Bataille des eunemis, & que le plus fort restoit: c'estoient les Carthaginois mesmes, lesquelz auoient esté mis en la secóde Bataille ainsi que dessus. Et pour ce que Annibal auoit mis tout le Fort de son armee en la secóde Bataille, Scipion pour luy presenter vne autelle force, feit aduancer les Triaires & les Princes: car aussi n'estimoit il pas les Hastaires si vaillantz que les Princes, comme la verité estoit: car lesdictz Princes estoient reputez plus vaillantz que les Hastaires, & les Triaires plus que les Princes. Il assembla dóc ces trois Batailles en vne, & deffict ses ennemis en ce poinct. Ceste ordónáce d'vne part & d'autre procédoit d'vn tresbon sens. Et si au téps present nous auions affaire contre gés qui s'aydassent d'Elephans, nous pourrións imiter Scipion: cóbien que si sont ilz subiectz a l'Artillerie, quelques grandz & fortz qu'ilz soient. Quant a l'ordonnance d'An-

nibal

nibal,elle pourroit eftre imiteé toutes les fois que nous aurions gens de pieces,& que nous n'aurions gueres grand'fiance en eulx, mais que feullemét
aux noftres.Monfeigneur de Lautrec(lequel ie puis bien nómer entre les
plus excelliétz Chefz qui ayent efté long temps y a)rengea fes Batailles en
autre forme le iour qu'il prefenta la Bataille aux gés de l'Empereur en Naples deuant Troye:car i'acoit qu'il euft gens de diuerfes nations en fon armee,ficomme Italiens,Allemans,Suiffes,Gafcons & Francois:neantmoins il
vouluft móftrer qu'il ne fe fioit de rien moins en la foy des Eftrágers,qu'en
celle des Francois mefme:& a cefte caufe fift il vn Front de toutes ces quatre ou cinq natiós,de forte que l'on ne pouoit dire que l'vne fut plus aduá-
cee que l'autre,ne plus recullee,encores qu'il y en euft entre elles qui demá
daffent la premiere poincte,ou pour mieulx dire,le lieu des Enfans perduz.
Et la raifon que i'ouys alors alleguer de ceft ordre nouueau (ie veuil dire
nouueau pour nous qui auons aprins feullemét a oyr parler d'Auant garde
Bataille & Rierregarde) fut celle que le feigneur D'artigueloune Lieutenant pour lors de Monfieur de Negrepeliffe,de la cópagnie duquel i'eftois,
me dict,& a quelques autres fes familiers,fcauoir eft que cefte mode eftoit
enfuyuát l'átiquité,laquelle eft la meilleure & la plus feure qui puiffe eftre,
comme i'ay monftré deffus.Et pareillemét que le fufdict feigneur de Lautrec congnoiffoit les natiós qu'il auoit a gouuerner,auoir grand'ialoufie l'v-
ne fur l'honneur de l'autre,ficomme le Suiffe fur l'Allemant,& le Francois
fur l'Italien,& au contraire:parquoy il n'euft peu aduantager l'vne fans mal
contéter l'autre:ioinct a ce que pour faire fon prouffict de l'enuie qu'eftoit
entre ces Souldardz,il valloit mieulx les mettre tout de renc,pour veoir
ce qu'ilz fcauroient faire les vns par defpit des autres,que non pas vfer de la
forme accouftumee:car ce n'eft pas petite occafion pour emflaber les Souldars,que leur dire que les telz ont defia furmonté ceulx auec qui ilz com-
batoiét,ou quand ilz fe doutent qu'ilz foient pour le faire pluftoft qu'eulx.
Pleuft a Dieu que la fiereté des ennemis n'euft point efté pour lors tellemét
refroidie qu'elle fe monftra,& qu'ilz fuffent fortiz de leur Fort:car a la bóne volonte que ceulx de noftre party auoient, & attendu le bon ordre de
chacun tant a pied qu'a cheual,il eftoit trefcertain que la Bataille ne fe donna long temps a qui ait efté mieulx combatue, que celle la eftoit taillee d'e-
ftre: touteffois celluy qui difpofe de toutes chofes,auoit determine qu'il en
aduint autrement:parquoy il ne fut point combatu.mais ie reuois a mon
poinct.Lon vfoit le temps paffé en Afie de certains chariotz garnis de Faulx
bien trenchantz,atacheez aux coftez d'iceulx chariotz,lefquelles feruoient
non feulement pour ouurir vne Bataille moyennant leur impetuofité (car
lefdicts chariotz eftoient guidez par des plus viftes cheuaulx qui fe peuffent trouuer)mais ces Faulx eftoient encores bonnes pour defcouper tout
tant qu'ilz rencontroient d'aduerfaires:a quoy fe pouoit refifter en trois ma
nieres:Premieremét auec l'efpoiffeur des rencz,& a tous les Picques:Secó-
demét en leur faifant chemin par les Batailles,ainfi que nous auons dict des
Elephantz: & la Tierce eftoit en mettant quelques empefchemens fur la
voye qu'ilz deuoient tenir en approchant des Batailles,comme Sylla fceuft

faire côtre Archelaus, qui auoit plufieurs de ces Chariotz: car pour leur refifter,il fift planter en terre vne grand plante de pieux, & ce fur le derriere
des Haftaires en l'Interualle qui demeure vuyde entre les Haftaires & les
Princes:& voyant approcher les fufdictz Chariotz, il donna le figne pour
faire retirer les Haftaires au dedés des Princes,lefquelz eftât retirez, fe trou
uerent hors de danger d'eftre occiz par ces Faulx,la ou les Chariotz fe trou
uerét arreftez fans pouoir marcher plus auãt.En celle iournee la,Sylla trou
ua vne nouuelle forme de renger vn Oft:car il mift tous fes gés legeremét
armez au Doz de fes Batailles,& laiffa plufieurs Interualles au dedens d'i-
celles,pour faire paffer aifeement ceulx de derriere vers le deuãt, toutes les
fois qu'il en feroit befoing.Donc qu'eftant la Bataille commencee,il fift ad
uancer fes Gens armez legerement,& fa Cheuallerie par cefdictz Interualles pour charger fur les ennemis,lefquelz eftât defia en defarroy pour raifon de leurs Chariotz mefmes qui auoient efté repoulfez,furent rompuz
en peu d'heure & vaincuz. Il eft encores de moult de manicre d'ordonnã-
ces pour réger les Souldardz a vne iournee,defquelles ie parleray ainfi que
le propos m'y amenera,fans m'y arrefter autrement:car pour dire en brefz
motz vn peu de chacune des chofes qui concernent cefte difcipline, & lefquelles eft befoing fçauoir pour fe feruir de fes Legions ordonnees comme,
i'ay dict,il eft neceffaire que ie paffe brefuement par deffus:& neantmoins
pour eftre dict bref, que ie ne laiffe pas a toucher tous les poinctz qui y appartiennent,ou du moins les plus neceffaires:a cefte caufe ie commenceray
aux chofe qui fe doyuent faire durant le côbat,& tracteray des autres enfuyuant,pour troubler l'ennemy pendant le temps qu'il f'attend a côbatre,
a celle fin de l'efbayr. Le Chef general peult faire courir le bruit, que nouuelle ayde de gens luy vient,& demôftrer de cecy quelque chofe vray fem
blable,laquelle reprefente le fecours eftre prez, & il aduiendra de cefte rufe que les ennemis f'eftonneront oyant cefte nouuelle, & de l'apparéce dudict fecours: & eftant eftonnez, il les poutra rompre a peu de difficulté.
Minutius Rufus,& Acilius Glabrion , deux Confulz Romains,f'ayderent
de cefte cautelle.Sulpitius meift les varletz & faccomãtz de fon Oft fur des
Muletz & autres beftes inutiles au faict du combat,& vouluft qu'ilz fuffent
rengez en telle forte qu'ilz fe reprefentaffent de loing comme fi ce fuft vne
groffe puiffance de Gendarmes,& les enuoya fur vne montaigne affez pres
du camp des ennemis, leur ayant commandé fe tenir cachez,iufques a ce
que la Bataille feroit commencee,& qu'adonc ilz fe monftraffent par plufieurs reprinfes,ficomme Gens de cheual font aucuneffois,faignãt vouloir
defcendre fur les Gaulois, lefquelz penfant quelques Bendes nouuelles qui
vinffent au fecours des Romains,fe retirerent:côbien qu'ilz fuffent prefque
au deffus defia de la victoire.On voit donc bien que les affaulx fainctz vallent beaucoup pour eftonner les ennemis tandiz qu'ilz combatent.Ie croy
pareillement que lon eftimeroit encores plus les charges qui fe peuuent fai
re fur eulx a bon efcient, mefmemét fi tandis que la meflee dure, les ennemis pouuoiét eftre affailliz par les Flancz,ou par le derriere au defpourueu.
Vray eft que cecy ne fe peult pas faire fans grande difficulté ,finon que le
pais

pais y soit propice: que si le pais est planier & descouuert, on n'a garde de
pouuoir cacher ses gens en quelque lieu couuert & secret, ce qui est neceffaire en semblables entreprinses: ains est force que ce soit en pais bossu, &
plain de baricaues & de foretz, ou de haultz buissos & de hayes: ou qui soit
autrement apte a faire telz aguaitz: esquelz lieux le General peult embuf-
cher vne partie de ses gés, pour sortir d'illec quád il sera téps, & aller assaillir soubdainemét les ennemis, sans leur dóner loysir d'y pourueoir: & que
ce soit si isnellemét, qu'ilz n'ayent le moyen de s'en prendre garde: car si sa-
dicte embuche execute sagemét & a propos son entreprinse, il ne sauldra
iamais d'obtenir la victoire. De ceste maniere de guerroyer s'est aydé souué-
tesfois Escanderbeg, lequel a rué ius plus de Turcz par ces embusches &
furprinses, que nul autre Prince que lon scaiche, quelque gros nóbre de gés
qu'il ayt eu. Il a seruy de beaucoup aucuneffois de semer des voix durát la
Bataille, que le Capitaine general des ennemis a esté occiz, ou que l'autre
costé a desia eu victoire. La Cheuallerie aussi des ennemis peult estre trou-
blee facilement a tout des figures horribles, & des noises inusitees: comme
fist Cresus, qui mist des Chameaulx encótre les cheuaulx de ses aduersaires:
& Pyrrhus mist au deuant de la Cheuallerie Romaine quelques Elephátz,
le regard desquelz effraya & desordóna leurs cheuaulx, iusques a n'en pouuoir estre maistres. Semiramis ayant faict faire plusieurs faulz Elephátz, lefquelz representoient les vrays & naturelz, mist en fuyte la Cheuallerie du
Roy Staurobates d'Inde, a cause de ce que les cheuaulx se troublerent de la
nouuelle forme, & de la senteur non accoustumee, laquelle estoit contraire
a celle des Elephás, auec lesquelz ilz estoiét accoustumez. N'a pas trop long
temps que le Turc Soltan Selen deffit le Soffy en Perse, & le Souldan en
Surie, principallement auec le bruit de la Harquebuzerie, laquelle espou-
uáte auec son bruit non ouy leurs cheuaulx, en telle sorte qu'il ne fust pof-
sible de les retenir en poinct pour combatre: ains se mirent en fuyte des incontinent, a qui mieulx mieulx. Les Espagnolz pour vaincre l'armee d'A-
milcar, mirét au deuát de leurs Batailles plusieurs Chariotz plains de brádós
de feu, & de souffre, lesquelz estoiét tirez par les Bœufz, & venát apres a s'approcher les vns des autres, ilz y attacherent le feu, dont lesdictz Bœufz voulant fuyr le feu qu'ilz sentoient a leur doz, hurterent les Batailles dudict A-
milcar si impetueusement, qu'ilz les ouurirét & rompirent. Les ennemis,
comme nous auons dict, peuuent estre trompez en combatant, si lon les attire dedés les Embusches. Tát y a que si le pais n'estoit apte pour embucher,
lon pourroit alors faire cauer de grandz fossez, & les couurir legeremét de
ramee & de terre, & laisser quelques espaces fermes entre les fossez, auec
bons signes pour ne les faillir point, par lesquelz se pourroient retirer ceulx
qui seroient allez prouocquer les ennemis, faisant semblát d'auoir paour en
leur retour, pour se faire tant mieulx poursuyure des ennemis, & les attirer
iusques a trebuscher en cesdictz fossez. Vn Roy des Eutholites, qui est vn
peuple pres de Perse, s'ayda de ceste ruse contre Perosas Roy de Perse. Les
Egyptiens aussi estant venuz a faire iournee auec leurs ennemis, ayant aupres d'eulx certains palus, les couurirent d'vne herbe dicte Alga, pour oster

la veue des mauluais lieux a ceulx contre qui ilz se batoiét,& la Bataille cō-
mencee,lesdictz Egyptiens faignant estre forcez,se reculerent vers ces ma
rez,& passerent par les passages seurs:& les ennemis qui les suyuoiét a abā-
don,donnerent dedens le limon iusques a la gorge,& furét deffaictz ainsi.
Viriatus en fist autát cōtre les Romains. Si quelque accident suruiét au General durant le cōbat,lequel soit pour esbayr ses Souldardz,n'y mettant remede quant & quant,c'est vne grand' prudence de le scauoir dissimuler, &
de le conuertir promptement en bien: sicomme fit Tullus Hostilius, lequel
voyant que ses alliez lesquelz denoient entrer en Bataille comme luy, s'en
alloient sans coup frapper,& que ceste despartie auoit grādemēt estonné ses
Souldardz, il fist entendre incontinent par tout son Ost,que cela auoit esté
faict par son mandement: ce que ne r'assura tant seulement les Gens de son
party,mais leur donna d'auantage tant de cueur,qu'ilz furét victorieulx.Le
mesme aduint vne fois a Sylla estant abandonné de la plus part de sa Gen
darmerie:car il dict que sesdictz Gensdarmes s'en estoiét allez arriere de son
Camp de son sceu.Et vne autre fois qu'il auoit enuoyé aucuns de ses aydes
en vn lieu ou ilz furent deffaictz & occiz iusques a vn, ayant doubte pour
ce dommage qu'il auoit receu,que toute son armee n'en fust estonnee,il va
dire soubdain que cela auoit esté faict a son escient,& par son conseil, a raison de ce qu'ilz auoient conspiré se tourner du party des aduersaires, parquoy il les auoit enuoyé en iceulx lieux pour sen despescher,& preuenir leur
malice.Sertorius en Espaigne estant en Bataille contre ses ennemis, occist
vn messaiger qui luy annōceoit la mort de l'vn de ses Capitaines,de doubte
qu'il auoit que ceste nouuelle estant rapportee aux autres, ne fust cause de
les descourager, & leur oster la volonté de combatre. Titus Didius ayant
perdu beaucoup de ses Gens en bataille cōtre ses ennemis,laquelle s'estoit
despartie sans scauoir qui auoit le meilleur, voulát celer la perte qu'il auoit
receue de son costé,fist toute nuict retirer ses Gens mors & ensepuelir:dōt
les ennemis voyant le lendemain vn tresgrand nombre des leurs occiz,&
bien peu des Romains,pensant estre pource grandemēt affoibliz,s'en allerét
du Camp sans plus combatre. C'est vne chose tresdifficile d'arrester & ramener au cōbat vne Bataille,depuis qu'elle est vne fois en bransle pour prē-
dre la fuyte,i'éten si toute est esmeue: car en ce cas n'y auroit point d'ordre
de l'arrester: mais si ce n'est qu'vne partie, il y peult auoir adōc quelque remede:& notáment celluy duquel se sont aydez autressois plusieurs Capitaines,en se mettant deuant ceulx qui fuyoient:car ilz les ont arrestez en leur
vsant d'honnestes remonstrances,sicomme de la honte & du peril qui procedent de la fuyte.Du nōbre de ces Capitaines fut Sylla vne fois qu'il veist
vne grand'partie de ses Souldardz estre chassee par les Gēs de Mithridates,
& auoir tourne le doz:car il se mist au deuāt d'eulx tous l'Espee en la main,
en disant a haulte voix ces parolles comme par reproche: Souldardz Romains qui vous enfuyez,quand vous serez en vostre cité, si quelqu'vn vous
demande en quelle part vous auez laissé vostre Capitaine, respondez leur
que vous lauez abandonne en Boëtie, ce pendant qu'il cōbatoit cōtre voz
ennemis. Attilius Consul voyant qu'vne grand'partie de son armee tenoit
bon,&

bon, & que l'autre fe mettoit en fuyte, print ceulx qui ne faifoient femblant de fuyr, & les mift contre les fuyans, leur faifant dire que ceulx qui
ne retourneroient au combat, combien qu'ilz fuyffent la main des ennemis, non pourtant fi n'auroient ilz garde defchapper celle des amis. Philippe de Macedone ayant entendu que fes Souldardz redoubtoient fort les
Scythes, contre lefquelz il eftoit preffé a combatre, va ordóner qu'vn bon
nombre de fes meilleurs Gens a cheual, & en qui il fe fioit le plus, fe tiraffent fur les aefles, & au derriere, pour occire tous ceulx qui feroient femblant de tourner le doz: dequoy fes gens eftant aduertiz, aymerent mieulx
attendre l'aduenture de mourir en combatant, que f'attendre en la fuyte:
& auffi ilz vainquirent les Romains, non pas tant pour arrefter vne fuyte, que pour animer plus leurs Souldardz au combat. Ont autreffois ofté
les Enfeignes a ceulx qui les portoient pour les lancer au plus efpoix heurt
des ennemis, fcachant quelle honte pouoit aduenir a ceulx qui laiffoient
perdre leur Enfeigne, & la peine qui leur en pouoit venir. Quelque fois
eft aduenu que les Port enfeignes marchoient trop lentement & froide-
ment contre les ennemis, que les Confulz Romains les ont adonc faict
occire fur le lieu: Et fi d'aduanture toute l'armee auoit fuy de deuant les
ennemis, ilz leur ont ferré les portes du Camp, en difant que Souldard n'y
rentreroit point fil n'auoit premierement vaincu fon ennemy, qui eftoit
caufe de reftituer le combat, & de recommencer la Bataille de plus belle.
Il m'eft fouuenu maintenát de quelque chofe touchát la forme d'vne Armee que lon renge en Bataille: car il a efté autreffois des Capitaines qui
ont rengé leurs Batailles en poincte, eftimant par ce moyen pouoir ouurir
plus facilement l'excercite des ennemis, cótre laquelle lon a trouué la mode de renger les fiennes en forme d'vnes forces pour receuoir icelle poincte
dedés la Forpie & l'enuelopper, & apres l'auoir ainfi enueloppee, la combatre de tous coftez: furquoy il fault vfer de cefte reigle generale, c'eft que
le plus grand remede que lon puiffe trouuer contre la conclufion de fon
ennemy, c'eft de faire de fon bon gré ce que l'énemy eftime qu'il nous có-
uiendra faire par force, pour ce qu'en le faifant volontairement, lon le faict
par bon ordre a fon aduantage, & au preiudice de l'ennemy: la ou fi lon le
faifoit mal gré foy, ce feroit pour tóber manifeftemét en perdition. Et pour
verifier cecy, il me fault replicquer quelques chofes dictes cy deffus, ficomme fi noftre aduerfaire faict la tefte de fes Batailles en poincte pour ouurir
noz Batailles, & que nous l'attendons, ou que nous l'affaillons ayant les no
ftres couuertes, nous fommes certains de mettre noz ennemis en defordre,
fans point de doubte, & ilz n'aurons garde de mettre nullemét noz Gés en
defarroy. Et qu'il foit vray, Annibal mift Elephantz au Front de fon armee
pour pouoir ouurir les Batailles de Scipion, lequel Scipió marcha a tous fes
Bataillons ouuers & le deffit: Afdrubal colloqua les meilleurs Souldardz
qu'il euft, au mylieu du Frót de fon armee, pour enfoncer les Gens de Scipion: mais ledict Scipion commanda que les fiens fe retiraffent d'eulx mefmes, fans eftre forcez: & ainfi vainquit: tellemét qu'il eft ayfé a veoir que les
ennemis peuuent eftre fruftrez facilement de leur folle imagination, quand

I

on ſe pouruoit de bon heure a l'encontre,& que lon ſaict de ſon bon gré
ce qu'ilz cuydoient que lon deuſt faire par force & a l'extremité.

Les choſes qu'vn Lieutenant doibt faire apres ce quil a gaigne ou
perdu vne Bataille, & quelles conſiderations il luy fault
auoir auant que de combatre.   Chapitre. II.

I L ME SEMBLE qu'il ne ſera que bien a propoz
ſi i'adiouſte a ceſt araiſonnement les cas qui ſuruiennét
apres vne Bataille perduë,ou gaignee:meſmement que
les choſes que i'entendz traicter touchant ce faict,y ſont
ſi conformes que lon ne les doibt pas laiſſer en arriere:&
ſi auec ce,elles ſe peuent eſcripre aſſez breſuement.Di-
ſons donc que les iournees(comme chacun ſcait)ſe per-
dent ou ſe gaignent:ſi lon gaigne,on doibt ſuyuir la victoire a toute diligéce,& imiter Ceſar en ce cas,& non pas Annibal, lequel perdit de venir au
deſſus des Romains,apres ce qu'il les euſt vaincuz a Cannes:pource qu'il ſe
vouluſt trop repoſer:& Ceſar ne ſe repoſoit iamais apres auoir obtenu la vi
ctoire,ains pourſuyuoit lennemy plus viſuement apres l'auoir rompu, qu'il
ne l'auoit aſſailly eſtant en ſon entier:mais quand on perd,le Capitaine general doibt regarder ſi de ſa perte luy peult venir aucun moyen de nuyre
a ſes ennemis, pour la reparer en quelque ſorte : meſmement ſ'il a encores
quelques gens de reſte. La commodité peult proceder de la petite ſolici-
tude que lennemy a bien ſouuent apres la victoire : pource que le plus de
fois il deuient negligét,n'ayant ſoing de faire Guet, ne de ſe garder d'eſtre
ſurprins:parquoy il peult dóner alors bóne occaſion a vn General de repa
rer ſon dómage,ainſi que fiſt Martius Romain, apres ce que les deux armees
Romaines furét rópues, & les deux Scipions mortz:lequel Martius deffict
les Carthaginois,ſurce qu'ilz péſoiét eſtre le plus en ſeurté:& adócq qu'ilz
ne ſe doubtoient nullement que le remanent de deux Oſtz deffaictz,oſaſt
entreprendre d'aſſaillir les vainqueurs.Pourtant(a cauſe de leur trop grande aſſeurance)ilz oublierent de faire bon Guet la nuict que le ſuſdict Martius les aſſailliſt,& rua iuz:car on ſcait bien qu'il n'y a choſe ſi aiſee a executer,que celle que les ennemis eſtiment que lon n'oſiſt eſſayer:auec ce que
les hommes ſont endommagez ſouuent de lendroict qu'ilz ſe doubtent le
moins.Tant y a que ſi vn Capitaine general ne ſe pouoit ayder de ce moyé,
pour raiſon dela vigilance des ennemis, ſi ſe doibt il eſtudier de rendre ſa
perte la moins dommageable que ſera poſſible.Et pour faire cecy,il eſt neceſſaire que le Lieutenant general face en telle ſorte que les ennemis ne le
puiſſent ſuyuir,& rataindre alors qu'il fuyt de la Bataille : ains qu'il ſaduiſe
de quelque ruſe pour les retarder par les chemins.Quand a vouloir fuyr
ſans eſtre ſuiuy,ou bien ſi lon eſt ſuiuy pour n'eſtre point rataintz, & ainſi deffaictz a platte couſture, il fault imiter l'exemple de Sertorius, lequel
eſtant vaincu en Bataille par Metellus,penſant que la fuyte luy ſeruiroit de
bien peu,commande a ſes Capitaines & gens de guerre,qu'ilz ſe retiraſſent
par deuers certains lieux les plus eſpars & diſperſez qu'ilz pourroient, les

                                                 ayant

ayant aduertiz du lieu ou il vouloit que tous ses gens se r'assemblassent.
Viriatus en fist autant. De nostre temps aduint presque le semblable aux
Espagnolz qui se retiroient du siege de Marseille en grand desordre : lesquelz ayant du commencement le Roy a leur queue, & sçachant apres qu'il
leur couppoit chemin pour arriuer le premier a Milan, & pour occuper toutes les villes fortes, ilz ne sceurent penser meilleur remede pour
y obuier, que de nommer les lieux ou chacun se retireroit, tendant ausquelz il leur fut force de chercher diuers chemins : car tout le pais estoit
desia plain de Francois. Mais qui parcy & qui parla, lesdictz Espagnolz firent tant par leurs iournees, qu'ilz s'assemblerent aux villes qui auoiét esté
ordonnees par les Chefz principaulx, & illec se firent fortz: mesmement
a Lodes, a Pauie, & a Cremone, qui fut cause que la Duché de Milan ne se
recouura alors par nous : mais bien que plusieurs dommages nous aduin-
drent. Cest aduertissement se pourroit donner aucunessois deuát que commencer la Bataille, si lon preuoit que la fin du combat deust estre contraire : mais il fauldroit que ce fust seulement aux Chefz qui auroient la plus
grand' auctorité en l'Ost, lesquelz en deussent aduertir apres les Capitaines, quand il n'y auroit plus esperance de se recouurer, & non point plustost. Et de cecy en pourroit proceder ceste vtilité, c'est que le Chef general des ennemis doubtant de diuiser son armee, laisseroit aller a sauueté ou
tous, ou la plus part des vaincuz. Oultre plus si on veult arrester ou retarder les ennemis qui poursuyuent les fuyantz, lon peult getter l'or & les
richesses qu'on a, par le chemin ou lon fuist : & il est certain que les ennemis se r'tarderont pour les ramasser, & tandis ilz presteront temps &
loysir d'euader leur main, & de gaigner pais. De ce moyen se sont aydez
iadis plusieurs Princes & grandz Capitaines: & entre les autres, le Roy Mithridates, pour eschapper des mains de Lucullus: & Triphon Roy de Sy-
rie, pour euiter le danger d'Anthiochus. Frotho Roy des Danois, estant des-
cendu en Angleterre, en fist autant pour amuser les Anglois qui le pour-
suyuoient : lesquelz se chargerent tellement des bagues d'iceulx Danois,
qu'adoncq qu'il fust question de se defendre estant assailliz, ilz se trouuerent si treschargez & espars ca & la, pour amasser les despouilles, que lesdictz Danois eurent d'eulx tel marche qu'ilz voulurent, & les massacrerent
a leur volonté. Il reste encores, si i'ay bonne souuenance, a dire quelles con
siderations vn Capitaine general doibt auoir auát que venir a donner vne
Bataille : car i'ay promis la audessus en parler quelque chose. Surquoy ie
dictz premierement, qu'vn Lieutenant general ne doibt iamais hazarder
vne iournee, sil ne voit son aduantage, ou sil n'y est contrainct. L'aduantage vient de lassiete, & de l'ordonnance, & d'auoir plus grand nombre de
gens, ou meilleurs combatans que ne sont les ennemis. La contrainéte procede, de ce que l'on est certain de perdre en ne combatant point: comme
sil est cas que l'argent faille, & qu'a ceste cause l'armee soit pour se despartir : ou bien que les alliez facent force audict Lieutenant de hazardér la
iournee, comme il en print a Monseigneur de Lautrec a la Bicocque, que
les Suisses lesquelz estoient les plus fortz, le contraingnirent a combattre

I ii

les Espaignolz, & a les assaillir dedens leur Fort, menacant ledict Sieur, &
protestant de s'en retourner en leur païs sur l'heure, au cas qu'il ne donnast
la Bataille. Et de cecy feirent ilz telle instance, que ledict Sieur fust forcé
d'obeyr a leur volonté, & de combatre a son tresgrand desaduátage, dont
il fust repoulsé, & consequemment chassé dehors d'Italie. La raison promect pareillement que lon hazarde le faict d'armes, quand on est en dáger
d'estre affamé en bref temps, ou que les ennemis s'attendét auoir nouueau
secours auant qu'il soit gueres: car en tel cas le Lieutenant doibt donner
la Bataille, i'acoit que l'aduantage ne soit sien, pour ce qu'il est beaucoup
meilleur de tenter si la Fortune la vouldroit fauoriser en quelque chose,
que ne la tentant point, veoir arriuer quant & quant sa ruyne. Et vn Lieutenant general merite autant de reprehension de noň point cóbatre quád
il tumbe en ses inconueniens, qué s'il auoit eu l'occasion de vaincre ses ennemis, & qu'il ne l'eust congneue par son ignorance, ou qu'il l'eust layssée
passer par sa lascheté. Ces aduantages sont donnez aucunessois par l'ennemy, & par fois nostre prudence les nous donne. Les aduantages que les ennemis peuuent donner pour se faire rompre, sont en plusieurs sortes: sicom
me quand ilz se separent, & s'essloignent trop les vns des autres, ayant les
ennemis prez: ainsi que firent les gens de monseigneur le duc Destouteuil-
le le iour qu'ilz furent deffaictz a l'Andrian: car l'Auátgarde, & la plus grád'
part de l'armee estoit si loing de la Bataille & de l'Arriere garde, qu'elle ne
peult estre aduertie assez a temps pour retourner se ioindre ensemble: parquoy estant separez & essloignez ainsi, les Espaignolz en eurent apres bon
marché. On donne aussi le moyen aucunessois de se faire rompre, quand on
enuoye quelque partie de ses Gens hors du Camp pour s'aller tenir loing,
& en lieu foible a la mercy des ennemis: car il ne fault mais que les aduersaires en soient aduertiz pour les venir deffaire quant & quant: comme il
en print a mósieur de Bayard a Reberh, lequel se tenoit en icelluy lieu des-
amparé par le commandement de monsieur l'Admiral Bonniuet, attendant d'heure en heure que les ennemis l'assaillassent, ce qu'ilz firét finablement, & ruerent ius luy & les siens. Maintessois est aduenu qu'vne armee
a esté deffaicte en passant quelque grosse Riuiere, & ce par le Capitaine ge
neral des ennemis qui estoit homme aduisé, lequel a sceu attendre que la
moytie fust passee, & apres a chargé sur celle partie qui luy venoit le mieulx
a main, ainsi que Cesar fist contre les Suisses estant descenduz le long de la
Riuiere de Sone: car il attendit que bien le tiers d'eulx fust passé oultre
ladicte Riuiere, & puis il donna auec ses Gens sur la quarte partie qui restoit encores a passer, & la deffict, sans ce que les autres la peussent nullemét
secourir. Aucunessois noz ennemis se traueillent en telle sorte a nous poursuyure temerairement, que si adonc quilz sont laz ilz nous viennent assaillir, & qu'ilz nous trouuét fraiz & reposez, on ne deuroit pour rien laisser passer ceste occasion: car on en aura tel marché que lon vouldra, comme les Anglois eurent des Francois a la iournee de Crecy. Oultre ce le
General peult differer d'yssir de son Camp vne bonne partie du iour, &
sortir pour combatre quand il estimera que ses ennemis auro: t esté assez

longuement

longuement armez : & apres ce qu'ilz auront perdue leur premiere ardeur. Ceste maniere garderent Scipion & Metellus en Espaigne : l'vn contre Asdrubal, & l'autre contre Sertorius. Vn. Capitaine general peult aussi hazarder le combat s'il scait que son ennemy ait diminué son Ost, comme firent les Espaignolz en Nauarre contre Monseigneur d'Espatroz : ou
qu'il laist diuisé, comme les Scipions firent le leur en Espaigne : parquoy
ilz furent rompuz & occis. Nous affoiblismes pareillement le nostre estant
au siege de Pauie, pour enuoyer en Naples, & ailleurs : qui fut cause que les
ennemis entreprindrent plus hardiment a nous assaillir, & que nous fusmes tant moins puissantz pour nous defendre d'eulx. Vn saige Capitaine
doibt plustost soustenir l'impetuosité de ses ennemis, que non pas les assaillir chaudement : car la fureur se soustient aysement par les hommes
fermes & asseurez : & si elle est vne fois soustenue, le residu n'est pas grand
chose, tant pource que les gens se mettent a la grand alaine, & que les Batailles se peuuent mettre en desarroy, pour peu qu'elles marchent chaudement, & par lieux difficiles, sinon que les Souldardz soiét tellemét áddres-
sez & aguerriz, qu'ilz ne puissent cheoir en quelconque desordre, tant soit
qu'ilz cheminent hastiuement, qu'aussi pour la premiere ardeur qui se re-
froidist adonc que lon voit la constance & fermeté des ennemis estre autre
que lon n'auoit cuydé parauant. Moyennant ceste patience d'attendre le
chocq des ennemis sans bouger de la place, fust victorieulx des Gaulois &
& des Samnites Fabius Maximus. Et les Anglois deffirent les Francois a la
Bataille de Poictiers, seulement pource qu'ilz attendirent noz Batailles, &
les receurent a pied ferme. Tant y a que d'atendre ainsi a pied coy l'assault
des ennemis, est aucunesfois dangereulx : mesmement quand les assaillantz
sont bons Souldardz & expers, & que l'alleure soubdaine ne les peult rópre ou gecter de l'ordre qu'ilz doyuét garder : car les hommes ont naturellement vne challeur en eulx, & vne gayete de cueur, laquelle s'allume au
moyen du desir qu'on a de batailler, & laquelle doibt estre augmentee &
non point refroydie par les Capitaines generaulx. Or est il ainsi que le marcher vistement laccroist, pource que les vns incitent les autres, & que l'alleure les eschauffe de plus en plus : parquoy ceste mode d'assaillir, semble
meilleure que celle de soustenir. Vray est que les Souldars aguerriz & expertz s'en peuuent ayder seulemét & non autres : pour la raison que i'ay dicte. Et si ceulx de Cesar ne fussent esté si bons qu'ilz estoient, l'ordonnance de Pompee eust preualu en Pharsalie alors qu'il auoit commandé que
les siens attendissent. Et si les Francois eussent esté bien aguerriz au grand
nombre qu'ilz estoient, les Anglois eussent faict petite duree deuát leur fureur : nonobstant qu'ilz fussent parquez en lieu tresfort. Aucuns bons Chefz
ont autresfois cómencee la Bataille sur le soir, & ce a cause des ennemis qui
estoient en plus gros nóbre que les leurs, a celle fin que si les leurs estoient
surmontez, qu'ilz se peussent sauluer maulgré lesdictz ennemis, au moyen
de l'obscurité de la nuict : & de ceulx cy fust Iugurtha contre Metellus.
Aucuns autres ayant cógnoissance que l'armee des ennemis se gouuernoit
par superstitions de nó combatre a certains iours, ont choisy celluy mesme

temps pour leur liurer la Bataille,& les ont vaincuz:mais ceste ruse nauroit point de lieu parmy nous maintenant,attendu que les superstitions n'y ont plus cours, comme elles auoient iadis au temps de Cesar,quand il comba-tit contre Ariouistus:& de Pompee,contre les Iuifz.La plus grand'sagesse qu'vn Lieutenant general puisse faire,c'est de tenir ordinairemét aupres de soy vn bon nombre d'hommes fidelles, qui soient sages & expertz au faict de la guerre:auec lesquelz il se puisse cóseiller a toute heure,& parler auec eulx de ses gens,& de ceulx de son aduersaire:Ascauoir mon lequel d'eulx deux a la plus grand'force,& le plus grand nombre de gens de guerre & mieulx armez,ou mieulx a cheual,& mieulx excercitez : ou lequel d'eulx deux a ses Souldardz plus aptes a souffrir necessité. Pareillement il doibt considerer auec les susdictz de son cóseil,fil se peult fier mieulx en sa gé-darmerie qu'en ses pietons : & fil doibt mener sa guerre en la Planure, ou par les Montz:d'auantage il doibt aduiser si le lieu ou il est assis,est plus ad-uantageux pour luy que pour son ennemy : & regarder a celluy qui peult recouurer des viures a moindre difficulté,& plus commodement:& s'il est bon de differer a donner la Bataille,ou venir au combat incontinét,& quel aduantage le temps peult prester ou bien oster : çar maintelfois quand les Souldardz voyent allonger la guerre,ilz se fachent.Parquoy estant tous laz de peine & d'ennuy, parmy le desir qu'ilz peuent auoir de retourner chez eulx,ilz seront gés pour abandonner tout,& pour se retirer:Sur tout il doit tacher a congnoistre le Capitaine des ennemis,& les gens qu'il a alentour, pour entendre si cedict Capitaine est temeraire ou caut, couard ou hardy: & si ses Souldardz sont nouueaulx ou aguerriz, & auec quelz ennemis ilz ont eu autreffois affaire, filz estoient belliqueulz ou non. Oultre plus,ce-dict Lieutenát doibt sçauoir quellement il se peult fier aux alliez qu'il a en son Camp, & auz autres Souldardz estranges, & aux siens propres:& quelz de tous les siens luy dónét la plus gráde esperáce:& si tát est qu'il voye son Ost estre esbahy & hors d'esperáce de pouoir vaincre ses ennemis,il se doit garder alors le plus qu'il pourra de dóner la Bataille:car le plus grand signe de perdre vne iournee qui soit point,c'est quád on ne peult croire que les en nemis puissent estre surmótez:a ceste cause il fault euiter toutes les occasiós qui peuét mener vn Chef iusques a ce poinct cótre sa volonté:& imiter en cecy Fabius Maximus,lequel asseoyt tousiours son Camp en lieux fortz,qui estoit cause qu'Annibal n'eust iamais le cueur de l'aller assaillir. Et quant vn Capitaine doubteroit que lennemy le deut aller trouuer en son fort,n'y au roit meilleur remede pour luy, que de laisser les champs, & soy retirer aux garnisons fortes,en diuisant les Bendes ca & la:a celle fin que lénemy d'as-sieger beaucoup de villes & places fortes, lasse les ennemis : en telle sorte qu'ilz soiét cótraindz perdre la saison du tout,ou du moins luy dóner quel-que respit de soy renforcer pour se pouoir mettre aux cháps adoncq qu'il verra son poinct:& autrement ne me semble il point possible qu'vn Chef puisse fuyr vne Iournee au cas que les ennemis veulét cóbatre,quoy qu'il en doyue aduenir:sinó qu'il se tiéne tousiours loing d'eulx XX ou XXX lieues: & ce pour auoir assez téps de soy leuer de deuant eulx filz l'alloient assail-

lir:

lir:ficomme le fufdict Fabius Maximus faifoit en fe tenāt loing d'Annibal.
Et combien que la diftance ne fuft de XX ou XXX lieues:nèantmoins le
pais eftoit fi propre pour euiter le cōbat, que quicōques l'euft voulu fuyr,
le pouuoit faire,fil n'euft efté preffé par trop:ce que n'aduint iamais audict
Fabius,auecques ce qu'il ne fuyoit pas tant la Bataille pour crainċte qu'il
euft des ennemis,comme pour les contraindre de l'aller affaillir en fon fort
a leur defaduantage,ou pour les fafcher tellement en differant de defcendre a faire Iournee,qu'ilz feuffent contrainċtz abandonner le pais, ou pour
le moins aller plus ferrez,& ainfi le courir & gafter moins,qu'ilz n'euffent
faict,qui les euft laiffez en paix. Et d'autrepart Annibal f'attendoit a vaincre
la patience des Romains, moyennant fon obftination,tant qu'ilz defcen-
diffent en la planure pour le combatre,fans les aller trouuer dedens leur
fort,en mettant fes gens en trop grand peril,que fil euft efperé pouoir furmonter Fabius a peu de dommage.Nous pouons croire qu'il l'euft forcé de
venir au combat,ou de luy quitter la place,quelque volonté que Fabius
euft de ne combatre point. Philippes de Macedone pere de Perfes ayāt la
guerre contre les Romains,affift fon Camp en vn trefhault mont,pour ne
pouoir eftre cōtrainċt de batailler oultre fon gre:mais les Remains a quelque peine que ce feuft,l'allerent trouuer en fon fort,& le rōpirent.Les Venitiens a Pandin puis quilz eftoient deliberez de non point combatre,de-
uoiét efloigner de bōne heure l'Oft du Roy Loys, ou bien affaillir les Frācois tandis qu'ilz eftoient empefchez a paffer la Riuiere d'Adde:touteffois
ayant trop attendu, ilz ne fe peurent retirer a lheure qu'ilz euffent bien
voulu pouoir partir,fans hutin:doncques fur le defloger qu'ilz faifoient,on
chergea fur eulx, & furent deffaiċtz.

Comment vn Chef general lors que les ennemis font entrez au
pais de fon Prince doibt differer le plus qu'il peult de defcendre
au combat : & afcauoir mon fil y a plus de peril d'attendre les
ennemis en fon pais,que nō pas de les aller trouuer dedés le leur:
& fi cedit Chef eftoit preffé par fes Souldardz a combatre, le
moyen pour f'en deffaire:ou filz eftoient efpouentez a caufe des
ennemis,le moyen pour leur bailler courage.   Chap. III.

EST VNE grand'fageffe auffi de differer vne Bataille quāt
on eft affailly en fon pais, & que les ennemis ont meilleurs
Souldardz & plus gros nombre : car fi la Bataille fe perdoit
pour les affaillir,le pais feroit en grand branfle d'eftre perdu.
De cecy peult faire foy l'exemple du dernier Roy de Hungrie,lequel en l'an Mil DXXVI eftant affailly du Turc qui regne a prefent, pource qu'il ayma mieulx hazarder la Bataille & combatre les Turcs
d'arriuee, que non pas temporifer & fe tenir fur fa garde, va eftre la caufe
qu'il fuft occis, & fon Royaume perdu.Pourtant le plus feur eft de foy tenir en fa garde en pouruoyant a la defenfe des Villes qui font en la frontiere,& de faire gafter les viures que lon ne pourroit retirer feurement:&

ce faifant noz ennemis f'affameröt, ou bien feront contrainctz (filz ne fe re
tirent de tout en tout de leur entreprinfe) de nous venir chercher en quelque part que nous foyons. Et adonc nous ferös au choix de refufer ou d'accepter la Bataille, felon l'aduätage que lon y verra. Quand a ce poinct de
temporifer contre lennemy, & de defendre fagement vn pais:ie ne fcaurois
alleguer meilleur ne plus fraiz exemple, que la mode obferuee par Mófeigneur le Conneftable en Prouence contre l'Empereur:car apres auoir tref-
bien pourueu aux Villes gardables de la Frontiere, & a celles qui pouoient
arrefter les ennemis (fi tant eftoit qu'ilz vouluffent entrer gueres auant en
pais) & ayant faict gafter tous les Molins & Fours, & corrompre tous les
fruictz qui ne pouoient eftre mis incontinét a fauueté, & les eaues des Puys
& des Fontaines :ledict feigneur Conneftable fe fift fort en Auignon, & illec fe delibera d'attendre les Suifles, & les autres Souldardz qui arriuoient
de iour en iour a fon fecours: & pareillement la venue des ennemis, filz a-
uoient volonté de le combatre : lequel acte a efté loué de ceulx d'vne partie & d'autre, pour le plus feur confeil qui euft peu eftre vfe pour icelluy
temps:ayant efgard a la force des ennemis, & a ce que le Roy eftoit adonc
affez mal accompagné, & que la guerre ce faifoit dedens le Royaume en diuers endroictz:pource que pour obuier a l'eftimatió que Lempereur auoit
de nous autres(car il faifoit fon compte d'auoir meilleur marché de nous en
noftre pais mefme que dehors) ceftoit le plus fouuerain remede que lon
pouoit aduifer,que ne combatre point de prime arriuee, ne au gré dudict
Empereur : aincois le laifler refroidir, & qu'il f'affoiblit de gens, de viures, &
d'argét:ce pendant que nous nous ferions fortz de toutes chofes neceffaires, & en attendant que quelque cómodité nous vint,pour luy remonftrer
le danger auquel f'expofe celluy qui entre dedés les terres d'autruy a faulfes enfeignes : lequel danger (a la verité dire) faict grandement a craindre.
Et quant a moy, ie ne ferois iamais d'auis d'affaillir vn Prince en fon pais,
lequel fuft fi puiffant & fi bien obey comme noftre Roy eft en France,quel-
que raifon que lon allegue au cótraire:car de dire que laffaillant a plufieurs
aduantages,ie trouue auffi que laffailly en a beaucoup de fon cofté: & n'y
faict rien ce qu'aucuns fouftiennent , que ceulx qui affaillent ont plus de
cueur que n'ont pas les affaillíz : car pofe le cas que cecy foit veritable aucuneffois,(pource que toufiours ne l'eft il pas)fi eft ce que ló peult affeurer
les fiens en diuerfes fortes,tant quilz viennent apres a faire bien peu d'eftime de ceulx qu'ilz auront doubte au cómencement:Ioinct a ce qu'on leur
peult remonftrer la iufte & fainte querele que tout homme a de defendre
fon pais, qui eft vne chofe qui a plus de force,que n'a pas la couuoytife ne
l'efperance de f'enrichir de l'autruy,que les aduerfaires ont. Et fi lon veult
dire que le Prince qui en affault vn autre,ofte a fon ennemy les commoditez qu'il auoit parauát de f'ayder de fes fubiectz,d'autant que le pais eft fac-
cagé, & les gens deftruictz : a caufe dequoy il nen pourra plus tirer aucune
ayde : on peult refpondre qu'encores que les biens fe perdent, que ce n'eft
pas aliener ne deftourner les cueurs de l'affection qu'ilz portét a leur Prince naturel : ains c'eft les y enraciner de plus en plus, & les enfelónir & ani-

mer

mer contre ceulx qui les endómagent,tant qu'vn de ceulx cy en vault quatre de ceulx qui n'auront rien perdu , ou qui feront la guerre pour le faict
particulier du Prince.Chacun fcait le dommage que les Prouéceaulx firét
dernierement aux Efpagnolz ,fe voyant deftruictz a loccafion d'eulx : lequel euft efté beaucoup moindre fi lefdictz Efpagnolz ne les euffent mal-
menez,ou filz n'euffent efté caufe de faire gafter les biens qui ne fe peurét
recueillir & fauuer promptement. Quand a fe fonder furce que le Prince
qui eft affailly eft contrainct vfer tát plus grand regard a tailler fes fubiectz,
ou a leur commander quelque chofe a faire,d'autant que le peuple le pourroit refufer & contredire fur la fiance qu'il auroit de fe ioindre aux ennemis,fi leurdict Prince les maltraitoit,ou pour peu qu'il les menaceaft,eft vn
argument qui fe peult fouldre en vn mot:Afcauoir eft que cefte faculté ne
fe peult ofter a vn Prince, qui ne luy oftera du tout fes terres, & tous fes
amis:autremét il fera fecouru malgré fes aduerfaires,ainfi qu'il appert par
le fecours que les Roys de France ont eu de leurs fubiectz en tous temps:
iacoit que les Anglois & Nauarrois & vn grád nóbre de Princes du Royaume fe feuffent faifiz quafi de toute la France,entant que les Roys ne fcauoient ou bonnement mettre le pied en cen du leur : car nonobftant ces
difficultez,ilz furét toufiours obeyz,fans ce que perfonne de ceulx qui leur
eftoient demourez,refufaft d'eftre taille,ne employe ou bon leur fembloit,
tellement que cefte patience preualut & vainquit finablemét les ennemis
de ce Royaume.Ie croy bié que fi vn Prince fe portoit auec fes fubiectz cóme Tyrant,en les maltractant & oultrageant a tous propoz:qu'adonc que
lon l'affauldroit en fa terre, il feroit en branfle d'eftre mal fuyui & obey de
fon peuple:mais en faifant le contraire,ne fe fault doubter de ceft endroict.
Vne chofe y a pour ceulx qui affaillent,& qui eft un grant poinct, c'eft que
les Souldardz qui fe trouuent en pais eftrange loing de refuge pour fe retirer,combatent tant mieulx,fe voyant en cefte extremité,& font alors de
neceffité vertu:mais cefte neceffité ne pourroit iamais eftre cóparee au befoing que les affailliz ont de vertueufemét cóbatre,pour raifon de ce qu'ilz
font en peril d'endurer maintes chofes plus que les affaillantz ne feroient,
combien qu'ilz feuffent deffaictz : car la vie,ou la rancon, ou la prifon font
la maille bonne, pour ceulx cy : la ou font ceulx qui font affailliz, perdent
leur bien,l'honneur de leurs femmes, & filles , & la vie:& fi tant eft qu'ilz
ne foient occiz , fi eft ce qu'vne feruitude perpetuelle les attend, auec vn
nombre infiny d'autres malheurs.Ainfi donc fe voyt clairement l'aduantage qui eft des deux coftez,& quellemét laffaillát ne peult auoir raifon pour
luy fi forte,que l'affailly ne l'ait meilleur du fien : parquoy ie ne faiz aucune
difficulté de m'arrefter a cefte conclufion:c'eft que tout Prince doibt gran
dement fonger en fon affaire, auant que d'entrer fur les terres d'vn autre
grand Seigneur fon voifin, lequel foit auffi puiffant que luy : & en oultre
bié aymé & obey de fes fubiectz,cóme nous voyons que le Roy eft.Pource
que oultre les raifons fufdictes,celluy qui eft affailly peult attendre fes ennemis a fon grand auátage dedens fon pais:& illec les affamer,& leur ofter
l'vfage de toutes chofes appartenant a vn Camp,fans eftre en peril d'endu-

rer aucune faulte de viures de fon cofté. D'auátage on peult refifter a leurs
entreprinfes, & empefcher qu'elles ne f'excecutét:moyennát ce que les affailliz ont meilleur notice du pais & des paffages que l'affaillát n'a pas. Bref,
on peult faire vn trefgrand amaz de gens en peu d'heure : car n'y a celluy
qui ne foit preft au befoing d'entrer en bataille,pour defendre le fien:& de
ceulx cy fen trouuera cent pour vn de ceulx qui font contentz de fortir de
leur fumier,en intétion de guerroyer autruy.Et mettós le cas que le Prince qui eft affailly, foit rompu dedens fon pais,chacun fcait bien qu'il fe re-
fera facilement en peu de iours: pource que les vaincuz ne peuét pas eftre
tellemét deffaiétz a plate coulture, qu'il ne fen fauue beaucoup,a caufe de la
retraiéte qu'ilz ont pres d'eulx : d'auantage le fecours n'a pas a luy venir de
trop loing.En fomme,celluy qui eft affailly en fa terre, ne peult gueres ha
zarder autre chofe,que certaine partie de fa force:mais fi laffaillant perd,il
ne met pas tant feulement fes gens en hazard : ains encores fa fortune, fon
bien,& celluy de fes fubieétz:nonobftant qu'il foit hors de fon pais : attendu que fil eft prins en eftrange terre, il fera contrainét d'eftre prifonnier
toute fa vie,ou accomplir la volonté des vainqueurs : & Dieu fcait quelles
condicions de paix on a aprins de bailler aux vaincuz,fi lon faiét paix:& les
rencons qu'ilz font contrainétz payer pour leur deliurance, fi lon les deliure. Et laiffons apart ce danger, & parlons de l'inconuenient ou le pais de
laffaillant tumberoit fil eftoit occiz:feroit il poffible que la Bataille fe perdit en autruy terre,fans la mort de tous fes meilleurs Capitaines & Souldardz? ne pareillement que fon pais eftant aduerty de fa mort,& de la def-
faiéte des fiens, ne perdit toute efperance de fe deffendre,fil eftoit affailly
a la chaulde fur ce trouble?Certainemét ie puis cóclurre(toutes chofes bié
confiderees)que le hazard eft plus grand pour celluy qui affault fon voifin,
qu'il n'eft pas pour celluy qui attend: ainfi que le fufdiét exemple de la venue de Lempereur me faiét dire , lequel eft le plus propre que ie pourrois
alleguer a ce propoz:car iaçoit que lediét Empereur n'ait pas efprouué tous
les inconueniens qui fenfuyuent d'vne telle entreprinfe:fi eft ce qu'il eftoit
au chemin de les experimenter tous,fil euft feiourné gueres plus longuement dedens les terres du Roy:& cecy eft fi notoire, qu'il n'y a celluy qui y
repugne,pour peu de bon iugement qu'il ait.Sur ce propoz me conuiét refpondre a quelqu'vns qui trouuerent mauuais d'icelluy temps, comme i'ay
efté aduerty, que mondit feigneur le Conneftable ne f'eftoit aduancé vers
les Montz , pour defendre le paffage audiét Empereur:difant a caufe de la
difficulté des mótaignes,que cinq cens hómes eftoient fuffifans pour en arrefter X mil:& par ainfi que la moittie de noz gens euft efté affez forte
pour repoulfer noz ennemis:ou au pis aller fil euft efté force, qu'il fe feuft
bien peu toufiours retirer a temps vers Auignon(fi tant eftoit qu'il fe vouluft parquer illec, comme il fift) & ce faifant que la Prouence ne fe feuft pas
deftruiéte:toutetfois que ceulx qui tenoient ces parlemens ne regardoiént
pas bien depres aux perilz ou nous pouyons tumber,fi leur opinion euft eu
lieu:car premierement on n'eftima iamais que ce fût fagement faiét,de far-
refter a defendre ainfi vn Pas contre vne telle puiffance, qu'eftoit celle qui
venoit

venoit fur nous:ne pareillement de fenclorre en vn mefchant pais fterile,
dou lon ne peult yffir a toute heure, & auoir fauf aller & fauf venir: finon
que le lieu fuft fi large,& au demourant fi apte pour les attendantz,qu'ilz y
peuffent affeoir tout vn gros Camp aifement, & y renger leurs Batailles
pour combatre:auquel cas ce confeil ne feroit que trefbon : mefmement
fil falloit que les ennemis les approchaffent vn a vn a grãd difficulté, fans
pouoir tenir ordre,& qu'ilz fuffent contrainctz venir en cefte forte affaillir
ceulx qui feroiét en leur fort,& en leur bon ordre:mais il eft ainfi qu'il n'y
a endroict(comme lon m'a dit)en tout icelluy paffage, ou il fut poffible de
trouuer cefte commodité pour nous,& garder que les affaillás ne vinffent
par diuers lieux donner fur le doz des attendans.Parquoy attédu la foub-
daine venue & la force defdictz affaillans,lefquelz eftoient maiftres dela
mer,& fi puiffans fur la terre,cóme chacun fcait,a caufe dequoy il euft efté
en leur puiffance d'affaillir de tous coftez & d'enclorre tous ceulx qui euffent voulu monftrer vifage en iceulx deftroictz : ce fuft mieulx faict audict
Seigneur de fen tenir loing,qu'il n'euft efté fil fe feuft fourré en ce dáger.Et
fuppofe qu'il euft eue a toute heure la liberté de f'en ofter:fi eft ce que fil en
fuft efté debouté par les ennemis,que fa reputation en euft moins valu de
beaucoup. Et aucunelfois quand vn General faict ainfi eftat de garder vne
Ville ou vn pas,& que les gens de guerre fe confient en cela:& qu'il aduiéne apres que les ennemis les forcent,vous pouez croire qu'vne telle crainte les furprendra tout a coup,qu'il fera bien mal aifé de les ralleurer d'vne
bonne piece:& ne me chault qu'il n'y en ait eu que quelque petit nombre
debatuz:car cela n'empefche nullement que les autres qui en feront aduertiz, n'en ayent autant de paour que filz auoient porté leur bonne part des
coups.Les Efpagnolz qui gardoiét le pas de Suze, combien qu'ilz fe fuffent
grandemét fortiffiez,& qu'ilz fuffent en trefgros nombre:neantmoins Mófeigneur le Conneftable les en emportaft affez legerement:tant que par la
ilz peurent congnoiftre comme ce n'eft pas trop feur party de f'arrefter a la
garde de ces deftroictz,principallement quand on a point plufieurs cómo-
ditez de fon cofte, & que lon a vne groffe puiffance d'ennemis en barbe,
qui affaillent chaudement, comme ledict Sieur & les fiens firent.Cefdictz
Efpagnolz fe peurent d'auantage apperceuoir de lerreur qu'ilz auoient cómis entant qu'ilz auoient fichee toute leur efperance en la garnifon d'icelluy paffage : car en eftant chaffez a fine force, ilz feffrayerent de telle forte
qu'a toute peine ofoient ilz regarder qui c'eftoit qui les pourfuyuoit : & nó
feulement fen eftonnerent ceulx qui auoient efté batuz : mais encores la
paour alla iufques a ceulx qui tenoient affiegé Pignerol,laquelle les fift reti
rer de belle nuict a cachettes : & fi accompaigna tant les vngs que les autres d'icelle ligue iufques a tant que lon les laiffa a pourfuyuir. Oultreplus
mondict Sieur le Conneftable fift fagement de laiffer le pais difficile,& de
ce qu'il fe tint fur le large:car parla il fe pouoit prefenter audeuant defdictz
ennemis filz euffent prins autre chemin pour entrer en Prouence,qu'ilz ne
firét:ce qu'il n'euft peu faire fil fe feuft amufé a en garder vn expres,pource
qu'il n'eft pas dict qu'il ny ait dautres voyes fur les montz,pour entrer en

France,que celle qu'ilz tindrent:ne femblablemét que les guides leur feuffent faillies iufques a la,qu'ilz ne peuffent auoir trouué qui leur euft móftré
quelque entree:donc que fi ledict Sieur fe fuft tenu a l'vne, il n'eftoit poffible de defendre toutes les autres:& par confequent donner ordre qu'il ne
fuft encloz , ou que les ennemis ne feuffent defcenduz bien auant en pais,
deuant qu'il feuft peu arriuer a fon fecours.Les Suiffes en l'an mil D XV fe
faifirent des plus communs paffages des Montz,en intention d'empefcher
que le Roy ne defcendit en Italie : tant y a qu'ilz ne les garderent pas tous,
parauéture fuft ce a faulte d'en eftre aduertiz,ou bien qu'ilz ne fe vouloiét
pas diuifer en trop de bendes.Il pourroit bien eftre auffi qu'ilz cuydoiét que
le Roy ne fe mettroit iamais a paffer fon Cãp par lendroit ou il paffa:mais
foit l'vn ou l'autre qui les gardaft d'y pourruoir, il eft tout certain que ledict
Sieur en trouua vn franc & quitte,par lequel il & fon Oft pafferent,& f'en
faulfift bien peu qu'il n'en furprint vne groffe compagnie dedens Coulny:
touteffois ilz fentirent fa venue fi a temps,qu'ilz fe fauuerent a celle fois de
viftelfe.Ie vueil dire que la retraicte de cefdictz Suiffes,lefquelz fe faifoient
fors de garder que les Francois ne pafferoient point,va eftre caufe que plufieurs villes de Lombardie fe declarerent incontinét pour nous:car f'eftant
confiez du tout en la promeffe de ceulx la,& fentant apres tout fubit que
nôftre armee eftoit en pais, & quelle eftoit paffee contre l'opinion de chacun,ces Lombars fe defcouragerent , tellemét qu'ilz ne fceurét au befoing
a quel Sainct fe vouer, ne prendre autre confeil que d'eux rendre d'ouye:
comme euffent (peult eftre) faict les villes du plat pais de Daulphine, & de
Prouence,fi les nôftres fe feuffent vne fois deliberez de garder les paffages,
& que Lempereur les en euft deiectez. Pour abreger,ceulx qui trouuent
eftrange que noftre Camp fe tint ainfi loing des montaignes, monftrent
qu'ilz n'ont gueres hâté ce meftier:car vn General ne fe doibt iamais arrefter en femblables lieux,fil n'a le moyen(comme i'ay dict)d'y affeoir toute
fa force, & qu'il n'y ait point d'autre lieu a paffer bien loing dela : encores
auec tout cecy,il eft requis que lendroit ou le Camp farreftera,ait toutes les
commoditez qui luy font neceffaires , ainfi que Bois,Eaue,Fourrage,& le
Chemin des viures ouuert & feur:& en oultre que Laffiete ait entieremét
ce qui luy conuient.Vn Lieutenant general eftant a Camp pres de fes ennemis,fe peult trouuer aucuneffois en tel poinct,qu'il eft preffé a toute heu
re par fes Souldardz de dóner la Bataille:& touteffois il cógnoift par le nóbre des gens qu'il a,ou par l'affiete du lieu,ou par quelque autre raifon,que
ce feroit a fon defauantage fil combatoit. Il peult femblablement aduenir
que la neceffité ou l'occafion le contraingnent a combatre,& qu'il fent fes
Souldardz eftre plains de deffiance,& peu difpofez a bien faire : parquoy il
eft neceffaire en l'vn cas fcauoir refraindre le defir de fes gens,& en l'autre
les animer.Quand au premier cas,fi les perfuafions ne fuffifent,n'y a meilleur moyen que d'en laiffer perdre quelque partie a fon efcient , a celle fin
que ceulx qui auront combatu,& ceulx qui ne fe ferót bougez, ayent dela
en auát croyance en luy. Et ce qui aduint a Fabius fans y pénfer,peult eftre
faict par engin:car cóme l'Oft de Fabius defiraft combatre contre Annibal,
& Minutius

& Minutius Capitaine general de la Cheuallerie Romaine, euſt le deſir meſme, encores que ce feuſt côtre l'opinion dudict Fabius Dictateur. Tant fut procédé entre eulx deux ſur ceſte altercation, qu'ilz diuiſerent larmee: & larmee ainſi diuiſee, Minutius preſenta la Bataille a ſes ennemis, dequoy ne fut refuzé: & eſtoit venu côme ſur le poinct d'eſtre deffaict de tout, mais le Dictateur vint a ſon ſecours, & le recouiſt. Quoy voyant ledict Minutius & les ſiens, ſe rengerent depuis touſiours au conſeil de Fabius, comme le plus ſeur, ſans oſer iamais apres entreprendre aucune choſe de leur teſte. Sertorius qui ne pouoit bonnement refrener laudace de ſes Gens, fut content d'en laiſſer bien frotter vne partie, ce qui fut faict: tou-teſfois il ne vouloit pas qu'ilz fuſſent rompuz, mais ſeulement chaſtiez: pourquoy il les ſecouruſt au beſoing, & en fut tant mieulx obey apres. Tou-chant d'animer ſes Souldardz au combat, c'eſt vn bon conſeil de les faire indigner contre les ennemis, en leur faiſant accroire qu'ilz diſent des pa-rolles ignominieuſes d'eulx: ou bien faire ſemblant d'auoir intelligéce auec quelques vns des principaulx d'entre eulx, & d'en auoir corrompu vne par-tie. Et ſemblablemét il ſe pourroit loger en tel lieu que ſes Souldardz peuſ-ſent veoir ſouuent les ennemis, & eſcarmoucher auec eulx: pour ce que les choſes que lon voit iournellement, ſe diſpoſent peu a peu. Tant y a qu'il ſe fault conduire en ces eſcarmouches ſi ſagement, que noz Souldardz en ayent le meilleur: car ſilz en auoient le pire a ce commencement, il eſt pluſque certain que leur paour & leur laſcheté en croiſtroit de beaucoup: & par ainſi il aduiendroit a ce General tout le contraire de ce pourquoy il ſe feroit approché de ſes ennemis, & qu'il auroit faict attacher les ſiens a eulx: c'eſtaſcauoir pour les r'aſſeurer, & non pas pour les eſbayr de plus en plus: dont que cedict General doibt mettre toute peine, a ce que nul-le choſe ne luy ſuruienne, laquelle puiſſe oſter le cueur de bien faire a ſes Souldardz, par quelconque accident que ce ſoit. Or ce qui le leur peult oſter le plus, c'eſt qu'ilz ſont battuz du fin commencement. Et pourtant tout l'expedient que ie voy en cecy, c'eſt de proceder tellement contre leſ-dictz ennemis, que le bon luy en demeure de prime arriuee, ſil eſt poſſi-ble. Et pour ce faire, il doibt defendre toutes eſcarmouches, & tenir ſes gens enſerrez iuſques a tant qu'il ſente ſon aduantage, & qu'il congnoiſ-ſe clairement que ſi les ſiens ſortent ſur les aduerſaires, qu'ilz les vaincront. Vn Lieutenant general ſe pourroit auſſi monſtrer indigné contre ſes gés, & auec quelque harengue faicte a ce propoz, les reprendre de leur pareſ-ſe: & pour leur faire honte, il pourroit dire qu'il veult combattre ſes enne-mis comment que ce ſoit, quand il deuroit bien eſtre tout ſeul, ou quand bien il n'auroit que les telz & telz pour le ſuyuir: & cecy pourra eſtre cau-ſe que les vns pour n'eſtre de rien moins eſtimez que ceulx qu'il aura nom-mez, ſe preſenteront adonc: & les autres pour maintenir leur reputation, ſe monſtreront tant plus promptz & entalentez de venir au faict d'armes. Ceſar ſayda de ce moyen en France contre la crainte que les ſiens auoiét des Allemans, pour vouloir rendre les Souldardz obſtinez au combat, & en eſtre mieulx ſeruy en Bataille. On ne leur doibt iamais permettre qu'ilz

K

renuoyent aucune chose de leur butin,ou de leur propre bien chez eulx,
ne hors de leur Camp,iusques a ce que la guerre soit finye : a celle fin que
chacun d'eulx scache que combien que la fuyte leur puisse sauuer la vie,
que pourtant leur bien ne se sauuera pas:l'amour duquel n'a rien moindre
puissance de les faire combatre obstineement,que auroit bien le dáger d'y
laisser la vie. Quand a persuader ou dissuader vne chose a vn petit nombre de gens,cella est assez aisé a faire:pour ce que silz ne veulent obeir aux
parolles,le Lieutenant general peult alors vser de son auctorité,& de force : mais la grand'difficulté est quand il conuient oster vne multitude de
gens de quelque mauuaise opinion,laquelle soit contraire au bien commun,ou a sa volonté,en quoy on ne peult vser d'autre chose que parolles,
lesquelles il fault faire entendre a tous,puis que laffaire touche a tous:& a
ceste cause les bons Capitaines deuroient estre bons orateurs : pour ce que
sans scauoir harenguer a tout vn excercite, il est difficile faire chose qui soit
gueres bonne:mais auiourdhuy on n'en faict point de cas:& toutesfois c'est
vne chose si necessaire , que de sen passer est comme impossible : i'entendz
si lon veult faire iamais beau faict.Et qui vouldra lire la vie du grand Alexandre, & de plusieurs Princes & aultres Chefz du temps passe , il trouuera qu'il leur a esté besoing souuentessois de parler publicquement a leurs
armees,& de les harenguer,silz en vouloient tirer quelque seruice qui valust : car maintessois peuent suruenir des accidentz a vne armee, moyennant lesquelz elle se pourroit ruyner si le Chef general ne scauoit faire loffice de harenguer, ou s'il n'auoit accoustumé de parler a ses Souldardz en
general , a la mode que les anciens vsoient des contions : & la raison est,
pource que le parler a en soy plusieurs & diuers effectz:car il oste la paour,
il enflambe les cueurs des Souldardz: il les faict plus fermes & obstinez au
côbat: il descouure les deceptions:il promect les recópenser:il monstre les
perilz & le moyen de les euiter:il reprend, il prie,il exorte,il menasse,il ré-
plit desperáce,il loue, il blasme:En somme,le Lieutenát general peult faire
par son lágaige toutes les choses par lesquelles les passiós humaines s'amor
tissent ou bien s'allument:Parquoy si le Roy auoit deliberé d'entretenir ses
premiers Legiónaires, ou d'en leuer d'autres de nouueau , ainsi ou mieulx
que dict est,desia il deuroit cómáder que les Collónelz s'accoustumassent
a haráguer leurs gens en general, & les Souldardz a les oyr parler, aux fins
d'y accoustumer les vns & les autres,a ce qu'ilz ne trouuassent estráge quel
que iour s'il les failloit cóuenir ensemble,estant appellez a la concion par le
Trópette du Lieutenát general,pour escouter ce que ledict Lieutenát leur
vouldra dire.Anciénemét la reueréce que les hómes auoiét a leur religion,
valoit beaucoup pour tenir les Souldardz en crainôte & obeïssance:& sem
blablement le serment qu'ilz faisoient quand on les menoit a la guerre:car
adonc ceulx qui cómettoient quelque meschanseté,ou bien ceulz qui có-
treuenoiét a leur promesse & sermét, n'estoiét tát seulemét menassez d'encourir la peine corporelle, que la Iustice & les Loix ordonnoient:mais encores les menassoit on de cheoir en l'ire des Dieux qu'ilz adoroient:laquel-
le chose meslee parmy d'autres superstitions,fut cause plusieurs fois que les

Chefz

Chefz qui eftoient d'icelluy téps vindrét plus aifeemét au bout de leurs em
prifes: & de ce temps mefme n'en aduiendroit pas moins,fi tant eftoit que
Dieu fuft crainct autremét qu'il n'eft,& que nous fiffions autre eftime de la
religion Chreftienne, que nous ne faifons pas. Sertorius faignoit qu'vne
Biche qu'il auoit apriuoyfee, l'aduertiffoit de toutes chofes de la part de
fes Dieux, qui eftoit caufe que les Efpagnolz adiouftoiét trefgrande foy a
fon dire: mefmement que des nouuelles qu'il fcauoit fecretement pluftoft que lefdictz Efpagnolz, & de quelque chofe aduenue bien loing de
fon Camp,il faifoit femblant luy auoir efté anoncees par icelle befte:& des
chofes qu'il entreprenoit a faire, cóme prefqu'affeuré d'en venir au deffus,
il affermoit en auoir efté admonnefté par fadicte Biche. Sylla difoit qu'il
parloit fouuét auec vn image qu'il auoit eu du téple d'Apollo en Delphos:
lequel il portoit toufiours en fon fain,quand il entroit en Bataille.Du téps
du Roy Charles VII en la guerre qu'il auoit cótre les Anglois,fut Iehanne
la pucelle en Fráce,reputee vne perfonne diuine,&chacun affermoit qu'elle auoit efté enuoyee de par Dieu:mais a ce que lon veult dire,ce auoit efté
le Roy qui feftoit aduifé de cefte rufe,pour dóner quelque bóne efperáce
aux Frácois, leur faifant entédre la folicitude que noftre Seigneur auoit de
fon Royaume : & auecques ce que ledict Roy trauailloit en ce que la fufdicte Iehanne fut trouuee veritable en fes ditz, & que la plus part de fes
entreprinfes viniffent a bóne fin,pour executer lefquelles elle mefmes f'ar-
moit,& fe trouuoit parmy les Cheualliers aux combatz:les Francois y eurent vne telle fiance,que de la en auant la force des Anglois defcheut de
iour en iour, & la leur augmenta. Encores peult on trouuer les moyens
pour faire defeftimer les ennemis, ficomme fift Agefilaus Roy de Lacede-
mone,lequel móftra a fes Souldardz aucuns Perfans nudz,a celle fin qu'en
voyant les membres defdictz Perfans eftre blancz & delicatz, ilz n'euffent
occafion de les redoubter, non plus que gens molz & effeminez. Aucuns
bons Capitaines ont autreffois faict combatre leurs gens a fine force, en
leur oftant toute l'efperance qu'ilz pourroiét auoir de fe fauuer filz eftoiét
rompuz, ne d'efchapper autrement,que par la victoire. Agathocles en A-
fricque f'ayda de ce moyen : auffi eft il le plus feur que lon puiffe trouuer,
pour rendre les Souldardz obftinez : laquelle obftination peult eftre augmentee par la confiance qu'ilz ont d'obtenir victoire : & auffi de l'amour
qu'ilz portent au Capitaine & a leur Prince : la confiance procede de ce
qu'ilz font mieulx armez, ou mieulx arengez que leurs ennemis, & de ce
qu'ilz ont gaigné quelque Bataille de frefche memoire, & femblablement
de la bonne opinió qu'ilz ont du Capitaine general. Quád a l'amour qu'ilz
portent au Prince ou a leur pais naturel, c'eft nature qui en eft caufe, ne
plus ne moins que la vertu eft caufe de l'affection que les Souldardz ont
au Capitaine, laquelle peult en ce cas beaucoup plus que les biens faitz,
ne quelconque autre chofe : & iacoit que lon puiffe vfer de plufieurs autres moyens pour gaigner le cueur des Gens de guerre : neantmoins la reputation qu'vn Chef general aura d'eftre vaillant, & homme de bien,paffe
tous les autres dequoy on fe fcauroit aduifer. Touchant la cótrainte pour

faire combatre vne Armee contre fa volonté, elle eft en diuerfes fortes: touteffois que cefte force la eft la plus forte qui contrainct a vaincre ou a mourir fur le champ: qui eft vn droict remede pour ceulx qui ne combatent point pour l'amour qu'ilz ont au Prince qui les fouldoye:ne fur la fiace qu'ilz ont en la vertu de leur General: & de ceulx cy font proprement tous les Mercenaires, lefquelz ne donneroient iamais vn feul coup de Picque fil ne leur eftoit force, ou trop grand honte de ne le faire point: car pour autre raifon ne fe mettent ilz pas en danger, fi tant eft qu'ilz fy mettent: Parquoy il eft trop certain que le feruice de ceulx qui combatét pour l'amour de leur Seigneur naturel, & de leur propre pais, eft beaucoup meilleur, & plus affeure: car parmy ce lien d'amitié, ilz acquierent vne renommee d'eftre vaillantz hommes: laquelle ne vault pas moins en ceulx cy, que la force & la contrainte en ceulx la.

Lordre qu'vn Lieutenant general peult garder en marchant par
fur le pais des ennemis:& la maniere pour renger les quatre
Legiós en vn Bataillon quarré a quatre faces, auec vne
grand'place vuyde fur le mytant.   Chap. IIII.

OVS AVONS parlé iufques icy de la forme qu'vn Oft doibt garder pour dóner vne Bataille, & comme c'eft qu'il doibt eftre rengé ayant les aduerfaires viz a viz:& fi ay touché auffi la maniere de les pouoir vaincre:dauátage i'ay parlé de plufieurs circonftances appartenás a ce faict, le tout felon les accidentz qui peuuét furuenir deuant que dóner la Bataille, & en combatant, & apres auoir vaincu les ennemis, ou que lon eft deffaict:& me femble que i'en ay tant dy que mefhuy fera téps de chan ger propoz, & de defcendre a monftrer comme c'eft qu'vne armee de quatre Legions telles que ie les ay deuifees, fe doibt renger cótre vn Oft d'aduerfaires que lon ne voit point: & duquel Oft le Lieutenant general qui a fes Legions en charge, eft continuellement en doubte d'eftre affailly:ce qui peult aduenir alors que lon marche par fus le pais des ennemis, ou par pais qui eft fufpect. Et premierement fault entendre qu'vne armee Romaine fe trouuant en ce party, enuoyoit toufiours quelques trouppes de Gens a cheual bien loing deuant les Batailles, pour defcouurir les chemins. Et apres eulx marchoit la poincte deftre en ordre pour Batailler, & a fa queue fuyuoient les quariages & bagues qui appartenoient aux gens d'icelle poincte. Apres marchoit vne Legion & fon quariage a la queue, & confequemment l'autre Legion, & fon bagaige au derriere. Et finablement la poincte feneftre marchoit apres ces trois Batailles fufdictes, auec fon bagaige a la queue, fur le derriere duquel marchoit toute la Cheuallerie. Et cefte mode icy obferuoient ordinairemét lefdictz Romains en allant par pais: & fil aduenoit que l'Oft fuft affailly fur le deuant, ou par derriere, ilz faifoient retirer tout a vn coup leur bagaige & charroy vers le cofté droict, ou vers le gauche, felon qu'il leur venoit le mieulx a main: & adonc que les Souldardz

dardz

dardz & la place eftoient deliurez de tous empefchemens, les Batailles faifoient tefte deuers lendroiĉt que les ennemis les venoient affaillir. Et fi tant eftoit qu'ilz fuffent affailliz par l'vn des Flancz, ilz enuoyoient alors les quariages vers la partie qui eftoit la plus feure, & monftroient vifaige : & faifoient la tefte de leurs Batailles deuers lendroiĉt qu'ilz eftoient affailliz. Il me femble que cefte maniere eftant bien & fagement gouuernee, feroit la meilleure que lon pourroit imiter en tel cas : & pourroit on enuoyer de toutes pars vn bon nombre d'Eftradiotz & d'Arquebuziers a cheual, pour defcouurir les paffages deuant & alentour de l'Oft : & qu'vne partie des cheuaulx legers fuyuift cefdiĉtz Eftradiotz & Harquebuziers d'affez pres, pour les fouftenir f'il eftoit cas qu'ilz euffent quelque gros rencontre, & que les Batailles marchaffent en bonne ordonnāce auec les rencz eften-duz, comme diĉt eft : mais que le chemin fuft affez large, ou du moins que chacun renc fuft de X hommes : car de marcher a la file, eftant en pais dangereux, eft vn mauuais cõfeil. Les Legions deuroient eftre chacune a part auecques fes quariages au doz, en la forme que i'ay diĉt que larmee des Romains alloit par chemin. Et pour ce qu'il eft de deux fortes de ba-gaiges, c'eftafcauoir ceulz qui appartiennent particulierement aux Soul-dardz, & les quariages qui appartiennent a lufage commun, ainfi que font les munitions de viures, d'armes, & d'artillerie, il feroit bien faiĉt de diui-fer tout le charroy en quatre partz, & bailler a chacune Legiõ, oultre fes bagues propres, la quarte partie de ces quariages publicz. Oultreplus ne feroit que bon fi l'Artillerie eftoit partie en quatre, ne fut que pour euiter lenuie qui pourroit eftre parmy les Gens de guerre, fi les vns l'auoient en garde, & les autres non : ou que les vns en euffent plus que les autres. Et pareillement deuroient eftre defpartiz efgallement les Gens defarmez, fi-comme font Pionniers, Charretiers, Viuédiers, Artifans, & autre gent me-nue qui fuyt vn Camp pour gaigner : a celle fin que chacun nóbre de gens armez euft iuftement fa charge, & que les vns ne fuffent plus aduantagez, ou plus chargez que les autres. Mais pour ce qu'il aduient aucunelfois que lon chemine par vn tel pais, lequel non tant feulement eft fufpeĉt : aincois eft tellement ennemy, qu'a toute heure lon craiĉt d'eftre affailly, on peult adonc changer la forme fufdiĉte de marcher, & fe renger en vn autre or-dre : lequel foit fi bon que les gés du pais, ou larmee des aduerfaires ne puif-fent iamais trouuer le Lieutenant ne fes Batailles en defarroy, en quelque forte que ce foit : ne femblablement luy donner quelque fecouffe, ne faire dommage aux fiens pour fuyt le danger de ces affaulx foubdains, & qui fe font a cachettes. Les anciens fouloient marcher auec leur Oft quarré, non pas qu'il fuft quarré du tout : mais il eftoit rengé en telle forme qu'il pouoit combatre a quatre vifages : & pourtant fouloient ilz dire qu'ilz al-loient par pais affez bon train, eftant preftz a fe defendre de quelque heu-re que lon les vouldroit affaillir, & fans arrefter autrement leur alleure : fi-non qu'il faulfift combatre a Bataille rengee, ou qu'ilz euffent a refpondre a vne trop grand' force d'ennemis. De cefte façon de marcher me vueil ie ayder en ce lieu, & fi entendz ordonner noz quatre Legions en telle

forte,en imittant ceft exemple,que leur ordonnáce pourra feruir de reigle
a vne plus grand' armee.Pour marcher donc par tous pais fans eftre au dan
ger des ennemis,& pour pouoir refpondre de toutes pars,fi ainfi eftoit que
lon fuft enuahy en furfault de tous les coftez,il fault renger les Batailles en
telle forte que la Premiere Legion foit au coing dextre,& que les Haftaires
de cefte Legion occupét leur place accouftumee vers Leuát:car il prefuppofe qu'ilz cheminent vers icelluy quartier.Et apres fera befoing que les
Princes & Triaires fe mettent tous d'vn Front vers Midy:tellemét qu'eulx
& lefdiétz Haftaires facent l'anglet droiét, qui eft la quarte partie du qua-
drangle.La feconde Legion fera fur le coing feneftre auec fes Haftaires de
la premiere Legion,en forte que les Haftaires de ces deux Legiós facent le
Front de ce quarre vers Orient,& qu'ilz laiffent entre deulx vne efpace de
X pas de large.Les Princes & Triaires de ceftediéte fecóde Legion, fe rengent vers le Septétrion, & eftans ioinétz auec leurs Haftaires,font vn autre
anglet: & ainfi ces deux Legions font la moiétie du quadrangle. Et pour le
parfaire, il fault renger la tierce Legion fur le derriere de ceulx cy, en telle
forte que les Haftaires facent la moiétie de langlet,& qu'ilz ayét leurs premiers rencz deuers Occident,pour monftrer vifage vers icelle part,fi befoing fault:& leurs Princes & Triaires feront l'autre moiétie du coing, &
auront le vifage tourné vers Midy, & fe ioindront a ceulx de la premiere
Legion:fauf de l'interualle qui doibt eftre entremy d'eulx,lequel demourera de telle largeur,que dit eft:& ces Interualles feront obferuez auffi entre les gens des autres Legions, a ce qu'ilz ne fe toûchent l'vn l'autre: & y
fauldra prédre garde depres,& a faire garder cefdiétz Interualles. La quarte Legion fera ne plus ne moins le coing gauche, en mettant fes Haftaires
vers Occident,& les Princes & Triaires deuant Septétrion:& auffi les Haftaires de la premiere & fecóde Legion ferót le Front, & les Haftaires de la
tierce & de la quarte,feront la queue.Les Princes & Triaires de la premiere
& de la tierce,feront le cofté droiét : & les Princes & Triaires de la feconde & de la quarte Legion,feront le cofté feneftre, & auront cefdiétz deux
coftez leur vifage tourné vers les deux Legions:afcauoir eft ceulx du cofté
droiét vers Midy,& ceulx du cofté feneftre,vers Septétrió.Toutes lefquelles quatre Legions ferót vn quadrangle:non pas qu'il foit quarré patfeéte-
ment,d'autát qu'il fera vn peu plus long que large:car du Front iufques a la
queue y aura plus defpace que de l'vn Flanc a l'autre:lequel quarre ou quadrangle fera ordóné en telle forte que les Interualles que i'ay diét debuoir
eftre entre les Bendes par Front,quand elles font en leur premiere ordonnance,y demeurét auffi maintenant:& que la diftance d'vn renc a autre,foit
toufiours entretenue felon la forme des récz des Haftaires, & fuyuát ce que
i'en ay diét la hault deffus. Par ce moyen la place que cefte Bataille quarree occupera,pourra auoir de large CD LXX pas,& de lóg DXC . Dedés
ceftediéte Bataille y aura vne place vuyde,laquelle occupera en long lefpa-
ce de CD LXX pas, & en largeur en aura CCCXL. Et au dedens d'i-
celle feront colloquez les Collonnelz, afcauoir eft le Collonnel de la premiere Legion au dedens du coing droit au Front, & le Cóllonnel de la fe-

conde

conde au dedens du coing de la seconde Legion:& les autres pareillement
au dedés au coing de leurs Legions auec leur garde,a celle fin que chacun
soit dispose en tel endroit qu'il soit seurement,& que de la en hors il puisse
prendre garde aux siens. Le Lieutenant general peult estre au dedens ceste
place vuyde,au fin droit de l'Interualle,qui est entre les Hastaires des deux
Legions du Front,accompagné de sa garde,& de ceulx qui suyuét sa Cornette. Les Picquiers des Flancz pourront estre rengez dedens ceste place
vuyde ioingnant leurs Bendes, & apres eulx les Harquebuziers des Flácz:
tous lesquelz garderont les Interualles ne plus ne moins que les Bendes.
Quant aux Capitaines & autres membres & officiers,ilz seront chacun en
la place que nous les ayrons desia assis : & les Enfans perduz se tiendront
aux quatre costez hors de la Bataille en leur ordonnance,ou bien au dedés.
Et semblablemét le charroy & bagaige sera dedens la place vuyde,que ces
quatre Legions font. L'Artillerie pourra marcher le long des Flácz,& a la
teste,& a la queue.Tát y a que celle des Flancz pourra aller vne piece apres
autre:mais celle du Front & de la queue marchera de front, autrement l'on
ne sen pourroit point ayder au besoing,ne la défédre ayseemét si elle estoit
assaillie.Touchát les Gens a cheual,il fauldroit réger les Harquebuziers sur
les venues,& les Estradiotz aussi assez loing des Cheuaulx legers,& que les
Cheuaulx legers fussent entre eulx & les hommes d'armes,& que les hommes d'armes fussent du moins a cinquante pas de la Bataille,rengez par Decuries simples ou doubles,ou plus sur les quatre aduenues:c'est ascauoir l'v-
ne des compagnies de la premiere Legion seroit sur le Front, & l'autre sur
le Flanc droict.Lune des compagnies de la seconde Legion seroit semblablement au Front deuant sa Bataille,& l'autre au coing senestre:& les có-
pagnies des autres deux Legions seroiét aussi sur le derriere,& sur les Flácz
chacune deuát les Bendes de la Legion d'ou elles seroient.Vne chose fault
que le Lieutenant general retiéne en ce lieu pour reigle generale, c'est que
toutes les fois qu'il rengera son armee pour combatre,qu'il prengne bien
garde de ne renger point sa Cheuallerie sur le deuant de ses Batailles,sinon
qu'il les mette si loing qu'estant repoulsez,il y ayent assez espace pour soster de deuant les Pietons:car autrement ilz pourroient hurter les Batailles,
ou bien il fauldroit ordóner tant d'Interualles parmy le Front desdiétz Gés
de pied,que la Cheuallerie se peult retirer par dedens eulx,sans rompre ne
d'esbarater leurs rencz. Et ne fault point faire peu d'estime de cest aduertis-
sement:car plusieurs Chefz qui n'y ont autrestois prins garde,sen sont mal
trouuez, & leurs Gens se font rompuz d'eulx mesmes, en se troublant les
vns parmy les autres: & adonc que leur Gédarmerie estoit repoulsee par les
ennemis.Noz quatre Legions donc estant ordonnees en la forme que i'ay
diét,se peuuent mettre en chemin de quelque heure que bon leur semblera,& pourront garder la susdiéte ordonnance,& encores faire vne bonne
traiéte.Ie ne veuil pas dire qu'en cheminant sans estre tourmentez des ennemis, qu'il leur faille tousiours tenir les rencz des Hastaires si ioinétz ensemble,ne les Princes & Triaires tant pres l'vn Souldard de l'autre comme
i'ay diét:car ilz seroient contrainétz de porter la Picque toute droiéte,& ne

la pourroiét iamais coucher fur l'efpaule, a caufe du petit efpace qu'ilz oc-
cuperoient, ce qui feroit mal ayfé : ains mon dire eft, qu'alors qu'ilz vouldroient fouftenir l'affault des aduerfaires, qu'ilz fe ferrent en tel ordre que
dict eft. Et fi tant eftoit que les ennemis ne fiffent qu'efcarmoucher pour
les amufer, & que neantmoins ilz fuffent toufiours preftz pour dóner dedans a vn faix, & que les noftres vouluffent gaigner pais, & ne combatre
point: en ce cas les Souldats pourroiét porter la Picque droicte cótremót,
i'acoit qu'il feuft plus penible: pource que la neceffité qu'ilz auroiét de mar
cher bien ferrez, leur allegeroit la peine: mais f'ilz n'eftoient autremét preffez, n'y auroit point de peril qu'ilz allongeaffent les Interualles des récz des
Haftaires, & que les Princes & Triaires occupaffent plus de place en long
pour pouoir coucher la Picque, & marcher plus a leur ayfe: car la Gendarmerie & les Enfans perduz qui enuirónent cefte Bataille quarrée, feroient
bien affez fuffifans pour arrefter les affaillantz iufques a ce que chacun fe
feuft remis en fon ordónance, attédu qu'il n'y auroit autre chofe a faire que
arrefter les premiers, & faire aduancer les autres: Combien qu'il ne fault ia
auoir doubte, que Gens qui affaillent fans tenir ordre ne renc, ayent iamais
cueur, ne gueres gráde volóté d'approcher la longueur de la Picque ceulx
qui font bien régez, ne les Harquebuziers mefmes la portee d'vne Harquebuze, finon qu'ilz euffent l'aduantaige du pais, ficóme eft entre Montaignes,
& que noz Legions tinffent le bas, & noz aduerfaires le hault, ou qu'il y euft
quelque groffe Riuiere entre deux: touteffois ie prefuppofe que cefte ordonnance eft feulement pour la planeure : car pour les lieux difficiles n'eft
elle pas bonne, & la & quád lon f'en vouldroit ayder en paffant par entre
Mótaignes, fuppofé que la Vallee fuft affez large pour les receuoir en tout
tel ordre qu'ilz marchent: le remede feroit d'occuper les lieux haultz, & en
deiecter les ennemis. Et autrement, fuft ce que les Legions tinffent la forme
de Bataille quarree, ou de Bataillons a part, ie ne ferois iamais d'aduis qu'elles fe miffent en ces paffaiges eftroitz, fans eftre auffi maiftreffes dés lieux
haultz. Monfeigneur de Montpezat alors qu'il ramenoit en France les Bédes qu'il auoit eues foubz luy dedens Foffan, eftant contrainct de faire le
chemin par le Val de Prat gella, l'entree duquel eft tresdifficile & eftroicte,
voyant que le hault des Montaignes eftoit occupé par les Gens du pais, &
par quelques Gens de guerre defaduouez, & qu'il n'auoit encores allé par
lefdictes Montaignes demy lieue fans auoir perdu quelque nombre de fes
Gens, lefquelz eftoient occiz & affolez par les Hacquebuziers des ennemis
qui fe tenoient es lieux haultz, & lefquelz eftoient taillez de luy faire trefgrand dommage, n'y eftant pourueu promptement: ledict feigneur aduifa
d'enuoyer vne partie de fes Gens contre fefdictz aduerfaires, pour les contraindre a abandonner iceulx lieux, & les chaffer. Et a celle fin que lefdictz
aduerfaires n'ozaffent plus pourfuyure ceulx qui eftoient au baz, il commá-
da aux Souldardz fufdictz de f'en partir qu'il enuoyoit fur les Aefles de faire leur chemin par le plus hault des Mótaignes, en coftoyát noz Gens iufques a ce que ceulx qui marchoient par le bas fe trouuaffent hors de dangers, laquelle charge eftant commife a monfieur d'Ambres fuft fi bien executee,

cutee,qu'il n'y euft Francois qui receut depuis aucun mal,la ou auparauant
tous feruoient ainfi que d'vne butte aufdiétz ennemis : auffi eft ce tout le
remede que lon peult vfer en femblable cas:mais fi c'eft en plaine,les Gendarmes arreftent toufiours les ennemis au loing,auec l'ayde qu'ilz peuuent
auoir des Harquebuziers,fans ce que la Bataille foit nullement forcee de
perdre temps,pour ce que les Gens de cheual pourroiét entretenir les ennemis par efcarmouche, en gaignant toufiours chemin fans efloigner gueres la Bataille, ne fabufer autrement. Vray eft que pour marcher en ceft
ordre quarré,il eft neceffaire que le pais foit fi vny & ouuert,que la Batail
le puiffe demourer toufiours en fon ordonnance. Et a cefte caufe cóuient
auoir grand nombre de Pionniers,lefquelz planiffent & ouurét le chemin
par ou l'armee doibt paffer:& pourront cefdiétz Pionniers eftre deffenduz
par les Eftradiotz,& par les autres defcouureurs,attendu que ceulx contre
qui cefte ordonnance fe dreffe,ne font pas affez puiffantz pour enfoncer la
moindre partie des Gens de cheual,qui font fur les aduenues.Et f'il eftoit
cas qu'ilz fuffent affez puiffans pour enfoncer les defcouureurs : les autres
Gens de cheual font aupres: & au pis aller, les Pionniers fe pourroiét retirer au dedens de la Bataille,& les Gens de cheual vers les Flancz,filz ne
pouoient arrefter les ennemis en autre maniere: pour lefquelz ennemis ne
fault rien changer de noftre ordre,finon qu'ilz fuffent vn tel nombre qu'ilz
peuffent affaillir noz Legions a Bataille rengee : tant y a que ceft affault ne
peult pas eftre fi fouldain,que le General n'aye affez loyfir de retirer fes Pionniers,& de réger fes Gens en eftat pour faire iournee:pource que les ennemis viennent contre luy tout le pas,auffi bien comme il marche le pas cótre eulx. Et ainfi les vns & les autres vont fi a loyfir,qu'ilz aurót bien toufiours affez temps de fe pourueoir de chacun cofté : & tout au fort, les defcouureurs y font,lefquelz aduertiront cediét General de bonne heure: &
adonc il pourra remettre les Legions en l'ordonnance que nous auós dit
tantoft.Et f'il eft affailly par ce Front, il n'a feulement que faire tourner la
bouche de l'Artillerie vers les ennemis, & enuoyer fa Cheuallerie fur les
Aefles,& que la tierce Legion fe remette en fon premier lieu,& la quarte
au fien:& que les Princes & Triaires de chacune Legion reprenét foub-
dainement leur place.Ce pendant l'Artillerie pourra faire fon office,& les
Enfans perduz auec les Harquebuziers a cheual,& auec les Eftradiotz feront auffi le leur. Le bagage fe retirera au Doz des Legions auec les Pionniers & autres Gens defarmez,lefquelz fe pourrót faire fortz promptemét
a tout les charettes qui portent les munitions de l'Artillerie & autres, & a
tout les Coffres f'il y en a,& Malles,& autres fardeaulx:de toutes lefquelles
chofes fe pourrót parquer & enuiróner,fi tant eftoit qu'ilz n'euffent point
de lieu fort,ou temps de fe fortiffier: combien que i'aymerois mieulx m'arrefter alors pour me loger feurement deuant que combatre,que non point
hazarder mon affaire pluftoft que d'auoir dreffe vn Camp,dedens lequel ie
me puiffe retirer f'il eftoit befoing.Et au cas que l'ennemy vouluft affaillir
les Legions par le derriere,& que le Lieutenát general en ayt quelque fen-
temét,il n'y a alors que faire la tefte des Bataillons deuers icelluy endroiét,

ou deuers celle part qu'il se pense estre assailly. Et s'il estoit ainsi que l'ennemy le vint assaillir par deux endroitz, & qu'il fust assez puissant pour ce fai-
re:nostre General doibt alors prendre des Gens des autres deux costez qui
ne sont point assailliz,pour r'enforcer ceulx que les ennemis assaillent : ou
bien il fauldroit vser adonc d'autre forme d'ordonnance, ascauoir est de
renger les Princes, & les Triaires tous en vn Front : ou faire autrement en
vne chacune Legion, c'est de retirer vne Bende des Hastaires, & la colloquer auec l'vne Bende des Princes,& qu'elles se rengeassent en X rencz au
doz desdictz Hastaires: & que les autres deux Bendes des Princes se tiras-
sent plus en arriere pour se renger auec les Triaires,de sorte qu'au Front y
eust quatre Bendes,& a la queue autát,& que les deux du mylieu esten dis-
sent leurs récz,& occupassent autant de place en largeur que les quatre en
tiennent, & que cecy se fist en toutes les quatre Legions.Et ce faisant, il y
auroit deux Frótz bien sorniz:& si auec ce,les Flancz le seroiét assez d'eulx
mesmes sans les Picquiers des Flancz qui y sont d'auantage.Et la & quand
l'vn Front fust enfoncé,il se pourroit retirer vers les deux Bendes du mytát
pour se refaire de nouueau auec elles. I'ay parlé de ces deux formes desia,
parquoy ie reuoys a mon poinct:mais si le General des aduersaires assailloit
noz Legions de trois ou de quatre partz,il fauldroit dire ou que luy ou que
le nostre ne seroit point sage:car si vn Chef general est sage,il ne se trouuera
iamais en lieu que les ennemis le puissent assaillir dé tát de costez, auec vne
grand' puissance.Or est il ainsi que celluy la qui veult offencer seuremét autruy,& a son auantage,est besoing qu'il ayt de chacune part autant de Gens
ou a peu pres, cóme celluy qu'il entéd combatre peult auoir entre tous les
siens.Si doncques nostre General estoit si mal conseille que d'entrer au pais
d'vn Prince son ennemy,lequel eust trois ou quatre fois plus deGés de guer
re que luy:la raison veult que si mal luy en prét,qu'il se pleigne de son petit
sens,& non pas de l'incóuenient.Mais posons le cas que le General des ennemis n'ayt gueres plus de Gens que le nostre:& neátmoins que pour nous
mettre en desarroy,il dóne par diuers lieux : vous pouez dire adonc que la
follie sera siéne,& l'aduéture nostre:car pour assaillir noz quatre Legiós en
quelcóque forme des susdictes qu'elles soient régees , il est force qu'il ordóne ses Batailles si tresgresles & menues,que les nostres en pourront facilement hurter l'vne,& soustenir l'autre,& par ce moyé gaigner la iournee.No
stre General peult aussi renger(si bon luy semble) les Legions apart deux a
deux,ou toutes seules en forme quarree,& laisser la place vuyde sur le my
tát en ceste sorte:C'est que l'vne Legion face le Frót auec ses Hastaires,&
le Flanc senestre auec ses Princes & Triaires: & que l'autre Legion face la
queue auec ses Hastaires,& le Flác droict auec ses Princes & Triaires:&ainsi
ces deux Legions occuperont CCXXX pas de place en largeur, & en long
CCCL. L'espace qui demeure vuyde sur le dedés auroit CX pas de large,
& CCXXX pas de long.Quant a l'ordónáce des Legiós a part,on pourroit
faire que trois Bédes des Hastaires fissent le Front,& que les autres deux se
missent l'vne deuers l'vn Flanc, & l'autre Bende deuers l'autre. Séblablemét
que deux des Bédes des Princes se régeassent sur les deux Flancz au derriere

des deux

des deux fufdictz des Haftaires par droicte ligne, & que l'autre fift la queue
auec les Triaires: Par ce moyen, la place qu'vne Legion ainfi ordonnee oc-
cuperoit, pourroit auoir CXXXVI pas de large, & CCXIX de long: l'efpace
que ie laiffe vuyde fur le dedens, auroit a ce compte XVI pas de large, &
XCIX pas de long. Cefte forme pourroit feruir toutes & quantes fois qu'il
feroit neceffaire que les Legions marchaffent par pais vne apres autre, ou
bien toutes feulles n'eftant accompagnees de quelque bon nóbre de Gens
a cheual, & que lon vouldroit eftre pourueu encontre les aguetz & foubdains affaulx des ennemis. Et oultre plus, auoir les malades ou les bleffez, &
auffi le bagaige hors du danger defdictz ennemis. Et pour ce que proprement cefte ordonnáce demáde auoir le pais par ou elle paffe, large & bien
vny, & femblablement qu'elle eft trouuee pour refifter a Gens qui affaillét
fans tenir ordre, & a la defrobee, a celle fin de mettre en defarroy, f'ilz peuuent, ceulx qui cheminét ainfi, ou du moins pour faire leur main du bagaige. Le fouuerain remede eft (comme i'ay dict) de renger les Souldardz en
tel ordre qu'il fe puiffent defendre de tous coftez: & encores d'auantage, a-
uoir leur bien en lieu feur, autremét ne feroit poffible de defendre fi bien
leurs bagues fi elles eftoient hors de la Bataille, qu'en marchant & entédát
a combatre, ne f'en perdit beaucoup: pourtát cefte mode de renger vne armee contre les ennemis que lon ne voyt point, mais que lon doubte, eft
trefneceffaire. Et feroit chofe trefvtile d'accouftumer noz Legionnaires a
fe fcauoir mettre enfemble, & a marcher eftant ainfi ordonnez que dict eft.
Et en faifant leur chemin, f'ofter de cefte ordre, & fe réger felon la premie
re forme de combatre que nous auós móftree, ou felon les autres: & foubdain apres retourner en l'ordonnance que nous leur baillons a prefent. De
rechef leur faire faire de la queue tefte, & de la tefte queue: & puis de chacú
des Flancz maintenát l'vn, & tantoft l'autre. Ce faict, ilz fe pourront autreffois renger en la premiere ordonnáce: & en ces excercices fera il befoing les
excerciter fouuét, fi lon veult auoir de bons Souldardz adroictz & expertz:
car la difcipline militaire n'eft autre chofe que fcauoir bien commencer &
exececuter les chofes fufdictes: En quoy fe deuroient trauailler tous les Ca
pitaines & autres ayás charge de gouuerner Souldardz. Et ce faifant, ie croy
qu'vn Oft feroit toufiours vainqueur, & qu'il ne pourroit gueres iamais
eftre rompu. Tant y a que fi les formes fufdictes femblent aucunement difficiles, il eft plus que certain, que telle difficulté fe rendra affez aifee moyennant l'excercice: ioinct a ce, qui fe fcaura bien renger & tenir en icelles, fe
fcaura bien renger & tenir apres plus ayfeement es autres qui ne font pas
du tout fi difficiles .

L'ordre que le Lieutenant general doibt mettre fur la facon de viure de
fon armee, & quellemét les anciés vfoiét des butins, & dauátage plufieurs
moyés pour endómager fes ennemis, & foy garder d'eftre furpris. Ch. V.

AVSVRPLVS vn Lieutenant general doibt ordonner fon
Oft le plus deliure qu'il eft poffible, & luy ofter toutes les chofes
qui l'empefchent, & qui luy peuuent rendre fes entreprifes mal

ayſees.Or entre toutes celles qui ſont les plus difficiles, ceſte cy eſt la prin-
cipale,aſcauoir de tenir pourueu vn Camp de pain & de vin. Les anciés ne
penſoient point au vin:car quand le vin leur failloit,ilz beuuoient de l'eaue
meſlee auec vn peu de vin aigre, pour luy donner coleur & ſaueur.Et entre les munitions de leurs excercites,ne ſe parloit point autrement d'auoir
du vin,mais que ſeulemét d'auoir eaue & vinaigre. Séblablement ceſdiĉz
anciens ne cuyſoient point leur pain au four, comme lon faiĉt maintenant
par tout : ains cuyſoient eulx meſmes des gaſteaux d'vne certaine quantité
de farine qui leur eſtoit diſtribuee a la munition iour par iour.Ilz auoiét encores quelque peu de lard, auſſi eſtoit ce tout, de ſorte que les viures deſquelz leſdiĉz anciens faiſoient prouiſion pour viure en Camp,eſtoiét ſeulement farine, vinaigre & lard pour les Souldardz, & orge pour les che-
uaulx.Ilz auoient d'auantage grand' quantité de beſtail gros & menu a la
ſuyte du Camp,lequel beſtail entant qu'il n'auoit beſoing d'eſtre charié ou
porté,ne ſemblablement d'eſtre nourry de choſe qu'il faulſit charier,ne dó-
noit point de charge a vn Oſt:qui eſtoit cauſe qu'vne armee du temps paſſé
cheminoit pluſieurs iournees par lieux deſers & ſolitaires ſans ſouffrir aucu
ne diſette de viures, d'autát qu'ilz viuoient de choſes qui les pouoient ſuyure facilement.Les Souldardz Turcz n'ont que faire de vin,a cauſe de leur
Loy qui le defend,& encores ſe paſſent ilz bien lóguemét de manger pain,
mais qu'ilz ayent de l'eaue & du riz, & ſi ne leur chault gueres d'auoir de la
chair en temps de neceſſité:car ilz portent auec eulx ordinairement des ſa-
chetz répliz de chair fort ſallee,laquelle eſt hachee ſi treſmenu,qu'elle ſemble eſtre en pouldre. Or pour vſer de ceſte chair pouldree, ilz en prennent
pour leur repas vn petit,& la deſtrépent auec de l'eaue tiede,& puis la hu-
ment,& ainſi ſe nourriſſent iceulx Turcz.Oultre plus ſilz ont gueres grád
fain,& que la ſuſdiĉte pouldre leur ſoit fallie,ilz ſeignent leur cheuaulx:car
preſque tous ſont la guerre a cheual, & paſſent leurs téps quelques iours a-
tout icelluy ſang. Et ſil eſt cas que la famine les preſſe trop,ilz occient leuſ-
diĉz cheuaulx,& les mangent auant qu'ilz laiſſent a faire loyaument le ſer
uicé de leur Prince, & iuſques au dernier poinĉt, ce que noz Souldardz delicatz n'auroient garde de faire:car a peine veulét ilz ſeruir plus hault d'vn
iour ſilz ne ſont en vin iuſques aux oreilles,ou tant ſaoulz qu'ilz creuent.Et
quand ie diĉz noz Souldardz,i'enten parler de ceulx d'auiourdhuy,& non
point de ceulx la qui pourroient eſtre leuez en France:pour ce qu'on les ré-
droit ſobres facilement,mais que les Chefz meſmes leur ſeruiſſent d'exemple,& qu'ilz ne fuſſent tant adonnez au deſordre de boire & manger comme ilz ſont.Les Eſcoſſois ont auſſi vne treſbonne facon de viure en temps
de guerre, comme Froiſſard racompte : car premierement ilz ne mainent
nulles pourueáces de pain ne de vin apres eulx: d'autre part ilz ſe paſſent ló-
guement,mais qu'ilz ayent de la chair a moytie cuyte, laquelle ilz mangent
treſbien ſans pain : & ſi boyuent eaue de riuiere ſans vin : & d'auantage ilz
n'ont que faire de chauldieres ne chaulderós, pour ce qu'ilz cuyſent ſur les
peaulx eulx meſmes les beſtes quád ilz les ont eſcorchees:& auec ce,ilz nót
point autre cure d'en amener auecques eulx,d'autát qu'ilz ſont certains d'en
trouuer

trouuer au pais ou ilz entédét faire la guerre: parquoy ilz ne portét aucune
pourueáce.Vne chofe ont ilz en recómédatió,c'eft de porter chacũ vne piece platte de fer,& vne beface plaine de farine,en telle entéte, que quãd ilz
ont tát mágé de chair cuiête,que leur eftomach leur féble eftre vague & affoibly,ilz gettét a lors icelle piece platte au feu,& d'eftrépét vn peu de leur
farine dedés quelque efcuelle. Et quãd icelle piece eft affez efchauffee,ilz
gettét de celle claire pafte fur celle chaulde piece,& en font vn petit tortel
en maniêre de flamiche ou de bingnet,& le mangét pour cóforter leur efto
mach:par ce moyé font ilz fouuét de treflongues traiêtes fur leurs voyfins,
fans faire trop grãd bruit de leurs entreprifes, & fans grãd' defpenfe. Nous
autres Frãcois n'auós garde deviure ainfi fobremét,quelque befoing qu'il en
foit,ne a peine vouldriós nous fouffrir vne feulle heure d'auoir faulte de bó
vin,& de bon pain cuiêt au four,ne d'autres friádifes auffi peu que fi chacun
eftoit chez foy,& qu'il euft bon moyé d'auoir tous fes aifes. Pourtát noz ar
mees f'affammét incontinét,tant pour ce qu'il eft difficile de faire prouifion
de tát de chofes que nous demádós, lefquelles nous puiffent fuffire gueres
de iours,qu'auffi pour le merueilleux degaft que lon faiêt des pourueances
quát elles y font.Parquoy il fauldroit reformer noz Oftz a vne nouuelle mo
de de viure,ne permettát iamais que les Gés de guerre mágeaffent d'autre
pain,que de celluy qu'ilz cuyroiét eulx mefmes.Et en ce cas fauldroit fournir la farine aux Souldardz,vne certaine quátité pour hóme,fuft par dó,ou
en rabatemét de leur foulde.Quant au vin,le General n'auroit que faire de
le leur deédre,ne d'épefcher que lesviuédiers n'en peuffent amener en abó
dance:mais auffi n'y auroit point de lieu qu'il fift aucune diligéce d'en faire
venir en fon Cáp.Touchát les autres pourueances,il fe pourroit gouuerner
totalemét felon les anciés. Ce faifant,& le tout bié cófideré,vous trouuerez qu'vn Lieutenát general deliure fon armee d'vne trefgrand' charge,&
qu'il ofte vn pefant faix de deffus fes efpaulles.Et a celle fin que noz Legiónaires trouuét moins eftráge vne faulte de viures fil la fault endurer quelque fois,& qu'au befoing ilz fe puiffent paffer de boire vin,& de máger viã
des exquifes,ie feroye d'aduis qu'en allát aux móftres & retournant,que le
vin leur fuft defédu,& l'vfage du pain cuiêt au four & de la chair,referue du
lard,duquel feulemét ie feroye faire munition par les lieux ou ilz deuroient
paffer & loger le long du chemin:& au demourant qu'ilz portaffent a leur
doz toute la farine qui leur feroit neceffaire durát le voyage,fi bon leur fem
ble:car munitió ne leur en feroye ie pas dreffer,ne d'aucune autre chofe.Moy
ennát ceft ordre les Souldardz apprendroiét a fupporter toute neceffire au
befoing,& le pais en feroit foulagé,& les Souldardz moins próptz a querel
ler & auoir debat enféble,que filz auoiét abondáce de tous viures.Encores
fault il parler des butins qui fe font apres ce que ló a obtenu vne victoire,ou
en allát par fur le pais des ennemis,ou en prenát quelque ville d'affault,ou
r'encónát le pais & villes par ou lon paffe,& par les prifóniers que lon peult
gaigner en plufieurs fortes:car il eft bon d'entédre quellemét les anciens fe
gouuernoiét en femblables affaires.Et fur ce fault cófiderer cómét les guer
res du téps prefent appaouuriffent auffi bien les Princes qui vainquét,cóme

L

ceulx qui perdēt:pour ce que si l'vn perd la seigneurie,ou quelque partie de ses terres,l'autre despēd aussi son tresor,& son meuble:ce que n'auenoit pas au tēps iadis,a cause de ce que le vainqueur s'erichissoit du bié & des despouil les de son ennemy:& que de nostre tēps on ne faict tel cōpte des proyes cō-quises,cōme lon faisoit adoncq':ains tout est abādonné aux Souldardz,qui est occasion de deux tresgrādz desordres:l'vn est celluy que i'ay dict de s'ap paouurir:l'autre est que le Souldard deuient alors plus couuoiteux de s'ac-ceier,& de tant moins soigneux de garder l'ordre de la guerre:car maintes-fois c'est veu,que la couuoitise du pillage a deffaict celuy qui estoit desia vi-ctorieux:sicōme en print aux Frācois a Guynegaste,que la Bataille estoit du tout nostre,si les Francz archers ne se fussent amusez au pillage:ce qui leur cousta aussi bié cher:car ilz y laisserēt tous la vye.Les Romains qui ont esté iustemēt les maistres de cest excercice,pourueurēt sagement a tous ces deux incōueniés:car il estoit ordōné que la proye qui se gaigneroit,appartint au cōmun,& que le Consul la despartit apres au nō du cōmun,cōme bon luy sembleroit.Et a ceste cause ilz auoiēt des Questeurs qui estoient cōme nous pourriōs dire les Generaulx des fināces,en la main desquelz estoiēt cōsignez tous les butins,& toutes les récons qui se faisoiēt:desquelles choses le Con-sul s'aydoit a souldoyer ses gens,& a secourir les blessez & malades,& pour donner ordre aux autres fraiz d'vn Ost. Tant y a que le Consul pouoit bien permettre le sac aux Souldardz,& le faisoit aucunessois: mais ceste permis-siō ne causa iamais aucū desordre,pour ce que l'ost des énemis estāt deffaict, toute la despouille se mettoit au mylieu,& consequément elle estoit distri-buee a chacun selon sa qualité,& selon sa vertu: laquelle mode estoit cause que les Souldardz s'attédoiēt a vaincre,& nō pas a piller: & de ce aussi que les Legions ne s'amusoiēt point a poursuyure les fuyantz:ains de ce qu'elles demouroiēt fermes en leurs rencz sans dāger: car c'estoiēt seulemēt les Gēs armez legerement,qui auoient la charge de poursuyuir la victoire: que si la proye eust deu appartenir a celluy qui l'eust acueillie le premier, il n'eust esté possible ne raisonnable de retenir les Legions en leur ordōnāce,& dō-ner liberté aux autres de faire leur proffit.Par ce moyen le tresor commun s'augmétoit a merueilles, & cella estoit cause qu'vn Cōsul en portoit tāt a son triūphe,l'ayāt amassé desdictz butins & récons.Les anciés faisoiét enco res vne autre chose bien cōsideree,c'est ascauoir qu'ilz vouloiét que la tier-ce part de la soulde qu'ilz dōnoient tous les mois a chacū Souldard,fust se-questree entre les mains de son Porteur d'enseigne,lequel ne la leur pouoit iamais rédre,que la guerre ne fust finie.Et cecy faisoiét ilz estant meuz a ce faire pour deux raisons:L'vne a celle fin que le Souldard profitast quelque partie de ces gages(car estāt la puspart ieunes hōmes sans soucy,cōme plus ilz ont de bien,& tāt plus ilz despédét sans necessité)L'autre raison est pour ce que le Souldard cōbat tousiours plus obstineement,& si defend de meil-leure volonté celluy qui a son bien en garde. Ainsi dōc ce moyé les faisoit riches & vaillātz,duquel se fauldroit ayder, & pareillement des autres que nous auons parlé,qui vouldroit reduire le faict de la guerre en ces premiers termes.Ie retourne a parler de l'office du General qui veult cōduyre seurement

mét son armee allát par pais,& d'vn lieu en autre:pour ce que par fois y peu
uét suruenir plusieurs accidétz ou il y a grád peril:pour obuier ausquelz me
semble que le bó sens du Lieutenát general y soit bié requis,& la vertu des
souldardz aussi:parquoy ne sera que bon d'en dire quelque chose.Pourtát ie
vueil dire que toutes les fois qu'vn General va par pais auec grád' cópagnie
ou petite,qu'il se doibt garder sur tout des aguetz & embusches des énemis;
dedés lesquelles on peult tóber en deux sortes:car ou ló y entre de soy mes
mes en cheminát,ou bié lon y est attiré par l'égin de l'énemy,sans y prédre
garde.Or pour obuier au premier cas,il est besoíg que ló enuoye tousiours
des auát coureurs en deux ou trois troupes.Les premiers doyuent estre peu
pour courir ca & la & descouurir. Les secódz assez fortz pour les soustenir
s'ilz estoiét assailliz. Et les tiers doyuét estre encores plus fortz,pour auoir de
quoy arrester vn bó nóbre d'aduersaires silz les trouuoiét en barbe. Et cecy
doibt estre faict de tát plus songneusemét, de quant plus le pais seroit apte
aux embusches,cóme sót pais de forestz ou de mótaignes:car les embusches
se mettent cómunemét ou dedés les boys,ou derriere quelque mót:elles se
mettét bien aussi quelque foisen des baricanes, cauernes & fossez,ou le lóg
des riues & bortz de riuiere quád ilz sont assez haultz,& dedés les vallees,
& parfois dedés les maisons, & au derriere de quelque vielz murs.Bref,vne
embusche se peult dresser en tous lieux pour peu couuertz qu'ilz soiét:prin
cipalemét de Pietós,lesquelz se couchét le vétre a terre pour estre tant plus
tard apperceuz. Mais tout ainsi qu'vne embusche quand on ne s'en aduise
point,peult apporter grand dómage:en la preuoyát aussi,elle ne pourra de
rié nuyre:car on se pouruoit la dessus.Les oyseaulx & la poulciere ont main
testois descouuert l'énemy, pour ce que toutes & quátes fois que l'ennemy
approche de vostre armee,vous congnoissez sa venue par la poulciere que
ses gés font leuer. Aemilius Paulus Cósul de Rome ayát a passer par vne fo
rest auec só Ost,voyát de loing que plusieurs oyseaulx s'estoiét leuez soub
dainemét,il va coniecturer adóc qu'en l'eaue y auoit gés cachez. Et ce pour
raison des oyseaulx qui s'estoiét leuez cóme tous espouuétez, & qu'il y en
auoit plusieurs troupes qui voletoiét au dessus sás cesser:parquoy il enuoya
des espies scauoir que c'estoit. Et ayát trouué que X M Boyés y estoiét em
buschez pour le surprédre en passát,il fist tourner ses legiós par autre voye
que ses ennemis ne se doutoient:& par la surprint & deffit ceulx qui s'atté
doient l'attraper.Séblablement Thyamenus filz de Horestes estát aduerty
que ses ennemis occupoient le hault d'vne montaigne,par ou il conuenoit
qu'il & ses Gens passassent: & ayát enuoyé scauoir la verité par ses descou-
uireurs,lesquelz luy r'apporterent estre le contraire de ce que luy auoit esté
desia anonce,comme cedict Thyamenus sur la fiance de ce rapport se fut
mis a poursuyure son chemin,il apperceut qu'vn grád troppeau d'oyseaulx
se'stoit party du lieu qu'il redoutoit,lequel voletoit dessus,sans soy asseoir:
qui fust cause de luy faire entendre laguect de ses ennnemis, & de ce qu'il
cercha autre lieu pour passer. Quát au second cas,c'est d'estre attire dedés
l'embusche:le General doibt tousiours estre sur sa garde,& ne doibt iamais
adiouster foy aux choses peu vray semblables,sicóme seroit si l'ennemy luy

mettoit au deuāt quelque proye, beſtail, ou autre choſe, il peult croyre fort
bié que l'hamecon eſt caché au dedés d'icelle, & que c'eſt la vraye couuerte
de ſa tromperie. Apres ſi toute vne groſſe compagnie d'aduerſaires ſe layſſe
chaſſer a vn petit nóbre de ſes gens, ou qu'vn petit nombre d'ennemis oſe
aſſaillir vne groſſe trouppe des ſiés, il peult eſtre certain que cela ne ſe faiſt
pas ſans cautelle. Dauātage ſi les ennemis prennent ſoubdainemét la fuyte
ſans propoz, le General peult eſtre aſſeure qu'il ya de la fineſſe. Vray eſt
qu'aucuneſſois ces choſes ſe font ſans y penſer aucune malice, meſmement
ſi ceulx qui font ces alguerades, ont autant de raiſon d'auoir doubte de leur
coſté, comme les autres du leurs: touteſſois le plus ſeur eſt en telles choſes
de prendre tout ce qui ce faiſt par les aduerſaires au pire, ſinon que lon euſt
certain aduertiſſement de leur eſtat. Oultre plus il ne fault iamais cuyder
que l'ennemy ne ſcaiche faire ſagement ſon faiſt. A ceſte cauſe ſi le General ſe veult garder de deceuoir ſoy meſme, & qui veuille eſtre moins en dāger, il doibt eſtimer adonc le plus ſon ennemy quand il le ſent foible & mal
conſeille: & en ceſt affaire luy conuiét vſer de deux termes diuers. Premierement il le doibt redoubter en ſa penſee, & en ſon ordre: apres il le doibt
meſpriſer en ſon parler, & que par toutes ſes demonſtrances exterieures il
n'en face comme point de compte. Ce faiſant, il cógnoiſtra que ceſte mode
derniere ſera cauſe que ſes Souldardz eſpererót tant mieulx d'obtenir vi-
ſtoire de leurs aduerſaires: & en l'autre mode le rédra tát plus cault & aduiſé pour ſe garder de ſurprinſe. Ce qui eſt plus que neceſſaire quant on eſt
en terre d'énemis, a cauſe de ce que lon eſt mille fois plus expoſé a beaucoup
de perilz, que lon ne pourroit eſtre a vn iour de Bataille. Pourtant vn Gene
ral deuroit eſtre diligent au double en celluy temps la, & deuroit auoir de-
ſcript & painſt tout le pais par ou il chemine, en ſi bonne ſorte qu'il ſceut
tous & chacuns les lieux du pais, les diſtances d'vne ville & d'vne place a
l'autre, & les chemins, les ſentiers, les montaignes, les fleuues, les maretz, &
toutes leurs qualitez. Et pour bié ſcauoir tout cecy, il fault qu'il attire a ſoy
par diuers moyens ceulx qui en ſcauent la verité. Et apres les doibt interro
guer diligemment, & s'enquerir auec eulx de tout. Ce faiſt, les parolles de
ceulx qui entédront ainſi ces choſes, ſeront cófrontees les vnes auec les autres, pour noter ſi elles ſeront ſemblables ou cótraires. Et pour en eſtre mieulx aſſeure, il deuroit enuoyer de ſes Gens de cheual vn peu auant en pais,
& auecques eulx quelques ſages Chefz, non pas tát pour deſcouurir la force ne l'eſtat des ennemis, cóme pour cótépler le pais, & regarder ſi la deſcrip-
tion baillee par les autres ſeroit veritable, & ſi leur dire accorderoit auec
la verité. A vne autre choſe luy fault encores prendre garde de pres, c'eſt a
faire garder ſeurement ceulx qui guident ſon Oſt: car mainteſſois les faulx
& traittres guides ont eſté cauſe de la perte de pluſieurs gés de bien, & les
eſpions auſſi: pour eſtre bien ſeruy deſquelz, leur fault promettre qu'ilz ſeront bien guerdonnez de leur peine, mais qu'ilz facent leur office fidele-
mét: & a faulte de ce faire & qu'ilz le deceuſſent, les menaſſer de mort: ſur
tout que ſon armee ne ſache iamais le lieu ou il la veult mener: car en tout
le faiſt de la guere, n'y a choſe plus vtile que tenir ſecret ce que lon entend
faire

faire. Et a celle fin qu'vn Oſt ne puiſſe eſtre eſtonné ne troublé par quelque
ſoubdain aſſault, les Souldardz deuroient eſtre preſtz a toute heure de rece
uoir les ennemis, c'eſt a dire tous aduiſez & côſeillez de ce qu'ilz ont a faire:
(ſi tant eſt qu'ilz ſoiét aſſailliz de nuiét ou de iour: tandis qu'ilz ſe repoſent,
ou ce temps pendant qu'ilz ſont en chemin) car les choſes preueues offen-
ſent tant moins. Il fault encores noter ceſt aduertiſſemét, pour ſ'en ſeruir
adonc que lon marche ainſi par pais: c'eſt que l'vne partie de l'armee ne ſeſ-
loigne de l'autre. Et pour ce que les vns vont aucuneſtois trop toſt, & les au
tres trop lentement, il eſt beſoing de colloquer certains Chefz expres ſur le
deuant & ſur le derriere, & parmy les Batailles, leſquelz ayent la charge de
faire garder le pas d'vne meſme forme & d'vn temps, en retenant ceulx qui
ſ'aduancent trop, & en ſolicitant les autres qui cheminent trop bellement.
Ou ſi le General ne faiét faire ce que ie dy, il eſt force que l'ordonnance de-
uienne greſle en peu d'heure: qui peult eſtre cauſe ſouuenteſtois de mettre
l'Oſt en deſarroy. Le pas de chacun ſera donc meſuré ſelon la batterie des
Tabourins, & ainſi l'alleure ſera tout vne. L'ordonnance ſimple de chacune
Legion pour le téps qu'elles marchent enſemble (ie veuil dire vne apres autres, & qu'elles ſoient aſſez loing des ennemis) doibt eſtre de XXI homme
pour renc, qui vouldra renger prôptement les Legiós en Bataille: parquoy
il fauldroit donner ordre que le chemin ou elles auroient a paſſer, fuſt du
moins aſſez ample pour receuoir icelluy nombre. Le General doibt encores conſiderer la couſtume & la qualité de ſon ennemy, aſcauoir mon ſil eſt
couſtumier de l'aſſallir de matin, ou de ſoir, ou de nuiét: & ſemblablement
ſil eſt plus puiſſant de Gens de pied, ou de Gens de cheual, a celle fin qu'il ſe
pouruoye ſur ce comme il entend.

Côme c'eſt que le Lieutenant general ſe peult gouuerner quand
il ſe ſent trop foible pour attendre ſes ennemis, auec certaines ruzes pour eſchapper de leur danger, quand on y eſt tumbé, & autres ruzes pour auoir l'aduantage ſur eulx.   Chapitre VI.

ENSVYT que nous parlons de quelque accident particulier. Il aduiét par fois qu'vn General leue ſon Camp d'empres
celluy des ennemis, d'autant qu'il ſe ſent foible: & ainſi n'eſt
point deliberé d'accepter ne de preſenter la Bataille, aincois
la veult fuyr de ſon pouoir. Tant y a que les ennemis luy ſont
touſiours au doz, & tachent de la côſuyir tant qu'ilz peuuent. Et pour ce
que cedit General faiét tant qu'il arriue iuſques le bort d'vn grand Fleuue,
lequel luy oſte le temps de paſſer promptemét, entát que l'ennemy eſt pour
le r'attaindre tandiz qu'il eſt ſur poinét, & conſequemmét pour le forcer
a côbatre mal gré qu'il en ayt: Le remede eſt en ce cas de faire ſelon l'exéple de Sertorius, lequel ayant les ennemis ſur les eſpaulles, & eſtát venu iuſques ſur la riue d'vn Fleuue qu'il luy conuenoit paſſer, il ſ'aduiſa pour arreſter ces ennemis ce pendát qu'il paſſeroit, de ceindre ſon Camp d'vne trenchee en forme de croiſſant, & de la faire remplir de matiere apte a bruſler:
ce qui fuſt faiét, & apres y attacha le feu: la flambe duquel eſtoit ſi forte, que

les ennemis ne foſerent oncq' auenturer de paſſer oultre: parquoy il paſſa
la ſuſdicte Riuiere franchement, & ſe ſaulua. Pelopidas de Thebes fiſt le
ſemblable en Theſſalie. Hanno eſtant encloz de ſes ennemis, enuironna le
lieu par ou il vouloit eſchapper de force fagotz, ſans y faire trenchee, & y
fiſt bouter le feu, dont que les ennemis eſtant appellez a garder les autres
yſſues (car ilz n'euſſent iamais cuyde qu'il deuſt paſſer par la) il ſortit auec
ſes Gens au trauers de cedict feu, ayant admoneſté ſes Souldardz de couurir leur face a tout l'Eſcu, & les cuiſſes a tout leurs Sayes. Quintius Luctatius eſtant preſſé par les Cimbres qui eſtoiét a ſes tallons venuz (qui fuſt au
bord d'vne Riuiere) il fiſt ſemblant de les vouloir attédre, pour auoir tant
meilleur loyſir de paſſer: & a ces fins il faignit de poſer ſon Camp en icelluy
lieu, & fiſt faire quelques trenchees, & dreſſer quelques Pauillons: & ſi enuoya auſſi vne partie des varletz du Camp au fourage: a cauſe de quoy les
Cimbres cuyderent que les Romains deuſſent ſeiourner en icelluy lieu
toute nuict. Et pour ce ilz ſe commencerent a loger de leur coſté, & ſe diui
ſerent en pluſieurs partz, tant pour aller en fourage, comme auſſi pour donner ordre a recouurer viures. Sur ce Luctatius ſe prenát garde de leur có-
uenant, fiſt r'appeller ſoubdainemét ſes fourageurs, & quant & quant paſſa la Riuiere ſans eſtre de rien empeſché: pour ce que ſeſdictz ennemis eſtát
eſgarez, cóme dict eſt, ne l'euſſent iamais aſſailly ſur ce poinct. Et ſi n'y auoit
auſſi point d'ordre qu'ilz ſe peuſſent r'aſſembler incontinent pour le pourſuyuir. Creſus voyant qu'il ne pouoit paſſer a gué vn fleuue nómé Halis: &
auſſi qu'il n'auoit aucuns baſteaulx, ne matiere de quoy on peult dreſſer
ſoubdainement vn Pont, il fiſt faire vn grand foſſé, lequel partoit du ſuſdict fleuue, & paſſoit au derriere de ſon Camp, & voulut qu'il fut ſi treſ-
fond, que la maire de la Riuiere, ou du moins le plus fort d'icelle, peult ſortir de ſon premier canal: ce qui fuſt faict, & ladicte Riuiere ſ'abaiſſa tellement, qu'elle fuſt ayſee a paſſer apres quaſi a pied ſec. Au regard des fleuues
qui ont aſſez bon gué, mais qui ſont merueilleuſement roides, & que long
a beſoing de les paſſer tát ceulx de pied, que ceulx de cheual, il ne fault faire autre choſe, que colloquer vne partie de Gens de cheual mieulx mótez
ſur le hault de la Riuiere encontre le fil de leaue, pour ſouſtenir & rompre
ſa roideur, & que l'autre partie ſe mette ſur le bas, en laiſſant vn paſſage am
ple entre deux, par lequel les Pietons & autres mal montez pourront paſſer ſans peril. Et ſi tát eſtoit que l'eaue en abatit quelqu'vn, ceulx cy qui ſót
au bas les ſecourront & releueront. On paſſe auſſi les fleuues qui ne ſont
gayables, a tout des Pontz aſſis ſur Baſteaulx: leſquelz & enſemble les Baſteaulx peuuent eſtre chariez apres le Camp, ainſi que nous auons veu de
noſtre temps que le Roy en a faict faire vn, lequel eſtoit aſſez fort pour
ſouſtenir tout grand faix: & meſmes la plus groſſe Artillerie paſſoit ſeurement par deſſus, & touteffois il eſtoit portatille & ayſe a charoyer: car vne
charette portoit legerement vn d'iceulx Baſteaulx, & les æs qui ſe mettoient deſſus. Il ſe peult dreſſer encores de pluſieurs autres ſortes de Pontz
a paſſer fleuues promptement: mais celle des Baſteaulx eſt la plus ſeure.
Et pour ce que les ennemis filz ſont de l'autre part, empeſchent aucuneſfois

fois d'affeoir vn Pont, où bien ilz defendent le gué & le paffage: ie ne fcay
meilleur exemple pour vaincre cefte difficulté, qu'imiter Cefar, lequel ayãt
fon Oft fur le bort d'aller en Auuergne, voyant que Vercingétorix tenoit
l'autre cofté, lequel auoit faiᶜt abatre tous les Pontz, & que par ainfi il
ne pouoit paffer: il f'aduifa de cheminer quelques iours le long d'icelle Riuiere, attendant que quelque occafion luy aydaft a paffer: mais d'autant que fes aduerfaires marchoient de l'autre part efgal a efgal de luy, en
intention de luy contredire le paffage f'il faifoit femblant de paffer: Cefar
n'en peult trouuer le moyen de certains iours: touteffois a la fin il trouua
vn lieu affez couuert d'Arbres ou il fe logea: & le matin il f'arrefta en icelluy lieu auec vn nóbre des fiens, & en enuoya les autres, fuyuant leur chemin comme ilz auoient faiᶜt les autres iours precedens, en coftoyant la
Riuiere. Et cecy fift il en intétion de refaire illec le Pont qui auoit efté ró-
pu peu de iours parauãt, des qu'il penferoit que fes ennemis fuffent arriuez
a leur gifte, & ainfi fuft faiᶜt: car Vercingétorix cuydant que tous les Romains fuffent encores enfemble, cótinua auffi fon chemin: & ne f'aperceuft
iamais de la ruze de Cefar, que le fufdiᶜt Pont ne fut premierement refait
& fortiffié. Parlons auffi d'vne armee qui fe trouue enfermee entre deux
Montaignes bien haultes, ou n'a que deux yffues: afcauoir celle de deuant,
& celle par ou elle eft entree: & mettons le cas que ces deux voyes foient
occupees par les ennemis, & le hault des montz auffi: le remede a la verité
eft de faire vn grãd Foffé vers la partie par ou ladiᶜte armee eft venue, a celle fin que les ennemis cuydent que c'eft pour les arrefter tandiz qu'ilz f'ef-
forcerót de fe faire ouurir le pas deuant: & pour confirmer mieulx leur opinion, fauldra faire femblant de marcher oultre en auant, pour forcer ceulx
qui tiendront le paffaige: & adonc ce fera grand auenture fi le derriere &
les coftez ne fe vuydent d'ennemis, pour fe faire tant plus fortz au lieu ou
ilz fe doubtent que noz gens doyuent combatre aux leurs: & fi tant eft
qu'ilz abandonnent ainfi le derriere, il ne fault finon getter foubdainemét
vn Pont fur ladiᶜte foffe, & f'en retourner par ou lon fera venu: ainfi ef-
chappa Pericles du danger des Peloponnefiens. Quintius Flauius Conful
Romain eftant enfermé dedens les Montaignes de Genes, fans en pouoir
fortir, f'il ne faydoit de quelque ruze, enuoya certain bon nombre de Numides a cheual vers l'vn des endroitz que les ennemis gardoient, lefquelz
fe rengerét de prime face en Bataille, pour defendre le pas: mais voyant que
les Numides ne faifoient autrement femblant de forcer lediᶜt pas: & d'a-
uantage quilz eftoient en paouure ordre, & leurs cheuaulx trefmaigres: ilz
les eftimerent fi peu, qu'vne grand' partie de ceulx a qui la garde d'icelluy
paffage touchoit, fe retira au logis, & les autres fortirét de leurs lieux pour
regarder de plus pres les cingeries que lefdiᶜtz Numidiens faifoiét expreffement pour les abufer: dont f'en enfuyuit que les Numides f'apperceurent
de la mauuaife garde que les ennemis faifoient: parquoy ilz picquerét leurs
cheuaulx des efperons tout a vn coup, & chargerent d'vn faix fi viuemét
fur les ennemis, quilz les enfoncerent, & efchapperét d'icelluy deftroiᶜt: &
apres eftre ainfi efchappez, ilz fe prindrent a courir & piller le pais, en telle

forte que les aduerfaires furent contrainctz de laiffer l'yffue franche audict Conful,& aux fiens,pour entendre a la defenfe de leur propre bien,lequel eftoit deftruict iournellement par les fufdictz Numidiens.Brafidas Lecedemonien eftant affailly d'vne grand' multitude d'Atheniens , ferra fes gens enfemble le plus qu'il peuft:a caufe dequoy fes ennemis eurent faculté de lenclorre:mais encloz qu'il fe va veoir,il chergea auec tous les fiens fur la plus foible partie defdictz ennemis,& par celluy endroict fe fift faire voye a force d'armes.Marc Antoine comme il marchoit en fe retirãt du pais des Parthes ou Craffus auoit efté occiz fraifchement,voyant que les ennemis l'affailloient d'ordinaire des le bon matin,& qu'ilz l'efcarmouchoiét & faf-choient tout le long du iour,& iufques a ce qu'il fe logeroit, & qu'adonc ilz le laiffoient en paix , & f'alloient loger bien loing de fon Camp:pour auoir moins de difficulté de faire le furplus de fon chemin, il delibera vn iour de non defloger qu'il ne fuft fort hault heure, ce qu'il fift :furquoy les Parthes penfant que les Romains ne deuffent bouger d'illec qu'il ne fuft lendemain,f'en retournerét a leur logis:& Marc Antoine deflogea inconti nent apres,lequel euft affez bon loyfir de cheminer le remanét du iour,fans eftre moleité aucunement.Sur ce propos ie puis faire mention d'vne chofe que fes Souldardz firent par fon confeil,pour fe couurir de la grande quan-tite des fleches que les Parthes tiroient côtre eulx, c'eft de f'agenouiller vn genouil a terre , toutes les fois que lefdictz Parthes venoient a defcocher leurs Arcs : & que le fecond renc des Batailles mift les Efcuz fur les te-ftes de ceulx du premier renc:& ceulx du tiers fur les teftes de ceulx du fe-cond : le quart fur ceulx du tiers:& ainfi fucceffiuement,tant que tous les rencz fe trouuoiét couuettz,comme filz fuffent deffoubz vn toict:laquelle maniere pourroit eftre obferuee de noftre temps par noz Legionnaires,au moyen de leurs Rondelles,fi tant eftoit qu'ilz uinffent quelque fois au dá-ger des Archiers.Durãt la guerre des Anglois,les Pauois eftoient en vfage, lefquelz ne feroient pas mauuais en ce temps icy , mais qu'ilz fuffent faictz en telle forte que la Harquebuzade ne les peuft percer,& en auoir vn renc pour le deuãt de chacun Bataillon, & que certains hommes fuffent depu-tez a les porter,a celle fin que les premiers rencz des Batailles fe trouuaf-fent entiers, quant ilz viendroient main a main auec les aduerfaires. Ie ne vueil obmettre en ce lieu vne reigle de l'art de la guerre, laquelle eft de grand'importance:afcauoir eft de faire ouuerture & paffage aux ennemis aucuneffois, quant ilz font tellemét encloz,qu'ilz ne peuent efchapper de nulle part, finon que lon ait quelque grand' auãtage fur eulx:car il y a dan-ger qu'ilz ne nous portent vn merueilleux dommage fe voyans defefperez: pour ce que les bons Souldardz qui font eftat qu'ilz ne peuent mourir plus d'vne fois,f'efforceront de vendre fi cheremét leur vie,qu'il en foit memoi-re long temps apres:& par fois cefte defefperation eft caufe du falut de ceulx qui fe treuuent en ce peril,a caufe de ce qu'ilz font alors de neceffité vertu : côme il falluft que les Anglois fiffent a la Bataille de Poictiers,la ou ilz fe trouuerét vne bié pétite poignee de gens encloz de toutes pars,d'vne grand'multitude de Francois, lefquelz ne vouloient auoir gueres raifon

d'eulx.

d'eulx.Parquoy comme defefperez d'efchapper d'icelluy lieu , lefdictz Anglois f'arrefterent tous a vne conclufion : c'eft qu'il leur eftoit plus honnefte d'eftre furmontez en combatant vertueufement (iacoit qu'ilz deuffent
tous mourir) que non pas efchapper pour eftre vituperez apres toute leur
vie:& fur cefte deliberation ilz côbatirêt fi bien,que les noftres qui eftoiét
dix contre vn d'eulx,furent lourdemét deffaitz,& chaffez,& le Roy Iehan
prins.Pourtant il faict bon eftre gratieulx en tel cas, & mefmement quand
on eft en vne Bataille que les ennemis fe defendent comme par force : car
il vaudroit mieulx leur faire ouuerture par quelque cofté,leur donnant efperance de fe pouuoir fauuer, que de les vouloir deffaire de tous poinctz,
& tumber en peril d'eftre deffaict,ou de perdre plufieurs des fiens : pource
que ce paffaige que lon leur faict,n'eft pas leur donner congé du tout : ains
c'eft chercher tant meilleur moyen de les rompre,fur ce qu'ilz cuydêt eftre
quittes,& hors de danger : & qu'alors chacun de ceulx qui fe deffendroiét
vigoreufement,eftant contrainctz de ce faire, ne tachent & n'entendent a
autre chofe qu'a fe fauuer : parquoy qui d'vnepart & qui d'autre, tous cer-
chent quelque remede d'efchapper:& ce faifant,tous enfemble fe font rô-
pre,d'autant que chacun entend feulemét a foy mefme. On doibt auffi faire voye a vne armee d'ennemis quant elle femble eftre affez forte pour fe
defendre en pleine campaigne,f'il eft cas qu'elle quitte la place fans comba
tre,en confeffant qu'elle n'eft pas pour fes ennemis,ou qu'elle n'oze attédre:
car le feul defpart qu'elle faict, ayde grandement a la reputation de celluy a
qui la place demeure toute quitte : & de tant plus que ceftedicte armee fe
retire fecrettemét,& a cachettes,de tât plus en augmente le bon bruict de
cedict Chef icy.On fcait bié de la rettraicte que les Efpagnolz firét de nuict
au partir de Troye,fans fonner Trompette ne Tabourin,que ceftedicte retraicte dóna plus de reputation au nom de Monfeigneur de Lautrec,que
n'euft prefque faict vne victoire.Et cecy preuoyoit il clairement,qui fut la
caufe que pour ne contraindre point les ennemis a combatre fur ce qu'ilz
fen alloiét ainfi coyemét,& par ce moyé cheoir en quelque peril. Et femblablement pour manifefter tant mieulx que fefdictz aduerfaires n'eftoient
nullemét fes pareilz,il ne leur vouluft point côtredire le pas:aincois eftant
aduerty de leur fuyte affez a témps, & comme quelqu'vn l'enhortaft a donner fur eulx,il refpondit auec Scipion,que non feulemêt deuoit on laiffer
la voye franche aux ennemis pour fen fuyr : mais dauantage la leur deuoit
on reparer & ouurir. Ce propos requiert encorés que nous parlons d'vn
grant poinct:c'eftafcauoir en quelle maniere fe peult retirer vn Oft de deuant vn autre adonc qu'il fe fent trop foyble pour combatre fes aduerfaires,ou pour les attédre:car les bons Capitaines bien experimentez affermét
qu'en tout le faict de la guerre,n'y a chofe plus dangereufe : pour ce que
quád vn General fe retire d'aupres de fes ennemis fans côbatre,il ofte adóc
le cueur aux fiens,& le donne a ceulx la:mais tant y a que ces chofes aduié
nent affez fouuét,a caufe dequoy il fault dire par quelz moyens on fe pourroit retirer,fans trop grand peril.Premierement il fault que les Souldardz
ne fcachét point que leur general fe retire pour fuyr le combat:ains qu'ilz

ayent opinion que ceste retraicte se faict pour attirer les ennemis en quelque lieu plus cómode,auquel ilz sattendét auoir meilleur marché d'eulx: ou bien leur faire entendre que c'est en intention de se faire suyure pour amener leusdictz ennemis en quelque embusche : autremét qui n'alleguera a ses Souldardz quelque raison vray semblable d'vn tel departement, il est force que les Souldardz estiment que leur General se retire ainsi pour doubte des ennemis,n'ayant esperance de leur pouoir resister silz viennét au combat:a raison duquel desespoir ilz tumbent d'ulx mesmes envne telle paour,qu'a peu de force que les ennemis leur facent, ilz se mettront legerement en fuyte, principalement si c'est de nuict: car on dit que vergogue serre ses yeulx la nuict,& n'y voit goutte.Il fault donc desloger en telz lieux si trescoyement,que les ennemis ne le puissent sentir:car il y auroit dáger quilz ne fissent alors quelque charge,moyennát laquelle ceulx qui seroient desia effrayez,se pourroiét mettre facilement en desarroy. Pourtát ceulx qui ont esté contrainctz autresfois vser de telles retraittes, mettoient leurs Gens de cheual deca & dela de deux costez,en forme de deux hayes: & laissoient vn chemin entre deux,par lequel leurs Pietós se retiroiét estás couuertz de leusdictz Gens de cheual, tellemét qu'a grand peine pouoient ilz estre apperceuz des ennemis. & en ceste maniere en faisoient aller leurs Batailles vne apres autres. Et adonc que l'yne estoit eschappee,elle se faisoit forte en quelque lieu hors de la veue des ennemis,en attédant que les autres arriuassent,lesquelles se retiroient de mesme la premiere: & finablemét toute larmee se mettoit a sauueté. Il fault estimer que si cecy ce faisoit de iour,que ce deuroit estre en quelque païs couuert, ou bien vny : car pour peu de montaigne que les ennemis eussent eu en leur puissance, ilz eussent descouuert facilement ceste allee.L'ordre qu'vne armee du temps iadis obseruoit en se retirát de nuict estoit tel : Premieremét apres auoir aduisé par quel endroit ilz se deuoient sauuer,& a quel cry ; ou a quel son de Trompette ilz deuoiét estre prestz a partir, le General en enuoyoit deuát vn bon nombre de Gens armez legeremét, comme nous pourrions dire les Enfans perduz,que i'ay dressez en ce liure,lesquelz se deuoient saisir secretement des lieux auátageux,& de tous les destroictz par ou le Camp se deuoit retirer:& adonc que le General pésoit qu'ilz eussent occupé le tout, il se mettoit en chemin auec son armee, & suyuoit les premiers le plus coyement qu'ilz estoit possible. Or si les ennemis s'apperceuoiét de leur despartemét, ilz taschoiét a gaigner les passaiges que leurs gens tenoient desia en la plus extreme diligence qu'ilz pouoient,sans toutesfois rompre leur ordre : & si en se retirant ainsi ilz estoient poursuyuiz,leurs Gens legeremét armez(car ilz en auoiét encores auec eulx la moyttié ou plus)se tenoiét sur la queue, & aux flancz auec leur cheuallerie:tous lesquelz ensemblement resistoient de tout leur pouoir en escarmouchát, & sans arrester gueres en vn lieu, & suyuát les Batailles le plus pres qu'ilz pouoient:pource que de les esloigner n'eust pas esté sagemét faict:& en ces entrefaictes les Batailles & eulx mesmes aussi auanceoient chemin,tant qu'a peine estoient ilz endommagez par leurs ennemis,n'empeschez d'arriuer au pas que les leurs gardoiét. Estant

paruenuz iufques auquel ilz farreftoient tous, & fe campoient illec : & fi
le lieu eftoit propice pour ce faire, & qu'ilz y congneuffent leur aduantage,
& pour auoir ce qui leur feroit neceffaire fans danger, & pour eftre fecou-
ruz malgré les ennemis, autrement ilz paffoient oultre, & les gens legerement armez qui eftoient tantoft a la queue, marchoient ores au front, &
tout l'Ooft les fuyuoit, & ceulx qui auoient occupé les paffages parauant,
lefquelz eftoient fraiz & repofez, fe tenoient fur la queue : & repoulfoient
lefdictz ennemis, ce pendant que les autres gaignoient terre, & eulx auffi
toufiours a leur doz, en efcarmouchât & repoulfant les aduerfaires iufques
a tant qu'ilz arriuoiét a leur gifte. Et cecy eft quand a ceulx qui fe retiroiét
voyant les ennemis, qui eftoit trop plus difficile que filz fuffent partiz fans
auoir efté defcouuertz d'vne bonne piece apres ce qu'ilz eftoiét defloignez,
ou iufques au lédemain : car ilz euffent eu tádiz affez temps pour efloigner
leurs ennemis. Et ceulx qui veulent defloger ainfi au defceu de leurs ennemis, doyuent vfer de tous les termes qui leur peuuent faire accroire qu'ilz
font toufiours dedens leur fort : & pource fault il que les feuz ne f'eftaignêt
point d'vn long temps : ains quilz foient pour durer iufque'au iour, & a ces
fins y mettre force boys. Et dauantage on peult attacher les corps des mors,
fil en y a, tout entour les rempars : lefquelz foient fouftenus de quelques
pieux, & veftuz & embaftonnez, côme filz eftoient en vie : ou bien y mettre de groffes buches, & les veftir de quelques accouftremés de Souldardz :
ou bien remplir cefdictz accouftremens a tout du foin, & laiffer quelques
cabaffetz le long dudict rempar, & y coucher des Baftons de boys pour reprefenter les Harquebuziers a tout des meches allumees : car l'vne de ces
chofes feruira pour la nuict, & l'autre pour le iour. Et oultre plus ló pourroit laiffer aucuns chiens, bœufz, afnes, & cheuaulx attachez a des arbres fur
le dedens du Camp : le braire, hennir, & huller defquelz fiffent penfer aux
ennemis que les gens y font encores : ouy & des cocqs (fi les Souldardz en
auoient : car les Allemans & Suiffes en ont bien) il ne feroit que bon de les
y laiffer liez par les piedz. Et ie faiz mon compte que ces rufes ayderoient a
celer le defpartement d'vn Oft. Et la & quand l'Artillerie ne fe pourroit
fauuer, il la fauldroit rompre pluftoft, & emporter les pieces pour la refon-
dre quelque iour, où l'enterrer en telle forte qu'il feuft difficile de la trouuer : au pis aller, on ne pourroit que la perdre, quand elle tumberoit bien
entre les mains des ennemis : enquoy n'y auroit pas telle perte que le dómage qui pourroit tumber fur les hommes ne fut plus a craindre : pource que
lon peult recouurer Artillerie a moindre difficulté, que lon ne faict pas les
hommes, qui feront defaictz pour la garder : touteffois auiourdhuy nous
faifons telle eftime de la côferuer, que nous en oublions quafi tous noz autres affaires, faifant noftre compte que mais qu'elle fe puiffe garentir, que
c'eft tout : & fi lon l'abandonnoit, que tout feroit perdu : a caufe dequoy on
laiffe fouuent a donner ordre a plufieurs chofes d'importâce eftant empefchez d'vne grand' quantité d'Artillerie, laquelle ne fe peult laiffer mal accó
paignee, obftant la reputation que nous luy donnons, & qu'il eft requis aucuneffois faire vne diligence extreme, foit pour endommager les ennemis,

ou pour foy garder de leurs mains:& par ce moyen abandonner cefdictes
Artilleries,ou faire mal fes befongnes,comme nous fifmes trefmal les noftres a L'andrian,a l'appetit de fauuer vn mefchant canon. Parquoy il vaudroit mieulx touteffois & quátes on eft ainfi en dur party, tafcher a mettre
les Souldardz a fauueté (iacoit qu'Artillerie, bagues, & autre bien,fe deuft
perdre) que nó pas hazarder les hómes pour retirer vne chofe qui fe peult
recouurer apres facilement. Et pour ce que i'ay parlé de la tetraicte qui
fe faict voyant les ennemis:il fault faire mention de celle qui fe faict a leur
defceu. Et mettons le cas que le General foit defparty de nuict fi fecrettemét que les ennemis n'ayent point fenty fon allee,long temps apres ce qu'il
a eu deflogé:il eft a croire qu'en peu d'heure il fera vn treflong chemin,&
tel qu'a grand peine le pourront aconfuyir fes ennemis quelque diligence qu'ilz facent.Et quand ainfi feroit qu'ilz le pourfuyuroient,ou bié qu'ilz
le pourroient pourfuyure,fi bon leur fembloit,ce General n'a meilleur cófeil que de cheminer iour & nuict fans gueres repofer,iufques a ce qu'il foit
hors de danger:& que durant le feiour qu'il fera fur fon chemin,il fe donne de garde de n'eftre iamais vne feule heure fans bon guet, ne fans auoir
quelques gens de cheual bien mótez aux efcoutes fur toutes les aduenues,
affez loing des fiens,& que fes gens ne f'efcartent point:aincois qu'ilz foiét
preftz a toute heure de receuoir ceulx qui les vouldroient affaillir : & auffi
pour fe remettre en chemin des qu'il en fera temps:& ce quand aux repas
qu'ilz prendront fur iour:Mais quant a repofer de nuict,il fault que ce foit
le plus brefuement qu'il fera poffible, & toufiours les armes en la main:&
que chacun foit en poinct pour foy defendre.Si l'arreft qu'ilz feront ainfi de
nuict deuoit eftre gueres long , ie ferois d'aduis que le General logeaft fes
gens en quelque lieu fort & auantageux:combien que le plus feur eft qu'il
ne f'arrefte point ce pendent qu'il fe voit deliuré de fes aduerfaires:mais bié
qu'il gaigne pais le plus qu'il pourra:car il fe doibt fouuenir du peril ou il fe
trouuoit nagueres, & penfer en quelle peine il feroit eftant rattaint par fa
faulte.Il luy vault donc mieulx faire diligence tandiz qu'il fe peult faire frá-
chement,qu'attendre la venue de fes ennemis,pour eftre contraict a combatre,ou de tumber en leur mercy:Ce faifant il fauuera foy mefmes & les
fiens,oftant toute commodité a fes ennemis de le rattaindre,& ainfi de le
forcer de venir au combat:car il fault bien qu'eulx mefmes qui font mainte
nant les plus fortz,fongent a leur affaire:& qu'ilz fe gardét de chaffer & de
pourfuyuir follement,pour raifon des embufches qui fe font en telles chofes contre les pourfuyuans,lefquelz deuiennét adonc fi trefaudacieux,qu'ilz
ne daignent aduifer a cas qui leur puiffe aduenir. A raifon dequoy on les
peult furprendre aifeement,& leur donner de tref bonnes fecouffes:& par
fois les rópre tout a plat,pour petit que leur Chef general foit hóme eftour-
dy & auentureulx:auquel inconuenient tumbent aucuneffois les plus ru-
fez. Et les bons Chefz qui le veulent euiter de leur pouoir,procedent en
cecy le plus froydemet qu'ilz peuent:& de tant comme ilz y procedét plus
froydement,de tant plus font ilz forcez de retarder l'alleure de leurs gens:
lequel retardement prefte toufiours temps d'aduancer chemin a eulx qui
fe retirent:

retirent: auffi vault il mieulx eftre en ce faict icy pareffeux, que trop diligent: car ceulx qui fe retirent de deuant eulx, ont plufieurs moyés de nuyre aux pourfuyuans, & de les arrefter: mefmement fi leur chemin fadonne
par pais fort, ou par quelques foreftz, moyennant les arbres qu'ilz pourront
coupper & faire tref bucher fur le trauers des chemins : & femblablement
par les embuches qu'ilz peuent faire a leur auantage eftant ainfi en lieux
fortz & couuers, & en pais ou il y ait quelque vallee, ou baricane : ou bien
autre lieu apte a f'embucher, tandiz que larmee marche. Lefquelles embufches ferót dreffees de quelques gens qui foiét bien en iambez, & des plus
legerement armez, fil eft cas que lon y mette gens de pied : & fi lon dreffe embufche des gens de cheual, on y en doibt auffi laiffer des mieulx montez, lefquelz fe puiffent retirer feurement apres ce qu'ilz auront faict quelque dommage aux ennemis. Et pour faire cecy, ne ferois ie pas d'opinion
qu'ilz arretaffent trop longuement en fes aguetz: car il y auroit danger que
fi les ennemis f'en apperceuoiét, qu'ilz ne fe miffent entre leur Oft & eulx:
& par ce moyen qu'ilz leur coupaffent chemin, & leur oftaffent la faculté
de retourner a leurs gens. Mais fi ces chofes font conduittes fagement fans
efloingner les vns les autres: les pourfuyuás feront pour fentir plus de dô-
mage, a caufe de leur chaffe, que ceulx qui fe retirent ne fentiront, pour raifon de leur retraicte: car ceulx cy f'entrefecourront beaucoup mieulx au be
foing, eftant affez pres les vns des autres, que ne feront pas ceulx qui les
pourfuyuent indifcretement, & a qui mieulx mieulx . Et mais que ceulx
qui fe retirent aduifent fongneufemét a ces petitz poinctz, & qu'ilz fe fai-
fiffent de bonne heure des paffaige difficiles, par ou ilz doyuent paffer, fans
attendre que les ennemis y atriuét les premiers: il eft a efperer qu'ilz fe fau-
ueront malgré tous leurs aduerfaires, finon que quelque autre grand incó-
uenient leur aduint en chemin, auquel fauldroit pouruoir en l'vne des fortes que nous auons dit deffus, en parlant des moyens que lon peult garder
pour efchapper d'vn lieu dangereux. Et quát ainfi feroit que ie n'aurois tracté de tous les perilz efquelz peuent tumber parfois ceulx qui excerceút le
faict de la guerre: ie prefuppofe qu'en ayant parlé des plus communs, que facilement vn Chef general(fil eft des moyennement bons) trouuera le remede de foy mefme pour donner ordre aux autres. En la maniere fufdicte a
mon aduis fe pourroient retirer ceulx qui ne fe féntent affez fortz pour attendre l'aduenture d'vne iournee. Et au contraire fi ceulx qui les pourfuy-
uét ont faict fi paoure guet qu'ilz ne fe foient point apperceuz de leur defpartement de bonne heure, & qu'ilz les ayent defia grandement efloignez
auant qu'ilz f'en foient donnez de garde : n'y a autre ordre que de mettre
peine de reparer leur negligence en quelque bonne forte. Et fi tant eftoit
qu'ilz euffent fenty leur partement parauant, ou par coniecture, ou par ad-
uertiffement: il fauldroit qu'ilz fe feuffent faifiz des paffages, & les auoit rópuz a tout des trenchees, ou les auoir empefchez a tout des arbres, & autres
chofes qui puiffent arrefter les paffans. Et d'auantage il fauldroit tenir les
Bataillons en poinct de combatre, & tout l'Oft preft a partir a toute heure
qu'il en feroit temps : & pour l'auoir plus preft, luy faire prendre fon repas

M

fans le laiſſer ſortir hors de ſon ordre, a celle fin qu'ilz peuſſent aſſaillir leurs
ennemis de quelque heure qu'ilz feroient ſemblant de ſe mettre en chemin, ou pour les ſuyuir au tallon, & les enfermer entre eulx, & le pas qui ſeroit deſia occupé. Et poſé le cas que le pais fut ſi ouuert qu'il n'y euſt remede de leur empeſcher le deuant: il me ſemble qu'en ce cas qui les vouldroit
arreſter, leur deuroit faire des charges ſur la queue, menu & ſouuent : & les
preſſer en telle ſorte que les derniers fuſſent contrainctz de ſ'arreſter pour
ſoy defendre, & conſequemment les premiers pour les ſecourir : & que ces
charges ſe fiſſent par les Harquebuziers a cheual, & par les Eſtradiotz: parmy leſquelz y euſt vn treſbon nombre d'Enfans perduz, ou quelques vnes
des Bendes extraordinaires, ſil y en auoit pour lors au Câp. Et ſi les ennemis eſtoiét trop fortz de Gés de cheual pour ceulx cy, il fauldroit enuoyer
vne partie des cheuaulx legers , & que les Batailles marchaſſent diligemment en treſbon ordre pour combatre leurſdictz aduerſaires, auec la plus
legere artillerie quilz auroient , ayant laiſſee lautré poiſante en lieu ſeur:
enſemble le bagaige, pour eſtre tant plus deliures pour faire vne bône diligence, & n'auoir choſe auec eulx qui les peuſt empeſcher de les pourſuyuir,
ne de les combatre des incontinent qu'ilz les auroient attainctz : mais la &
quand leſdictz ennemis feroient deſlogez ſi ſecrettement qu'ilz pourroient
eſtre deſia beaucoup eſloignez auant que les autres ſen fuſſent raduiſez, tellement qu'il n'y auroit plus ordre de les rataindre de tout celluy iour: Ie ny
voy autre remede que ſoy mettre apres, & que le Chef general preigne bié
garde a les pourſuyuir ſagement, touſiours ſur ſa garde, ſil ne veult cheoir
en l'embuſche de ſes aduerſaires': & en les pourſuyuant ainſi, pourra eſtre
que les ennemis penſeront eſtre eſchappez hors de ſes mains : & par ce
moyen peult eſtre qu'ilz deuiendront ſi negligés, qu'ilz luy preſterôt d'eulx
meſmes la faculté de ſe faire rataindre, & par auenture de ſe faire rompre:
car les gens qui cuydent eſtre en ſeurté , & qui ſont au demourât mal ſon-
gneulx d'aduiſer a leur faict: ſ'amuſent aucunefois par les chemins a peu
d'occaſion, & ſur ce on les ratainct: & par fois les trouue lon en deſarroy, ce
pendant qu'ilz repaiſſent, ou qu'ilz ſe repoſent : côme les noſtres a Brignol-
le, ou bien qu'ilz ſont eſcartez , & au fourrage de ca & de la: comme il en
aduint a Simon Romain en Calabre, & a maintz autres, deuât, & depuis,
& aduiendra: ſinon que lon pouruoye auant toute œuure a dreſſer vn bon
guet de toutes pars, & a fortifier ſon logis, ſi c'eſt pour y arreſter gueres : ne
feuſt que pour obuier aux charges que les énemis peuét faire d'heure en heu
re, qui eſt vn cas ou ceulx d'vne part & d'autre doyuent prendre garde de
pres: car les pourſuyuans ſont bien aûtant ſubiectz a ces inconueniens, comme ceulx qui ſe retirét pourroiét eſtre: & encores plus, ſi leurs ennemis ont
quelques bons eſpions, & qu'ilz ſeſtudient a lés ſurprendre : pour ce qu'il
eſt force que ceulx qui pourſuyuent autruy guères haſtiuement, ſe laſſent
a cauſe du chemin qu'ilz ſont. Parquoy eſtant ainſi laz & haraſſez, ilz ſe cô-
tregardent taht moins: ſurquoy les autres qui ont deſia gaïgné l'aduantâ-
ge, ſont en liberté de continuer leur chemin, ou d'attendre: & par ce moyé
vſer de l'vn de ces deux partiz qui leur ſeblera le plus aſſeuré. Or me cuyde
ie eſtre

ie eftre amufé affez longuement en ce propoz. Il fault donc venir a vn au-
tre:Ceft afcauoir a loger cefte armee en Câp,a celle fin de môftrer en quelle maniere elle fe pourra repofer a fon aife hors du danger de fes ennemis.

La maniere de loger ces quatre Legions en Camp,& des guetz,
auec quelques autres poinctz concernans la fufdicte facon de
loger en Camp, & tandiz que lon l'affiet.　Chap. VII.

VICONQVE veult loger vn Oft feurement,il le doibt
affeoir en telle forte que le Camp foit fort & bien ordonné.
Quand a l'ordonner proprement,c'eft l'induftrie du General
qui le faict:& quand a le faire fort, c'eft l'affiette du lieu,& l'art
qui le font.Nous auons auiourdhuy vne couftume entre nous
de non loger iamais en lieu ou n'y ait quelques baricanes & foffez, ou riue
de fleuue,ou grand nombre d'arbres,ou montaignes:ou aucun autre rempar naturel,lequel rêde l'affiete forte de foy.Touteffois ie trouue que l'imi-
tation des Romains feroit meilleure,lefquelz ne regardoient pas tant a la
force d'vn lieu naturellement fort,comme a pofer leur Camp en tel lieu,
ou ilz fe peuffent valoir de leur art ,en laquelle ilz fe fioient du tout:& a
grand peine fe fuffent campez cefdictz Romains en part pour forte qu'elle fut, fi la place n'eftoit au demourant affez efpacieufe pour y pouoir renger toutes leurs Batailles,felon la difcipline qu'ilz auoiét.Quoy faifant ilz
pouoient garder en tout téps vne mefme forme de loger:car c'eftoit le lieu
qui obeiffoit a eulx, & non pas eulx a l'affiete. Mais nous qui n'obferuons
point en cecy vne reigle generalle, fommes contraincz vfer de diuerfes formes de Camp : & aucunefois le faire cornu, autrefois en triangle, &
fouuent de treflongue eftendue, & quelque fois rond ou quarré : le tout
pour raifon de l'affiette des lieux qui n'eft gueres iamais vny, & qu'il fault
remuer fouuent vn Camp, & marcher maintenant par montz, & tantôft
par la plaine : & ainfi changer noftre mode de loger, & la forme de noz
Camps auffi fouuent comme nous trouuons les affiettes diuerfes : & non
feulement faillons nous en cefte partie, mais encores (qui pis eft) nous or-
donnons fi groffierement le dedens,qu'il n'y a comme rien de difpofé en
fon lieu, n'a propoz : aincois on peult iuger que noz Camps ont mieulx la
monftre d'vne affemblee confufe & fans ordre, que non point de Gens de
guerre deuement ordonnez:laquelle chofe n'eft pas de moindre importan
ce, que de faire fort vn Camp par dehors:pour ce que fi la forterefle fert a
defendre les hommes contre l'affault des ennemis, l'autre partie fert auffi
pour les difpofer & colloquer tellement,que chacun entende de foy mefme l'endroict qui luy touche a garder.Sans lequel ordre on auroit beau faire Baftions & Trenchees a l'entour d'vn Camp:car pluftoft fe pourroit on
paffer de cefte fortification,que non pas de la defenfe que les hômes peuent
faire au dedens:lefquelz,pourueu quilz foient logez ainfi qu'il fault, fe paf-
feront au befoing d'auoir aucun fort : & fi feront en poinct a toute heure
pour refifter a tous venans. Plufieurs autres chofes menues font encores

requifes oultre la force du lieu, & la difpofition des gens qui le doyuent gar
der:car en affeant vn Camp, il fault auoir raifon de plus d'vne chofe: & non
feulement doibt on trauailler pour eftre feur contre les aduerfaires : mais
d'auantage mettre peine que le dedens foit deleCtable, & bien accommo-
dé a tous vfaiges neceffaires, de forte que la plaifance du lieu contente les
gens : & par ce moyen les retiene tant mieulx, & les garde f'ennuyer,
que fil eftoit mal aproprié & comparty, comme nous voyons eftre noz
Camps:lefquelz font au furplus fi ordz & puätz pour peu de feiour qu'ilz
faffent en vn lieu, que lair d'icelluy lieu f'en corrompt legerement:duquel
procedent apres les Peftes & autres grefues maladies, que nous y voyons
regner.Dieu fcait auffi le plaifir que lon y trouue:& fi les Souldardz n'y demeurent aucuneffois malgré eulx, quelque bonne volonté qu'ilz ayent de
fuyuir longuement le meftier des armes. Pourtant on deuroit difpofer vn
Camp, & le compartir en telle forte qu'il fut affez fort pour garder de mal
ceulx qui y demoureroiét:& fi bien rengé, que la cómodité & plaifance d'i-
celluy les y retint tant plus voluntairemét. Et fi tant eftoit que lon ne peult
trouuer ordinairement les places fi bien fituees que fans autre chofe y faire, elles fuffent fortes & deleCtables d'elles mefmes:il y fauldroit adóc mettre de l'induftrie, & fupplir par engin en ce que la fituation ne nous ayde-
roit. Quant a fortifier vn Camp, lon en befongne en ce téps auffi bien qu'il
eft poffible:mais on laiffe le dedens vn peu confuz. Parquoy ie fuis deliberé
parler de cefte chofe, felon mon fol aduis : & a cefte caufe m'en voys ie loger les quatre Legions que i'ay códuittes iufques a ce point, auec tout leur
attirail & fuytte: qui eft droiCtement, en tout, le nombre de XXIIII M
CCCC hommes de pied d'ordinaire : & apres de II M D cheuaulx, fans
compter le bagaige des vns & des autres, ne les principaulx Chefz & officiers de Camp, & leurs domefticques:ne femblablemét l'artillerie, les mu
nitiós, ne autre fuytte:laquelle eft gráde pour loger tous lefquelz, & plus,
quát plus en y auroit. Apres auoir choyfi la place ou lon veult affeoir le Cáp,
il fault commencer au fin mylieu du pourpris, & planter illec vn pieu , &
marquer tout entour dé ce pieu, vne place quarree, iuftemét ayant CLXX
pas de long, & autant de large, a quatre faces : & que chacune face regarde
vers fa regió.Cedict quarre doibt encores eftre diuifé en quatre autres places quarrees, chacune de LXV pas, faifant entre elles ainfi qu'vne croix, laquelle feruira de feparation des vnes places aux autres:& pareillement de
rue, & aura XL pas de large. L'vn de ces quarrez fera pour loger le Chef ge
neral de l'Oft, & fa garde : l'autre fera pour le Capitaine general des pietons, & pour tous ceulx qui les fuyuront, fans prédre gaiges. Le Capitaine
general de la cheuallerie logera en l'autre, & fon Preuoft:& femblablemét
ceulx qui l'auront fuiuy pour leur plaifir. Finablement le quart fera deputé au logis du Marefchal de Camp, du Chancellier, & du General des finances, & des Cómiffaires, Treforiers, & Cótroolleurs : chacun defquelz
quartiers pourra eftre encloz d'vne petite trenchee. Senfuit maintenant
que ie parle du logis des Legions:& pour ce faire, il fault commencer vne
ligne partant du fufdict pieu, laquelle tire deuers Leuát, & ait de longueur
DC pas

D C pas:& vne autre ligne qui tire deuers Ponent,de mefme longueur:&
que ces lignes paffent par le fin mytát de la Rue que i'ay defia dreffe fur le
dedens des quatre petitz quartiers fufdictz. Il fault encores fai. .ux autres lignes lefquelles partent du pieu,& que l'vne tire deuers la regió de
Midy,& l'autre vers Septétrió,de telle lógueur que deffus:Au fin bout defquelles quatre lignes ferót les quatre portes du Cáp,lefquelles prédrót leur
nó de la regió vers ou elles aurót leur regard.Les rues principalles ferót le
lóg de ces quatre lignes, & aurót la largeur que i'ay donnee aux Cáps des
logis a part:afcauoir eft de LX pas chacune.Il fault auffi que de quatre quar
tiers que le logis de chacune Legion occupoit, quand ie parlois de les loger apart,que i'ofte les gés de l'vn quartier pour le cóuertir en place.Ceulx
qui fortiront de cedict quartier feront Gens de cheual,lefquelz fe retireront au quartier de l'autre bende.Et aduenant ce cas,leur quartier fera có-
party ne plus ne moins que l'vn de ceulx des pietons eft diuifé:dedens lequel fe logeront les deux bendes,fans ce que les hommes ne les cheuaulx
foient nullement preffez.Les logis Collonnelz demoureront en leur premier eft:e,& auffi les trois quartiers de chacune legion. Ainfi donc ie puis
dire brefuemét que la premiere Legió aura fon quartier entre la porte de
Leuát,& celle de Midy.Et que la feconde Legió aura le fien entre ladicte
porte de Leuát, & celle de Septétrió. La tierce fera fon logis entre la porte de Midy & Ponent. Et la quarte Legion logera entre la porte de Septétrió & celle de Ponent,en forte que cefdictes quatre Legiós feront le tour
du Camp,ayant fur le dedens & au mylieu delles,leur General & les principaulx Chefz,& fur le dehors vne belle grande Tréchee auec le Rempar,
& plufieurs Baftions qui defendront l'vn l'autre.Entre lequel Rempar &
eulx,y aura vne place vuyde tout entour de C LX pas de large , laquelle
feruira pour y affeoir les pieces d'Artillerie, & les guetz,& pour fe réger en
Bataille fi befoing faict:& encores pour f'excerciter.Les Souldardz y pourront auffi retirer le beftail qu'ilz auront conquefté:& les viuendiers y garderont le leur de nuict,fil eft cas qu'ilz foient de noftre nation mefme:
autrement ie les mettroye hors du fort, ou en telle part hors du danger
des ennemis,qu'ilz ne peuffent apperceuoir ma facon de faire guet : ne
femblablement efpier ne compter la quantité de mon artillerie,ne f'approcher du lieu ou ie tiendrois ma munition. Pour abreger,cefte diftance que
ie metz entre le rempar & les quartiers,peult feruir contre ceulx qui
vouldroient getter de par dehors quelque feu artificiel fur les logis,ou fur
les feuillees des Souldardz, qui eft vne chofe affez facile a faire , & laquelle pourroit troubler merueilleufement vn Oft. Touchant les quartiers
que i'ay laiffez vuydes de gens, & que i'ay oftez aux Legions,ie les entendz
deputer a lufage commun de larmee.Et premierement le quartier que i'ay
ofté a l'vne bende des Gés de cheual de la premiere Legió,fera pour la munitió de l'Artillerie:afcauoir eft pour les pouldres & boulletz,laquelle munition fera enuironnee de deux ou de trois trenchees : & qu'il n'y ait feu
que le plus loing qu'il fera poffible.Le quartier de la feconde Legion feruira pour la forge, & pour tous les marefchaulx de l'Oft: aupres de laquelle

fera logé le Maiftre de l'Artillerie,& fes Canonniers,Pionniers, Charretiers
& autres hantans ceft office. Quand au quartier de la tierce Legion, ie le
baille pour y tenir la munitió des Farines & des Armes, & pour le marché
de toutes beftes a védre. En vn coing de cefte place logeroiét auffi toufiours ceulx qui viendroient en ambaffade vers le Lieutenant general,&
tous autres de qui on pourroit auoir quelque doubte : aufquelz feroit befoing defendre d'arriuee, l'allee par le Camp, & de fortir de cedict quartier,fans eftre códuictz par l'vn des Trompettes dudict General,ou par celluy qu'il ordóneroit. Auffi fauldroit il defendre a tous ceulx de l'Oft, de nó
communicquer auec eulx en quelque maniere que ce feuft,finon ceulx qui
feroient deputez a leur faire compagnie,ou bien qui en auroient congé expres. Le quartier de la quarte, fera pour tenir le marché de toutes autres
denrees:ficomme Pain, Vin, Ble, Auoyne,Foins,& le furplus qui eft bon a
manger. La boucherie y fera auffi,non point que les beftes y foient occifes:
car fi hardy homme d'en occire,efcorcher, ne efuentrer vne feule dedens le
circuit du Camp, ne d'y enterrer cheual, chien, ne quelconque chofe qui
puiffe fentir mal : ne mefmement aller a fes affaires le long des rues publiques,ne des ruettes particulieres (i'appelle ruettes les petitz chemins qui
font parmy les quartiers)ne ailleurs,que dedens certaines foffes que chacun
cauera en fon quartier:(fi tant eft quilz n'aymét mieulx aller hors du Cáp)
& la & quand quelqu'vn feroit le contraire,il doibt eftre afprement puny .
Et fi quelque mocqueur fe rit de mon dire,d'autát que ie traicte de ces cho
fes puantes:ie luy refpondz quil ne fe doibt eftre trouue gueres defois en
Camp:ou fil fy eft trouué,que ce n'a pas efté alors que le Cáp feiournoit
longuement en vn lieu:car il fe feuft apperceu a la longue du dómaige que
l'infection peult apporter dedens vn Camp:& la negligence de faire getter
dehors toutes les ordures & immundicitez : & encores la faulte de les enterrer,iacoit que lon les gette bié loing du Camp. Et de cecy peult faire foy
la fin que larmee de Monfeigneur de Lautrec fit deuát Naples,laquelle pe-
rit d'vne Fieure peftilentielle caufee de lair qui f'eftoit corrópu a caufe des
charrongnes,& des ventres des bœufz que lon laiffoit par cy & par la dedens le Camp,& au fin pres des trenchees fans les enterrer:laquelle negligéce nous apporta la pefte,& finablemét noftre ruyne:& a mó aduis qu'il
n'en fault point accufer aucune autre chofe tant comme celle la, quelque
chofe que lon dye. Les places ainfi deputées a lufage du Camp,il fault affigner les Rues aux gés qui fuyuét l'Oft,& colloquer chacune forte d'iceulx
en vn lieu apart:Afcauoir la Rue de Leuát pour les Marchás,Coufturiers,
Chauffetiers,& Cordóniers:La Rue de Ponét,pour les Cabareftiers,Rotif-
feurs,Boulégers,Paticiers,& autres reuédeurs:La Rue de Midy,pour les Me
decins,Apotiquaires,Cirurgiés,Barbiers,Chádeliers,& faifeurs de Pouldre:
Et celle de Septentrion fera pour les Selliers,Serruriers,Armuriers,Menu-
fiers,Fourbiffeurs,& autres leurs femblables:Et que ces Gens fe logent du
lóg des rues fufdictes,fans empefcher la largeur d'icelles que le moins qu'ilz
pourrót,& que l'vn logis ne f'auáce de rié plus que l'autre.Les portes(cóme
i'ay dict)feront au bout de fes rues:& fi clorront a tout des barrieres:& les

Trenchees

Tréchees qui font a l'entour du Cáp, pourrrót auoir cómunemét trois pas
de large,& deux de profond. Et fi cas eftoit que les ennemis fuffent pres,
on les pourroit faire beaucoup plus larges & profondz:ou bien fi lon auoit
volonté d'arrefter long téps en vn lieu fans en bouger, & de la terre d'icelle trenche en faire vne leuee vers le dedens,& auancer les coiags de la tréchee,& du fort en forme de Baftion, & quelques autres endroiz de cefte
clofture, telemét qu'il y euft Baftiós & Flancz de pas en pas.Par ce moyen
i'ofe dire que le tour de ce Camp feroit affez feur pour refifter aux affaulx
des ennemis , & que le dedens reprefenteroit vne petite cité diuifee ef-
galement,& compartie a propos, tant les habitations d'vn chacun, que les
rues & places publicques, entant que pour reffembler vne cite du tout en
tout,n'y auroit gueres autre chofe a dire, finon de la matiere de quoy les
murs & les maifons feroiét bafties,qui feroit diuerfe,& que cefte cy eft mo
bile,& que les autres ne bougent d'vne place: car au refte elles ont beaucoup de chofes femblables.Et mefmement le Cáp demande eftre regy par
les Loix,auffi bien qu'vne ville. Et oultre plus auoir certain nóbre de Magiftratz & officiers pour le gouuerner.Ie parleray tantoft des Loix,mainte-
nant me fault dire fommairemét ma ratelee de la charge que les Chefz &
officiers principaulx doyuent excercer en vn Camp.Et touchát le Capitaine general de l'Oft,i'ay dict que cefte feconde partie eft toute pour luy, par
quoy ie ne le mefleray point parmy les autres.Les Chefz de qui ie veulx par
ler font ceulx cy, le Chef general des Pietons, le Chef general de la Cheuallerie,les Colonnelz,& les Capitaines de chacune Bende de C hommes
d'armes.Quant aux officiers fe feront l'Affeffeur,le Marefchal du Camp,le
General des Fináces, & le Maiftre d'Artillerie.Des autres Chefz & officiers
ie n'entend pour le prefent en fonner mot, d'autát que leur charge & office eft fi tres congneue d'vn chacun,que ce feroit temps perdu faire métion
d'vn faict fi manifefte & groffier.Or pour venir a mon theme,ie diz cómét
pour excercer ces deux eftatz de Chefz generaulx des Pietons,& de la Che
uallerie,ne peult chaloir fi fe font deux Marefchaulx de Fráce,ou autres de
moindre qualité qui y foiét deputez, puis que c'eft au Roy qu'il appartient
de les eflire,& que ceft il qui les nomme:car il fuffit qu'ilz foient haulcez a
ce degré,& creez de fa main. Ne il ne fault point difputer afcauoir mon fi
ceulx cy de qui ie parle font ceulx que lon nómoit le temps paffe Magifter
militum,& Magifter equitú,ou Præfectus militú,ou Tribunus: car il vauldroit mieulx nous trauailler a imiter les anciens en ce qu'ilz excercoient
deuement leur charge,que perdre temps en ces chofes curieufes.Pourtant
ie ne m'arrefteray en autre chofe que fur le deuoir de leur office qui eft tel,
que le General des Pietons doibt prendre garde que fes Legions foient logees le plus commodeemét qu'il fera poffible,& a propoz. Il doibt encores
pouruoir aux mutinemés,& mettre peine qu'il n'en y ait iamais:ou fil y en
auoit,l'eftaindre quant & quant par quelques bons moyens.Dauátage c'eft
fa charge d'entendre les querelles qui fe viennent a determiner par deuant
luy,& de les pacifier, ou y donner tel ordre qu'il appartiendra. Oultre plus
c'eft a luy de faire mettre fouuent & menu les Legions en Bataille, a celle

fin de cōfiderer fi elles font cōplettes & en poinct pour cōbattre:car a faul
te de ce faire, on cuyde aucuneffois auoir gés affez pour vaincre fes ennemis,que lon n'en a pas affez pour f'en defendre,ne gueres bien la moytie de
de ceulx que lon faict eftat d'auoir:pour ce que les hommes fe meurent,&
que leur nombre fe diminue en diuerfes fortes, & ainfi les Legions fe def-
nuent de gens,entant que qui ne f'en donnera de garde,fe trouuera grandement affoibly de Souldardz dedens peu de téps:Parquoy cedict General
y aduifera le plus fouuent qu'il pourra : fe faifant monftrer les roolles aux
Collonnelz,lefquelz feront tenuz luy rendre compte des Gens qui fe trou
uerrōt eftre moins en leurs Legions,& a luy touchera : tout de ce pas d'en
faire le rapport au Lieutenant general,pour donner ordre que les Bendes
foient promptement fournies de tout leur nombre,fi cas eft qu'ilz foient en
lieu ou cela fe puiffe faire:ou bien prendre quelque bon cōfeil illec deffus,
& mefurer les entreprifes & la puiffance qu'il fe trouuera auoir auec la
force de fes ennemis: ce faifant,ie ne doubte point que fon affaire n'aille felon fon defir. Et a ma volonté que cefte mode de reuoir les Bendes de fois
a autre euft efté en vfage ce temps pendant que le Roy tenoit le fiege deuāt Pauye:car il f'en fuft mieulx trouué qu'il ne fift. La charge de cedict Ge.
neral feftend encores fur les excercices des Souldardz,aufquelz il doibt affifter toutes & quantes fois que les Legions fe excercitent par enfemble,ou
l'vne a par foy. Et en fomme il eft ordonné pour aduifer en tout ce qui cō-
cerne le faict des Pietons, & pour confeiller le Chef general de l'armée, &
le releuer de peine tant qu'il fera a luy poffible. Touchart la charge du Ge
ueral de la Cheuallerie,il pourroit auoir congnoiffance en tout ce qui ap-
pattient au faict des Gens de cheual,ne plus ne moins que l'autre congnoift
fur les Gens de pied,tāt du logis qui eft neceffaire,que des reueues, excercices,mutinemens & auttres chofes.Et femblablemēt que chacun homme de
cheual foit en tel equipage qu'il doibt eftre felon fon eftat.Et aufurplus tāt
ce General comme l'autre doyuent eftre bien expertz en l'art de la guerre,
& l'vn fcauoir faire le meftier de l'autre,& l'autre de l'vn,pour ce qu'il n'eft
pas dict qu'au befoing ilz ne mettét la main en tous les deux.Pour abreger,
ces deux Chefz reuifiteront par fois les guetz entour le Cāp, & chacun endroit foy vauldra a vn iour de Bataille,ou en quelque autre gros affaire, autant qu'vn trefbon Chef general pourroit valoir:non point qu'ilz cōman-
dent,ne qu'il facent comme rien d'eulx mefmes,mais i'entend qu'ilz foient
pour le faire , quand befoing feroit. Et en default de leur Chef , ilz prenent
le mot du guet dudict Lieutenant general,lequel le leur baille : & l'vn le
donne apres aux Collōnelz,& l'autre a fes Capitaines. Quant aux Collōnelz,ie trouue qu'ilz baillent le mot du guet a leurs Sergés maieurs,apres ce
qu'ilz l'ont prins de la main ou de la bouche du General des Pietons. Leur
charge eft d'aduifer que les Souldardz ou les Capitaines ne facent faulfes
monftres , & d'auoir le cueur aux malades, & aux bleffez,a ce qu'ilz foient
feruiz & penfez diligemment.Dauātage vn Collonnel doibt mettre peine
d'obuier aux mutinemés,& d'appaifer les Souldardz quād ilz font efmeuz
pour quelque chofe:il doibt auffi prédre garde a ce que fa Legion foit bien
atmée,

armee, embaſtonnee, & en ordre pour attendre les ennemis, & qu'ilz ſoient
a droiĉtz & excercitez le plus qu'il ſera poſſible. En quoy vn chacun Collonnel mettra diligence, & meſmement a les renger a ce poinĉt qu'ilz ne refuſent iamais a faire choſe que lon leur commande pour difficile ou penible
qu'elle ſoit. Et pour en ioyr en la ſorte que ie diz, n'y a meilleur moyen que
les accouſtumer de bon heure a ſouffrir la peine : & pluſtoſt en téps qu'ilz
ſe pourroient ſeiourner, que non pas les remettre au temps qu'il leur fauldroit paſſer par la, mal gré qu'ilz en euſſent. A ce cópte on ne leur en pourroit iamais bailler de mauluais endroit, i'acoit que ce fuſt vn faire le ſault,
d'autant qu'ilz ſeroient faiz & accouſtumez deſia a ſupporter toute neceſſi
té & fatigue. Le Collonnel doibt congnoiſtre des crimes que ſes Legionnaires commettent, & proceder aux iugemens d'iceulx, enſuyuát la forme
que ie diray d'icy a peu. Finablement entre autres choſes il ſ'attend a faire fai
re bon guet tant que ſon quartier dure, & a gouuerner ſa Legion en bonne
paix & iuſtice. Le Capitaine de C, hommes d'armes, a la meſme auĉtorité &
charge ſur les Gens de cheual que le Collónel ſur les Gens de pied: & auſſi
bien eſt il tenu de faire excerciter ſes Gés en pluſieurs excercices, comme le
Collonnel ſes Pietons, & prendre garde a leurs armes & cheuaulx, que tout
ſoit en poinĉt: aſcauoir eſt que leurs armes ſoient entieres & claires, & leurs
cheuaulx bien harnachez & ferrez pour ſ'en pouoir ſeruir d'heure en heu
re, & que ceſdiĉtz cheuaulx ſoient adroiĉtz, viſtes, de grand alaine, & bós tra
uailleurs, les moins rioteurs qu'il ſera poſſible. or pour le moins, qu'ilz ne ru
ent point, pour ce que telz cheuaulz ſont dágereulx en vne preſſe, & qu'vn
ſeul coup de pied peult affoller vn bien vaillant homme. Il me ſemble que
i'ay aſſez parlé de la charge de ces quatre Chefz, quand i'ay diĉt qu'ilz doyuent releuer de peine l'vn l'autre, & entretenir leurs Gens en bonne paix.
Pour autant que ces deux poinĉtz en comprenent beaucoup d'autres en ge
neral, & veu que i'ay diĉt mó aduis de pluſieurs autres poinĉtz en eſpecial,
ie cuyde auoir ſatiſfaiĉt amplement a ceſte partie. Tant y a qu'encores diray
ie de rechef, que les quatre Chefz ſuſdiĉtz doyuent gouuerner leurs Gens
en telle ſorte, que lon ne puiſſe cógnoiſtre que piece des Souldardz ſoit cauſe d'aucun deſarroy: ains que toutes choſes ſoient tellement conduiĉtes &
moderees, que le Camp ſoit le vray ſeiour de tous gens de bien, & comme
vn refuge & franchiſe: au dedás de laquelle toutes choſes ſoient ſeures auſſi bien qu'elle pourroient eſtre dedens vne de noz Egliſes: & auecques ce
qu'il fault mettre peine que les Souldardz viuét bien, eſtant dedens le Cáp:
Il eſt encores neceſſaire donner ordre qu'ilz contiennent leurs mains ſur le
dehors & ailleurs, ſans prendre rien du bien d'autruy, & qu'ilz ne prenent
choſes quelconque pres ne loing, ſi ce n'eſt ſur les ennemis, & cella encores
par congé du Lieutenant du Roy, lequel ait permis auant toute œuure,
que les Souldardz puiſſent ſacager & rauir ce qu'ilz trouueront, & en vſer
aprés comme du leur. Ceſte reigle n'eſt pas obſeruee auiourdhuy par noz
Souldardz, ne ilz n'ont garde d'attendre que le Sac d'vn païs où d'vne place
ſoit abandonnee par le Lieutenant general: car ilz en prenent aſſez l'auĉto
rité d'eulx meſmes. Et non ſeulement vſent ilz de ceſte licence contre les

ennemis, & fur vn pais de conquefte : mais d'auantage ceulx qui fe feront
defia renduz d'ouye, & long temps deuant que le Camp approche de leurs
terres, feront traictez de mefme les autres qui auront attendu le choc, &
qu'ilz foient declairez rebelles & ennemis. Côbien que fi nous voulons cô
fiderer les pilleries, renconnemens, larcins, & violences quilz commettent
indifferément tous les iours fur le pais des ennemis, & fans bouger le pied
hors de France, ne gueres loing de leur propre habitation, nous trouuerôs
moins eftrange le mal qu'ilz font apres, eftant fortiz hors du Royaume, &
alors qu'ilz font arriuez en autre contree que la leur. Mais ie laiffe efter cecy atant, pour venir a traicter de la charge des quatre officiers principaulx de
l'Oft : l'vn defquelz eft homme de robbe longue, & faict propremét l'office
d'Affeffeur, entât qu'il affifte auec le General toutes les fois qu'il eft queftiô
traicter du faict de Iuftice, foit ce en matiere ciuille ou criminelle : & en cas
de côplainéte, fi c'eft vn particulier qui fe côplaigne, ou tout vn pais. Et pour
refpôdre aux demádes qu'vn Ambaffadeur luy faict, & aux requeftes qu'vn
particulier luy prefente, ou bien vne ville, ou tout vne contree : & fil fault
faire quelque edict, c'eft il qui le couche par efcript : mefmement fi la congnoiffance des loix des Empereurs y eft neceffaire, lefquelles ne font pas
communement du gybier de la plufpart des Lieutenans generaulx du téps
prefent. Cedict homme de robbe longue eft auffi appellé quád le General
veult faire vne nouuelle ordonnance, touchant quelque chofe de confequence : & finablement pour faire refponfe aux lettres miffiues qui viennét
de quelques grandz lieux. Principallement fi c'eft matiere d'importance, &
qu'il faille poifer : bref, il eft appellé en tous les confeilz ou gift quelque difficulté. Et oultre ce qu'il fert en vn Camp de toutes les chofes fufdictes, il
fe mefle auffi de faire venir viures en l'Oft, & en tous autres lieux qu'il en
fault faire prouifion, foit pour auitailler les villes ou vn paffage. Et combié
que cefte charge fut mieulx feant a vn Marefchal de Camp, ou a vn Preuoft, ou a vn Commiffaire expres, que non pas a vn homme de robbe longue, fi eft ce que i'ay veu faire ceft office a Monfeigneur le Chaucellier qui
eft auiourdhuy, durant les guerrès que nous auons eues depuis quatre ou
cinq ans en ca, tát en France que dehors. Parauát ne fcay ie point qu'hôme
de fon eftat ait faict c'eft office : mais d'affifter aupres du Lieutenant general
ie ne ditz : car i'en ay veu a Monfeigneur de Lautrec vn en fon voyage de
Naples, lequel vfoit du tiltre & de loffice du Chancellier. Senfuit que
nous parlons de la charge du Marefchal de Camp, lequel eft l'vn des princi
paulx officiers de larmee : & auquel appartient d'affeoir le Camp, & de le
compartir, & fortifier. Il prend encores garde que les viures qui viennent
en l'Oft, foient defpartiz par chacun des quartiers, & que chacune chofe foit
difpofee en fon lieu. Les querelles de ceulx qui ne font foubz les Collonnelz, & qui n'ont point de party au Camp, viennent par deuant luy, & toutes les complainétes des viuédiers, des artifans, & des autres gens de meftier
qui fuyuent l'Oft il entend auffi aux malades. Le tiers officier principal, c'eft
le maiftre de l'Artillerie, lequel n'eft pas de petite eftime auiourdhuy : a caufe de la reputation que lon donne a ceft inftrument. Sa charge eft de faire

tenir

tenir ſes pieces bien montees & attellees,& qu'elles ſoiét formees de groſſe
quantite de boulletz,& de pouldre.D'auátage il doibt auoir pluſieurs bós
canonniers, & a force pionniers, forgerons, charpentiers, charretiers, &
autres gens aptes au faiĉt de l'artillerie. Son office auſſi eſt d'eſtre expert a
faire les aproches deuant vne place,pour la canonner : & pour congnoiſtre
l'endroiĉt par ou elle eſt la plus batable,la plus foyble,& la moins mal aiſee
a prédre.Oultre plus,c'eſt a luy de ſ'entendre en matiere de mines,pour les
deuiſer & les faire faire apres cóme il fault : leſquelles eſtant gouuernees a
propoz,ſeruent grandemét a ceulx qui tiennét aſſiegee vne place forte,& a
peine y peult on reſiſter.De ſes mines ſ'eſt aydé de ſon téps, & du noſtre le
Cóte Pedro de Nauarre mieulx que tout autre:car moyennát ce, il en apris
vn nombre infiny de villes & de chaſteaulx,tant contre le Roy,que pour
luy.Nous pouós dire que Monſieur de Burye a ſuccedé au lieu dudiĉt Có-
te:car a mon aduis c'eſt bien celluy dentre tous les Frácois qui l'entend auſſi bien,ſi ie n'oſe dire mieulx:& peu ſen fault que ie n'y mette toutes les autres natiós.Quant au faiĉt de l'artillerie & des armes, il doibt eſtre nommé
parmy les plus excellens,ſi cóme ſes aĉtes nous demonſtrent par effeĉt:Mais
pour laiſſer apart vne choſe qui ſe verifie aſſez d'elle meſme : ie veuil dire
que celluy qui excerce l'office de maiſtre d'artillerie , prend congnoiſſance
ſur tous ceulx qui la hantent,& les punit tous tant qu'ilz ſont, quant ilz có
mettent quelque faulte.Il me ſeroit beſoing auoir ſuiuy Monſeigneur le
grád Eſcuyer , qui eſt duiourdhuy pour ſcauoir parler plus alauant de ceſt
affaire:car vn chacun ſcait bien qu'il l'entend mieulx que tout autre : toutefois ie n'ay point eu la commodité de le ſuyuir,ne le temps pour l'aprendre aupres des autres:parquoy ie me tiendray en ces generalitez que i'ay di-
ĉtes,ſans paſſer oultre.Maintenant il reſte a faire métion du General des finances,lequel eſt du nombre des plus neceſſaires officiers qui ſoient point
en vn Camp, a cauſe du maniment qu'il a entre ſes mains: aſcauoir eſt des
deniers du Roy,leſquelz ſont le nerf de la guerre,ſans leſquelz eſt impoſſible qu'vne armee ſe puiſſe maintenir longuement,ayant a faire a quelques
ennemis puiſſans & obſtinez. Cediĉt General expoſe les deniers Royaulx
en pluſieurs vſages, le tout pour conduyre le faiĉt de la guerre a bonne fin:
d'auantage il recoit les tributz, & les tailles, que les villes & le païs ou la
conqueſte ſe faiĉt,payent au Roy,& ce que les alliez contribuent:ſi tant eſt
qu'il y ait ligue, & qu'ilz foncent argent ſans bailler gés. Il entend ſembla
blemét a tenir le Camp fourny de viures,& met peine que chacun tant les
grandz comme les petitz,& auſſi bien les pionniers comme les principaulx
ſoient contentez & ſatiſſaiĉtz de leurs gaiges,au terme qu'ilz doyuét eſtre
payez,ſil veult que le Roy ſoit bien ſeruy, & que les Souldardz obeiſſent
aux Chefz,& qu'ilz ſoient de bonne vie: Autrement & ſi la ſoulde fault,ie
ne ſçay pas moy commét c'eſt que le Camp ſe pourra entretenir en piedz,
ne les Souldardz ſans deſrober,& cómettre mille maulx:& ſi ne vois point
d'ordre pour les pouoir reprendre d'vne faulte, quand neceſſité les y aura
cótrainĉtz.Non pourtant ie ne veulx pas dire qu'il ne faille prendre patience,& ſe garder de mal faire,encores que l'argent tarde long temps a venir:

car i'entendz affez qu'il ne peult pas touſiours arriuer a poinct nommé:a
cauſe des empeſchemens qui furuiennent par fois a ceulx qui le portent,
ou bien que le treſor eſt aucuneſois ſi treſepuiſé,qu'il en fault recouurer de
nouueau:& par ainſi auoir patiéce qu'il ſoit leué,& qu'il arriue. Mais ſi lat-
téte eſt trop longue,il n'y a rien plus iniuſte que vouloir faire viure les gés
de vent,& cóme cordelliers : car adonc on leur deuroit diſtribuer par iour
certaine quantité de viures,& autres choſes neceſſaires poúr la vie,& pour
le veſtemét,en attendant que leur paye vint:ou leur abandonner la diſcre-
tion(c'eſt a dire qu'ilz en prenent la ou c'eſt qu'ilz en trouueront) qui eſt
vne choſe que lon doibt permettre a l'extremité, & adonc que tous autres
moyens ſont failliz:pource que ceſte liberté eſt cauſe que les Souldardz tú-
bent en vne telle inſolence,qu'il eſt quaſi impoſſible de les reduire iamais a
leur premier train:combien qu'il eſt moins dangereulx que non pas de les
laiſſer perir de famine,ou que veoir deffaire l'armee a veue d'œil.L'vne deſquelles deux choſes eſt taillee d'aduenir,qui n'y dónera ordre promptemét:
& de cecy n'en fauldra attribuer la coulpe aux Chefz ne aux Capitaines,
ſinon que lon penſe qu'ilz ayét dequoy ſe nourrir eulx meſmes & autruy:
alors que leur ſallaire laiſſe a venir,auſſi bien que celluy des Souldardz:&
qu'ilz ſont par aduenture autant & plus neceſſiteux que les moindres. Et
ſi lon veult dire que le parler des Capitaines apaiſe & entretiét les gens de
guerre,ie le confeſſe : toutesfois c'eſt pour vn peu de iours, & ce temps pédant que les Souldardz preſtent quelque foy a leurs remonſtráces:mais depuis qu'ilz voyent que lon les mene de iour en iour, & qu'ilz ſont peuz de
parolles:n'y a remede qu'ilz ſabuſent plus illec deſſus, & qu'ilz ne murmu-
rént en diuerſes ſortes:ſe voyant deceuz par leurs Chefz, au dire deſquelz
n'adiouſteront plus foy de la en auant. Et pourroit eſtre que ce qu'ilz aurót
eſté trompez ainſi, ſera cauſe qu'ilz ſe deffiront d'eulx quelque autrefois
qu'ilz leur diront verité,ou qu'il ſera grandement neceſſaire vſer de parolles : car vne des principalles choſes que les Chefz doyuét auoir en recommendation,c'eſt de ne mentir point a leurs Souldardz,ſi la menſonge peult
eſtre auerce & deſcouuerte apres:pour ce qu'il y aura fort a faire vne autre
fois a leur perſuader qu'ilz diſent verité, ayant eſté trouuez menteurs par
auant.Et combien que lon deuſt auoir eſgard a cecy:neantmoins on veult
auiourdhuy que les menſonges tiennent lieu de paye,& que lon paiſſe ſouuent les Souldardz de parolles, & par ainſi que le credit des Capitaines ſe
perde a l'appetit d'vne choſe ou lon peult remedier par autre voye. Quád
tout eſt dict,c'eſt vouloir couurir la faulte des Treſoriers par vn nouuel erreur,leſquelz ſont ſouuentefois les Duéz en quelque bonne ville tandiz
que les Souldardz pellent de ſain dedens vn Camp:ou leſquelz Treſoriers
applicquent les deniers deubz auſdictz Souldardz en leurs propres vſages,
ſur ce qu'ilz deuroient laiſſer toute choſe en arriere,pour arriuer a temps &
de bonne heure en l'Oſt.Le general des finances donc ou le Treſorier des
guerres qui aura ceſte charge,doibt pouruoir en ces affaires par vne ſi bóne ſorte,que les Souldardz & tous les autres qui prenent ſoulde, ſoient
payez a leur terme.Et ſi tant eſt que quelques iours ſenfaillent,qu'au pis aller

ler cefdictz iours ne foiét pas perduz pour les Souldardz:car la raifon veult
que l'ouurier foit fatiffaict de fon fallaire. Et la & quát cedict General des
finances fcauroit que l'argent eft pour tarder plus qu'il ne feroit befoing:il
en doit aduertir le Lieutenant du Roy des incontinent,a celle fin de donner ordre de bonne heure a ce que chacun viue:& que la munition des viures fe face de lógue main,pour la diftribuer apres a chacun,felon fon eftat,
ce téps pédant que l'argent ne vient point:& n'y auroit pas grand mal que
les Souldardz fceuffent le temps que le payemét met a venir:car tel efpar-
gneroit l'argent qu'il auroit de refte,voyant que l'autre deuroit venir tard,
qui n'en faict cópte,penfant qu'il en recepura de fraiz au bout du mois : &
telz font ceulx qui viuent du iour a la iournee,fans fonger a l'aduenir. Au
moyen de c'eft aduertiffemét les Capitaines n'auront que faire d'ufer de mé-
fonges pour contéter leurs gens:& leufdictz Souldardz n'auroiét occafion
auffi peu de fe deffier de leurs Chefz.Or eft ce tout ce que i'entendz dire de
l'office des quatre Officiers ou Magiftratz fufdictz,lefquelz ont a defmeller
plufieurs autres chofes: mais celles que i'ay dict, me femblét eftre les plus ge
neralles.Ie retourne donc au propos que i'ay laiffé cy deffus,parlát d'affeoir
& de difpofer vn Cáp:pour cópartir lequel,cóme dict eft,& mieulx,eft ne
ceffaire que ceulx qui en auront la charge foient excellens en l'art de mefurer,a celle fin que fubitement que la place fera choyfie,ilz fcachét dóner
telle forme quarree au Camp que dict eft:& en apres diftrubuer les quartiers,les places,& les rues publicques : & en fóme, tout ce qui y eft requis.
Quoy faifant,on ne fera iamais contrainct de feiourner gueres longuement
pour l'affeoir:attendu que lon gardera toufiours vne mefme forme,& mode de loger,fans la varier quelque téps qui coure.Et par ainfi chacun fcaura comprendre d'vne fois en la,l'endroit ou il doibt dreffer fa loge.Suppofe
que perfonne ne luy móftre fon quartier:pour ce qu'il entédra de foy mefme facilemét quelle efpace & combien de place vn chacun peult occuper
en fon quartier : ce qui ne pourroit eftre entendu n'obferué par ceulx qui
ferchét les lieux fortz:pour raifon de ce qu'ilz font contrainctz varier la forme d'affeoir leur Camp,felon ce que l'affiette fe change : a laquelle les Romains n'eftoient aucunemét fubiectz:car(cóme i'ay defia dict)ilz fortiffioiét
par leur art les fituations qui eftoient foybles de foy,cóme nous pourrions
faire qui vouldroit,& en vfer ne plus ne moins qu'ilz faifoient, ou en autre
forte:car nous auons l'Artillerie qu'ilz n'auoiét pas,iacoit qu'ilz euffent cer
tains autres engins qui n'ont feruy onc puis que ceftedicte Artillerie a efté
trouuée:auffi n'eftoient ilz pas de telle violéce qu'elle eft,ne fi faciles a mener par pays.Au remanent,on fcait bien que la plufpart de leurs forteref-
fes fe faifoient de bois,lefquelles n'auroient duree contre vn feul coup de la
moindre piece que lon bat les places au temps prefent:parquoy on n'a remede que de faire les rempars de terre, & de la plus grande efpoiffeur qu'il
eft poffible , laquelle a toute peine luy peult encores refifter:& n'eftoit ce
qu'elle obeïft aux coups & les amortift,on auroit beau réparer de terre ne
d'autre matiere:car ce feroit téps perdu:ie parle pour la feurté d'vne ville,&
non point d'vn Camp:pource que le Cáp prefuppofe que lon eft autát fort

N

de toutes chofes a la campaigne,comme les ennemis pourroiét eftre:& par
confequét que lon ne fe lairra pas affieger ne batre d'Artillerie:côtre laquel
le foit neceffaire vfer de ces remparts efpoix que ie diétz,finon que lon vou
luft téporifer attendant fecours:& differer la iournee,doubtant eftre forcez
yffir du fort pour combatre:car en ce cas il fauldroit cercher tous les moyés
de foy fortiffier,& d'auoir l'aduantage que lon pourroit fonger : & faire des
plates formes efleuees affez hault de terre,& des cheualletz pour batre tout
entour le Câp bien au loing:& comme lon a peu veoir que Môfeigneur le
Côneftable feift fortifier le fien deuát Auignon,lequel eftoit le non pareil
de force de tout tant que i'en a y veu en mon téps:pour Câp affiz en terre plaine.Par cecy appert que nous auôs le moyen & l'induftrie de fortifier
vn Oft auffi bonne,que les anciens auoient: fi nous prenons pied a la petite
vertu de leurs engins,& la merueilleufe violence des noftres.Et oultre plus
en ce que noz remparts fe font de terre,& qu'il ne nous fault baftir Tour ne
Chafteau de bois,pour cuyder eftre plus feuremét contre l'impetuofité du
canon,lequel brife & fracaffe tout ce qu'il rencontre : parquoy nous ne deuons point eftimer qu'il foit difficile de garder toufiours vne mefme facô
de loger,fi nous voulons:aincois pouons croire qu'il nous eft autát aifé cô
me il eftoit aufdiétz Romains, & plus:veu que le bois fe recouure a grand
peine,& que lô trouue affez terre par tout.Sur ce pas me fault dire quelque
chofe des confideratiôs que le Lieutenant general doibt auoir adonc qu'il
veult affeoir fon Camp pres de fes ennemis:car deuát qu'il entreprégne iamais de f'en approcher fi pres que les Oftz ne fe puiffent gueres bié defpartir fans honte,ou fans bataille:il doibt auoir confideré fon eftat,& fa force:
afcauoir mô fi fes Gés ont bóne volonté de côbatre, & f'ilz font affez fortz
pour ce faire,de quelque heure que les ennemis le vouldroient affaillir:Au-
trement ne ferois ie pas d'aduis qu'il fe meift en cefte aduenture:pourautant
qu'il y auroit dáger qu'il ne fuft affailly fur ce qu'il fe cuyderoit loger,& deuant qu'il euft le loyfir de fortifier fon Câp.Et fuppofe qu'il ne fuft côbatu
fur l'heure,ie ne puis croire que lefdiétz ennemis ne l'affamaffent en peu de
téps,ou l'affiette du pais luy feroit bien tát fauorable.Pour ne tumber dôc-
ques point en ces inconueniés,le fufdiét General doibt regarder en fon affaire:& fy tant eft qu'il foit affez puiffant pour attendre fes aduerfaires ,ny
peult auoir peril qu'il f'approche d'eulx a la portee du canon,ayant côtéplé
luy mefmes,ou faiét regarder diligémént deuant que les Legions arriuét,la
place ou c'eft que fon Oft logera.Et les Legions arriuees,ie ferois tenir les
Haftaires & les Princes en ordre de bataille,le vifage tourné vers les ennemis:& me feruiroie des Triaires a faire la tréchee fur leur venue,la & quát
ie ne ferois affez bien fourny de Piôniers:& pour clorre les autres coftez,i'y
deputeroie les varletz & autres gens fuyuans l'Oft:tous lefquelz trauaille-
roiét aû doz des Batailles eftát couuers par les Haftaires,& par les Princes.
Les Enfans perduz y feroiét femblablemét,& la cheuallerie. Or fi les enne
mis me vouloient côbatre ce pédant, lefdiét Triaires feroient toufiours a
temps a laiffer l'œuure pour reprédre leurs armes, & foy réger en leur ordonnáce tandy que lefdiétz Haftaires refifteront, Et ainfi mes Bátailles ne
pourroient

pourroient estre nullement surprises. Mais posons le cas que les aduersaires
ne facent gueres grãd semblãt d'assaillir cedict General a Bataille régee, &
qu'ilz ne facét sinõ escarmoucher en intétion d'amuser les siens, & les tenir
en armes tout le iour pour empescher la fortification du Cãp: Il me semble
que lon ne se doibt nullemét attédre a ceste contenáce:aincois que lon les
doibt seruir de mesme, & a bós coups de Canon:faisant tenir les Hastaires
& les autres, cóme i'ay dit, en Bataille, & renuoyer les Triaires a leur beson
gne, sans bouger de ce lieu, iusques a tãt que le Cãp soit fortifié & cópar-
ty. Et ce faict, lesdictz Triaires se logeront les premiers, & toutes les muni-
tiõs quãt & quãt: & apres eulx, les Princes & l'Artillerie, laquelle sera menee tout de ce pas sur les lieux ou lon aura accoustumé de la disposer. Les
Hastaires entrerót apres, & successiuemét les Gés de cheual:ascauoir est les
Hómes d'armes premieremét, les Cheuaulx legers apres, & les Harquebuziers des Flancz, & les Enfans perduz:de sorte que ceulx qui doyuét estre au
premier Frõt des Batailles, quãt il est questiõ d'abborder les ennemis, soiét
les sin derniers qui entreront au logis:& qu'en se logeant ainsi, n'y ait point
de desordre, ne aucune crierie, comme il y a parmy nous:en semblable cas,
qu'vn chacun court a qui mieulx mieulx, pour estre le premier au logis, en
criant & menant telle tépeste, que c'est vne confusion:& souuétefois se logent auãt heure deue, ne faisant aucun cópte de laisser leurs Enseignes seu
les, & les abandonner, nonobstant qu'ilz ayent les ennemis en barbe. Monseigneur le Mareschal de Monteian en fut pour cecy en grand peine deuant Montcailler, auec son auant garde:sur ce que lon estoit attédãt que les
Espagnolz nous vinssent abborder d'heure en heure, que les Enseignes demouroient de sois a autre sans gés, & ce pour s'aller loger:iacoit qu'ilz n'en
eussent congé de luy ne de leurs Capitaines : & en se logeant, Dieu scait le
bruict qu'iceulx brayartz & criartz faisoient:mais qu'est ce qui estoit en cause de ce desarroy, que la desobeissance d'entre nous Francois, qui sommes si
delicatz que ne pouons supporter la necessité vn seul iour:ains nous fondós
a la peine, cóme la neige au soleil. Certainemét ledict Sieur seit ses essors de
les arrester, & estoit bien besoing, attédu le dãger ou chacun estoit:& illec
se peult cógnoistre clairemét (autãt qu'en quelconque autre lieu) la grand
deffaulte d'ordre que nous auons parmy nous : & mesmement le matin en
passant vn petit ruisseau, que hors mis quelques premiers récz de cedict Ba
taillon, les autres ne faisoient aucune difficulté de se rópre, & soster de leur
renc pour passer a leur aise a la file sur vne petite planche qui estoit en icelluy lieu:tellemét que la fortune fut alors bonne pour nous, quãt nous ne
fusmes assailliz sur ce poinct : car les premiers eussent portee la peine de la
negligéce des autres, & de leur mauuais ordre : & par auenture s'en fust il
ensuiuy quelque grãd incóueniét, cóme lon me dict le rierédemain qui fut
le iour que i'arriuay au Cãp:car pour lors ie n'y estois pas, a cause de la cómis
sion que Móseigneur le Cónestable auoit baillee au Seigneur de Roberual,
& le cómãdemét qu'il me seit par lettre, d'accópaigner ledit Roberual auec
ma béde, pour saisir les valz de sainct Martin, & de Lucerue en la main du
Roy:& par ainsi ie n'y estois point pour lors : toutessois ie fuz aduerty apres

de tout ce qui eſtoit aduenu au Cáp par gés dignes de foy,& qui ſeſtoient
trouuez au peril ſuſdict, bien pres de la perſonne dudict Seigneur : aſcauoir eſt le Baron de Caſtelnau,& le Viconte Dorthe : & depuis l'ay ie apris
mieulx par Móſieur Dábres,qui m'en a faict le cópte:cóme celluy qui ſayda
bien de ſa part a reparer,& deſguiſer ce deſarroy,ainſi que d'autres m'ont
dit. Ceſte cririe donc n'aura point lieu parmy les gés de qui ie traicte:pour
ce qu'ilz logerót touſiours auát la nuict,& de grand heure, ſil eſt poſſible.
Quoy faiſant,& moyennát ce que i'ay dit tant de fois, que le Cáp aura en
tout téps vne meſme forme:ne ſera neceſſaire que les Souldardz demádent
leurs quartiers, ne ou c'eſt que leurs Bédes logent:car ilz entendront aſſez
d'eulx meſmes le lieu ou ilz doyuent loger:pour cela ſeulement qu'ilz verront en quelle part leurs Enſeignes ſe ſerót arreſtees:& les Enſeignes l'entendront auſſi facilement, prenant garde au logis du Lieutenát general,&
aux portes,leſquelles aurót tel regard vers les quatre Legions, comme i'ay
dit. ¶t tout ce qui ſe pourra changer au Camp,ce ſera que le logis de la premiere & ſeconde Legion regardera ordinairement vers les ennemis: & a
cela pourrót auoir l'œil les Souldardz ſur ce que chacun ſe logera. Ainſi ne
fault oublier de deputer tout de ce pas, certaines Bendes au guet : pour ce
que ſans cela,la fortification du Camp,& tout ce que lon pourroit bié dire
& faire apres ces Legions,ſeroit peine perdue. Mais puis que ie ſuis tumbé
ſur ce propos,i'en veuil dire ma fantaſie : principalement des Eſcoutes ou
Sentinelles que lon faict de nuict hors du Camp: qui eſt vne couſtume que
ie ne puis eſtimer belle ne bonne:& ſi ne puis trouuer ſur quel exemple ſe
ſont fondez les premiers qui ont inuenté ceſte mode: car ce n'eſt pas de la
façon des anciés,aumoins que i'aye leu:mais pluſtoſt ie penſe qu'ilz ſen gardoient,ſachant le mal qui en peult venir,pour raiſon de la difficulté qui eſt
a reuiſiter & changer ces Eſcoutes, & que parfois on les pourroit corrópre
par argent,ou bien les ſurprédre en telle ſorte depres,que le guet ne ſeroit
aduerty aucunement par eulx de la venue des ennemis.Et ſi tant eſtoit que
cedict guet feiſt a la Francoyſe,c'eſt a dire qu'il dormit ſon plain ſaoul,ſur la
fiance d'eſtre eſueillé par les Eſcoutes aſſez a temps:il ſeroit luy meſmes en
branſle d'eſtre ſurpris,& detrenché en pieces.A ceſte cauſe leſdictz anciens
faiſoient leur guet au dedens des remparts,& n'auoiét perſonne pour eſcou
ter par dela les trenchees : & de ceſte maniere d'eſcouter ſe trouuerent ilz
touſiours ſi bien,qu'ilz ne la changerét oncques.Tát y a qu'ilz vſoiét d'vne
merueilleuſe diligence en icelle,& d'vn treſgrand ordre:& ſi puniſſoient de
mort tous ceulx qui n'y faiſoient leur deuoir,ſi comme lon peult veoir dedens Polybe : auquel ie renuoye ceulx qui vouldront veoir leur façon de
faire bien au long.Il me ſemble que les raiſons ſuſdictes ſuffiſent pour mó
ſtrer l'vtilité qui eſt d'enuoyer Sentinelles hors d'vn fort:ioinct a ce qu'elles
ne ſeruent a autre choſe qu'a faire deuenir les Souldardz qui ſont au guet
tant plus negligens:leſquelz ne ſattendent qu'a iouer, yurongner, & dor-
mir:comme i'ay dit,tandis que les Eſcoutes veillent parauéture auſſi paou-
uremét qu'eulx.Mais n'eſt ce pas vne grád faulte de fier tout vn Oſt,a deux
ou trois ruſtres qui n'ont honneur ne choſe qui vaille deuát leurs yeulx?Et

ou trois

laiſſons que ceulx qui ſont les eſcoutes a cheual, ſoient gentilz hommes, &
gens d'honneur:& ſemblablement que ceulx qui reuiſitent, facent tant bié
leur deuoir qu'il ſera poſſible:ne peuent ilz pas & les vns & les autres eſtre
ſurpris aucuneſſois par les ennemis, ou ne ſont ilz point hommes côme les
autres pour ſ'endormir,& ne penſer point bien a toute heure a leur faiĉt, &
ſur cela eſtre occiz par leſdiĉtz ennemis? mais ne pourroit il point aduenir
qu'ilz feuſſent aduertiz du mot du guet, ou qu'ilz le deuinaſſét, & ſ'approcher deſdiĉtes eſcoutes ainſi a faulſes enſeignes, leur faiſant entendre qu'ilz
ſont des leurs? Ie ne ſcay pas moy qui nous peult auoir môſtré ceſte mode,
ne qui eſt en cauſe que nous l'obſeruons auiourdhuy, que les gens de guerre ſont plus fins & ruſez qu'ilz ne furét pieca, ſinon que nous veuillons faillir a eſcient, & perſiſter en vn erreur euident & manifeſte, auquel ie ne veuil
point que le Lieutenant general conſente doreſnauant:aincois qu'il le defende par expres. Et au ſurplus qu'en ſon guet ordinaire pour la nuiĉt, ſoit
deputé iuſtemét le tiers de ſes gens, qui eſt XVI Enſeignes de pietós, a celle fin que les Souldadz ayent deux nuiĉtz fráches : l'vne de ceſdiĉtes Enſeignes deuroit faire le guet a lentour du quartier dudiĉt Lieutenant general:
& vne autre pour la garde de la munitió des pouldres:on en pourroit mettre encores deux autres ſur les deux places ou le marché ſe tient : car celle
du Maiſtre de l'artillerie a aſſez de ſes charretons, feubuieres, & pionniers.
A ce compte il y auroit ſur le mylieu du Camp vne Bende de chacune Le-
gion:leſquelles, oultre ce qu'elles garderoiét la perſonne du General, & des
autres Chefz principaulx, elles ſeroiét toutes portees illec:pour obuier aux
eſcandalles qui ſuruiennent mainteſſois de nuiĉt : & aux exces & larrecins
qui ſe commettent pluſtoſt a celle heure, que non pas en plain iour. Les
XII Bendes qui reſtent a trois pour Legion, feront le guet tout le long des
rempars en l'eſpace que i'ay laiſſee vuyde entre iceulx & les quartiers. l'entendz que ceulx de la premiere Legion facent le guet a lendroiĉt du quar
tier de la quarte : & ceulx de la quarte le feront a lentour du quartier de
la premiere:& tout autant en feront ceulx de la ſeconde Legion, leſquelz
feront leur guet a l'endroiĉt du quartier de la tierce : & ceulx de la tierce a
l'endroiĉt de ceulx de la ſeconde : en ſorte que les Souldardz ayent par ce
moyé moindre occaſion de ſe deſrober de leur guet, pour ſe retirer en leurs
loges:ce qu'ilz feroient par aduenture ſ'ilz en eſtoient trop pres. Le plus fort
du guet ſe feroit aux portes, & aux quatre coings du Cáp:& en lieu des eſcoutes que lon enuoye dehors pour ſentir tant mieulx la venue des ennemis, il fauldroit faire veiller la quarte partie de tout le ſuſdiĉt guet, & ainſi il
ſeroit diuiſé a quatre veilles:& pour y proceder tant plus iuſtemét, a ce que
l'vn ne feuſt plus greué que l'autre:le Trompette du General ſignifiroit par
ſon cry, a quelle heure on les deuroit châger:& pour ce faire il auroit quelque Horloge ſeur, ou bien le Mareſchal du Camp l'en aduertiroit. Ceſte
charge pourroit eſtre baillee, qui vouldroit, a l'vn des Collonnelz : lequel
deuſt veiller l'vne nuiĉt, & chacun des autres a ſon tour:& en veillát ainſi,
qu'il euſt entierement la charge de tout le guet. Quand aux Gés de cheual
ilz feront l'office de reuiſiter:& feront compartiz a V , nuiĉtz, qu'eſt deux

Decuries d'hommes d'armes pour chacune Bende de C, & l'accōplissemēt des autres Gēs de cheual. Et si ce nōbre semble excessif(car il faict CCCC LXXX cheuaulx pour chacune nuict)on y en pourra mettre la moytie, ou le nombre que lon vouldra:& les compartir a deux veilles ou plus. Vegece veult que les Gens de cheual facent de nuict les Sentinelles hors du Camp: mais il n'en allegue point de raison, qui est la cause que ie m'arreste nullement a son dire:attēdu que i'en ay de bonnes de mon costé, & que ie presuppose que le Camp soit en lieu fort : car s'il estoit en lieu ouuert, & sans rempar, ie ne dictz pas que ie ne misse des Gens a cheual sur les aduenues. Quāt au Guet du iour, il y fauldroit faire seruir ceulx qui l'auroient faict la nuict precedente, ou vne grand' partie d'eulx. Et en ce cas ie ne ferois point difficulté de tenir quelques Gens a cheual entour le Camp le long des chemins, pour aduiser que c'est qui va & vient:& adonc ne fauldroit auoir trop grand doubte que les ennemis les peussent surprēdre pour peu qu'ilz y eussent le cueur. Touchāt de donner le mot du guet, & de le renouueller tous les soirs:& aucuneffois le chāger quatre & six fois en vne nuict, ie n'en parle point:ne de plusieurs petitz cas que lon a accoustumé obseruer en ces affaires:car l'vn & l'autre sont trop notoires a chacun. Vne seule chose ay ie deliberé recorder en ce lieu:laquelle peult estre cause de grād bien a ceulx qui s'en donnēt de garde:& par le contraire, de prou de mal a ceulx qui n'y aduisent : c'est de regarder diligemment qui entre au Camp, & qui en sort: & pareillement qui c'est qui y fault la nuict, & qui y vient de nouueau : car cecy est de merueilleuse importance:& auec cela, il est aysé a faire, moyēnāt la diuision des quartiers & des logis, & qu'il est ordonné quelles gens & quel nombre doyuent loger non seulemēt es quartiers:mais encores es tentes apart. A raison dequoy on pourra comprendre si quelqu'vn y fault, ou si quelqu'vn y est arriué puis nagueres. Ceulx qui y fauldront, ou qui logeront hors de leur quartier, doyuent estre puniz, comme fuytiz, sinon qu'ilz ayent eu congé de leurs superieurs:& ceulx que lon y trouuera estre d'auantage, seront interrogez que c'est qu'ilz y font, & seront tenuz rendre compte de leur condition bien auant. Ceste diligence sera occasion que les ennemis ne pourront parlemēter ne praticquer auec les Souldardz de nostre party:iacoit qu'ilz y aillent tant a cachettes qu'ilz vouldront. Et d'auantage il y a vn bien, que les ennemis ne ponrront scauoir gueres iamais nouuelles seures de nostre estat, pourueu que ceste obseruatiō aye lieu, qui est vn tresgrand poinct au faict de la guerre:& duquel les Romains faisoient iadis grand cas, comme nous pouons veoir escript en diuers lieux notamment: par ce que Claudius Nero fit vne fois estant Campé au fin pres d'Annibal, au pais de Calabre, lequel partit si tres coyemēt de son Cāp, auec vne partie des siens, en intention de s'aller ioindre auec L. Salinator, lequel estoit en la marche d'Anconne contre Asdrubal, qu'il feust quelques iours auec son compaignon, & si se trouua present a cōbatre & deffaire ledict Asdrubal:Et oultre plus ramena ses gens iusques en son Camp viz a viz d'Annibal, sans ce que ses ennemis s'aperceussent iamais de son allee, ne qu'ilz fussent aduertiz que ledict Claudius fut absent. A grand peine se feroit cecy a

present

prefent en vne armee Frácoyfe:veu que toute maniere de gés y eft admife,
& que lon ne chaftie point ceulx qui en fortét fans congé:nonobftant defenfe quelconque qui leur foit faicte de n'abandonner les Enfeignes: & a
lon beau faire criees & defenfes de cecy & d'autres chofes, puis que lon n'a
cure de les faire obferuer eftroictement, ne de punir aigrement tous ceulx
qui contreuiénent ainfi aux criees:combien qu'il n'y a chofe en ce monde
qui veuille tant eftre tenue de court,comme vn Oft.Parquoy les Loix militaires doyuent eftre trefapres:& celluy a qui la charge de la Iuftice appartient,encores plus rigoreulx . de cecy fera faict ample mention a fon tour.
Or pour me defpecher,ie ditz qu'anciennement toutesfois & quantes on
vouloit leuer vn Camp,que le Trópette du Capitaine general fonnoit par
trois fois.Au premier fon lon abatoit les tétes,& faifoit on les charges.Au
fecond ilz changeoient. Et au tiers,chacun tiroit aux champs : & marchoit
vers le lieu ou ledict General le vouloit mener.De noftre temps le premier
fon du Trompette crie,Boute felle:& fert au lieu du premier fufdict. Le fecond dict,A cheual:& eft femblablemét a l'autre fecond. Et le tiers fonne,
A l'eftandart:lequel eft ordonné en ce lieu pour fe traire aux champs,cóme
eftoit le troifiefme cry que ie difoye cy deuant. Il feroit bon que nous gar-
diffions entre nous le filence que les Turcz gardent au defloger qu'ilz font
d'vn lieu:lefquelz deflogent fi tres coyement,qu'il eft comme chofe impoffible de le fentir par bruict qu'ilz facent:& diroit lon proprement que leur
defpart eft femblable a vn profond dormir, attédu que perfonne ne meine
non plus de bruict que fil dormoit : & le filence qu'ilz gardét au defloger,a
lieu auffi en tout téps,fi bien qu'ilz femblent mieulx eftre muetz qu'autres:
la ou nous faifons tellement le rebours,que foit a loger,ou tandiz qu'vn de
noz Oftz feiourne en vn lieu,ou qu'il depart,lon n'oyeroit pas tonner Dieu
parmy nous.Le Lieutenant general doibt auoir encores certaines autres có
fiderations en affeant vn Camp:principallemét deux,l'vne de le loger en
lieu fain : & l'autre de l'affeoir en telle part que les ennemis ne le puiffent
affieger,ne luy forclorre le chemin des viures, ne de l'eau. Pour fuyr les infirmitez,il ne fe doit iamais loger en lieu de marez,ne qui foit expofé a mauuais air.Cecy fe congnoiftra legeremét par la fituation d'icelluy lieu,& par
la coleur des habitans qui f'y tiennent. Quand a l'autre partie de non eftre
affiegé,il fault confiderer la nature du lieu, & vers quelle part les ennemis
& les alliez font affiz:& en quelle part les ennemis fe tiennét,& faire coniecture illec deffus:Afcauoir mon fil y peult eftre affiegé ou nó:ou fil pourra recouurer viures , & les chofes neceffaires de la en ors,malgré lefdictz
ennemis.On peult aucunefois eftre affiegé,voire & deffaict fans coup frapper,fi l'Oft fe loge en lieu ou les ennemis le puiffét noyer en rópát les efclu
fes,& leuees des fleuues:cóme il en prit aux Chreftiés en L'an M CCXXI
eftant le long du Nil affez pres du Caire, contre le Souldan : parquoy il eft
bon d'y regarder.Pourtant vn Lieutenant general deuroit auoir grand' có
gnoiffance de l'affiette de tout vn pais,& auoir aupres de foy plufieurs gés
qui la congneuffent comme luy.Les maladies & la famine qui viennét aucunefois en vne armee,fe peuent euiter , mais que lon prene garde a ce que

ceulx qui font en icelle ne facent exces. Et pour le maintenir tãt mieulx en
fanté, il fault donner ordre que les Souldardz dorment a couuert foubz des
tentes ou fueillees, & qu'ilz logent en lieu qu'il y ait foyfon d'arbres qui facent vmbre en efté, & qui feruent pour cuyre la viáde. Il eft neceffaire auffi
garder que les Souldardz ne cheminét a la chaleur: & pour ce on les doibt
faire partir en efté auant le iour, a celle fin qu'ilz foient logez deuant que la
grãd' chaleur tumbe: & en yuer on ne deuroit iamais faire marcher les Souldardz parmy les neiges, ne par les glaces, filz n'ont quant & quãt cõmodité
de faire feu. Et d'auãtage il ne leur doibt point eftre fouffert de boyre mau-
uaifes eaues, ne d'aller mal veftuz : car toutes ces chofes engendrent moult
de maladies: & aduenãt qu'il y euft des malades, il les doibt faire penfer fon-
gneufement, tant foient ilz de baffe condition: & cefte charité luy oblige-
ra le cueur de fes Souldardz plus que nul autre bien faiĉt qu'il leur pourroit
faire: & auec ce, il fera fon prouffit : pour ce que fil auoit la guerre auec les
infirmitez, & d'auantage auec fes ennemis, il feroit deffaiĉt en peu d'heure,
ayant a refifter contre telz deux aduerfaires. L'exercitation ayde grandement au corps humain pour le conferuer en fanté: a caufe dequoy ce General contraindra tous ceulx de fon Oft, a f'exerciter vne fois le iour pour le
moins, au meftier qu'ilz font: & ce iufques a la fueur: fi plus auant, non: car
ny a meilleur moyen pour entretenir fain vn Camp, & le faire viĉtorieux
de fes ennemis, que ceftuy cy eft. Quãt a la famine qui peult venir en l'Oft,
il n'eft pas dit que lon doyue pourueoir feulement a ce que les ennemis ne
nous puiffent couper les viures: mais bien oultre cela, nous conuient aduifer de quelle part c'eft qu'il nous en doibt venir, & donner encores ordre
que ceulx que lon a de prefent, ne fe cõfumét point fi lon ne fcait ou en pré
dre incontinét des autres. Et pour bien faire, & qui vouldroit iouer au feur,
il en fauldroit toufiours auoir en noftre munition la prouifion d'vn mois
entier, pour nourrir tout l'Oft. Et mettons le cas qu'il y ait au Camp, entre
Gens de guerre & toute autre maniere de gens, XL M perfonnes, & plus:
La farine neceffaire pour chacun iour a manger honneftement, monte a
XXXV muys mefure de Paris: de chacũ defquelz muys fortirõt, felon Mõ
fieur Budé, M C LII pains : chacun defquelz fuffira pour le nourriffemét
d'vne perfonne tout vn iour. A ce compte la prouifion de XXX iours mõ-
teroit M & L muys. Touchant le viure des cheuaulx, qui en pourroit faire amatz, ne feroit que bon: afcauoir eft d'Auoyne, ou Orge : mais qui ne
vouldra, n'y aura auffi pas grand dãger qu'ilz viuent du iour a la iournee,
entant que touche cefte prebende: pourueu que l'autre nourriffement ne
leur faille, fil eft poffible: c'eft foin, paille, ou herbe : iacoit que lherbe les af-
foyblit grãdemét. Les feuilles & les branches menues des arbres leur font
bonnes quant ilz ne peuent auoir mieulx, & les fermens des vignes: encores qu'ilz foient durs: car on les defrõpt a tout des mailletz, & ainfi les mã-
gent les cheuaulx tant plus facilement. Pour reuenir a mon propoz, ie dis
que le Lieutenant general doibt taxer les villes du pais ou la guerre fe fera, ou fes alliez, filz font illec aupres: pour amener certaine groffe quãtité de
viures au Cáp, pour en nourrir fes Souldardz fi l'argét eft failly, ou les leur
faire

faire védre a pris raifonnable,& pour refrefchir fon autre munitió, & la gar
der pour la neceffité:car tout ainfi que toutes chofes touchant le faiĉt de la
guerre ,peuét eftre minees a la longue:tout ainfi la famine, fans autre ayde
peult mettre au bas vn Cãp, & deffaire auec le téps:ne iamais les ennemis,
filz ont la cómodité de nous furmóter par fain,ne f'effayeront auoir le bout
de nous par bataille:pour ce que la victoire en eft tát moins fanglante & dã
gereufe,iacoit qu'elle ne foit pas du tout fi hónorable.Ce que i'ay dóc dit cy
deffus,pourra feruir de fon quartier,pour obuier a c'eft incóueniét:& la Iuftice,mais qu'elle foit obferuee en noftre Oft, y feruira du fien : & la reigle
que lon peult donner aux Souldardz pour les gardeſ de viure a leur appetit,y feruira femblablement,tant que nulle autre chofe que lon fcauroit al-
leguer.Et qu'il foit vray, quand a l'vn, on fcait bien que fi Iuftice ne regne
parmy vne armee,que toutes chofes f'en yront cen deffus deffoubz,& qu'il
n'y aura viuendier ne homme qui y veuille apporter victuailles.Et quand a
l'autre,fil n'y auoit police, que les viures d'vn mois ne tiendront pas lieu
d'vn iour:parquoy on y doibt entretenir Iuftice,& punir trefaprement quiconque fera oultrage a vn feul viuédier.Et tout de fuytte,il fault faire viure
les gens par reigle, & leur donner quelle quantité de viures ilz pourront
defpendre pour homme le iour : & en oultre,leur defendre qu'ilz ne puiffent manger qu'a certaines heures.Cecy fera caufe que les viures en feront
mieulx efpargnez:& les Gens qui viuront ainfi fobrement,feront beaucoup
plus paifibles,vigilans,& fains,que filz mangent & boyuent a toutes heures,cóme nous faifons.Surquoy nous forgeons apres plufieurs querelles particulieres:& les beaux mutinemens que lon uoit regner ordinairemét parmy nous. Au furplus,fi lon auoit plus de Gens a loger que n'eft le nombre
de ceulx que i'ay commencé a paffer par mes mains:ie ditz qu'ilz pourront
eftre logez fur les places du mytant,& le long des rues,ou auec les Legiónaires mefmes : lefquelz font affez au large. Tant y a,que le nombre de ces
quatre Legions auec leurs Gés de cheual,& le furplus des Chefz,Officiers,
& autres que i'ay mis a la fuitte de c'eft Oft,me femble fuffifant pour entreprendre vn faiĉt,de quelque importance qu'il foit : & pour combatre deux
fois autant d'ennemis qu'ilz feront.Au fort,lon en peult vfer a fa volonté,
& faire la guerre auec tel nombre de Gens que lon veult. Il fauldroit en ce
cas que le Camp euft plus grand tour que ceftuy cy n'a pas, & neantmoins
qu'il feuft compaffé a la mode que i'ay dit. Mais pour ce que cefte feconde
partie excederoit la premiere en parolles, & en volume, fi ie pourfuyuoye
mon propos plus auant, & auec ce que la tierce demeureroit trop petite
au pris des autres, ie reprendray icy mon alaine, pour m'apprefter de plus
belle a traiĉter la partie qui refte de noftre liure.

Fin du Second liure.

Comment le General se peult ayder de plusieurs rufes
en demenant le meftier de la guerre.   Chap. I.

DORESNAVANT fault fóger les moy-
ens par lefquelz ce Lieutenant general pourra mener la guerre qu'il faict a fin en peu de
temps. Et pofons le cas qu'apres auoir deffaict
vne fois les énemis en Bataille(cóme dit eft)
il y en ayt encores quelques vns aux champs
de refte, ou quelques villes qui fe tienent encores, ou d'autres de qui il ne fe fie gueres: il
fault penfer en quelle forte il pourra auoir
brefuemét le bout des vns,& faffeurer quát
& quant des autres. A cefte caufe ie diray icy quelques poinctz lefquelz
pourront feruir en tel cas. Et premierement f'il y auoit quelque cótree fu-
fpecte en icelluy pais,& qui fuft en branfle de fe reuolter, qui la laifferoit en
fon entier: il fe fauldra ayder alors d'vne rufe qui foit proufitable a cedict
Lieutenant, & laquelle foit dommageable a ceulx qu'il tient fufpectz, ficomme leur mander qu'ilz abbatent les murs de leurs villes,& qu'ilz bánif-
fent les telz citoyens,ou les telz:(ie veulx dire ceulx qu'il doubte le plus)&
que ce mandement foit faict en telle forte, qu'il n'y ayt ville de toutes celles
a qui cefte chofe fera commandee,qui péfe que ce faict mefme touche a autre qu'a foy : aincois que les lettres arriuent a telle heure en vne chacune
part,que toutes recoiuét vn mefme mandemét a vn iour. Et par ce moyen
que les villes penfent a obeyr,& non poinct a fe confeiller les vns auec les
autres,n'eftant aduerties que ce faict touche a toutes enfemble.Pour bányr
les gens que lon craint qui foient pour faire quelque mouuemét ou rebellion en vne ville:ny'a que de les decepuoir en telle forte qu'ilz cuydét eftre
employez en quelque chofe de quoy le Lieutenát leur doyue fcauoir gré,
en leur baillant commiffion de faire certain cas bien loing de la, ou en telle
part qu'ilz n'ayent moyen de luy nuyre:laquelle cómiffion tienne lieu d'vn
honnefte banniffement,& d'vne relegation couuerte. Quant aux villes qui
font fi puiffantes & fi enclines a defobeyr, qu'a peu d'occafion elles feroiét
pour refufer le cómádemét du General,n'y a que f'affeurer d'elles cautemét,
& feffayer de les furprendre a l'impourueu.Et pour colorer fon intention,
il leur doibt communicquer quelque entreprinfe faincte, & neantmoins
qu'elle foit vray femblable:pour executer laquelle il leur requiere fecours,
monftrant par femblant qu'il fe fie grandemét d'eulx,& qu'il tend ailleurs
que non pas a les decepuoir.Et a mon aduis que fans trop grand' difficulté
ilz fe lairront perfuader cecy:donc qu'eftát venuz en cefte opinion, ilz bailleront facilement tel nóbre de ceulx de leur ville,que lon vouldra. Et telle
fois pour peu que ce General rye a quelques vns des principaulx,il fera hó
me pour en arracher la plus part:de tous lefquelz il fe pourra valoir tout le
temps

temps d'apres, comme fi la fufdicte ville les luy auoit baillez en nom d'O-
ftages. Au remanent pour faffeurer d'vne ville, de laquelle on n'a gueres
bien bonne opinion qu'elle foit fealle, le remede que i'y voye foit ce deuant ou apres auoir gaignee la iournee, c'eft d'imiter Pompee, & les autres
qui fe font trouuez iadiz en femblable party : car Pompee ayant quelque
doubte d'vne ville qui eft en Efpagne, pria les habitans d'icelle, qu'ilz fuffent contentz de loger en leur ville les Souldardz de fon Oft, qui eftoient
malades: laquelle requefte eftant accordee par eulx, il leur enuoya foubz e-
fpece de maladie, vne partie des plus vaillás hómes qu'il euft: lefquelz quát
furét dedens, fe feirét maiftres en peu d'heure d'icelle dicte ville: & ainfi la
contraignirent a demourer en fon alliance. Publius Valerius en femblable
cas pour faffeurer des Epidaures, feift venir comme nous pourriós dire vn
Pardon general du Pape en vne Eglife hors de la ville : & eftant venu le
iour ordonné a gaigner ledict Pardon, tout le peuple fortit dehors : & par
ce moyé, la ville demoura defnuee de Gens de defenfe, hormis dudict Publius & des fiens: lequel fe voyant le plus fort, ferra tref bien les portes: & ne
voulut apres permettre que perfonne y r'étraft, finon ceulx de qui il fe tenoit affeuré. Les aucûs difent qu'il fe feift bailler pour oftaiges tous les principaulx, deuant que laiffer rentrer aucun des habitans. Le grand Alexandre adóc qu'il adreffoit fon voyage pour paffer en l'Afie, veuillát pourueoir
aux gens qu'il laffoit a fon doz, qu'ilz ne fe rebellaffent apres fon partemét:
mefmement les Thraciens qu'il auoit fubiugué frefchemét, il print tous les
principaulx du pais de Thrace, & la fleur des combatans, aufquelz il dóna
plufieurs offices honorables en fon Camp, & bons eftatz, & les mena en fa
compagnie: au lieu defquelz il eftablit fur le populaire de Thrace quelques
hommes de petite valeur. Quoy faifant, il contenta premierement les Princes du pais, les tractant bien, comme i'ay dict: puis apres il defgarnit le pais
des meilleurs gens de guerre qu'il euft, faignác fe vouloir feruir d'eulx en
fon entreprife, iacoit que la fin ou il tédoit ne fuft pas feulemét celle la : &
dauátage il ofta au menu peuple tout ie cueur qu'ilz euffent peu auoir de re
beller filz fe fuffent fentiz forniz de bós Chefz, & de bós Souldardz. Nous
voyons donc par ces rufes quellement vn General fe peult affeurer de ceulx
qu'il tient fufpectz.   Quant a prendre les villes qui fe tienent fortes d'elles
mefmes, ou qui ont garnifon d'énemis, c'eft vn propos qui fera tracté cy en
apres. Pour le prefét ie veulx pourfuyure cefte matiere de cautelle de guer
re: car elles peuuent feruir a noftre General en temps & lieu: ficomme fil
eftoit cas qu'il euft fcrupule fur quelqu'vn de fon confeil, afcauoir eft qu'il
defcouure fon feret & fon eftat a fes aduerfaires, il ne peult vfer d'vne meil
leure rufe, que f'ayder luy auffi de la maulueftié de ce traiftre, en luy com-
municát ce qu'il n'a pas intétion de faire, & faignant auoir doubte des chofes qu'il ne craind tant ne quant, & qu'il defire que fes ennemis facét celles qu'il ne vouldroit nullemét eftre faictes par eulx, cefte cy fera caufe que
fefdictz ennemis drefferont quelque emprife, cuydant fcauoir aplain tout
fon fecret, & il les pourra furprendre adoncq' a fon aduátage, les ayant tró-
pez ainfi par fon bon fens. Ventidius f'ayda de cefte cautelle contre les Par-

thes. Si ce General a deliberé, ou s'il est contrainct d'enuoyer vne partie de
ses gens hors du Cáp pour secourir quelqu'vn, ainsi que i'ay dict, que Claudius Nero secouru son compaignon, & que l'vn & l'autre soiét logez bien
pres de leurs ennemis, auec qui ce general a affaire, s'il veult que sesdictz en
nemis ne s'appercoyuent que son Cáp est affoibly de gens, il fault qu'il laisse
les loges de ceulx qui sont partiz au mesme poinct de tousiours, & les enseignes pareilles, & le mesme nombre de feux qu'il y auoit parauant: & en
oultre que le guet se face aussi fort que iamais. De l'autre part, celuy a qui
le secours est enuoye, s'il veult que ce soit au desceu de ses ennemis, il se
doibt donner de garde de non agrandir son Camp, ne de laisser faire loges
nouuelles, ne que l'on monstre autres enseignes que celles qu'y ont accoustumé d'estre : aincoins que ceulx qui seront arriuez de nouueau, se logent
pesle & mesle auec les premieres : ascauoir est les Capitaines auec les Capi
taines: les Lieutenans auec les Lieutenás: les Porteurs d'enseigne auec les
Porteurs d'enseignes: & consequemment les officiers auec les officiers: &
les Souldardz simples auec leurs sémblables, ainsi que ceulx dudict Nero feirent auec ceulx de Salinator. Si nostre General desire aucunesfois scauoir
nouuelles certaines du faict des ennemis, il pourra imiter Scipion, lequel
estant en Africque côtre les Carthaginois, enuoya deuers le Roy Siphax en
ambassade quelques vns des siens, saignant traicter accord entre les parties:
auec les seruiteurs desquelz il entremesla certains Capitaines des siens des
plus expertz qu'il eust, vestuz en gros varletz, expressément pour espier l'e-
stat des ennemis bien a plain: dont que les Ambassadeurs estre arriuez deuant ledict Siphax, & faisant leur charge, les espies en ces entrefaictes prindrent occasion sur l'vn de leurs cheuaulx qu'ilz laisserent eschapper a esciét
de suyuir tout l'Ost, & de côsiderer toutes choses a leur ayse, dequoy ilz en
feirent leur rapport audict Scipió: lequel aduerty du tout, surprint & desfit
a vne matinee deux Cáps trespuissátz. Vn General pourroit semblablemét
bannir quelques vns de ses familiers, & faindre quelque gros courroux encontre eulx, lesquelz se pourront retirer deuers les ennemis, & d'ilec enhors l'aduertir de leur estat. Il peult aussi entendre aucunesfois leurs secret
par les prisonniers, & par des espiós qu'il enuoye en leur Camp, soubz couleur d'y amener viures, ou d'y seruir de quelque chose. Et par fois aucús des
principaulx de l'armee desdictz ennemis peuent estre corrumpuz, en telle
sorte qu'ilz l'en aduertirót. Mais quelle chose est ce qu'auarice ne puisse faire faire aux hommes? Vray est que pour entretenir ces espions & traistres,
que le General ne doibt rien espargner, pour ce que la faulte de n'auoir sou
uent nouuelles du faict des ennemis, nous faict aucunefois prou de mal: &
qu'vn seul bó aduertissemét, peult estre cause du gaing de tout vne guerre.
Pour congnoistre la fiáce que l'on doibt auoir en quelque ville, ou en tout
vn pais, on se peult ayder de la ruse de Marius, lequel estant occupé en la
guerre des Cimbres, & veuillant experimêter la foy des Gaulois, qui habi-
toiét en celluy endroict d'Italie, que nous appellós Lôbardie au iourdhuy,
& lesquelz estoient alliez des Romains pour lors, il leur enuoya deux paires
de lettres, les vnes ouuertes & les autres cachettees. Les ouuertes disoiét
quilz

qu'ilz ne deuſſent ouurir nullemét les cachettes,ſinon a certain iour:tou-
teſfois ilz ne peurét tant ſouffrir qu'ilz ne les veiſſent long temps auant le
terme:& ſur ce eſtát redemádees par lediĉt Marius,il apperceut clairemét
qu'il n'auoit que faire de ſe fier en eulx que bien a poinĉt.Si vn Prince eſt aſ-
failly en ſon pais , ſ'il ne veult attendre illec la guerre, il ſ'en peult aller ſur
celluy de ſon aduerſaire : & par ce moyen le contraindre a retourner pour
defendre le ſien : i'entendz ſi cediĉt Prince qui a abandonné ainſi ſon pais,
a ſes villes plus fortes & mieulx pourueues : ou le pais plus fort & difficile
que n'eſt celluy de ſon ennemy. Si noſtre General ſe trouue aſſiegé par ſes
ennemis en telle part qu'il n'en puiſſe eſchapper ſans honte,ou ſans dommaige,il peult en ce cas parler de ſ'appointer auec eulx , & faire quelques
treſues:car i'ay ma fantaſie quilz en deuiendront alors ſi negligens , que facilement il pourra euader leurs mains. A ceſte cauſe on doibt bien eſtre
ſur la garde,ce temps pendant que telz appoinĉtemés ſe demainent,ou que
lon eſt en treſue:pour ce que c'eſt adonc que lon donne mieulx les ſecouſ-
ſes qu'en nulle autre ſaiſon : & depuis que les choſes ſont faiĉtes vne fois,
on a beau dire i'ay eſté trompé ſoubz vmbre de bonne foy,& de ſ'attendre
qu'vne armee deffaiĉte tout a plat,ou vne place occupee tandiz que ces allees & venues durét,ſoit reparee ne reſtituee par ceulx qui nous aurót de-
ceuz:car ie ne ſçay pas que nous ferions nous meſmes,ſi tát eſtoit que nous
nous trouuiſſions iamais auoir obtenu ce poinĉt ſur noz aduerſaires. Quád
le General ſe trouueroit quelque fois en ce danger de non pouoir ſortir
d'vn lieu ſans vſer de ruſe:il doibt ſonger toutes celles qui luy peuent ſeruir,& les eſſayet vne apres l'autre,iuſques a tant que quelqu'vne le ſaulue.
Entre les autres il peult eſſayer ces deux:L'vne eſt qu'il aſſaille ſes ennemis
par l'vn des coſtez,auec les meilleurs gens qu'il ait & plus deliberez:& que
les autres ſ'efforcent de ce faire faire paſſage par l'autre part : ſur ce que leſdiĉtz ennemis entendent a ſoubſtenir l'aſſault de ceulx la:L'autre maniere
eſt d'inuéter quelque choſe nouuelle pour eſbayr les ennemis,en telle ſorte qu'ilz ſe tienent coy ſur leur garde:doubtant que celle nouuelleté ait
quelque dangereuſe queue apres ſoy:& cecy doibt eſtre faiĉt de nuiĉt pour
les eſtonner tát plus. Annibal eſchappa des mains de Fabius par ce moyen:
car il ſ'aduiſa d'attacher pluſieurs fagotz aux cornes d'vne grand'multitude
de bœufz, qu'il auoit en ſon Camp:& apres les feit allumer,chaſſant iceulx
bœufz vers l'oſt de Fabius : dont que celluy ſpeĉtacle fut trouué ſi merueilleux & eſtrange par lediĉt Fabius, qui ſe doubtoit de ſurpriſe:meſmement
que c'eſtoit de noire nuiĉt,qu'il ne ſ'oſa oncques bouger hors de ſó fort,que
le iour ne fut venu:pendant lequel temps Annibal gaigna pais,& ſortit du
peril ou il eſtoit. Ce General ſe doibt eſtudier dauantage en toutes ſortes
de rendre ſuſpeĉtz ſes ennemis les vns aux autres, & qu'ilz ſe deffient entre eulx,& ſe portét enuie l'vn a l'autre tant qu'il ſera poſſible:& cecy pourra il faire, en contregardant le bié des aucuns & leurs poſſeſſions, & en ga-
ſtant tout ce que trouuera des autres.En apres il pourra rendre les enfans,
ou aucuns parens & amis qu'il aura pris ſur la guerre , a leurs propres peres

O

& parens, fans vouloir prendre rencon d'aucun d'iceulx : & ne fera poffible que ce bié faiĉt ne proffite, ou a gaigner le cueur de ceulx a qui le bien
aura efté faiĉt, ou a mettre diffention entre ceulx qui l'auront receu : & les
autres qui f'en donront mauuais figne. On peult femblablement faire penfer mal des gens par quelques lettres fainĉtes que Jon faiĉt tumber entre
les mains des aduerfaires, eftant addreffees a quelques vns des principaulx
d'entre tous eulx : par lefquelles on faiĉt femblant de mener auecques eulx
quelque praticque : a caufe dequoy ceulx a qui les lettres feront efcrites, n'auront plus le credit qu'ilz auoient parauant : ou du moins on les regardera par deffus lefpaule de la en apres : de laquelle deffiance procedera ce bien, que les Chefz qui font les plus eftimez, feront tenuz fufpeĉtz :
& par ainfi lon n'adiouftera que bien peu de foy a leurs opinions, qui eft
l'vn des plus grandz biens qui pourroit aduenir a vn General. Et par aduenture pourra eftre que ceulx que lon foufpeconnera ainfi a tort ferót de
telle nature, qu'ilz penferont a fe venger de ceulx la mefmes de leur party : ou bien qu'ilz n'yront ne viendront a leurs confeilz. Leur Prince pourroit bien eftre auffi fi foufpeconneux iufques la, qu'il les reietteroit loing
de fa perfonne, ou les feroit occire : ficomme Iugurtha feit mourir les principaulx qu'il euft de fon confeil, a l'appetit des lettres que Metellus leur
efcripuoit : iacoit qu'ilz ne feuffent aucunement en coulpe. Annibal apres
auoir efté deffaiĉt par Scipion, fe retira deuers le Roy Antiochus, auec lequel il euft toufiours vne trefbonne part iufques a la venue des Ambaf-
fadeurs de Rome, qui le hanterent fi fouuent & en tant de guifes, que lediĉt Antiochus penfa qu'ilz euffent intelligence enfemble : parquoy il ne
fe voulut oncques puis confeiller par luy : & ainfi le paouure Annibal perdit fon credit par la cautelle des Romains. Il fera bon pareillement que le
General mette fa cure a diuifer la force de fes ennemis, f'ilz font affem-
blez de diuerfes fortes de gens, & qu'il y ait la commodité d'ennoyer cour
re fur le pais de l'vne partie d'iceulx : car en y ennoyant vn nombre fuffifant de fes Souldardz, ceulx qui feront demourez au pais, rappelleront en
peu d'heure les leurs pour les venir defendre. Les Efpagnolz vferent de
cefte rufe contre noz gens, ce temps pendant que le Roy eftoit deuant
Pauie : car fachant le nombre des Grifons qui y eftoit (lequel en eftre moins
noftre Camp faffoyblirolt de beaucoup) ilz enuoyerent le Chaftellain de
Muz qui eftoit pour lors, ou autrement le Marquis de Mortare, courir fur
la terre d'icelle bende grife : a raifon de quoy, & pour aller defendre leur
bien propre, ilz nous abandonnerent au befoing : tant y a, qu'ilz f'en fuffent bien peu paffer, f'ilz euffent trop voulu : attendu la force du pais ou ilz
habitent, qui eft a mon iugement l'vn des plus fortz & difficiles, que lon
puiffe gueres veoir : & au furplus, fi bien peuplé, que le nombre des gens
que lediĉt Chaftellain auoit conduiĉt fur leurs frontieres, n'eftoit pas pour
les effrayer, en la forte qu'ilz en feirent le femblant : ne pour vn chafteau
qu'ilz auoient perdu d'emblee, ne nous failloit pas abandonner, comme
ilz feirent : toutefois ce feuft vn des tours que les eftrangers iouent ordinairement

nairement a ceulx qui se fondent par trop a souldoyer autres gens que de leur nation propre. Si ce General se trouuoit en Camp si pres de ses ennemis que ceulx des deux partiz attendissent la bataille de fois a autre: & qu'il eust encores des gens qui le vinssent trouuer, s'il crainct que les ennemis les veullent aller rencontrer sur les chemins pour les combatre, sans leur donner loysir de se ioindre auec luy: il peult faire courir le bruict par son Ost, que chacun soit prest a la telle heure, ou au l'endemain pour entrer en bataille, & laisser eschapper quelque prisonnier tout de gré, lequel puisse aduertir ses ennemis de la deliberation que ce General aura faicte: & a mon aduis que ce moyen les retiendra ensemble dedens leur Camp, sans enuoyer gens dehors, ne diminuer leur force, faisant estat d'estre combatuz a l'heure dicte: & sur ce, les bendes qui sont a venir, pourront arriuer saines & entieres. Pour prester occasion aux ennemis d'affoyblir leur armee, n'y auroit que les laisser venir bien auant en pais, & leur abandonner toutes les villes que lon ne seroit certain pouoir defendre de leurs mains: & ie crois qu'ilz les vouldroient tenir toutes, & y mettre gens en garnison: parquoy leur force sera diminuee en peu de iours: & adonc sera le droict poinct de les combatre sur ce qu'ilz se feront desnuez de gens, pour embrasser plus de choses qu'ilz n'auront peu retirer. En oultre le General pourra aucunefois vser de dissimulation en ses emprises: sicomme s'il a deliberé d'aller en vne contree, qu'il face courir le bruict qu'il entend assaillir la telle. Et en cecy luy fauldra apres faire vne si extreme diligence, qu'il ait occupee icelle dicte contree, qui ne s'attendoit aucunemét auoir la venue auant qu'elle ait pensé a soy deffendre, ou que ses ennemis s'y puissent estre transportez pour la garder. Si ce General entend que ses ennemis soient pressez par famine, ou par autre necessité naturelle, ou passion humaine: & qu'a ceste occasion ilz soient comme desesperez, & qu'ilz se viennent combatre sur ceste raige: il se doibt contenir dedans son fort, & differer le combat tant loing qu'il pourra: & peult estre que dedens peu de iours il les aura tous en sa mercy, sans coup frapper. Nostre General se pourroit trouuer telle fois auoir a faire auec gens mal aguerriz, & trop courageux: lesquelz s'abandonnent tant a poursuyuir ceulx qui fuyent, qu'il n'y a souuent ordre de les retirer qu'ilz ne soient follement embatuz sur quelque grosse troppe de gens, qui les rembarre de mesme: que si cedict General veult regarder a son poinct, il trouuera facilement la commodité de leur faire vn merueilleux dommage en peu d'heure. Pourtant il peult dresser ses embusches deuers l'endroict du Camp qui semble le plus fort, & vers ou il n'y a iamais combat, pourueu que l'assiette soit apte a cacher ses gens: & il doibt dresser des escarmouches deuers l'autre costé ou elles ont apris d'estre, & les mener par tel art que les ennemis y viennent tous, s'il est possible: ou du moins que la garde du Camp deuers celle part ou les gens sont cachez, viene regarder le passetemps: en quoy n'y aura faulte, ne qu'ilz se puissent tenir de sortir, moyennant ce que les nostres recilleront par fois, pour les attirer tant mieulx dehors & loing de leur fort. Sur ce

poinct ledict General fera le figne par certains coups d'Artillerie qu'il fera tirer: ou bien en autre forte, auquel fera obey par ceulx de l'embufche,
lefquelz donneront fur le Camp des ennemis, fans que nul d'eulx ou peu
fen appercoyue, fi trefifnellement, que leur fort fera occupé deuant qu'ilz
fe foient r'aduifez de leur erreur. Il feroit bon aucuneffois quand deux armees font pres l'vne de l'autre, que ce General enuoyaft courir & piller le
pais qui feroit de fon obeyffance, par ces Souldardz mefmes, foubz couleur
d'ennemis: car ces aduerfaires penfant que ce foient des leurs, ou nouueau
fecours qui leurs vient, feront gens d'y accourrir auffi pour auoir leur part
de la proye, & ainfi pourront eftre endommagez & furprins. Noftre Gene
ral pourroit encores faire grand defgal d'ennemis, en leur donnant faculté
de boire & manger oultre mefure. I'entend fil auoit a befongner a celles
nations qui font fubiectes a vin, laquelle faculté leur fera donnee, en faifant femblant qu'il ne les ofe attendre: & fur cefte couleur, qu'il eft contrainct abandonner fon Camp: ce qui fera au plus grand trouble, qui luy
fera poffible: a celle fin de diffimuler tant mieulx fa fineffe: & pour autant
conuiendra qu'il laiffe fes bagues, tentes, & tout le demourant en fon
poinct, & fondict Camp le plus fourny de vins & viades preftes qu'il pourra: & ce en intention que les ennemis y entrent quant & quant qu'ilz
auront fenty fon allee, & qu'ilz fe rempliffent iufques au gofier des viures
que les noftres y auront laiffé. Et adonc que cedict General penfera que fes
aduerfaires foient enfepuelis en vin, & endormis comme beftes, il pourra retourner fur eulx, les tailler en pieces: car il eft a prefumer qu'eftant en
ce poinct, il aura d'eulx tel marché qu'il vouldra. Grimault Roy des Lom-
bardz deffit vne fois les Francois au pres d'Aft par cefte rufe: & maintz autres fen font iadiz trouuez bien. Pour decepuoir les ennemis, on doibt
changer fouuent fa facon de faire: ou finon fouuent, au moins quelque fois:
Ie ne parle de l'ordre des Batailles, ne d'affeoir vn Camp, ne des autres generalitez: mais ie parle de petites chofes menues, qui ont petite monftre de
loing, & de pres feruent plus que lon ne penfe, ainfi que vous orrez d'vn
certain Capitaine, lequel pour fignifier que les ennemis marchoient par
pais, faifoit faire figne a tout le feu de nuict, & auec la fumee de iour. or fcauoit il bien que fes ennemis eftoient aduertiz de fes fignes, & qu'a cefte cau
fe ilz eftoiét tant plus caux, fe voyant defcouuers: parquoy fil les vouloit
attrapper, il falloit vfer de rufe, ce qu'il feift en cefte forte: c'eft qu'il ordonna
que fes gés feiffét feu & fumee de iour auffi bié que de nuict, fás aucune in-
termiffiö, & iacoit qu'ilz ne viffent aduerfaire ne demy: & la & quát ilz les
verroiét arriuer, qu'ilz ne feiffét ne l'vn ne l'autre. Cecy ordöné cöme ie dy,
fut executé de poinct en poinct par ceulx qui auoient cefte charge: & eftant
venue l'heure que les ennemis eftoient fur les cháps, les fignes cefferent: &
par la, le Capitaine de qui ie faiz métion a prefent, congneuft que fes ennemis approchoient: lefquelz de lautre part voyát que les fignes accouftumez
ne fe faifoient plus, cuyderent eftre venuz au deffus des gardes: a caufe dequoy ilz furent tant moins fongneux de marcher en bon ordre: la ou le
Capitaine

Capitaine fufdict eſtoit tout pourueu,& conforté en ſon affaire, attendant
de charger ſur ſes ennemis: ce qu'il feit, en telle heure qu'il les rua iuz, &
les deffit a platte couſture. Mennon de Rhodes ne ſcauoit trouuer moyen
d'attirer ſes ennemis d'vn treffort lieu ou ilz eſtoient, pour les faire venir au
combat en lieu deſcouuert. Dont pour les y faire deſcendre, il enuoya au
Camp des aduerſaires l'vn de ſes domeſticques ſoubz couleur de fuitif, lequel leur feit entédant que les gens dudict Mennon ſ'eſtoient mutinez enſemble, & qu'a ceſte cauſe la pluſpart ſ'en alloit ſur l'heure: & a celle fin
qu'a ſon dire fuſt adiouſtee plus grande foy, ilz veirent partir certaines bendes dudict Cáp:& ſi entendirent qu'il y auoit vn treſgrand tumulte, ce qui
eſtoit ioué tout a la main: parquoy eſtant perſuadez dudict fuitif de prendre icelle occaſion, & du deſarroy qu'ilz penſoient eſtre a certes dedens le
Camp dudict Mennon, ilz furent ſi mal aduiſez, qu'ilz ſortirent de leur lieu
fort,& aſſailleirent ceulx qui les rompirent apres. Il eſt encores de pluſieurs
autres ſortes de ruſes, que celles que i'ay dict cy deuant: leſquelles ont eſté
inuétees aux fins d'endommager les vns les autres: & iacoit que ie les peuſſe inſerer en c'eſt endroict, auſſi bien que celles que i'y ay deſia miſes: neátmoins ie les laiſſe pour brefueté.

L'ordre que le General doibt garder pour
conquerir vne ville.
Chapitre. II.

E DISOYE illec deſſus comment les villes ſuſpectes peuent tumber aucuneſfois en noz mains ſans coup
ferir,& telle fois ſans leur monſtrer nullement, que lon
ſe deffie d'elles: mais poſé le cas qu'il y euſt des villes,
non pas tant ſeulement ſuſpectes, mais encores qui ſe
fuſſent declairees noz ennemies: il n'y a remede que proceder adonc en ceſt affaire icy par armes, & ſ'eſſayer de
conqueſter a fine force, ce a quoy on aura failly par engin. Or fault il noter
qu'il y a deux moyens par l'vn deſquelz on a accouſtumé venir au deſſus
de toutes les villes que lon prend: car on les vient a prendre ou par aſſault, ou par compoſition. Au premier, on peult vſer d'autres deux voyes:
aſcauoir eſt de force meſlee auec fraude, ou de violence manifeſte: l'appelle force meſlee auec fraude, quand on a quelque intelligence auec quelques
vns de ceulx de la garniſon, ou auec les Citoyens: par le moyen deſquelz
on vient a gaigner vne bonne partie des habitans, ou des Gens de guerre
qui les gardent, pour entrer dedens au deſceu du ſurplus: l'entendz violence manifeſte, toutes & quantes fois on aſſault vne ville au deſpourueu, ou de plaine arriue, ſans attendre que l'Artillerie ait battu les murailles: ou quand on l'aſſault apres ce qu'il y a breſche faicte. Quand a ce
que les villes viennent parfois en noſtre puiſſance par compoſition, il fault
dire que ceſte compoſition eſt voluntaire ou forcee. La voluntaire a lieu
adonc qu'une ville ſ'oſte de la iuriſdiction de l'vn pour ſe donner a l'autre:

cóme Genefue a faict ces ans paffez,efperant eftre mieulx traictee & gouuernee par les Suiffes,qu'elle n'eftoit par leur Duc.Et Cafal de Montferrat
auoit appellé les Francois,& f'eftoit donné au Roy,aymant mieulx fon party,que celluy de Lempereur : ie ne fcay pas fur qu'elle efperance ceftedicte
compofition volontaire a lieu:auffi quand vne ville fe donne a vn Prince ·
pour eftre fouftenue contre fes ennemis,cóme fit Genes : laquelle fe donna au Roy Charles VII : & fe getta entre fes bras pour eftre defendue du
Roy Alphonfe de Naples , qui luy faifoit guerre : mais pour ce que cefte
partie ne faict rien a mon propos ,ie la laiffe apart, & n'en parleray point.
Touchant la cópofition forcee,ou elle procede du long fiege que lon aura tenu deuant vne place,ou bien des courreries qui fe feront continuellement fans l'affieger depres:par lefquelles on courra,pillera,& gaftera le terrouer,& le bien des habitans,& de ceulx qui f'y feront retirez,filz font du
pais:& en oultre,on les tiédra fubiectz en telle forte,qu'ilz ne pourrót iffir
hors de leurs portes,qu'ilz ne foient en danger de leurs perfonnes:ne viures
ne aucunes pourueances y entrer,fans grand' difficulté:a caufe dequoy cefdictz habitans feront contrainctz rendre eulx & leur ville a ceulx qui les
malmeneront ainfi, pour n'eftre mal traictez de la en auát. Vne ville fe réd
auffi de bonne heure,& aucunefois fans veoir les ennemis,quát elle fe fent
trop foyble pour leur refifter.Les deux moyens donc par lefquelz on a accouftumé venir au deffus des villes , font telz que i'ay dit.Autant en eft il
des cheuaulx & autres lieux fortz:pourtát noftre Lieutenát general fe pour
ra ayder de celluy qu'il trouuerra le plus aifé, & les praticquer en la forme
qu'un faige Capitaine les doibt mettre en befongne . Il me femble qu'il en
pourroit vfer ainfi que ie voys dire,fauf meilleur aduis:& c'eft qu'auát toute œuure il fe doibt enquerir diligemment de tous les poinctz qui feruent
a ce faict:c'eftafcauoir fi la ville qu'il entend affieger eft forte par nature,ou
par art.Si elle eft batable d'Artillerie : & qu'il en ait vn pourtraict,& de fon
affiette tout entour fil eft poffible. D'auantage fi elle peult eftre minee ou
non:fi elle fe tient fur fa garde,ou fi elle ne fe doubte de rié:fi elle fe prepa-
re de prefent,ou fi elle l'eft defia:fi elle eft bien fournie de toutes munitiós,
ou fi elle en a faulte:fi elle peult eftre aduitaillee d'heure en heure,& fecou
rue mal gré ceulx du fiege:ou eftre empefchee que viures & fecours n'y en-
trét:quelle garnifon il y a:quelz Chefz:quelle volonté ont les habitás:& fi
nablemét fi cefdictz habitás & Souldardz font d'accord, ou fil y a different
& factions parmy les vns & les autres.Lefquelz aduertiffemés font bien de
telle iportáce,qu'ilz meritét eftre acheptez a poix d'or.Et a ces fins fauldroit
qu'vn General entretinft quelques bós efpiós, & qu'il tafchaft d'auoir intel
ligéce en plufieurs & diuers lieux, pour eftre aduerty fouuent & menu de
toutes chofes au vray:pluftoft que fe bouter en cefte danfe:& apres ce qu'il
fcaura la verité du tout,& l'eftat des ennemis au feur, il prendra fon princi
pal fódemét fur icelluy des poinctz fufdictz,qui luy viédra le mieulx a main:
ficóme fi la ville eft beaucoup plus ayfee a miner que nó pas a batre,il fon-
dera principalemét fon efperáce fur la mine:ou fi elle eftoit mal aduitaillee,
il f'attédra la cóquerir par fain,ou par l'vn des autres poinctz qu'il penfera
luy pouoir

luy pouoir feruir le mieulx.Sur tout, qu'il f'ayde pluftoft de la force meflee
auec fraulde,que non pas de la violéce manifefte,fi tant eft qu'il fe puifie ayder de laquelle de ces deux forces que bon luy femblera : & au cas auffi
qu'il ayt affaire auec vne ville forte & puiffante , contre laquelle ie ne ferois iamais d'aduis qu'il vfaft de quelcóque rudefie,fil la peult auoir amya-
blement,& par honnefte compofition:car oultre ce qu'il euitera vne defpé
fe merueilleufe, & la mort de plufieurs gens de bien,qui f'en peult enfuyuir de tous les deux coftez,il gardera apres les villes qu'il aura prifes par ceftedicte condition a moindre difficulté , entant que les habitans n'autres
n'auront receu honte ne dommage d'aucun des fiens,que fil les conqueroit.
par force d'armes:& par confequent qu'ilz fuffent offenfez en corps ou en
biens. Pour les gaigner donc par ce gracieux moyen, vn General ne doibt
efpargner argent ne parolles:argent pour corrópre les Chefz, & ceulx qui
ont credit parmy le commun:& parolles pour perfuader aux habitans, ou
aux Souldardz par vifues raifons qu'ilz fe doyuent rendre. Et pource que
ceft office ne peult bonnement eftre exercé par luy,n'ayant commodité de
tenir propoz aux ennemis finon en fon Oft,il doibt auoir des gens qui foiét
aptes a códuire ces menees,& qui foient grandz moyéneurs d'eulx mefmes
& beaulx parleurs.Les Trompettes & les Tabourins doyuent pareillemét
fcauoir faire ceft art, a caufe de ce qu'il leur eft beaucoup mieulx permis aller & venir par tout,pour petite excufe qu'ilz ayét,que ne feroit pas a quel
qu'vn autre de plus grand'eftoffe. On y peult auffi enuoyer d'autres gens
foubz couleur de fuitifz,& par ainfi cercher tous les moyens qui y peuuent
valoir pour tafter la volonté des ennemis, & les faire condefcendre a fon
vouloir.fans les contraindre peu ne prou. Quant il eft queftion de gaigner
vne ville par femblable moyen,il fault confiderer premierement l'occafion
qu'elle a de foy defendre:c'eft afcauoir fi la querelle eft fienne propre, ou fi
elle ne luy touche guere. Apres fi la querelle eft fiéne, afcauoir mon fi quelque extreme neceflité l'y contrainct ou non:ficomme fi elle feftoit rebellee
contre le Roy,& qu'elle euft cómis quelque grief cas: Ie ne parle point des
villes de ce Royaume, lefquelles font bien fi deuotes & enclines a noftre
Prince, qu'il n'y a lieu de penfer qu'elles tóbent iamais en ce crime:& pour
ce ie n'ay que faire d'en parler:mais quand ie parle de ces villes, i'enten de
celles qui font hors du Royaume,lefquelles fe rebellent & fe reuoltent de
fois a autre:& en fe reuoltant,elles occient aucunefois leurs go.uerneurs,&
taillent en pieces les garnifons qu'elles ont : il fault croyre que les villes a
qui ce cas fera aduenu,cóbatrót & fe defendront trop plus obftinémét,que
fi elles ne nous auoient aucunement offenfez : pour raifon de la peine que
leur forfaict merite : laquelle (comme ilz fe tienent pour dict)leur tumbera
fur le doz,fi lon en.peult venir au deffus.Nous pouons auffi faire noftre cópte,que les villes qui ont de nature quelque hayne contre nous, cóme font
les Flamens & les Anglois : ou bien qui ont ialoufie fur noftre honneur,&
defir de dominer leurs voyfins,comme les Efpagnolz, & Allemans,fe rendront le plus tard qu'il leur fera poffible:& a grand'peine en pourra lon vé-
nir a bout,fans vfer de force.Toutefois vn Lieutenát general peult effayer

auant toute autre chofe fi les deux châpions que iay dict,c'eſt aſcauoir,dōs
& parolles,luy pourront ſeruir:car maintes bonnes villes & places impre-
nables,ont eſté conqueſtees en peu d'heure par eulx deux: & pluſieurs choſes que l'on eſtimoit impoſſibles,ſe ſont rendues faciles a la longue par leur
moyen. Pourtant ceulx qui auront charge de trafficquer auec ceſdictes villes,ou de les ſommer de par noſtre General,doyuent mettre tout leur engin a ce qu'ilz oſtent aux habitans rebelles & autres , ceſte dicte neceſſité:&
tout de ſuitte leur obſtination:en leur promettant montz & merueilles,&
qu'ilz ſeront pardonnez,ſilz craignent eſtre puniz de leur rebellion.Pareil-
lement ſi c'eſt contre gens qui ayent doubte de perdre leur liberté, & qui
ayent apris a viure ſoubz leurs loix propres, ſans obeyr a aucun,ilz leur feront entendre commét il uault mieulx pour vne ville,qu'elle ſoit gouuernee par vn ſeul Chef,que par tout vne communaulté:mais qu'ilz ſoient autrement maintenuz en bonne paix, & quilz puiſſent poſſeder leur bien,&
vſer leur vie paiſiblemét, ſans eſtre moleſtez de perſonne,ne tyranniſez:de-
quoy ilz n'ont garde eſtant ſoubz la protection d'un bon Prince,comme eſt
celluy pour qui ce parlement ce faict:en oultre que l'intention du Roy téd
a ce que l'ambition de quelques particuliers feſteigne , & non point que le
peuple vienne en ſeruaige:leur remonſtrant au ſurplus les maulx qui peuuent aduenir a leur ville ſilz ſont aſſiegez,& au pais entour. Et d'auantage,les deſolations,meurtres,forces & violéces qui ſe font en la prinſe d'vne
ville:& pour leur faire bonne bouche,leur remonſtrer le bien qui peult venir au commun, & aux particuliers d'eſtre en la grace d'vn ſi puiſſant Roy.
Touchant les villes qui ne ſont contrainctes a ſoy defendre par aucune extreme neceſſité:mais ſeulement qui font la guerre pour ſouſtenir le party de
quelqu'vn,il fault dire ou qu'elles guerroient d'elles meſmes,ou bien qu'elles ne font que preſter place aux ennemis:ſil eſt cas qu'elles guerroiét d'elles meſmes,on n'aura pas telle difficulté a les gaigner,que ſi elles ſe defendoient par neceſſité:car on ſennuye bien toſt de beaucoup deſpédre, & de
ſe mettre en peril pour le faict d'autruy.En ce cas il leur fauldra faire belles
promeſſes pour les attirer de noſtre coſté, & pour faire abádonner l'alliáce
des ennemis.Mais la,& quand elles ne feroient que preſter place,on peult
croyre que c'eſt du conſentemét des habitans,ou contre leur volóté:ſi c'eſt
malgré eulx,le chemin eſt tout ouuert pour leur perſuader tout,quád nous
vouldrons: & ſi c'eſt de leur vouloir, il conuient mettre peine de corrópre
les Chefz principaulx, & de ſuborner quelques Capitaines, ou autres officiers parmy les Souldardz, leſquelz leur facent accroire que leur ville n'eſt
point gardable:ou qu'ilz ne ſeront point ſecouruz a temps:ou bien ſi la ville ſe remparoit,qu'ilz trouuét moyen de retarder la fortification:& qu'ilz
y beſongnent lachement:ſi c'eſt aux Souldardz qu'il touche de remparer ,
& qu'ilz ſément quelque voix parmy eulx pour refuſer ceſte charge:diſant
que c'eſt le propre office de pionniers,& non pas le leur : & ſilz auoiét des
pionniers,faire en ſorte qu'ilz ſen aillent,a celle fin que la ville ne ſe trouue nullement forte ne remparee quant nous arriuerons au deuant d'icelle :
aincois qu'elle ſoit contraincte ſe rendre incontinent a nous.Ses Gens cor-

rompuz

rompuz peuent auſſi faire conſumer les prouiſions par les Souldardz, ſei-
gnant ne ſ'en donner de garde iuſques a tant qu'il n'y en ait plus, comme
Francois monſieur Marquis de Saluſſe ſceut faire, lors qu'il deuoit garder
Foſſan pour le Roy, lequel ioua ſi finemét ſon perſonnage, deuát que tourner ſa robbe du tout a l'enuers, que la ville ſe trouua au beſoing en tous les
mauluais partiz de ſoy defendre, que l'Empereur euſt ſceu deſirer: & neátmoins encores tint elle bon quelques iours, faiſant de neceſſité vertu. Ces
choſes pourront eſtre eſſayees pluſtoſt qu'vſer de force. Tant y a, qu'il fault
cóſiderer ſi la ville que lon praticque eſt en poinct pour attédre vn ſiege, &
pour le ſouffrir longuement, ou non. Et ſi elle eſt ſuffiſante iuſques la, &
qu'elle ſoit touſiours ſur ſa garde, le moyen ſuſdict ſera tété. Mais la & quát
elle ſeroit deſpourueue des choſes neceſſaires, & qu'elle ne ſe ſeroit commencee a pourueoir de bonne heure, il eſt alors temps de l'aborder, attendu
qu'elle n'a rien de preſt. Les Eſpagnolz ſceurent tresbien prédre ceſte occaſion adonc que Móſieur de Bonneual ne faiſoit qu'entrer dedens Lodes:
car auant qu'il euſt eu deſparty les quartiers, & ordonné l'endroit que chacune Bende deuoit garder, ilz furent aux portes : dont que ladicte ville ſe
trouuant mal preſte de toutes choſes, en fut emportee d'aſſault. Il fault donc
prendre ſes aduentures, & ne les laiſſer point paſſer, pource qu'il y auroit dá
ger, que peu de loyſir qu'elle euſt, & pédant ces allees & venues, qu'elle ne
ſe fortifiaſt, & ſe garniſt de ce que luy feroit beſoing, qu'eſt vne opportunité qu'il conuient oſter a l'ennemy, & non pas la luy donner. A ceſte cauſe ſi
noſtre General veult auoir ceſt auantage, ou autre ſur ſes ennemis, il doibt
mettre peine de ſcauoir leur affaire au vray, comme i'ay dict: & deliberer a-
pres ſur cela le moyen par lequel il pourra proceder, & le plus ſeurement.
A mon aduis que ſi vne ville eſt en diuiſion, c'eſt aſcauoir qu'il y ayt debat
entre les habitás meſmes, ou entre les Souldardz, ou bien entre les habitás
& les Souldardz, que le General ſe doibt ayder de ceſte occaſion, & faire
tout ſon effort d'arriuer au deuant d'icelle, prouueu que pluſieurs eſchelles
pour eſcheller, & d'autres legiers engins pour abatre ſubitement portes &
murailles, tandis que ceulx de dedens penſent ailleurs, & que ces entrepriſes ſe facent d'aſſez loing: car de tant cóme le General viédra de plus loing,
(mais que ce ſoit a grádz iournees) de tát eſtónera il plus ſes ennemis, quád
ilz le verront a leurs portes, ſur ce qu'ilz ne ſe doubtoiét de rien: eſtant paruenu auquel lieu, il les doibt faire aſſaillir cy pris cy mis, & ſi chauldemét de
tous coſtez, qu'ilz ne ſcaichent a quel ſainct ſe vouer, ſinon qu'ilz ſe rendent
ſur l'heure qu'il les aura faict ſommer: car ſil leur dóne vn ſeul quart d'heure de loyſir pour ſe conſeiller & ſe r'auiſer, il congnoiſtra que le danger có
mun, auquel ſont tous ceulx de dedens, ſera cauſe de les faire reuenir, pour
defendre enſemblement eulx & leur ville: la ou quant on ne marchandera
nullement a eulx, ilz ſe trouueront ſi tres ſurprins (ioinctz a ce qu'ilz ſe deſ-
fient deſia l'vn de l'autre) que le plus grand haſte que la ville aura, ce ſera de
ſoy rendre. Il me ſemble auſſi qu'vne ville ou il y a diuerſes partz (comme
nous voyons en Italie) pourroit venir facilement en noz mains, moyennant
l'intelligence que lon auroit auec l'vne d'içelles partz, laquelle nous deult

bailler entree par quelque endroit, fuſt de nuiſt ou de iour : ou bien fi les murs eſtoient trop bien gardez, que ceulx auecques qui nous aurions ceſte intelligence, ſe deuſſent ſaiſir des places, & des lieux fortz qui ſeroient dedés la ville : & a certain ſigne que ceulx cy cómeucaſſent la meſler par dedés, & nous par dehors, aux portes & aux murailles. Quoy faiſant, i'oſe croyre que les plus hardiz & aſſeurez des autres, abandonnerót leurs defenſes incontinent, pour ſauluer leur vie, ſe voyant aſſaillir par tant de lieux. Par tel moyen fuſt prins Genes en lan M D XXVII, au nom du Roy. Et ce par le ſeigneur Cæſar Fregoſe : ie faiz mon cópte, que ſi cediſt ſeigneur euſt aduer ty dernierement ceulx de ſa ligue, comme il feit alors, qu'il l'euſt reprins de rechef ſans difficulté, & qu'il n'en euſt pas eſte repoulſe, comme il fuſt. Toutefois la voulant ſurprendre en ſurſault, doubtát que ſil auertiſſoit les ſiens, que ceulx du party contraire ne le ſceuſſent auſſi : & ſe confiaut que ceulx de ſon party ſeſleueroient aſſez, des que lon viédroit a cryer ſon nom, il ne vouluſt que perſonne ſceut ſa venue : qui fuſt en cauſe que ceulx de ſa part meſme aymerent mieulx a ſon arriuee garder leur ville d'vn commun accord, auec les Adornes, que non pas prendre les armes a l'aduenture, ſans ſcauoir pour qui ne comment. Peult eſtre auſſi qu'ilz ſe doubtoiét d'auoir ne plus ne moins que leurs aduerſes parties euſſent eu, ſi les Frácois euſſent gaigné la ville en icelluy poinſt : pour ce qu'en ſemblables affaires n'ya perſonné d'eſpargné : qui eſt vn mauluais cas, & auquel on deuroit prédre garde : car ceſt aſſez pour deſgouſter tous ceulx qui pourroiét auoir volonté de nous mettre dedens leurs villes, par la voye que diſt eſt, ſcachant que quelques autres ſ'en ſerót trouuez mauluais marchás : auecques ce qu'il eſt bon d'aſſaillir vne ville auant qu'elle ſoit pourueue de tous poinſtz de ce qu'il luy fault : Il eſt bien autant conuenable que lon laſſaille tádiz qu'elle ne ſ'en prend garde, ſoit ce pour autant qu'elle deſeſtime ſes ennemis, cuydát qu'ilz ne ſoiét pas gés pour l'aller aſſaillir, meſmemét qu'ilz en ſont fort loing : ou bien que leurs Chefz ſont gés de ſi petite experience, & les Citoyés & Souldardz tant ſubieſtz a leurs plaiſir, qu'ilz ne ſont ou point, ou peu de guet : car en ce cas noſtre General doit eſlire quelqu'vn entre tous les ſiés, lequel ſoit ſuffiſant pour excecuter vne empriſe d'importáce, & luy bailler tel nóbre de gés qu'il eſt neceſſaire, leſquelz ſoiét forniz de viures de la a certains iours, & les portét a leur doz pour mener tát moins de bagage de l'heure du deſpart. C'eſt tout vn ſi lon eſt bien loing, cóbien qu'encores auec tout cela ſi eſt il requis que lon face ſemblát d'aller ailleurs, & que lon en ſeme quelque bruiſt : ou que le partement ſe face de nuiſt & ſecretemét. En dreſſant ces entrepriſes fault bien aduiſer ſi apres ce qu'vne ville aura eſté prinſe par nous, ſi elle pourra eſtre defendue encontre ceulx qui la vouldroiét recoure, ou non : car ce n'eſt pas tout que d'entrer au dedens d'vne place, pour ce que cela ſe peult faire facilemét, au moyen des ſurprinſes que lon vſe en tel cas, & des intelligéces que lon a : mais a la garder apres, giſt toute la difficulté, ſi tant eſt que lon y ſoit entré a faulſes enſeignes, c'eſt a dire mal accompagné : principalement ſi la ville eſt diuiſee, & que l'vne ligue ſoubſtienne le party contraire, d'autant que ce ſeroit a recómécer, ſinon que ceſte diſte

ligue

ligue en foit chaffee hors fur l'heure,ou bien que lon fe foit faify des principaulx, & de ceulx qui font pour faire quelque mouuement : & c'eſt vn des
meilleurs remedes qui foit point:& de fe faire fort en quelque endroit de la
ville, pour y auoir noſtre refuge au befoíg.Et adóc que nous ne la pourriós
garder toute,eſtant repoulſez par les ennemis,leſquelz pourroiét eſtre mis
dedens la ville par ceulx du party contraire. La & quand nous les aurions
laiſſez en leur entier,qui feroit vne grand' faulte:car il eſt a prefumer que ſi
fecours leur uient,lequel foit aſſez puiſſant pour nous en deiecter,qu'ilz fe
rengerót foubdain de leur coſté:& ainſi nous qui en cuydiós eſtre les maiſtres, en ferons dechaſſez: & telle fois pourra eſtre que ſerons prins en pre-
nant.Et ce pourautant,que nous aurons fouffertz noz aduerfaires cóuerfer
parmy nous,& que nous n'aurons lieu ou nous retraire a garand, n'ayant
dreſſee quelque forterefſe par auant en quelque quartier de la ville, pour
nous y retirer au befoing,comme i'ay dict, fil eſtoit ainſi qu'il n'y euſt aucun
chaſteau,ou fil y en auoit qu'il ne fuſt point en noſtre puiſſance: auquel cas
femblablement fauldroit bien fonger a noſtre affaire,a caufe de ce que ſi au
dedens de la ville que nous aurions prinfe,y a chaſteau ou autre forterefſe,
laquelle foit en la puiſſance de noz aduerfaires,nous pouuós eſtre aſſailliz a
toutes heures par la,pourautát qu'ilz ont leur entree toute frâche par illec:
mefmement fil y a fortie fur les champs . Et n'y faict rien ce que les habitans nous y aurót appellez du bon gré de tous,ſi les ennemis font plus fortz
qu'eulx & nous ne fommes:car quand a entrer dedens la ville,ilz y entreront par ledict chaſteau a toute heure,ſinó que lon fe foit tresbien fortifie,
& que le paſſaige du chaſteau a la ville foit remparé en telle forte, que lon
y puiſſe attendre tous venans : autrement, il eſt a croyre que nous ferons
cótrainctz de laſcher noſtre prinfe, quelque apuy & faueur que les habitás
nous facent.Et oultre ce que nous ferons contrainctz la laſcher ainſi,ce fera grand' auenture ſi nous ne fommes deffaictz, & la ville pillee auſſi bien
que Breſſe fuſt faccagee. Et les Venitiens qui l'auoient prinfe du confente-
ment des citoyens,furent deffaictz par Monſeigneur de Foix,lequel obtint
ceſte victoire au moyen du chaſteau qui tenoit fon party. Monſeigneur le
Marefchal de Foix reprint Cremone auſſi,moyennant le chaſteau. Et i'acoit
que la ville ne fuſt pillee,ne ceulx qui l'auoient faicte rebeller deffaictz:ſi eſt
ce qu'elle fuſt en grand branfle de l'eſtre. Cafal de Montferat fcait bien a
quoy f'en tenir,& ceulx qui l'auoient prinfe le fceuent pareillement: car la
ville fut faccagee,& les Frácois qui eſtoiét entrez, furét tous mors ou prins.
Il eſt donc neceſſaire que lon fonge bien en fon faict,auant qu'entreprendre
vne chofe ſi hafardeuze,& y aller ſi bien accópagné, que les ennemis n'ayét
point l'auantage,quand ainſi feroit qu'ilz auroient intelligence dedens la
ville,ou que le chaſteau(fil en y auoit)tint leur party, par l'ayde defquelz
ilz fuſſent gens pour recouurer ce qu'il auroient perdu. Or paſſons oultre,
& mettons le cas,que les villes qui nous reſiſtét, foient ſi bien pourueue de
toutes chofes,& ſi bien fur leur garde,qu'il n'y ayt lieu de f'attendre a les có
querir,par furprinfe,ne par intelligence,ne autrement que par vifue force:
il fault dire,que ſi le General en va aſſieger l'vne,qu'il y doibt aller en deli-

beration de ne se leuer de deuant icelle,qu'il ne l'aye prinse: pour ce que sil
assiege vne place,& qu'il s'en parte sans rien faire,il done tant plus de cueur
aux autres villes de se tenir fortes contre luy,voyant qu'il a failly a celle la.
Par quoy cedict General doibt considerer la force de la ville ou il entend
aller:a scauoir mon si elle se peult prendre, ou non. Si elle se peult prendre
par quelqu'vn des moyens que lon a accoustumé gaigner les autres villes,
& qu'il soit forny des choses necessaires,qu'il y aille hardiment.Et si tant est
qu'elle soit imprenable, ce seroit temps perdu d'y essayer:car la hôte luy en
demourra,& le dômage.Il peult bien téter adonc en ce cas vne autre voye,
c'est ascauoir sil la pourra auoir a la longue a force de la tourméter: & a ces
fins mettre ses gens a l'entour dedens les villes de son obeissance,& les di-
stribuer par garnisons, desquelles en ors soient faictes des coureries d'heure en heure contre la ville qu'il entend tenir en peine, & la conquester par
icelluy moyé.Et sil n'y auoit des villes assez pres,cedict General pourra tenir a l'entour vn Camp volant,lequel n'en soit loing ne pres:& a mô aduis
qu'il vault mieulx suyuir ce conseil , encores qu'il semble vn peu long,que
non pas assieger vne telle ville de toute sa force:car moyennant les courreries que lon fera des garnisons en ors, ce sera grand faict si la ville ne s'affa-
me a la longue,ou si elle ne descéd a quelque composition quoy qu'il tarde:
auecques ce que les aduentures arriuét de fois a autre,sans y penser:lesquel-
les peuent donner vne guerre tátost gaignee ou tantost perdue : la ou d'entreprendre vn faict impossible,c'est ferir le mur a tout le poing,& n'en peult
venir que mal:attendue la despense que lon y faict hors de propos,& le téps
que lon consume en vain, & les vaillans hommes qui se perdent en semblables lieux:tát que qui vouldra priser la peine que c'est de tenir siege deuant vne ville forte, & ce quelle couste auant qu'estre conquise par force
d'armes,auec l'vtilité que lon en a apres l'auoir entre ses mains : il trouuera
que la peine & la mise surmontét de beaucoup le proffit qui en pourroit ia
mais venir.Et i'ose dire,que la côqueste d'vn grand pais seroit plus aisee faire,que la prinse d'vne de ces villes fortes, & obstinees en leur opinió: car en
côquerát vn pais,on se peult ayder de la discipline militaire,& gaigner vne
bataille,moyennant le bon ordre,si lon vien a cela:mais a prendre vne ville
bien en poinct,y a mil difficultez . Et puis que ie parle de ces villes fortes, il
fault dire quelle ville ou place c'est que i'estime estre iprenable,ou du moins
bien fort difficile a prendre:& contre laquelle on gaigneroit plus de faire la
guerre guerroyable des garnisons en ors, qu'autrement au cas qu'il n'y ayt
ordre d'attirer la garnisô d'icelle ville aux cháps pour la côbatre. Et pourtant ie dy que celle la en est vne,laquelle est aussi forte de gens, & de toutes munitions,comme sont ceulx qui l'assiegent sans la forteresse de la ville
que les assiegez ont dauantage : & ainsi que les Espagnolz auoient,estát assiegez dedens Naples par Monseigneur de Lautrec, lesquelz estoient aussi
fortz que nous de toutes choses,hormis de bon cueur. Ou si ceste dicte ville n'est du tout aussi forte de gens,qu'au pis aller elle en ayt assez pour fournir ses murailles & bastions de toutes pars de pas en pas . Et en oultre,qu'il
y en ayt vn tresbon nóbre pour defendre les bresches que ceulx de dehors
pourroient

pourroiét faire. Et mais qu'vne ville foit ainfi garnye,i'acoit que les murailles & les autres deffenfes ne foient des meilleures , fi eft ce qu'elle fe peult
tenir pour trefforte: pour ce que la plus feure muraille & defenfe qui puiffe
eftre,c'eft des hómes,pourueu qu'ilz foiét des bons. Vn chacú fcait bié que
Peronne eftoit trop foyble de foy,pour refifter ces ans paffez a la moytié de
l'armee des Flamés & Allemans qui lauoiét affiegee:neátmoins la vertu de
Monfeigneur le Marefchal de la Marche,& des fiens la feit imprenable. N'a
pas plus de X V I I I ans que Mezieres fe trouua defpourueue de toutes les
chofes qui feruét a faire forte vne ville:& toutefois les Frácois qui fe trouue
rent leans entre les principaulx Chefz,defquelz (cóme i'ay entendu) eftoit
Monfeigneur le Cóneftable,la garderét cótre la puiffance d'vn Empereur.
Les Lacedemoniens ne voulurent iamais fouffrir que leur cité fut clofe de
muraille,difant que leurs gens en deuiendroiét lafches & de peu de valeur:
par ce qu'ilz mettoiét la plus part de leur fiáce fur la forterefle, & nó point
en leurs armes.Et de vray,la neceflité faiɗ faire maintes chofes grádes:mef
ment fi les hómes qui fe trouuét en ces partiz,font vn peu courageux,cóme
cefdiɗz Lacedemoniés eftoient,lefquelz furét fouuétefois enuahiz de pres
par leurs voifins,& autres a groffe puiffance: & non pourtant ilz garderent
toufiours leur cité cótre tous,fans y faire foffe ne muraille. C'eft dóc la vertu des hómes qui rend principalement forte vne ville,& imprenable,tandis
qu'ilz aurót viures & dequoy fe defendre.En oultre,ie puis dire qu'il faiɗ
mal auoir affaire aux villes & places qui font fortes par nature:car n'y a celluy qui confeillaft iamais d'affieger vne ville qui foit affize fi trefhault que
lon ne la puiffe batre d'Artillerie,ne f'en approcher de nulle part pour venir a laffault,fans eftre au dáger de ceulx de dedés:cóme feroit de plufieurs
chafteaulx rocheux, que nous voyós,lefquelz ne peuent eftre minez, pour
raifon des roches ou ilz font fituez:ne batuz, a caufe de leur haulteffe.Les
villes affizes en pais de marez,ou enuirónees de mer,finon de tous coftez,au
moins deuers quelque part,& que le furplus foit bon: ou d'aucune riuiere
large & profonde,font auffi trefffortes : & au deuát defquelles on peult perdre fon téps, fi n'eft grand' aduenture:dautant qu'il n'eft poffible a venir iufques a elles,autremét qu'au merueilleux defaduátage des affaillátz:ioinɗz
a ce qu'il fera grád faiɗ,fi les affiegez ne fót refrechiz menu & fouuét,tát de
gens que de viures,malgré & au defceu des affaillátz.Et telles font prefque
toutes les villes de Fládrés: en Italie y en a beaucoup,ficóme Venife,Ferra-
re,Mátoue,Ifcle,Gayette,Taréte,& autres. Touchát les autres villes qui fót
du réc des treffortes en quelque part qu'elles foiét affizes,foit ce en pédát,
ou en plain,il fault croire qu'elles ont efté fortifiees depuis XXX ans:car cel
les qui l'ont efté par auát,ne peuét eftre diɗes fortes,veu que l'art de remparer eft venu en lumiere depuis peu de téps. Celles la dócques qui auront
efté réparees depuis lors,ou de noftre téps(mais que ce ait efté faiɗ a loyfir,
& non pas a la hafte)peuent eftre tenues pour tresdifficilés a conquefter: &
au deuát defquelles on perdera plus, que lon ne gaignera.Mais ou eft ce General qui fe vouldroit arrefter au deuát d'vne Padoue,d'vne Teroenne,d'vn
Turin,& de plufieurs autres villes affizes en plaine:ne féblablement au de-

uant d'vne Verône, d'vne Breffe, & de maintes autres qui font affizes en pé
dant, finon qu'il veuille partir d'illec a fa grád' honte. Ie cuyde endroit moy
qu'il n'y a hôme qui fi vouluft amufer. Et pour ne faire feulemét métion de
l'Italie, nous en auons auffi plufieurs fur les frôtieres d e ce Royaume, & au
dedens, qui meritét bien eftre comparees aux fufdictes. Et cóme il y en a en
Italie & en Frâce, il y en a auffi ailleuts:& aura d'auantage auant gueres de
téps, veu que chacun f'en mefle : par quoy la conquefte d'vn pais fera d'oref-
nauant trefmal aifee:i'entend qui fe vouldra planter au deuant de chacune
ville forte, & qu'il n'y ait pres d'illec mótaigne ne aucun lieu hault duquel
enhors on puiffe veoir dedés la ville, ou en batre vne partie:car en ce cas elle ne pourroit pas eftre dicte forte, finon que lon trouuaft quelque moyen
a l'encôtre. Si les villes donc côtre lefquelles noftre General entend mouuoir, font pourueues de grand nôbre de gens, ou fortes de nature, ou artifi-
ciellemét, cóme font celles que i'ay dict, il na que faire d'en affieger pas vne,
fi ce n'eft de bien loing:ou la & quant il feroit aduerty que quelqu'vne eft
mal fournye deviures, ou d'autre munitió:ou que l'vfage de l'eaue luy peult
eftre ofté, auquel cas ne fault tarder de pofer le fiege, d'autant que l'vne de
ces neceffitez peult fuffire de côtraindre la plus forte ville du monde a foy
rendre en peu de iours:pareillemét fi les Souldardz font mal payez, ou f'ilz
font peu de nôbre:pource que le peu fe confume a la lógue:& qu'eftát mal
payez, ilz feruét contre cueur:principalemét filz font eftrágers, & qu'ilz facent la guerre peu ne prou pour le gaing, & nó pas pour fouftenir leur querelle propre:mais toutes les villes ne fót pas fi fortes, ne tellemét pourueues,
qu'il faille toufiours vfer de ce remede, ne auoir ceft efgard . Et la & quand
noftre General vouldroit affieger vne de cefdictes villes fi fortes, ou quelque autre qui le fut moyénemét, quóy qu'il en doyue aduenir:il fault parler
de la maniere qu'il pourra garder en cecy, & prefuppofós qu'il eft aux cháps
a tout fes quatre Legiós & leur fuyte, tirát vers la place ou il entéd mettre
le fiege:il me féble que fon Cáp peult marcher en la forme que ie difoye la
hault deffus:a fcauoir eft chacune Legió auec fa part de l'artillerie, & autres
empefchemés: & que la premiere Legion face l'Auátgarde:la feconde & la
tierce la Bataille: & la quarte l'Arriere garde. Le bagage de cefte cy pourra
eftre apres la tierce, ou bien dù tout fur la queue de l'Oft, pourueu qu'il y ait
fur le derriere quelques gés de cheual, & l'vne bende des Enfans perduz de
ceftedicte quarte Legió. Apres ce que ces Legiós ferót en chemin, foit ce vn
iour deuát ou deux que l'armee peult arriuer au deuát de la ville, le Lieute
nát general doibt faire auácer quelque Trópette pour la fómer:& icelle fó-
mee, puifque l'Oft fera a trois ou quatre lieues pres, il fera partir le Capitaine
general de la cheuallerie, & le Marefchal de Cáp quát & luy, ou quelques au
tres expers, ou bié luy mefme en perfóne, fil ne fi fie affez en ceulx cy:& ce
pour f'en-aller deuát côfiderer l'affiette & la forterefle d'icelle ville de tous
coftez, & pour aduifer deuers quelle part cómét l'Oft pourra eftre affiz. Et
a celle fin que celluy qui aura cefte cómiffion, ne puiffe eftre empefché par
ceulx de la garnifon; il fe pourra accópagner de tel nôbre de gens de cheual
que bon luy féblera, lequel fuffife pour repoulfer ceulx de dedés la ville fil

faifoient

faisoiét quelque sortie. Et dauátage il prédra tát de bédes d'Enfans perduz, qu'il scaura estre requis pour soustenir ses gés de cheual, & pour entretenir lescarmouche, iusques a l'arriuee des Legiós: & a vn besoing pour entretenir dedés la ville, silz en veoient leur poinct: i'enten si la garnison estoit bié forte, & que cesdictz auát coureurs ne fussent plus grád nóbre qu'eulx. S'il est cas que la ville soit assize en tel lieu que lon la puisse cótépler a son aise, sás estre au dáger de l'artillerie, tát mieulx vault: mais si elle estoit tellemét situee qu'il ny eust ordre de s'é approcher a la couuerte: il fauldra alors qu'ilz serót arriuez a la portee du canó, que cedict Capitaine general s'en aille d'vne part, & qu'il ordóne ses gens ca & la hors du traict de la ville, pour auoir son refuge a eulx sil estoit poursuiuy. Il en pourra bié faire approcher de la ville quelques vns escartez: & luy mesmes s'en yra auec vn ou deux au plus hault, tout costoyát la ville le plus pres qu'il le pourra faire bónemét: sur ce qu'il entédra a cósider toutes choses, c'est ascauoir le foyble & le fort de la ville tát qu'il en pourra cóprendre par cóiecture de loing en hors, & l'édroit plus aisé pour la canoner: & tout de suyte la place ou l'artillerie pourra estre assize, & les gens. Ce sera grád faict si ceulx de la ville ne sortét sur les siens, si tant est qu'ilz le facent. Il est necessaire de prime face que les assaillás sans marchander tant ne quant, les aillét rencótrer de telle fureur, qu'ilz les réba rent iusques a leurs portes sil est possible, ou du moins qu'ilz les frottét bié: Et de tant cóme ilz feront plus brusquemét ceste charge, de tát plus serót ilz hors de dáger du traict de ceulx de la ville, lesquelz voyát que les vns & les autres seront pesle & mesle, & qu'ilz ne scaurót ou asseurer leurs coups au seur, ilz serót cótrainctz laisser le traire, de doubte d'endómager aussi tost les leurs cóme les nostres. Ie viz vser de cecy aux gés de l'Empereur deuát Monople, lors que le Marquis del Gouast la vint cótépler, lesquelz chargerét si chauldemét, & se meslerét tellemét auec les cheuaulx legers de la ville, que les Harquebuziers ne l'Artillerie de dedés ne pouoiét tirer sans affol ler les leurs propres, combié que la meslee fut presque sur le bort des fossez. Ie dy donc que ceste charge faicte ainsi viuemét, pourra faire maintz grádz effectz. Premieremet esbahyr les gens d'icelle ville des le fin cómécemét de leur venue, qui n'est pas peu de chose: car cest assault estonne ne plus moins les assailliz silz sont batuz a ce premier rencótre, cóme il les asseure par le contraire, silz le peuuét soustenir, ou qu'ilz en ayét le meilleur. Et est de mer ueilleuse consequéce que lon face les choses courageusemét de prime arriuee: car par la, ceulx de dedés imprimerót en leur fantasie qu'il est impossible resister a telles gés: dont qu'ilz les redoubterót des lors en auát en leurs cucurs: car aussi a la verité dire, c'est grád' chose si le vaincu ne crainct tousiours celluy qui l'aura vne fois bien frotté. Apres cecy pourra estre cause de faire prédre quelqu'vn de ceulx de dedens, & a l'auéture des principaulx. Si c'est des simples Souldardz, on scaura par luy tout leur estat: & si c'est l'vn des principaulx, le General s'essayera de le corrópre, & l'attirer a son party: & tel pourroit il estre, que la guerre seroit finye pour raison de l'auctorité, ou de la faueur qu'il auroit leás. Et supposé qu'il fust tel que lon peust venir au dessus d'icelle ville par son moyé, on s'en doibt ayder, soit par amour, ou

foit par force. Ie veulx dire par amour, c'eft que le General l'exorte a faire ré
dre la ville en fes mains, luy promettât plufieurs belles chofes en recôpéfe.
Et fi tât eft qu'il ne veuille rié faire pour cela, on le pourra menaffer de mort,
& en aduertir ceulx de la ville:& au cas qu'il ne fe vouldroient rédre pour
eftre caufe de fon falut, ne luy fen mettre en fon deuoir pour efchapper, il
fauldra que le General le face mener en quelque part, ne pres ne loing de la
ville:& illec foit faiĉt féblant de le vouloir occire, a celle fin que les habitás
fefmeuuent a côpaffion,& qu'il fen efpouâte dauantage. Pareillement on fe
pourroit couurir de fa perfonne, en approchât les portes pour affaillir, & a
peine tireront ceulx de dedens encontre luy. Finablement cefte charge que
i'ay diĉt deuoir eftre faiĉte furieufemét, pourra eftre caufe que noz gés eftât
ainfi entremeflez auec les ennemis, gaignerôt les portes de la ville, & qu'ilz
entreront quand & eulx : ce qui ne feroit pas grand miracle, a caufe de la
preffe & du trouble:ou lon fe trouue en telz aĉtes, lequel eft bié fi grád, que
ceulx qui font ainfi lourdement repoulfez, n'ont temps ne loyfir de rentrer
a leur aife en bon ordre:ains ilz fe retirét a qui mieulx mieulx:de forte, que
fi ceulx de la garnifon n'ont pourueu a ces inconueniés de bonne heure, ou
finon qu'ilz ferrent les portes a leurs gens mefmes, lefquelz fen retournent
ainfi a Béde roupte, & par confequét qu'ilz les laiffent dehors a noftre mer-
cy:i'ofe croire fi les noftres leurs font au tallon, & pefle & mefle, que la ville
fera perdue pour eulx fur ce poinĉt: ou au pis aller , ceulx qui eftoient fortiz, demoureront tous noz prifonniers . Ce n'eft donc pas petite chofe que
proceder en la forme que i'ay diĉt en ces premieres rencontres, puis que lon
peult auoir la fin d'vne guerre en fi peu de temps. Il fault bien eftre aduerty
icy d'vne chofe, fi l'aduenture d'entrer ainfi dedés la ville enfemble auec les
ennemis nous venoit, fcauoir eft, de faffeurer des portes, & les ofter hors
des gons fil eft poffible:ou bien les empefcher tellement a tout des groffes
pierres, ou des pieces de bois, qu'elles ne fe puiffent ferrer d'vne piece, ne la
porte couliffe fabaiffer nullemét:car pourroit eftre que les ennemis auroiét
vfé de cefte fuyte pour nous attirer dedés la ville, & apres pour nous enfermer quand ilz verroient qu'il y en auroit affez. Pourtant il fault bien prendre garde de commettre quelques vns a la garde d'icelles, & d'autres pour
gaigner le deffus du pourtal, & l'ayát conquis, qu'ilz fy tienét iufques a tant
qu'il ny ait plus aucune refiftence auât la ville. Tous noz autres gens entédront a pourfuyuir la victoire, & i'executeront fi chauldement, que la garnifon ne perfonne ne puiffe auoir l'efpace de fe réger en bataille aux places,
ne ailleurs:car il n'y a ordre de penfer qu'il y euft ame au parauant a la garde
d'icelles places, attédu qu'auiourdhuy lon n'en faiĉt compte : ains que chacũ
des qu'il oyft dire qu'il y a ennemis aupres, fe geĉte incontinent aux murailles pour auoir le paffetemps de les regarder. Ie ne blafme pas cefte diligence: mais auffi ie ne trouue pas fort bon que les Souldardz abandônent l'endroiĉt qu'ilz doyuent garder pour courir deuers l'autre part : ne pareillement que les places d'vne ville affiegee, ou qui attend le fiege de iour a lendemain, foient iamais vuydes de gens de guerre, & qu'il n'y en ait toufiours
vn bon nombre:mais ces chofes m'ont tranfporté vn petit. Il eft donc queftion de

stion de retourner a mon Capitaine general de la cheuallerie, lequel apres auoir bien consideré toutes choses: mesmement de quelle part on pourra faire les approches, doibt faire soner la retraicte, & s'en retourner deuers le General: & le Mareschal de l'ost s'arrestera sur le lieu ou l'armee doibt loger celle nuict: ce que pourra estre a la portee du canon, ou plus en arriere, qui vouldra, selon que le pais viendra le mieulx a main, ou plus pres s'il est couuert & hors de batterie. Quát a la forme qu'il deura auoir maintenát, ie le laisse a la discretion de cedict Mareschal de Cáp, lequel se gouuernera selon l'assiete du pais, & selon la grandeur de la ville: sur tout, que les Legions ne soient point trop esloingnees l'vne de l'autre, ne assizes en part qu'elles ne se puissent entresecourir legerement. Et s'il est cas qu'il y ait quelque grosse riuiere, pour raison de laquelle l'Ost soit cótrainct estre diuisé, il est necessaire bastir illec vn pont, & le fortifier aux deux boutz, par lequel noz gés puissent aller les vns aux autres: & neátmoins que ceulx qui seront ainsi escartez, soit a ce pour tenir la ville plus subiecte, ou pour la canoner par diuers lieux, soient tellement remparez & fortifiez, qu'il n'y ait ordre d'entrer en leur fort a la legere, quelque deuoir & effort que lesdictz ennemis puissent faire, & nó pas seulement ceulx de la garnison, mais encores tous autres. Il ne seroit que bon que les gens qui seront en ces fortz ainsi escartez, fussent tousiours le double plus que ceulx de dedés, sinon que la nature du lieu leur aydast beaucoup. Tant y a, que l'vne des Legions pourra bien estre seulle, si elle est auant logee en fort lieu, i'acoit que la garnison soit aussi forte de gens comme elle. Et quand il y auroit VIII ou X M hómes dedens, on pourroit loger deux de noz Legions ensemble: & par ce moyen tenir deux sieges: & que de l'vn a l'autre y eust des trenchees, & quelques petitz fortz pour empescher les assiegez de courre sur ceulx qui iroient de l'vn siege a l'autre. Et ce que ie diz deuoir estre faict deuers la ville, sera faict aussi vers le dehors. Et quant aux fortz des Legions, si tant est qu'elles logent a part, ilz auront telle forme que i'ay dict, en logeát la premiere Legió la hault dessus en l'autre partie. Et la & quant les gens de cheual n'y pourroient estre bonnement, ou que la place ne seroit point assez ample pour estédre les quartiers, cóme ie disoye, ledict Mareschal de Camp en pourra oster cesdictz gés de cheual, & les reculler assez de la ville, pourueu qu'il les mette en quelque lieu seur: car aussi bié a la verité, le naturel des gens de cheual a vn siege de ville, c'est d'estre vn petit eslógnez: & ce pour resister aux courreries des ennemis qui viénent des autres villes illec entour: car quát aux allarmes que les assiegez donnent, se font les gens de pied qui font les sorties, & non pas les gens de cheual, si ce n'est qu'ilz ayent quelque porte franche, & que noz gens soient fort loing. Si donc les gens de cheual sont moins du Camp d'vne Legion, il est raisonnable que le quartier de ceste Legion soit estressy de la droicte moytie, & qu'au lieu ou il souloit estre quarre, que nous le faisons de telle forme, que le lieu permettra. Et en cecy seulement seront les gens subiectz a l'assiete, a cause de ce que les villes sont situees diuersement: selon lesquelles se fault renger, & non point par nostre mode. Ce que ie diz icy de despartir l'Ost en plusieurs pars, seruira adonc que le General l'ordonnera.

Quant au premier iour qu'il arriuera deuant la ville, cedict Oſt pourra garder la forme accouſtumee. Et apres la nuict meſme, ou quand bon ſemblera au General, il le pourra deſpartir a ſa volonté. Luy eſtre arriué au deuant de ceſte ville, il doibt enuoyer quelqu'vn des mieulx parlans qu'il ayt,
pour la ſommer de rechef: & en la ſommant, trouuer moyen de parler aux
Chefz, comme i'ay dict. La ville eſtre ſommee, le General doibt faire ſes approches icelle meſme nuict, ſoit ce d'vn ſeul endroit qu'il l'entéd canoner,
ou de pluſieurs, apres auoir ordóné qu'elles gens ſeront a vn ſiege, & qu'elles aux autres. Et pareillemét quelz Chefz auront la charge de ceſdictz ſie-
ges, & quelle quantité d'Artillerie ſera neceſſaire d'vne chacune part. Ie ne
luy conſeille pas de la poſer toute deuers la ville : car il en conuient laiſſer
quelques pieces des plus legeres ſur les autres aduenues : meſmement, ſil ſe
doubte d'eſtre aſſailly par le doz. Ne ie ne ſuis pas ſi mal aduiſé de luy çon-
ſeiller qu'il diuiſe ne qu'il eſcarte trop ſon Cáp, ſil ſe doubte de quelque ennemy puiſſant, lequel ſoit hóme pour le venir reueiller de fois a autre. Touteſſois i'ay preſuppoſé en l'autre chapitre, qu'il n'y aura plus nulz ennemis
qui ſoient fortz ſur les champs: mais que tant ſeulement certaines villes ob-
ſtines pour reſiſter aux courreries ſoubdaines, deſquelles ſuffira que quelques Bendes de gens de cheual ſoient en garniſon illec entour dedens les
lieux fortz, leſquelles oultre cela ſeruiront de tenir eſcorte aux viures qui
viendrót en l'Oſt, & d'aſſeurer les chemins côtre les voleurs, & autres mauuais garnimens qui ſuyuent volótiers vn Oſt pour deſtrouſſer toute maniere de gens, quand ilz voyent leur poinct. Or pour retourner a mon propos,
ie diz que pluſtoſt que commencer d'approcher l'Artillerie deuers la ville,
que le Maiſtre d'icelle ſe doibt eſtre fourny d'vne bóne quátité de Gabbiós
vuydes, & les fera porter par ſes Pionniers. Au demourát, il fault ſil eſt poſſible, que la Lune ne luyſe poinct, ains qu'il face fort obſcur: & pareillement
que l'Artillerie ſoit menee le plus coyement que lon pourra, a celle fin de
n'eſtre point deſcouuertz par ceulx de la ville, leſquelz leur pourroiét traire. Et pour couurir mieulx ceſt affaire, on fera mener par le Camp tout le
bruict de Tabourins, & d'autres choſes que lon pourra, ce temps pendant
que les charetiers ſerót leur office. L'vne partie des Enfans perduz ſera cou
chee le ventre a terre, ou derriere quelque lieu ſeur tous preſtz de receuoir
ceulx de dedens ſilz ſorte. Et l'autre partie, & les Pionniers auſſi beſongne-
ront de picq & de la peſle a faire des trenchees le plus pres des foſſez qu'ilz
pourront, & a remplir de terre les Gabbions qui ſeront ordonnez pour
couurir les pieces, & les endroitz des tréchees qui ſeront expoſees au traict
de la ville, leſquelles choſes doyuent eſtre faictes ſi diligemmét, que le iour
ne les ſurpreigne pas auant qu'auoir caué ceſdictes trenchees, & qu'auoir
remply iceulx Gabbions, ſinon qu'ilz veuillent demourer deſcouuers, &
ſeruir de butte a ceulx de la garniſon: car c'eſt mon intétion que les Enfans
perduz ayent la charge de garder ces trenchees. Et ſilz n'eſtoient aſſez pour
ceulx de la ville, que ceulx des Flancz y ſoient adiouſtez. Quoy faiſant, les
Enfans perduz, & ceulx des Flácz des deux Legions ſerót IIIM CCCC-
XXXII hommes, qui eſt vn nombre ſuffiſant, comme ie penſe, pour reſiſter

a vne

a vne puiſſante garniſon.Au fort,on peult croiſtre ceulx cy & les refreſchir moyennant les autres bendes des Legions,ſi le General ordonne qu'elles y ſoient a leur tour,leſquelles ne feront pas logees ſi loing de l'Artillerie,que facilement elles ne la puiſſent ſecourir au beſoing. Et c'eſt la & quant on diuiſeroit l'Oſt en deux pars durāt ceſte nuiǎ,le General aduiſera ſil y a lieu d'aſſaillir la ville deuāt que l'Artillerie commēce a battre : & ſil eſt de c'eſt aduis,il fault que ceſt aſſault ſe face a tout des eſchelles,& des pontz expreſ-ſemēt faiǎz pour paſſer les foſſez rempliz d'eaue.ſilz ne pouoient eſtre eſ-goutez ſubitement,ou rempliz,& pour ſ'accrocher aux pontz leuiz.Et ſil a deliberé de ce faire,ce doibt eſtre ſur le poinǎ du iour,que le ſommeil appe ſantit le plus les gés,ou bien de grand nuiǎ:Touteſſois il fauldra ſi c'eſt de noyre nuiǎ,que noz gens ayent quelque congnoiſſance entre eulx : ſicōme vn certain mot,ou vn meſme accouſtrement.L'on vſe de noſtre téps de la Camiſade:& ſi ce conſeil d'aſſaillir ſi promptement,ne plaiſt au General,le Maiſtre de l'Artillerie ſalura la ville des l'aube du iour a bons coups de ca-non:& haſtera la batterie le plus qu'il luy ſera poſſible : car il n'y a meilleur moyen pour auoir bon marché de ceulx qui ſont dedens(i'entēdz ſi la mu-raille eſt foyble & mal reparee) que continuer de battre icelluy premier iour iuſques a tant qu'il y ait breſche raiſonnable:& ſi elle ne pouoit eſtre aſſez ample pour peu de trou qu'il y ait:mais que les defenſes ſoient oſtees, on pourra ſ'efforcer d'entrer par la,ſans dóner autre loyſir aux defendeurs de remparer ne de faire trenchee illec au droiǎ,eſtant empeſchez par les eſ-clatz,& par les pierres du mur , tandy que la batterie durera. En oultre ilz feront encores ſi tres esbahyz de noſtre venue(ſinon qu'ilz ſoiét bié aguer-riz,& accouſtumez a veoir ſiege)que ce ſera grād cas ſilz n'en ſont empor-tez des la premiere poinǎe:attendu qu'ilz ne ſeront fortifiez aucunement, ne ne penſeront point eſtre aſſailliz ſi toſt:& auec ce,que lon pourra auſſi ſ'ayder des eſchelles : & par ce moyen,aſſaillir la ville de tous coſtez : ceulx dedens ſeront en tres grand branſle d'eſtre perduz pour la moindre faulte que ceulx de l'vne des partz facét,ou pour peu qu'ilz ſesbahyſſent.Et quād tout eſt diǎ,il n'y fault qu'vn ſeul d'eulx qui lieue la voix par paour ou au-trement,diſant que les ennemis ſont entrez de quelque coſté,pour eſton-ner, & faire quitter la place a tout le demourant.Noz Souldardz doyuent faire tout leur effort d'entrer a ce premier aſſault , & ſ'y opiniaſtrer a bon eſcient:car ſilz ſont ſoubſtenuz & repoulſez, le cueur des defendeurs ſaſ-ſeure:& l'ardeur des aſſaillans ſe réfroidit,tellemét qu'il y aura grandemét a faire apres a les vaincre,& a y renuóyer les noſtres,qu'il ne leur greue beau-coup.S'il ſemble meilleur a noſtre General d'attendre, que la breſche ſoit plus ouuerte & ample,il le pourra faire:combien que ceulx de la ville ſe for tiffieront a l'encontre en diuerſes ſortes,tant qu'il ſera bien difficile d'y en-trer vne autre fois:a cauſe des grandes inuentions que lon vſe au iourdhuy a la defenſe d'vne ville,de ſorte que les premiers (ou ſera grand miracle)ſe peuent tenir deſia pour fricaſſez & roſtiz,quant ilz partét pour aller a vne breſche:pour autant qu'il eſt comme impoſſible qu'ilz en eſchappent iamais ſans mort:& neantmoins on y laiſſe aller les plus apparens perſonnages &

vaillans hommes de l'Oſt, leſquelz ne ſeruét a lors d'autre choſe que de receuoir en leurs perſonnes tout ce que les ennemis ont ſceu inuenter,& a-
preſter durant tout vn long temps qu'ilz ſe ſeront eſtudiez a nous endommager en diuerſes ſortes . Auſſi depuis que ces premiers en ſont mors, on
n'a garde de veoir que ceulx qui les ſuyuent ſeiournent gueres en icelluy
lieu:ne qu'ilz facét aucú deuoir de véger la mort de leurs Chefz:ne d'entrer
plus auát:ains ilz ſont ſi tres esbays de la perte de ceulx la,qu'ilz n'ont cueur
ne volonté de bien faire.Et voyla que les premiers ſerót perduz, & que les
autres ne feront rien qui vaille.Ie confirmeroye mon dire par l'exemple de
l'aſſault qui fut donné au chaſteau de Hedin en la preſence du Roy,de Móſeigneur le Daulphin , & de la plus grand part des Princes & Seigneurs de
France, ſi ie ne doubtoye que pluſieurs de ceulx qui ſe trouuerét,leur eſtant
ordonné,m'en deuſſent ſcauoir mauuais gré : leſquelz eſtant enhortez par
le bien faire de certains Seigneurs & Capitaines vaillans hommes qui leur
monſtrerent le chemin d'abborder les ennemis : ce nonobſtant ilz ſ'effrayerent en telle ſorte,qu'ayant veu mourir les premiers, il n'y euſt depuis perſonne qu'y vouſiſt porter ſes piedz.Ie diz que ie m'en aideroie,ſilz ne m'en
deuoient ſentir mauluais gré : a cauſe de quoy ie m'en tairay ſur ce poinct.
Pour dire qu'a cauſe du Conte de Sanſerre, du Capitaine Harancourt ſon
frere,& de quelques autres qui ſurét bleſſez & occiz en gés de vertu, qu'ilz
n'en voulurent onq'manger, & ſe retirerent aſſez laſchement. Les Turcz
ſont bien autre cas de contregarder leurs Ianniſſaires,& autres vaillans hó
mes de leur armee:car la premiere poincte de tous leurs aſſaulx,eſt donnee
aux Aſaſpes,qui eſt vne maniere de gens qu'ilz eſtiment moins que rien : &
deſquelz ilz ſe ſeruent pour deſcouurir & endurer toutes les inuétiós que
les defendeurs ont ſceu deuiſer:tát que ſi ceſdictz Aſaſpes ſont repoulſez,
les Ianniſſaires n'ót que faire de craindre autre choſe que les coups de main:
pour ce que les fricaſſees,les trainees,les potz a feu, les lances, les andoilles,
les fagotz,& tout autre feu artificiel,a faict deſia ſon cours:& que les chauſſes trappes,les tables clouees,&mil autres petitz trebuchetz ſerót couuers
d'hómes mortz & affolez,deuant qu'ilz viennent iuſques a la breſche:voire
la trenchee meſme en ſera comble.Ainſi donc n'ayant qu'a combatre contre les hommes,& qu'ilz ſont au demourant ſi bons combatans qu'il n'y en a
point de meilleur:il eſt cóme impoſſible que les defendeurs leur reſiſtent.
Ie veulx dire auſſi que ſi le Roy ſe vouloit ſeruir des gens qui ſont dedens
des priſons,ayans merité la mort,& les faire garder ſeuremét a la ſuytte du
Camp pour les hazarder apres a la premiere poincte des aſſaulx qu'il cou -
uiédroit donner,& les compartir en telle ſorte,qu'il y en euſt pour diuerſes fois,qu'il ne perdroit pas tant de gens de bien, comme il perd : & ſi n'y
auroit gueres iamais lieu dou les ſiens fuſſent repoulſez, comme ilz ſont:
car ſeſdictz priſonniers ſeroiét les premiers a deſcouurir le paſté que ceulx
de la ville auroient preparé aux noſtres:& quant & quant toute leur raige
tumberoit ſur ces premiers,leſquelz n'auroient autre choſe a faire qu'a porter des ais, & quelques pontz & planches pour trauerſer les trenchees : &
cela faict , ilz ſ'en pourroient retourner. Et adonc noz Souldardz qui ſe-

roient

roient du cómencement a leur tallon,donneroient dedés:& par ce moyen
ilz feroient quittes du danger qui eſt en la premiere poinĉte,entant que les
ennemis auroient defia deſchargé tout leur venin ſur ceulx la:& ne nous
fauldroit plus doubter autre choſe que quelques Harquebuzades,auāt que
venir main a main.Et a celle fin que leſdiĉtz rees ſ'expoſaſſent tant plus vo-
lontairemēt a ceſte mort manifeſte:il fauldroit promettre grace a ceulx qui
feroient bien leur office,leſquelz fuſſent incontinent abſoubz de tous leurs
forfaiĉtz:& ſ'il y en auoit de bleſſez, que le Mareſchal du Camp les feit pé-
ſer.Qui me demanderoit icy,aſcauoir mon de quelles bendes ie vouldroye
que noſtre General ſe ſeruiſt en ſes aſſaulx,ſoit pour enfoncer vne breſche,
ou pour eſcheller vn baſtion & vn mur:ie diroye puis qu'il eſt queſtion de
ces Legions,qu'il deuroit ordonner auant toute œuure les Enfans perduz
Picquiers en certaines trouppes, & ceulx qui arment les Flancz en autant.
Quant aux Harquebuziers,ilz feroient dedens les tréchees,& tout le long
des foſſez,pour tirer a ceulx de dedens qui ſe monſtreroiét:& preſuppoſons
qu'il n'y a breſche que d'vn coſté. Apres que le General aura faiĉt cela, il
doibt faire renger les Princes 8 Triaires de la premiere & feconde Legió
enfemble en Bataillon quarré a L,récz:chacun renc de LXXXV hommes:
& les Princes & Triaires de la tierce & quarte ne plus ne moins:& en quelque lieu couuert aſſez pres de la ville.Et ſi le lieu n'eſtoit aſſes couuert , il
fauldroit qu'ilz ſe couchaſſent le ventre contre terre,attendant en ce poinĉt
que le General euſt a faire d'eulx.Touchant les Haſtaires,ilz feroiét en quatre trouppes,& oſteroient de leurs harnois les pieces qui les retarderoient
d'aller legerement,& de pouoir monter appertemēt a vne breſche. Et
adonc que le Trompette ſonneroit,le cry ordonné pour aſſaillir,& les Tabourins auſſi,ce feroiét les Haſtaires de la quarte Legion qui aſſauldroiét la
ville les fins premiers: Et les Enfans perduz de celte diĉte quarte Legion
donneroient dedens par les eſchelles:& ſilz n'eſtoient aſſez,les autres Enfans perduz de la tierce feroient quant & quant.Or auroient noz Haſtaires
le choix de fayder de la Picque ou de la Rondelle:ſilz aymoient mieulx la
Picque,ilz pourroient getter leurRondelle dedens la trenchee , a celle fin
de la remplir,& de defendre leurs piedz des chauſſes trappes. Et ſi la Rondelle leur venoit mieulx a main,ilz ſ'eſſayeroiét de faire vn pót a tout leurs
Picques,& combatroient illec le plus longuement qu'ilz ſi pourroient tenir : ſilz eſtoient viĉtorieulx , ilz entreroient dedens la ville : & les Haſtaires de la tierce Legion les ſuyuroient des que le General en feroit le ſigne:
& apres ces Haſtairesles autres enſuyuant : Ceulx qui feroient entrez les
premiers, & ceulx de la tierce, execuĉteroient la viĉtoire : & les autres ſ'en
iroient droiĉtement aux places ſ'il y en auoit pour ſe tenir illec iuſques a ce
qu'il n'y euſt plus aucune contradiĉtion. LesPrinces & Triaires ne bou-
geroient iamais de leur lieu qu'il ne leur fut diĉt. Mais ſi tant eſtoit que les
ſuſdiĉtz Haſtaires qui auroient aſſailly premierement fuſſent repoulſez,
il touche a ceulx de la tierce de ſucceder en leur place : & apres ceulx cy
aux ſecondz: & des ſecódz,il fault que les Haſtaires de la premiere Legion
y aillent. Et poſe le cas que tous ces Haſtaires fuſſent repoulſez, ſe feront

les Princes qui affauldrôt apres eulx:fcauoir eft chacune Legion a fon tour, commêceant a la quarte, & finiffant a la premiere. Et fi cefdidtz Princes ny font rien, les Triaires en auront la venue auffi les vns apres les autres. Et ainfi fauldroit tourmenter les ennemis,fans leur donner efpace de reprendre leur alaine. Et ce faifant, ie ne fcauroie croire qu'ilz peuffent fouftenir XII affaulx,cueur fur cueur l'vn de l'autre, & tous de bons Souldardz & fraiz:mefmement en la prefence du General de larmee,& du Capitaine General des pietôs:lefquelz enfemble,les Collonnelz affifterôt affez pres pour iuger des coups,& de la vaillance de chacun.Quand a y enuoyer les gens de cheual apres que ceulx cy y auront failly,ie ne fcay qu'en dire:tât y a que l'effayer ne coufte gueres. Cefdictz gens de cheual aux iours que lon dône vn affault,doyvent garder vers le dehors du Camp,pour obuier aux inconueniens'qui peuent furuenir par la: principalement fil y a des ennemis illec au pres,qui foient gens pour venir a celle heure donner fur quelque quartier du Camp,en intétion de rompre laffault pour icelluy iour:Car pour refifter aux forties que ceulx de la ville pourroient faire tout a vn faix , i'ay dit que noftre General debuoit ordonner les Princes & Triaires de deux en deux Legions,le plus pres de la ville qu'ilz pourroient eftre,pour les employer en ce qu'il fera befoing : qui ne fera autre chofe,que pour repoulfer ceulx de dedens filz fortoient fur nous tandiz que l'affault dureroit. Et la & quant il feroit neceffaire que noftre General oftaft les Princes de l'vn de ces Bataillons,pour les enuoyer a l'affault,il fentend auffi que les Haftaires reuiendront en leur place:& par ce moyen le Bataillon fe renforcera,& nó pas qu'il diminue. Il me fault inferer fur ce pas vne rufe qui fut vfee deuant la Golette en Barbarie par les canoniers de l'Empereur,fur ce que les Chreftiens eftoient preftz a donner l'affault : c'eft que pour amufer les Turcz & Mores qui eftoient au dedens (car c'eft vne reigle generale que la batterie ceffe lors que les Souldardz facheminêt vers la brefche)& leur faire acroyre que cefdictz affaillans demeuroient toufiours en leur lieu fans en bouger:cefdictz Canonniers continuerent de lafcher plufieurs canonades,iufques a ce que les vns les autres furent abordez : & pour ce que fi les pieces euffent efté chargees de boulletz côme par auant, elles euffent affolé leurs gens mefmes:ilz y mettoient des bouchons de foing,en lieu de bouletz : ce qui ne fut pas a l'aduantage defdictz Turcz, d'autant qu'ilz fattendoient a l'Artillerie, laquelle ne ceffoit point de battre : parquoy fe voyant main a main auec noz gés pluftoft qu'ilz ne fe tenoiét pour dict:cela fut affez fuffifant pour les troubler : & les ayant troublez , il ny faulfift autre defarroy pour les rompre.En la maniere que i'ay dict,pourront eftre compartiz noz Souldardz pour aller a l'affault des le premier iour que l'Artillerie aura cómencé a battre, ou pour vne autre fois. Et fi le General congnoit vne trop grande difficulté a gaigner la ville par brefche feulement , il mettra peine de l'auoir par mine,fi le lieu fe peult miner: laquelle mine peult feruir pour entrer par la,& percer iufques au dedés de la ville : ou bien pour renuercer les murailles,& tout ce qui fe trouue au deffus par l'impetuofité de la pouldre que lon y met,a laquelle fault dôner le feu fur ce que lon eft en poinct

d'affaillir

d'affaillir la brefche,& non pluftoft.Le General fe doit auffi enquerir & fai
re cercher diligémét f'il y auroit point quelque Efgouft ou Aqueduéte qui
refpódit fur les foffez:car c'eft vne voye pour venir bié toft au deffus d'vne
ville. Naples fut prins fur les Goths par Bellifarius en l'an D XXXV III:
& ce par vn Aqueduéte.Il fut prins de rechef par ce mefme lieu fur le Roy
René,en l'an M CCCCXLIII.Monople en l'an M D XXIX cuyda eftre
pris du Marquis du Guaft par vne vieille caue qu'eftoit foubz terre. Il feroit auffi bien bon de dreffer plufieurs efcarmouches, & cercher tant de
moyens que lon pourroit,pour faire fortir les ennemis : a celle fin que leur
nombre diminuaft toufiours quelque petit.Et fi c'eftoit en téps qu'il y euft
pefte fur le pais,il fauldroit donner ordre de recouurer les accouftremés ou
autres chofes que les infeétz euffent maniees,ou des hómes mefmes, pourueu que ló fe gardaft d'amener le mal chez foy,en lieu de l'enuoyer ailleurs:
& ayant recouuert icelles chofes,ou les hommes touchez de ce mal,ilz deuroient eftre mis en telle part qu'ilz tumbaffent es mains des ennemis , &
par la,leur enuoyer l'infeétion parmy eulx.De ce moyen f'ayda le Seigneur
Rance contre nous du temps qu'il eftoit dedens Creme,pour infeéter noftre Cáp.Au furplus fi le General auoit aucune efperance de les vaincre par
famine,il doibt prendre garde que nulz viures ny puiffent entrer. Et fi la
la ville eft affife fur le bord de la mer,il eft neceffaire qu'il foit maiftre de la
marine:autrement elle fera aduitaillee & refrefchie de toutes chofes,mal-
gré luy. Et fi elle a riuiere bié pres,il fera tenir guet que viures n'entrét par
la:& non feulement fe garderont ilz des bafteaulx , mais encores de toute
autre chofe que l'eaue fupporte:car les Romains entretindrent iadiz leur
garnifon de Caffelin plufieurs iours,moyennant les muys plains de Bled,
& les noix qu'ilz gettoient fur la riuiere qui paffoit aupres des murailles:
toutes lefquelles chofes eftoient apres recueillies par leurs gens,fans que
Annibal f'en aperceut d'vn long temps. Il eft pareillemeint des rufes pour
affamer vne ville,lefquelles me femblent bien eftre a propos en ce lieu.Fa-
bius Maximus gafta les cháps femez des Campenois,en telle forte qu'il n'y
fut rié cueilly d'icelle faifon.Et fur ce qu'il eftoit temps de femer l'an apres,
il f'efloingna de la,pour n'empefcher lefdiétz Cápenois de couurir de nouueau leurs terres : & ce efperant qu'ilz fe defferoient d'vne grand' partie de
leurs formens,ce qu'ilz feirét. Dont que lediét Fabius eftant retourné de re
chef gafter tout ce qui eftoit nai,ilz fe trouuerent eftre tellement defpour-
ueuz de viures,qu'ilz furent contrainétz venir a fa mercy.Depuis apres ce
qu'il euft conquifes plufieurs villes,veuillant auffi venir au deffus d'vne bóne ville nommee Rhege,affife iadis au pais de Calabre,& maintenant de-
ftruiéte, feift femblant d'eftre amy d'iceulx citoyens:& comme tel,leur de-
mandá viures pour nourrir fon Oft,ce que luy eftant accorde pour fon argent,il vefquit quelque temps des viures d'icelle ville:& quát il fceut que
leurs munitions eftoient fort au bas,ce fut a lors qu'il fe declara leur aduer
faire,& les furmonta. Par ce moyen Alexandre vouloit affieger Leucadie,
laquelle abondoit de toutes chofes:mais auát qu'il le feit,il va prendre toutes les places qui eftoient illec entour,& fouffrit que les garnifons & ceulx

qui ſy vouloient retirer ſy retiraſſent, eſperant que la grand' multitude des gens qui ſe retiroient leans, affameroit la ville a la longue. Phalaris ayant la guerre côtre certains Cheualiers de Sicille, & apres feignât eſtre de bon accord auec eulx, bailla a garder quelque bled qu'il diſoit auoir de reſte : & icelluy miſt en certains greniers ou il feit ſecretement des goutieres pour le corrompre par la pluye qui y deſgouteroit : ſur la fiance duquel ble, les habitans feirent tant meilleur marché du leur propre : mais eſtant aſſailliz de rechef l'eſte apres, & trouuant le froment que lediçt Phalaris leur auoit baillé a garder eſtre corrompu, & le leur conſumme, il leur fut force faire ce qu'il voulut. De ces ſubtilitez ſe pourra ayder noſtre General, ſi les choſes luy viennêt a poinçt : & d'autrepart ſil veult faire a croire aux aſſiegez qu'il ne bougera de deuant leur ville, qu'il n'en ait veu le bout . Il pourra imiter les exemples qui ſenſuyuent : ſicomme de Clearchus Lacedemonien, lequel eſtant aduerty que les Thraciens auoient emporté auec eulx toutes les choſes qu'ilz ſçauoient eſtre neceſſaires pour leur viure aux montaignes, ou ilz ſeſtoient retirez, & qu'ilz ſattendoient eſtre deliurez de ce ſiege parmy la faim qui le contraindroit a ſen aller : il donna ordre qu'a la venue de quelques Ambaſſadeurs qui deuoient venir vers luy de la part d'iceulx Thraciens, on occiſt publiquement quelqu'vn des priſonniers qu'il auoit en ſes mains, & qu'il fut apres detrenché a menues pieces : & cela faiçt, voyant leſdiçtz Ambaſſadeurs, il enuoya les mêbres du mort par les quartiers de ſes gens, comme ſi c'eſtoit la viande de quoy ilz ſe deuoiét nourrir : laquelle inhumanité eſtant rapportee aux ſuſdiçtz Thraciens, ilz ſen effrayerent en telle ſorte, qu'ilz ſe rendoient pluſtoſt qu'ilz n'euſſent faiçt, penſant que lediçt Clearchus cercheroit tous les moyens qu'il ſeroit poſſible imaginer pour ſe tenir illec longuement : attendu qu'il ſe nourriſſoit deſia d'vne ſi execrable viande. Tyberius Gracchus eſtant a la guerre côtre les Portugalois, comme il euſt aſſiegee quelque ville, laquelle ſe vantoit d'eſtre aduitaillee largemét de la a X ans, il leur va reſpondre qu'il les auroit donc a l'vnzieſme : duquel mot il les eſtonna, tellement qu'ilz vindrent incontinét a compoſition. On peult auſſi perſuader que le ſiege ne ſe leuera d'illec deuant de long temps, ſi lon edifie des maiſons & des loges couuertes, côme pour y paſſer hyuer & eſté, & faire grandz prouiſions de viures , & baſtir des moulins & fours, pour mouldre le ble, & pour cuyre le pain. Noſtre General doibt eſpouenter les aſſiegez, & ſayder de toutes les fineſſes qui luy pourront ſeruir : meſmement de celle que Philippe vſa contre vn chaſteau qu'il ne pouoit prédre a force : car il faiſoit charrier de nuiçt vne groſſe quantité de terre ſur le bort des foſſez, & faiſoit ſemblant de minier : a cauſe dequoy ceulx de la garniſon penſant que leur place fut pour tresbucher en peu d'heure, ſe rendirét incontinét. Pelopidas auoit aſſiegé deux villes aſſez pres l'vne de l'autre, & eſtant vn iour au deuant de l'vne, il commanda ſecretement que quatre de ſes cheuailliers vinſſent deuers luy : de l'autre ſiege en hors, auec vne cheré ioyeuſe le poſſible, & coronnez comme la couſtume eſtoit de ceulx qui annonçeroient vne bonne nouuelle. Et quant & quant, il auoit donné ordre que le feu fut mis en vne Foreſt qui eſtoit entre deux, a celle fin qu'icellé Fo-

reſt

rest estant embrasee representast ainsi qu'vne ville que lon a mise a feu &
a flamme. En oultre, il feit vestir quelques vns des siens en habit de prisonniers, lesquelz on luy amena du costé d'icelle ville : parquoy les habitans de ceste autre, cuyderent qu'elle eust esté prinse : & doubtant qu'il
leur en print autant, silz ne se rendoient de ce pas, ilz se donnerent incontinent es mains dudict Pelopidas : estimez que l'autre n'en feit pas moins,
se voyant estre demouree seulle. Le General fera aussi assaillir la ville par
l'endroit que les ennemis se doubtent le moins : mais non pas deuant qu'il
n'ait commencé l'assault deuers le costé qu'ilz gardent le mieulx. Il peult
aussi mettre peine d'attirer ses ennemis aux champs, s'il n'y auoit autre remede d'en venir au dessus : & faire comme maintz bons Chefz ont faict
iadiz : entre les autres Lucius Scipion en Sardangne, lequel ayant assiegé
vne ville tresforte, ordonna que durant l'assault ses gens feissent semblant de se mutiner ensemble, a cause duquel mutinement, il feignit prendre la fuitte auec tous les siens, sans tenir ordre ne demy : ce qui estant apperceu par les assiegez, ilz sortirent a leur queue en grosse puissance, &
eslongnerent tant leur ville, que les gens que ledict Scipion auoit mis en
embusche assez pres de la ville, eurent loysir de l'assaillir, & de la prendre,
d'autant qu'il n'y auoit ame qui la defendit. Annibal estant deuant vne
bonne grosse ville, meist vn bon nombre de Souldardz en aguet aupres de
la, & ayant attiré les citoyens dehors par quelque escarmouche, il feit semblant de non estre seur, mesme dedens son Camp, & le leur laissa prendre : & les ennemis qui estoient issus de la ville, cuydant auoir tout vaincu, s'en saisirent : & d'autrepart ceulx qui y estoient demourez petitz &
grandz, sortirent pour auoir leur part du pillage : mais ce temps pendant
qu'ilz pensoient auoir tout gaigné, ilz se trouuerent auoir tout perdu : pour
ce que ceulx qui estoient a l'embusche, se meisrent adonc dedens leur ville, & la conquirent legerement, veu qu'elle estoit vuyde de gens, & de
defense. Himilco pareillement feit embuscher de nuict vne partie de ses
gens aupres d'vne ville qu'il tenoit assiegee, nommee Agrigetum : & leur
commanda que comme il seroit vn peu esloigné, quilz sortissent allumer
quelque bois, & autre matiere moyte : Et quand le iour fut venu, il enuoya
escarmoucher aucuns des siens contre ceulx de la ville, lesquelz sortirent
sur luy, & l'en chasserent bien loing : car il le vouloit. Sur ce l'embusche
meist le fet au bois susdict, & la fumee fut telle, que les Agrigentins s'en
apperceurent : & cuydans que leur ville se feust embrasee par cas fortuit,
ilz se meisrent au retour, a qui mieulx mieulx, po garder chacun sa mai-
son : dont que l'embusche se meist au deuat d'eulx, & Himilco les suyuit de
pres, & ainsi les recueillerent au mitant, & les deffirent. Les Enfans d'Israel vserét vne fois de ceste ruse cótre ceulx de la lignee de Beniamin. Et
pour en faire court, si toutes ces subtilitez ne peuét faire aucun fruict, il fault
essayer si lon pourroit surmonter ses ennemis en faisant semblant de leuer son Ost, & laisser la ville de tous poinctz : car par aduenture les habitans feront tel estat d'estre asseurez voyant le despart du siege, qu'ilz ne

Q

garderont leur ville tant ne quant : la ou noftre General pourra retourner apres fur eulx, & faire en vne nuiĉt le chemin qu'il aura faiĉt parauant
en trois ou quatre iours. I'auoye oublié de dire comment pour furprendre vne ville on peult faire femblant d'en vouloir affieger vne autre : a
celle fin que celle qui ne fe doubte de rien, fe defface de fa garnifon, pour
l'enuoyer a la defenfe de l'autre : & que fur ce on laiffe la premiere qui eft
bien pourueue pour aller fur la feconde qui f'eft defarmee : comme Monfeigneur de Lautrec feit adonc qu'il f'approcha de Milan, feignant n'a-
uoir cure d'aller a Pauye (iacoit qu'il ne tachaft ailleurs) car des qu'il fut aduerty que le Conte de Belleioyeufe auoit enuoyé vne partie de fes gens au
fecours de Milan, & par ainfi que la ville qu'il deuoit fournir de nouueau,
& non pas defarmer, f'eftoit defarmee : il f'en alla fubitement pofer le fiege au deuant dudiĉt Pauie : laquelle ville fe trouua fi mal fournie de gens,
qu'elle en fut emportee affez facilement. Et pour fortir de ce propos, laif-
fant a part toutes ces fineffes, ie veulx dire que noftre Lieutenant General ne deuroit iamais tenir les champs ne le fiege deuant vne ville tant
que l'hyuer dure : car ce fera grand cas fil ne luy en prend tresmal a la fin :
pour ce qu'en feiournant deuant vne ville en mauuais temps, il morfont
tout fon Camp, & le gafte : la ou ceulx de dedans qui ont le couuert, ne
f'en foucient que tout a poinĉt. D'auantage il eft a la mercy du froid, des
neiges, des pluyes, & de mil autres perfecutions : tant qu'il n'y fault autre
chofe que le temps mefme, pour deffaire ceulx du fiege, f'ilz f'arreftent gueres longuement illec au deuant : & auec ce, les viures ne peuent a lors bonnement venir en l'Oft pour la difficulté des eaues & des chemins. Si tant eft
qu'ilz viennent par terre, ne femblablement par mer, a caufe des tépeftes &
des orages qui regnent en icelluy temps plus qu'en autre faifon : il fault con
clurre que toutes les chofes neceffaires a ceulx d'vn fiege, leur viendront
lors a rebours. L'hyuer eft donc trefdangereulx pour ceulx qui fe tiennent
aux champs, & droiĉtemét a l'aduantage des affiegez : de forte que f'ilz font
quelque peu fortz, & qu'ilz fcachét attédre leur poinĉt, ilz font gés pour leuer le fiege, & le rompre tout a plat, ou du moins pour luy dóner de bónes
fecouffes. Séblablemét les garnifons qui font fur le pais, fe peuét affembler
en peu d'heure, & aller charger fur cediĉt fiege : duquel ilz auront a mon
aduis tel marché qu'ilz vouldront, d'autát que cefdiĉtes garnifons font frei-
ches & repofees, & que les autres font morfonduz & mortz de faim. Tout
autát en peult aduenir a ceulx qui tiennent les cháps, & qui marchét d'vn
lieu en autre fur le pais de leurs ennemis : a caufe de ce que l'indifpofition
du téps les confomme en peu d'heure, f'ilz logét fur la dure : & f'ilz fe veullent loger au couuert, il eft force mainteffois qu'ilz fe feparent par les villages ca & la : & qui les affauldra en ce poinĉt, les deffera legerement : en fin,
le meilleur eft de foy retirer dedens les villes quand l'hyuer arriue, & fortir aux cháps fur la fin du mois de Mars, & fi tenir iufques au mois d'Oĉto-
bre : & tel pourroit eftre le pais ou la guerre fe feroit, qu'il y auroit bien autát de lieu de craindre le mois de Iuillet & Aouft, pour raifon des chaleurs

extremes,

extremes qu'il faict lors en aucunes regiós,cóme le plus fort hyuer qui soit : car ces deux extremitez sont incópatibles:& l'vne & l'autre peuent engé-'drer maintes maladies,& estre cause de prou de maulx,qui n'a le moyen de resister.Pourtát nostre dict General mettra peine de venir a bout de sa guer re, deuant que l'hyuer approche. Et s'il est en region fort chaulde estant con trainct tenir son Ost aux champs,nonobstant la chaleur,il se doibt estudier de l'asseoir en telle part que le lieu soit couuert d'arbres, & arrousé de ruis-seaux: a celle fin que les Souldardz soient freschement. Et en oultre,s'il est possible,il fault qu'il y ait illec des maisons soubz lesquelles on se puisse te-nir pour passer l'ardeur du téps. Mais ceste matiere a trop duré,mesmemét. que les espritz d'auiourdhuy sont si vifz,qu'ilz s'aduisent d'eulx mesmes de tout ce qui est necessaire en tel cas.Ie diray tát seulemét que si nostre Gene-ral viét a bout d'vne ville par cóposition,qu'il doibt obseruer de poinct en poinct tous les articles qui auront esté accordez entre luy & ceulx de de-dens:car s'il faisoit le contraire,il ne trouueroit ville ne hóme qui s'attendit iamais a sa foy,& qui ne feit le pis,& tout ce qu'il pourroit, deuát que vou-loir túber en ses mains. Tout ainsi que ie dy qu'il doibt garder sa foy a ceulx d'vne ville qui se rend:i'entédz aussi qu'il l'obserue a tous autres, puis qu'il la leur aura donnee vne fois:enuers lesquelz,depuis qu'ilz seront vaincuz, il doibt vser de toute l'honnesteté & gratieuseté qu'il sera possible , & fuyr sur tout la cruaulté:pour ce que le vray office du vainqueur est de pardon-ner aux vaincuz:touteffois c'est tant que la raison le permet, d'autant qu'il fault aduiser que de pardonner ainsi legerement,on ne donne occasion aux gens de recómencer la guerre a leur appetit. Et pour ce que bien souuét la cleméce des Capitaines generaulx des Ostz est si grande qu'ilz pardonnent a tous ceulx qui auront failly , & a tous ceulx de qui ilz viennent apres au dessus: laquelle facilité de pardóner est en cause de faire cómettre aux gés nouueaulx erreurs: sur ce qu'ilz s'attendent estre receuz de quelque heure qu'ilz se vouldront rendre.Il me semble qu'en telles choses y deuroit auoir mesure,& en chastier aucunefois quelques vns, pour faire paour aux au-tres: principallement ceulx qui se reuoltent sans grande occasion.I'en ditz tout autát de ceulx qui sont si oultrecuydez,qu'ilz osent defendre vne place non tenable,& vn colóbier,sperát que lon les prédra tousiouts a mercy.Et sur ceste esperance,ilz feront despendre vne grosse quantité de munition, & seront occasion que l'armee perdra téps illec au deuant pour vn rien. Ie veuil dire que les telz doyuent estre traictez vn peu rudement,aussi le faict on bié auiourdhuy:car la moindre peine c'est de leur faire espouser les Ga-leres a perpetuité:combien que les aucuns s'en gouuernent plus gratieuse-ment que les autres.Et de ceulx cy est Monseigneur le Cóte de Tende en l'endroict de quelques vns qu'il eust bien peu traicter rigoreusemét s'il eust voulu:touteffois il n'est pas dit que les faultes doyuent tousiours estre pu-nies selon leur merite : mesmement quant celluy qui a failly est autrement homme de vertu:ne aussi que les grandz cueurs ne puissent & ne doyuét monstrer leur grandeur en plusieurs sortes:& entre les autres a pardonner vn forfaict si la congnoissance leur appartiét,cóme elle fut remise au susdict

Seigneur d'vn Capitaine qu'il print dedens vne de ses places en Piedmõt, lequel il a traicté tousiours depuis si humainement, que la memoire de telle humanité ne debuoit pas estre mise en oubly : c'est aussi la cause que ie ne l'ay point voulu laisser en arriere. Or la cruaulté que ie veulx dire que no stre General doibt fuyr, c'est apres auoir gaigné vne bataille, ou apres auoir prinse vne ville a force. Mais quelle chose est plus inhumaine, qu'apres auoir foulé aux piedz les Enseignes des ennemis, saccagé leur Cãp, auoir rom pues, mises en fuitte, & detrenchees leurs batailles sur la chaulde, acheuer encores d'occire a froid sang ceulx qui ne seront mortz durant le cõbat? ou apres que lon aura forcee vne bresche, & occiz ceulx qui se seront mis en defense, detrencher encores ceulx qui se seront renduz? & les paouures ha bitans vielz & ieunes, nonobstant qu'ilz soient desarmez & innocens? Et en oultre, permettre que les femmes & les filles soient forcees, & aucuneffois occises, les téples pillez, & les choses sacrees rauies, & cõuerties en villains vsages? veritablement c'est plus que cruaulté. Nostre General donc y don nera ordre le plus qu'il pourra, faisant defendre a tous ses gens de nõ excer cer semblables actes, que seulement tandiz que la Bataille dure, & qu'il y a gens qui se defendent. Et d'auantage s'il veult que les gens d'vne ville facét moindre defense depuis qu'ilz auront esté enfoncez a lentree, & qu'ilz ne soient contrainctz de combatre, n'ayant lieu d'eschapper, ou pensant desia estre tous mortz, de se védre cheremét auant qu'estre occiz: il est necessaire leur faire ouurir quelqu'vne des portes, & faire crier incontinét par son Trõ pette que ses gés n'ayét a charger que sur ceulx qui se mettrõt en defense, & qu'ilz n'atouchét nullemét a ceulx qui poserõt les armes. Pour abreger, si nostre Lieutenát general veult estre passé pour la bouche des amis & des ennemis, & estre aimé de tous: il fault apres auoir obtenu vne victoire, qu'il face penser les blessez d'vn party & d'autre aussi songneusement cõme s'ilz luy appartenoient de bié pres. Il est requis d'auãtage qu'il recõpense de son pouoir ceulx la de son costé qui auront bien faict leur deuoir: ou du moins qu'il les haulterne publiquemét, & qu'il aduertisse le Roy de leur vertu, at tribuant a chacun son merite: non pas a soy mesme, comme plusieurs font, lesquelz taisent ce que leurs Souldardz auront faict, & s'en donnét la louée ge a eulx mesmes: & en fin qu'il se gouuerne tellement auecques tous, que lon ne puisse congnoistre qu'il ait faict la guerre en intention d'occire, & meurtrir les ennemis: ne pour rauir leur bié, & s'approprier l'hõneur deu a autruy: mais que tát seulemét pour acquerir bon bruit, & pour faire le serui ce de son Prince. Ie pourrois dire moult de choses de l'office du vainqueur, car le Camp est bel & ample, touteffois ce qui en est dict, suffira: & a tant ie m'en passeray vers vne autre partie, qui n'est pas moins requise en vn Ost, qu'autre quelconque pourroit estre, & de laquelle fault bien faire vne grã de mention: C'est a scauoir de la Iustice qui doibt regner & estre excercee dedens vn Cãp. Ie veuil dire des Loix que les gens de guerre doyuent gar der, s'ilz entédét faire l'office, & meriter le nom de bõs & vrays Souldardz.

Comment

Comment il fault que les Souldardz se gouuernent selon les
Loix militaires: & des Loix principalles: ensemble la
forme de iuger vn ree.   Chap. III.

ANT a esté procedé en ceste matiere es chapitres precedés,
que les quatre Legions que i'ay prinses a côduyre sont venues
du tout au dessus de leurs ennemis: & par consequét elles demourent maistresses des cháps & des villes: parquoy il ne leur
fault maintenant autre chose que scauoir garder ce qu'ilz ont
conquis, qui n'est pas peu de chose: attendu qu'il y a plus de difficulté a garder les choses conquises, que n'a pas a les acquerir. Et pour autát ie veuil dire qu'encores que cedict General ait batu ses ennemis aux champs, & qu'il
soit en possession de toutes les villes & places du pais ou il a guerroyé, que
ce n'est rien faict s'il n'asseure a chaulx & a sable les choses qu'il aura côqui-
ses: principallement les villes prinses a force d'armes, lesquelles a mon iugement auront tousiours vne dent de laict sur nous qui les aurót offensees:
& vn garde arriere pour se véger quát qu'il tarde des oultraiges qu'on leur
aura faictz. Et a cause de ce qu'il est impossible se tenir ordinairement si bien
sur sa garde, ayant affaire a gens de telle volonté qu'a la lógue on ne se soit
surprins: ie serois d'oppinion pour obuier a ce peril, que puis que lon auroit
gaigné vne ville d'assault, ce qui ne peult estre qu'ilz ne si commettent plusieurs maulx, que ses habitans vuydassent du tout, & s'en allassent cercher
autre lieu bien loing de la pour y habiter. Et qui les separeroit, en enuoyant
vne partie ca, & l'autre la, feroit sagemét: & eulx estre vuydez ainsi, la repeu
pler subitemét de Francois, leur assignát les maisons, les possessions, & l'autre bien qui auroit esté des premiers habitás. Par ce moyé le Roy s'asseure-
roit de ceste dicte ville: & quant & quát s'il y vouloit mettre vne partie de
ses Souldardz, il les pourroit recompenser richemét du bien qui auroit esté
de ses ennemis. Et d'autre part, les villes rebelleroient, ou se deffendroient
contre nous tant plus tart qu'elles ne font, doubtant estre traictees de mesme la susdicte ville, dequoy ilz ne font aucune difficulté, voyant que les rebelles ou les refusans (encores que ló en viéne au dessus) ne font côtrainctz
cháger place ne habitation. Quát les Romains prenoiét iadiz quelque ville
a force, ilz auoiét de coustume d'en oster tous les habitás, & de la repeupler
d'vn certain nóbre de leurs citoyens: & aucunefois d'vne de leurs Legions:
laquelle ville ainsi peuplee, s'appelloit Colonie Romaine: & seruoit a la Cité de Rome d'vn tresfort bolleuert, & d'vne tres fidele garnison contre ses
ennemis: quoy faisant, ilz asseuroiét leur estat de mieulx en mieulx, & esten-
doiét leur Empire peu a peu. Tout autát en pourroit faire le Roy, si des villes qu'il cóqueste par force d'armes, en estoient faictes Colonies Francoises:
& que les premiers habitás fussét departiz ca & la par le Royaume: i'entédz
s'il les vouloit traicter si humainement, & qu'il n'aymast mieulx les auoir
loing que pres. Nous lisons a ce propos, que les Enfans d'Israel en vsoiét encores plus rigoreusemét en leurs cóquestes: car de tout le pais de Cananee,
ilz n'en vouluret onc prédre vn a mercy : ains occirét tout aussi bié le petit
cóme le grád: ie croys qu'ilz vserét de ceste rigueur en partie pour obeir a la

volonté de Dieu qui le leur auoit ainſi cómádé:& en partie pour ſ'aſſeurer
tát plus,& n'auoir que faire d'eſtre en doubte a toute heure, ce qu'ilz euſſét
touſiours eſté:& au dáger de leurs énemis,filz les euſſét ſouffert viure peſle
& meſle auec eulx. Edouard Roy d'Angleterre eſtant venu au deſſus de la
ville de Calais,(nó pas par aſſault,mais par cópoſitió)apres y auoit eu tenu le
ſiege au deuát leſpace de XI mois,dechaſſa nettemét le peuple qu'il y trouua,& la peupla de purs Anglois,eſperát par ce moyen ſaſſeurer mieulx d'i-
celle diæte ville,que ſi les premiers habitans y fuſſent demourez:& ce pour
raiſon de l'affeétion qu'il ſcauoit bien qu'ilz euſſent touſiours portee aux
Francois, & que toſt ou tard ilz ſe feuſſent eſſayez de retourner ſoubz leur
premier Prince,& en debouter le ſecond:cóme a la verité il eſtoit faiſable .
Si nous voulons adiouſter foy aux exemples qui aduiennent tous les iours,
& ſont aduenuz en cas pareil dedés ce Royaume & ailleurs,leſquelz nous
deuroient faire ſages & aduiſez, pour nous garder au téps aduenir de cheoir
en l'inconuenient ou les Princes qui n'y prenent garde , tumbét a faulte de
ne peupler point de leurs ſubieætz naturelz,les pais qu'ilz conquierent par
force,& de non dechaſſer ſubitement les vaincuz:qui eſt a mon iugement
le ſouuerain remede pour obuier a la malice de leurs ennemis,& aux trahy-
ſons que les vaincuz pourroient machiner encontre leurs nouueaulx.Sei-
gneurs.Noſtre General trouuera qu'il y a encores d'autres moyés pour ſaſ-
feurer d'vn pais,ou d'vne ville conqueſtee nouuellement:& c'eſt a tout des
garniſons que lon y meæt:moyennant les fortereſſes qui y ſont deſia,ou que
lon peult faire edifier de nouueau,es lieux plus aptes & neceſſaires,a tenir
la contree en obeyſſance.On ſen aſſeure pareillemét,ſi lon ſe ſaiſit des principaulx perſonages du pais,ou de ceulx qui ont le plus de credit dedens les
villes,les gardant apres pour oſtages en quelque lieu bien ſeur. Et combié
que ceſdiætz moyens ſoient tresbons pour tenir les gens d'vne Prouince en
ſubieétion : ſi eſt ce que le premier,aſcauoir celluy de dreſſer des Colonies
Francoiſes,l'eſt beaucoup plus:meſmement,cóme i'ay dit,filz ont eſté oul-
traigez par nous:ou bien filz ſennuyent peu ne prou d'eſtre noz ſubieætz,
comme les Italiens ſont de trois iours en la:car lors ilz ne tacheroient tant
a autre rien,qu'a ſe venger,ou a nous chaſſer arriere d'eulx : & n'y a oſtage
qui tienne:car depuis qu'vn peuple ſe laiſſe ſurmóter a ſon priué appetit, &
qu'il deſcouure ſon couraige:n'y a choſe de ce móde que l'en puiſſe retirer
que la ſeulle force : parquoy on eſt contrainæt auoir touſiours vne treſpuiſ-
ſante garniſon ſi lon en veult ioyr,& ainſi faire vne deſpenſe merueileuſe.
Quand aux villes qui ſe donnét de leur bon gré,ou deuant qu'eſtre oultra-
gees nullement,n'y a pas telle difficulté a les garder,comme ſi lon en eſtoit
venu au deſſus par violence:ne ſil ne failloit doubter autres gés que ceulx
la,ie ne me ſouciroye tant ne quát de leur bailler garniſon.Mais ſil y auoit
fortereſſe,ie ne dy pas que nous n'en deuſſions eſtre ſaiſiz,& qu'il ne la fau-
ſiſt fournir de gens,& de toutes choſes neceſſaires,ou bien la raſer du tout:
touteſſois ſil ny en auoit pour lors , ie nen y feroye auſſi point baſtir apres:
ains m'efforceroye de gaigner le cueur des hommes , & les tenir en ſubie-
ætion plus par beniuolence,que par contrainæte : me gardant de les offenſer
fans

fans grãd'caufe,en corps n'en biés.Sur tout,le General fe doibt abftenir de
prédre le bié d'autruy:pour ce que les hómes oublient pluftoft la mort du
pere,que non pas la perte de leur patrimoine:& d'auantage,eftre continent
& chafte,fe gardant de violer la femme ou la fille d'autruy,foit par amour
ou par force:car il n'y a oultrage qui offenfe tant le cueur des gés d'vn pais,
que veoir feduire leurs femmes ou forcer: Et par le contraire n'y a meilleur
moyen pour gaigner leur cueur,qu'vfer de chafteté, & de iuftice enuers cha
cun,en imitant Scipion le chafte,& Cefar le iufte,lefquelz obtindrent plus
aifeemét la Seigneurie(l'vn de l'Efpagne,& l'autre de France,moyennant
deux exemples qu'ilz monftrerét de leur vertu)que par aucune force qu'ilz
vfaffent.Car Scipion i'acoit qu'il fut ieune & gaillart homme, ce neátmoins
rédit vne tresbelle Damoyfelle qu'il auoit prinfe fur la guerre a fon pere,&
a fon mary fans rencon:& comme il la leur quicta franchemét,il la leur re-
meift auffi entiere de fon honneur,qu'elle eftoit au iour de fa prinfe: lequel
acte luy valut plus que toute fa force. Cefar paya la valeur du boys qu'il a-
uoit faict coupper en Fráce pour fortifier fon Oft:quoy faifant,il acquift telle
reputation d'eftre iufte,que cela luy rédit fon entreprinfe plus aifee de beaucoup. Ie veulx dire pareillement qu'vn General qui fe monftrera chafte & iufte,il gaignera par la le cueur de ceulx d'vn pais plus que par autre
moyen qu'il fcache trouuer:Parquoy fi i'eftoye en fon lieu,ie me garderoye
de leur faire tort du bien & de l'honneur tant qu'il me feroit poffible:& fi
comme ie m'en garderoye,ie vouldroye femblablemét que mes Souldardz
f'en gardaffent,& qu'ilz vefquiffent & fe gouuernaffét auec eulx tout ainfi
qu'ilz vouldroient viure chez eulx mefmes,ou parmy leurs plus finguliers
amys.Et cecy feroit facile a faire,pourueu qu'ilz euffent aprins de viure en
gens de bien au parauát,& que iuftice fut excercee de tous temps en l'Oft.
Mais pource qu'il n'y a chofe fi mal aifee a faire, que celle ou l'on ne feft iamais effaye(cóme il appert de la plufpart de noz Souldardz,lefquelz ne fca-
uent par quel bout commencer a faire bien, adonc qu'ilz font contrainctz
f'abftenir de faire mal)il feroit neceffaire fi noftre General entend auoir telz
Souldardz qu'ilz eft requis pour excercer deuement le meftier de la guerre,& pour fe cótenir en gens de bien durát la paix,qu'il cómence de bónne
ne heure a les regir felon les Loix militaires,a celle fin que la force fe cháge
en couftume,& la couftume de bien faire fe conuértiffe en nature : & ainfi
de quelque mauuaife & corrópue pafte que les Souldardz foient au cómen
cemét,que par vfaige ilz fe rendét gés de bien. Or prens ie pour Loix Militaires toutes celles qui commiádent fur peine de la vye que lon viue hon-
neftemét:que lon n'offenfe perfonne fans le congé du General: que lon fer
ue loyaument le Roy: que lon exerce le faict de la guerre comme le deuoir
veult:& en fomme,que lon obeyffe en toutes chofes au Chef:foubz la char
ge duquel on faict fermét de bien feruir,&duquel on eft fouldoye:lefquelz
poinctz font bien fi generaulx,& en comprenét tant d'autres en eulx,qu'ilz
les conuiét fpecifier plus par le menu, principalemét ceulx qui códamnent
a mort. Car quát aux loix qui ne portent point priuátió de vie,ie m'en re-
metz a la difcretion des Preuoftz,&de ceulx qui ont puiffance & charge de

punir les delinquás. Touchát les capitales, elles feroient telles qu'il f'enfuyt:

Premierement, quiconque machinera ou commettra trahifon contre le Roy en facon que ce foit, & qui confeillera ou preftera faueur & ayde a fes ennemis.

Item quiconque parlamentera auec fes ennemis, fans auoir cóge du Lieutenant general, ou de l'vn des deux Chefz principaulx.

Quiconque reuelle le fecret du cófeil, foit ce aux ennemis, ou aux fiens propres: mefmement fi de le defcouurir en pouoit venir quelque mal.

Quiconque enuoye lettres ou meffaige aux ennemis, fans auoir congé du Lieutenant general.

Quiconque n'aduertit incontinent fon fuperieur de tout ce qui luy viét en congnoiffance, concernát l'honneur & proffit du Roy, ou fon dómage.

Quiconque f'en fuyt, & fe retire deuers les ennemis, ou qui eft prins fur fur fon partement.

Quiconque rompt les trefues ou la paix, n'ayát charge expreffe de ce faire par ceulx qu'il appartient.

Quiconque ayant efté prins par les ennemis, ne fe retire toutefois & quátes il peult efchapper, finon qu'il ait donné la foy de non partir fans demander licence.

Quicóque rend aux ennemis vne place qu'il a en garde, f'il n'eft cótrainct par trop a ce faire, & qu'il foit vray femblable qu'vn bien homme de bien en auroit faict autant.

Quiconque faict femblant de mettre la main fur la perfonne de fon fu perieur, ou fur vn Preuoft, ou fur quelque officier pour leur mal faire.

Quiconque met la main fur l'vn des Chefz, mébres, ou officiers de quelque Legion ou Bende qu'ilz foient: principalemét fi c'eft a lors que lefdictz Chefz, & les autres excercent leur office, ne autremét, finon que les fufdictz les voul=ffent oultrager, & frapper fans bóne caufe, & que leur vie fut manifeftement en peril.

Quiconque tuera fes Souldardz par fon feul appetit, & qu'ilz ne gaignét d'eftre mal menez aucunement.

Quiconques defobeyra aux cryees que les Trópettes ou que les Tabourins feront: mefmement fi la crie fe faict a peine de la hart, ou de la vie.

Quiconque f'effayera faire aucun mutinement.

Quiconque occira quelqun, finon en fon corps defendant.

Quiconque a fon efciét boutera le feu en maifon, en Eglife, ou en quelque chofe que ce foit, fans commandement du Collonnel.

Quiconque prend femme a force.

Quiconque prend quelque bien dedés les Eglifes, foit il facré ou prophané, autrement que par le conge du General.

Quiconque fe fera enrooler en deux Bendes en vn mefme temps.

Quiconque paffera deux fois en vne monftre.

Quiconque f'en ira d'vne Béde fans conge de fon Collónel, lequel n'aura encores point l'auctorite de donner licence a perfonne, fi ce n'eft pour eftre dehors certain temps, & puis apres qu'il foit tenu de reuenir dedens le

terme

terme: car c'eſt le Lieutenant general qui a ſeulement ceſte permiſſion. Il
deuroit auſſi eſtre defendu aux Souldardz de trotter par les Bendes,& aux
Capitaines de les receuoir, & de les ſuborner,ſur groſſe peine aux vns &
aux autres.

Quiconque fauldra a ſoy trouuer en tous les lieux ou ſon Enſeigne ira,
ou ailleurs,luy eſtant commandé.

Quiconque abádonnera ſon Enſeigne ſans congé, ou qu'il laiſſera la pla
ce qu'il doibt garder eſtant rengé en Bataille.

Quiconque fauldra de ſoy trouuer au Guet,quand il luy aura eſté commandé,& qui l'abandonnera.

Quiconque reuelera le mot du Guet aux ennemis,ou á autruy d'ou puiſſe venir quelque mal a l'Oſt.

Quiconque ſera trouué dormant en faiſant les eſcoutes.

Quiconque abandonnera le lieu ou il aura eſté colloqué par le Sergét de
de Bende,ou autre officier,ſoit ce en guet,ou en eſcoutte,ou en autre part,
ſinon que celluy qui l'y aura mis, l'en oſte, ou autre qu'il ſcache bien auoir
ceſte charge.

Quiconque ſoubz couleur d'eſpier,ou eſtant aux eſcoutes hors du Cáp,
ne ſe trouue a l'affaire,ſil eſt cas que les ennemis aſſaillent l'Oſt.

Quiconque ayant charge de faire les Eſcoutes,ou bien le guet au dehors,
ou au dedens du Camp,faiƈt ſi mal ſon deuoir,que les ennemis aſſaillent lediƈt Camp au deſpourueu,& le ſurprenent.

Quiconque eſt deputé pour defendre vne breſche,ou quelque tréchee,
ou aucun pas,& l'abandonne du tout en tout,combien qu'il ſoit forcé par
les ennemis.

Quiconque en entrant dedens vne ville prinſe a force,ſ'amuſera a ſaccager,& ne ſuyura ſon Enſeigne quelque part qu'elle aille,ſás la laiſſer iuſques
a ce que le General fera cryer par ſes Trópettes, que chacun entende a bu-
tiner:& au cas que la crye ne ſe feit point,il fauldroit que chacun cótint ſes
mains,& qu'il ſe gardaſt de ſaccager,ſur la meſme peine.

Quicóque ne fera ſon deuoir de recouurer ſon Enſeigne,ſil aduiét qu'el
le tombe entre les mains des ennemis:& la & quand elle ne ſe pourroit rauoir, ſi fauldroit il vſer de quelque rigueur contre les Souldardz qui l'auront laiſſé perdre.

Quiconque ſ'en fuyt du combat eſtant en Bataille rengee, ou qu'il marche trop lentement quand il eſt queſtion de donner vn aſſault, ou ſil con-
nille en facon que ce ſoit.

Quiconque faindra eſtre malade ſur ce qu'il fault combátre les ennemis,
ou aller en quelque faƈtion.

Quiconque verra ſon ſuperieur en dáger des ennemis, & ne le ſecourra
quant & quant de ſon pouuoir.

Quiconque deſtrouſſe les viuendiers,ou ceulx qui apportét quelque mu
nition au Camp.

Quiconque deſtrouſſe ceulx qui ſont du party du Roy, ou qui leur deſ-
robbe quelque choſe,les armes principallement,& les cheuaulx.

Quiconque malmene les bônes gens du pais ou la guerre se faict, soit ce en corps ou en biens, filz ne font declairez rebelles au Roy.

Quiconque se trouuera desgarny du harnois ou des armes pour lesquelles il est enrolle: mesmemét s'il les a perdues au ieu, ou en fuyant, ou ailleurs par sa faulte. Et cecy s'entend aussi contre les gens de cheual, qui iouét leurs cheuaulx, ou qui les laissent perdre par negligence de les faire penser comme il appartient.

Quiconque esloingnera le quartier de sa Legion plus de cent pas, sinon qu'il ait congé de l'vn de ses superieurs.

Quiconques receura vn estranger ou autre personne suspecte en sa loge, n'autre, s'il n'est de la mesme Legion, sans l'auoir monstré premierement a son supetieur, & qu'il ait congé de luy pour le heberger.

Quicóque préd debat a quelqu'vn lors qu'ilz sont assiz en guet, ou en embusche, ou en autre endroit qu'il soit requis qu'vn chacû demeure coyemét.

Quiconque s'essaye le premier d'iniurier autruy, soit ce de faict ou de parolle: pour ce que les quereles sortent des iniures, & des querelles vienent souuent moult de desarroys en vn Camp.

Quicóque courra a vne question garny d'autres armes que de son espee, s'il n'est Chef, ou ayant office en l'Ost.

Quiconque s'essayera venger quelque iniure, iaçoit qu'il l'ayt receue sur l'heure, ou de plus longue main par aucune autre voye que du droit. Il n'est pas dict aussi qu'il ne puisse demáder le combat corps a corps, si tant est que le different ne se puisse desmeller en autre sorte, qui est vn poinct reserué a la congnoissance du General.

Quiconque ruera coup contre son aduersaire, ayant querelle a luy pour chaulde colle ou autrement, si vn tiers crie hola, en intétiónde les despartir: sinon que deux hómes eussent Bataille en Camp cloz: car alors n'y a hóme si hardy qui osast auoir crié ce mot, si ce n'est le General.

Quiconque en emporte l'argent du ieu qu'vn autre aura gaigne loyaument, ou bien qui prend sa derniere main, autremét que du bon gré de celluy qui aura gaigne. Tant y a que pour bien faire, & pour obuier a plusieurs inconueniens, il fauldroit defendre les ieux de tout en tout.

Quiconque faict piperie ou faulx ieux en quelque sorte que ce soit, par laquelle quelqu'vn soit trompé.

Quiconque s'aduancera d'aller deuant les Batailles, soit ce pour arriuer le premier au logis, ou pour autre fin, ou qui s'escarte ca & la tandis que les Bendes marchent.

Quiconque réconne son oste ou autre, n'estát prisonnier de bonne guerre: & encores lors qu'il sera prins iustement, que la récon n'excede point les chapitres qui auront esté faictz entre les Chefz des deux Ostz, si tát est qu'ilz en ayent faict: & en cas que non, il fauldra que ce soit le plus gratieusement qu'il sera possible: car le mesme nous pend a l'œil.

Quiconque entre dedens vn Camp, ou dedens vne place de guerre par autre part que par les portes que l'on a accoustumé d'entrer & sortir: car d'étrer ou sortir par dessus les murs, ou par dessus le répar, est crime capital.

Quiconque

Quiconque diffère a foy retirer des incontinent que les Trompettes de fon party fonnerôt la retraicte,foit ce en fortye de ville,en efcarmouche,ou en autre combat.

Quiconque parle hault,& meine bruit ce temps pendent qu'il eft en Bataille,ou ailleurs qu'il faille garder filence,finon que ce foient les Chefz & officiers.

Quiconque paffera vn feul iour fans foy eftre excercité vne partie d'icelluy aux armes qu'il porte,finon qu'il foit embefongné ailleurs pour le feruice du Roy.

Quiconque fera chofe de quelque forte qu'elle foit,laquelle puiffe preiu dicier au feruice du Roy,ou eftre dommageable a ceulx de fon party.

Et finablement quicóque defpite Dieu,& le blafpheme a la façon que les Italiens le maulgréent auiourdhuy. Et ie mettroye volontiers ceulx qui le iurent en vain,& qui le decouppét bras & tefte,fi ie cuydoye que cefte partie fut receue entre nous. Ie feroye aufli mention des faulx telmoings, des Sodomites,& de ceulx qui ont mauuaife opinió de la foy, fi ces crimes n'eftoient fi tres priuilegez,qu'il ny a celluy qui ne fcache bien qu'ilz ne doyuét nullemét eftre fupportez,ne plufieurs autres delictz,que ie laiffe pour brefuete.Ie vouldrois que toutes ces loix fuffent efcrites en quelque tableaulx, & qu'ilz fuffent fichez a l'entree des têtes de tous les Collonnelz, a celle fin que chacun Souldard peuft veoir a toute heure les ordonnances qu'il luy fault obferuer dedés vn Camp,& en faifant le meftier de la guerre,fur peine de la vie,laquelle peine fera mefuree felon le crime. Et ainfi i'enten que l'vn fera puny plus afprement que l'autre, ayant efgard a l'efcandale qui en pourroit fortir,ou qui en feroit forty defia. Et qui vouldra que les Souldarz ne puiffent alleguer ne pretendie ignorãce de ce faict, difant qu'ilz ne fcauoient pas que la telle chofe, ou la telle fut prohibee ou commandee, ny a que faire publier ces loix par tout l'Oft de moys en moys,& les faire lire publiquemét en la prefence des Legions,toutes & quátes fois elles ferót móftre.Il les en fauldroit aufli aduertir pluftoft que de les mettre enfemble: & femblablement adonc que l'armee eft toute affemblee : car la premiere chofe que le General doibt faire,c'eft de pouruevoir aux defordres qui fe peuent commettre par ceulx de fon party entre eulx mefmes:& apres fur les gens du pais a l'entour,filz font fes amys: & ce faict,il pourra entendre aux ennemis tant plus franchement,que fil auoit la guerre au dedens,& les ennemis au dehors.Nous lifons de l'Empereur Frideric Barberouffe, que luy eftant defcendu en Italie auec groffe puiffance en intétion de punir les Milanois qui f'eftoient rebellez,ne vouluft iamais commécer la guerre,que fes gens n'euffent premierement iurer d'obferuer certaines loix qu'il eftablift:a caufe des differendz qui furuiennent de fois a aultre parmy les Souldardz, pour y obuier: & pareillement pour punir ceulx qui feroient quelque mal. De l'exemple de cedict Empereur,pourra vfer noftre General du commécemét qu'il aura affemblé fon Oft,faifant iurer a tous petitz & grãdz qu'ilz obferueront de poinct en poinct les loix fufdictes, & ayderont de leur pouuoir a les faire entretenir.Et les chofes que i'ay dict deuoir eftre defendues

aux Souldardz pour se garder de les cómettre contre les autres Souldardz, serót aussi prohibees, entant que concerne les habitans des villes de nostre obeyssance, & du pais cóquis: car il est iuste qu'ilz soient traictez de mesme, que silz estoiét auec nous vn poing lye. Et puis que ie suis peruenu iusques a ce poinct, il fault parler de la maniere de iuger & condéner les Souldardz qui n'auront voulu obeyr aux loix susdictes, ou absouldre ceulx qui auront esté accusez a tort, & condemner les faulx calumniateurs : car apres auoir baille vne loy, il sensuyt que ló traicte en quelle sorte elle doibt estre execcutee. Or ay ie dict tantost qu'il ne seruiroit de rien de faire ordonnáces ne cryees tous les iours, qui ne les feroit garder de poinct en poinct. Il est donc raisonnable, puisque i'en ay parlé icy de quelques vnes, & de celles qui me semblét les plus necessaires pour retirer les Souldardz des maulx qu'ilz font le plus communement, que la forme de proceder aux iugemés ou gist mort, sensuyue: car ie ne touche tant ne quant aux autres. Et pour entédre en ces choses icy, il me semble que chacun Collónel doibt iuger de ceulx de sa Legion: & quant & luy ses Capitaines, leurs membres & officiers: le tout en la sorte que ie diray cy en apres. Et quant a ce que i'ay dict la hault au premier liure traictant de l'ordonnance de ces Legions par le menu, & qu'en chacune desdictes Legions y auroit vn Preuost: i'entendois que leur office seroit de cógnoistre sur toutes causes ciuiles, & en ce que mort n'auroit point de lieu, & non plus auant, ne depuis qu'il y auroit appellation. Tant ya que les appellations ne pourrót iamais estre admises, sinon alors qu'il sera question de quelqu'vn, ayant charge ou office en quelque Bende, au cas qu'il fut condemne a estre puny corporelement, ou a faire amende honorable. Mais si c'estoit vn simple Souldard, il ne se pourra appeller de la sentence de l'vn de ces Preuostz, sinon qu'il fut condemne a mourir. Et adonc l'appel ira par deuant le Collonnel, lequel auec ses autres iuges aduisera si le ree de qui ie parle, aura bien ou mal appellé. Ausurplus ie n'entés auoir desrogue aucunement a l'auctorité des Preuostz de messieurs les Mareschaulx de France, i'acoit que i'en aye ordonné d'autres particuliers : car ie scay bien qu'ilz congnoissent sur toute maniere de gens vagabondz, & qu'ilz ont puissance de les punir iusques a la mort quand ilz le gaignent: mais pource que les Legionnaires sont adouez & gens de cógnoissance, c'est raison qu'ilz ayét leur iuge ordinaire, lequel leur administre iustice aussi bié en causes ciuiles, cóme en causes criminelees, tandiz que les Legións sont soubz les Enseignes. Et a ces fins les ay ie ordonnez, & les quatre hómes de lettre a chacun pour les cóseiller, & leur seruir d'Assesseurs, qui est la cause que ie ne m'arresteray point a monster la forme que ces Preuostz doyuent obseruer en leur iugement: pourautant qu'il est bien a presumer qu'ilz ne seroient pas mis en ce lieu, s'ilz ne l'entendét. Et d'ailleurs, cela est doictement du gibbier des clerz que ie leur baille pour assister quant & eulx a toutes les courtz qu'il tiendront, & toutes & quantes fois ilz vouldront iuger de quelque cause: ie les laisse donc, & viens a parler de la forme que le Collónel & les siens pourront tenir en leurs iugemens. Et premierement a eslire certain nombre de iuges par le sort, pour euiter cófusion, & que personne n'ayt scrupule sur les
iugeans.

iugeans:& apres fera dict quellemét il fauldroit proceder a condemner les Rees, ou a les abfouldre. Quant au premier,ie prefuppofe que le delateur (ie veulx dire le reporteur) foit ce vn des conferuateurs de la difcipline, ou quelqu'vn autre,f'addreffera du cómécemét au Preuoft de la Legió,& l'informera fort bié de la caufe qui le mene vers luy. Et ce faict,le Preuoft adui fera auec fon cófeil,fi le cas qui luy eft rapporte,merite mort ou non:fil ne merite point mort,il y procedera felon fa charge.Et fi tant eftoit que le cas fuft fi gref que mort f'en deuft enfuyuir,il f'en ira quát & quát deuers le Col lónel l'aduertir du faict.Et ce que ie dy maintenát,feruira a vne nouuelle de núciation.Touchát les autres voyes de faire venir vn appel par deuát ledict Collónel,elles fót trop claires.Or eftre aduerty que le Collónel fera du tout bien au long,il ordónera que le Ree foit prins au corps : & eftát prins,il demourera foubz la garde du Preuoft. Et fi ledict Collónel cógnoift qu'il fuffi fe d'vn adiournemét perfonnel,le Ree fera adiourné a cóparoir perfonnel lemét: l'vne.defquelles cómiffion,afcauoir eft celle de la prinfe,appartiét au Preuoft ou aux fiens,finó que le Ree fuft des Chefz ou des mébres:car en ce cas le Maiftre du Camp, ou le Sergét maieur l'iront prédre auec la garde du Collónel.Quát a l'adiournemét,le Tabourin maieur,ou le Trópette du Col lónel le faict.Eftát le Ree prins,fi l'heure eft tarde,la caufe fera remife a l'endemain: mais fi c'eftoit encores de bóne heure,ledict Collónel fera crier par fon Tabourin maieur que tous les Capitaines,Lieutenans,Enfeignes,Cappo ralz,caps d'Efquadre & Chefz de chábre f'ayét a trouuer próptemét en fon logis: laquelle criee fera faicte incótinét, & y viendrót ceulx que i'ay dict a tout leurs efpees fans porter autres armes.Les Sergés de Béde fi trouuerót auffi,fi le logis du Collónel,ou fa Tente,n'eft affez ample pour receuoir tát de gens. Cefte affemblee ce fera aux cháps: & illec auát que paffer plus oultre,le Collónel les aduertira pour quelle fin il les a faictz appeller en icelluy lieu: c'eft afcauoir pour excercer bonne iuftice entre les Souldardz,& pour garder les bons d'eftre oultragez,& que les maulx que les mefchás cómettrót,ne demourét impuniz.S'il eft cas que ce mádemét foit faict pour cógnoi ftre de quelque appellatió,le Collónel leur racóptera la caufe qui la meu a les faire cóuenir en icelluy lieu:& tout de fuyte,pour laquelle des deux rai fons que ce foit,il fera leuer la main a tous tát qu'ilz feront,& tous iurerót a vne voix d'ayder a maintenir iuftice de leur pouoir cótre tous ceulx de la Legió qui túberót en crime,fans excepter petit ne grád,finó la perfonne du Collónel,lequel eft iuftitiable ailleurs que la.Le fermét ainfi prefté en Gene ral,les Chefz de chábre fe régeront par Bédes,les caps d'Efquadre auffi a part, & les Capporalz a part:le Collónel fera affiz fur vne chaire,& aura deux Cruf chez a fes piedz:dedés l'vne defquelles y aura autát de boulletz de plób,vn moís,cóme il aura de chefz de chábre en la Béde q fera appellee la premiere: &au lieu de celluy q fera moís,en y aura vn de lettó. Ainfi entre tout vn grád nóbre de boulletz blácz,y en aura vn iaulne.L'autre Crufche fera vuye,& au deuát du pied droict du Collónel, & l'autre fera vers la part gaulche.Le mai ftre de Cáp,le Sergét maieur,& le Greffier du Preuoft feront aupres de luy. Ces deux Crufches ainfi difpofees,le Collónel fera figne aux Dixeniers de la

R

premiere Bende qu'ilz s'aduácent,lesquelz marcherõt vn apres autre,selon
renc qu'ilz ont accouftumé tenir dedés le Bataillon. Et le premier mõftrera sa main droiète au Sergét maieur,ayãt replie la mãche de son pourpoinèt
iusques au coulde,pour euiter toute tromperie. Apres cecy cedièt Chef de
chãbre ou Dizinier mettra la main dedens la Crufches pour en tirer vn des
boulletz:& l'ayãt tire,le mõftrera prõptemét au Maiftre de Cáp,pour aduifer quel boullet ce fera:& fi c'eft vn boullet de plõb,cedièt Chef de chãbre
le remettra fubit en l'autre Crufche vuyde,& s'en retournera a sõ logis tout
d'icelluy pas:& fi le boullet eft de lettõ,son nom fera incõtinét escript par
le Greffier,& il se ira réger en vn certain lieu deputé a ce.Apres que ce Chef
de chãbre aura effayé s'il a failly,tous ces autres cõpagnons y effayerõt,ius-
ques a tant que l'vn ait tiré le fufdièt boullet de lettõ. Et cecy eftre faièt par
les Chefz de chãbre de la premiere Béde,le Collõnel fera remettre le boullet fufdièt de letton auec les autres de plõb,& ne fera que faire remuer les
Crufches,afcauoir eft celle qui eftoit vuyde du commencemét,au lieu de la
plaine:& cefte cy,au lieu de la vuyde:car auffi bien fera elle vuyde maintenant. Et apres fera le mefme figne aux Chefz de chãbre de la fecõde Béde
qu'il aura faièt parauát a ceulx de la premiere,pour les faire auácer:lesquelz
en vferõt tout ainfi que les premiers,& ceulx des autres Bédes enfuyuant ne
plus ne moins.Et par ce moyen,quãd tous les Chefz de chãbre de XII Be-
des en auront paffé,il se trouuera XII hõmes de cefte cõdition d'Officiers
preftz a iuger.Et a celle fin qu'il y ait tout autant de Caps d'Efquadre cõme
i'ay dièt qu'il y aura de Chefz de chambre,les Caps d'Efquadre feront a leur
tour tout ainfi que les Chefz de chãbre auront faièt,& apres eulx les Cappo
ralz. Quãt aux mébres & aux Capitaines,ilz ne tirerõt point au fort pour
cefte heure:ains leur nõbre demeurera entier.Parquoy entre tous ceulx de
VI conditions,y aura XII hommes de chacune,qui eft iuftement le nõbre de
LXXII,a VI hõmes pour Béde:tous lesquelz LXXII hõmes se régeront en
forme d'vn cercle,& le Collonnel au mylieu de tous,lequel cõmãdera lors
que le Ree foit amené fur la place.En ces entrefaiètes leTabourin maieur fe
ra la crye,que chacũ s'aye a retirer a son logis,hors mis ceulx qui ont efté re-
tenuz cy deffus,& le Maiftre de Cáp,Sergent maieur,& les Sergens des Bé-
des:lesquelz Sergés des Bédes se tiédrõt fi loing du cõfeil, qu'ilz ne puiffét
rien entendre.Ce pendãt,le Preuoft arriuera a tout le Ree,& luy mõftrera
tous ceulx qui font illec pour le iuger,& l'aduertira qu'il cõfidere s'il en tiét
point quelqu'vn d'être eulx pour fufpeèt,a celle fin que celluy la tel,foit re
cufé quãt & quãt,fi tãt eft que les caufes de recufatiõ foiét iuftes,& qu'elles
doyuent eftre admifes:lesquelles caufes feront remifes au iugemét du Col
lõnel.Et s'il eftoit cas que le Ree euft autre partie,s'adiète partie pourra femblablemét reprocher ceulx qu'il tiédra pour fufpeètz.Tãt ya que l'vn &l'au
tre ne pourrõt recufer pour hõme,finon deux perfonnes de chacune des VI
cõditiõs fufdiètes.Et pofé le cas que ce nombre,lequel faiè en tout XXIIII,
foit recufé ou moins:car de plus ne fera iamais permis:adõc les recufez s'en
irõt hors de la,& les autres se remettrõt en VI partz,chacune cõditiõ deulx
a part,& le Collonnel se r'afferra en fa premiere place,& les deux Crufches
feront

ferót remifes illec autreffois a fes piedz. L'vne defquelles feravuyde: & en l'au
tre y aura VI boulletz de plób, & autant de boulletz de letton, cóme il fera
demouré des Capitaines qui n'ayét efté recufez. Et ce que ie dy des Capitai
nes, fera obferué pareillemét es mébres & officiers. Et le tout difpofé ainfi:
Les Capitaines marcherót les premiers l'vn apres l'autre, felon leur degré,
tirant vers les Crufches, defquelles ilz tirerót chacú vn boullet en la forme
que dict eft deffus. Ceulx aufquelz efcherra de tirer les boulletz de lettó, les
remettrót incótinét en la Crufche vuyde, & fe retirerót en leur logis: mais
ceulx qui tireront les boulletz de plób, les bailleront au maiftre de Cáp, &
leur nom fera efcript par le Greffier: & ce faict, il fe rengeront d'vn cofté &
d'autre aupres du Collonnel: c'eft afcauoir trois d'vne part, & trois d'autre.
Apres cecy le Sergét maieur mettra de rechef fix boulletz de plóbz en l'vne
Crufche, & autant de boulletz de letton, cóme il y aura de Lieutenás plus
que de ce nóbre de VI, lefquelz Lieutenás feront ainfi que lefdictz Capitaines aurót faict, & les Enfeignes le ferót apres eulx, & cófequémét les Capporalz, & enfuyuát, les Caps d'Efquadre, & finablemét les Chefz de chábre.
Par ce dernier fort le premier nóbre des iuges fera reduict a XXX perfonnes, fans cópter le Collónel, lefquelz XXX iuges fe régerót XV d'vne part,
& XV d'autre, en forme d'áglet: & le Collónel fera au fin coing, les Sergés
des Bédes affifteront illec, cóme i'ay dict, cóbien que ce fera de loing, & cha
cun a part. La garde du Collónel fera tout entour le cófeil, & fi loing qu'elle ne puiffe entédre les chofes qui y feront demenees. Or donc eftát le con
feil fufdict ordonné en cefte forte, le Collónel cómandera que l'on face venir le Ree, lequel eftre venu en la cópagnie du Preuoft, fon Greffier recite
ra deuát tous le cótenu des informatiós, & la depofition des tefmoings, fil
y en a. Sur ce le Ree fera ouy de fa propre bouche, & refpódra pertinemét.
Et fi cas eft qu'il nye le faict, les tefmoings luy feront accarez: & a faulte de
tefmoings, fil ya bonnes indices, le Collónel le condénera a la gehaine par
l'aduis de fondict cófeil, & paffera oultre pour le iuger fómairemét, ou bien
il differera iufques a l'édemain, ou plus loing, fil eft neceffaire. Quát a códé
ner vn Ree, ou a l'abfouldre, cefte forme que ie voys dire, pourra eftre obfer
uee: c'eft qu'apres ce que le Preuoft aura conclud contre le Ree, au nom du
Roy, & la partie, fil en ya, pour fon intereft: & que ledict Ree y aura refpó
du par voye de diminution, alors le cófeil demourera feul: & le Ree, & auffi
fa partie ferót retirez vn petit loing hors de la veue des Iuges. Sur ce, le Gref
fier lira & rapportera le proces deuát tous. Et oyát tous iceulx Iuges prefens
a ce, le Maiftre de Cáp & Sergent maieur & nul autre. Le proces ainfi leu au
long, le Collónel remóftrera a fon cófeil, qu'ilz font afféblez pour iuger a la
verité, & non point par faueur de parentelle ne d'amis, ne auffi par hayne: &
pourtát que chacú difpofe fa cófciéce a en dire fon aduis, enfuyuát les Loix
militaires, & nó poit autremét: car en ce faict de la guerre ne fault nullemét
vfer d'humanité, ne d'equité, mais que feulemét de la rigueur des Loix qui
ont efté faictes pour les gés de guerre, lefquelles ferót enregiftrees en vn ta
bleau, cóme i'ay dict deffus, & cedict tableau fera toufiours pédét a vn pieu
audeuát de la Téte, ou a la Porte du logis du Collónel, a celle fin qu'il foit en

belle veue,& que chacun fache ce qu'il doibt fuyr,pour ne tūber en peril de
iuftice.Ledict tableau fera apporté, & leu d'vn bout a autre par le Greffier.
Et ce faict,le Collonnel fera figne au Sergent maieur qu'il baille trois boulletz a chacun des Iuges,en l'vn defquelz boulletz y aura vn grād A, qui fignifiera Abfouldre:En l'autre y aura vn grant C,lequel fignifiera Cōdem-
ner: Et au tiers vn grand E, qui fignifiera Efclarcir: de l'vn de ces boulletz
fera vfé alors que lon vouldra abfouldre ou condemner les rees,ou que lon
vouldra dire que le faict n'eft pas encores prouué affez clairement,pour les
abfouldre,ou pour les condemner.Apres ce que chacun aura trois de cefdictz boulletz, & le Collonnel femblablement trois comme les autres : le
Sergét maieur pofera deux Crufches vuydes aux piedz du Collonnel,l'vne
differente de l'autre,vers lefquelles les iugeans f'adrefferont:afcauoir eft les
Chefz de chambre premieremét,puis apres les Caps d'Efquadre,& puis les
autres:& apres tous viendront les Capitaines, & le Collonnel tout le der-
nier.Vn chacun d'eulx mettra le boullet par lequel il entend dire fon opinion dedés la Crufche ordonnee a ceft effect:& les autres deux boulletz en
l'autre Crufche:& ayant faict cecy,chacun retournera a fon lieu.Et adóc le
Collonnel fera refpandre la Crufche des opinions, & regardera fi les boulletz qui abfoluent font plus de X V. Et au cas que cela aduienne,le ree fera abfolz purementz & fimplement:& pourra apres faire conuenir la partie qui l'auroit calumnié,ou les tefmoings qui auroient depofé faulcement
contre luy.Mais fil eft cas que les boulletz qui condemnét foient auffi plus
de X V, a lors le Collonnel prononcera que le ree eft condemné a mort.
Et la & quát les vns ou les autres de ces deux fortes de boulletz n'excede-
roient la moytie a caufe de ce que quelques vns des Iuges pourroient demander que la matiere fut mieulx veue: En ce cas le iugemét fera remis au
l'endemain,ou a deux iours de la: & ce pendant le Preuoft auec fon confeil regardera de pres fil y auroit quelque poinct, lequel ne fut affez bien
verifié, a celle fin de mettre le proces en bon ordre , & pour ofter aux iugeans toute occafion de differer le iugement. Si le ree eft doncques abfolz,
il n'aura plus rien a faire en icelluy lieu : ains fe pourra retirer a fon logis
de quelque heure qu'il vouldra.Mais fi la caufe eft remife a vn autre iour,le
Collonnel ordonnera le iour & l'heure que le confeil fe r'affemblera autre
fois,auquel iour & heure le prifonnier fera ramené par le Preuoft. Cefte di-
lation icy de dire que la caufe n'ᴗppert pas affez clairement,fe pourra faire
iufques a trois fois, & non plus : & lors le Sergét maieur ne baillera que de
deux fortes de boulletz : c'eft afcauoir de ceulx qui abfoluent,& de ceulx
qui condemnent.Si le ree eft abfolz,comme i'ay dict,il f'en pourra aller frā-
chement: mais f'il eft condemné, c'eft afcauoir qu'il y ait XVI boulletz de
C, ou d'auantage : quant & quant le Collonnel prononcera qu'il eft condemné: & tout de fuyte le Sergent maieur mettra de rechef aux piedz du
Collonnel deux Crufches vuydes de la difference que deffus, & baillera
quatre boulletz a chacū des Iuges:En l'vn defquelz y aura efcript vn grand
T,qui fignifiera Trécher la tefte: En l'autre y aura vn grand E, qui vauldra
autát que Pédre & Eftrágler:En l'autre y aura vn P,qui fignifiera Paffer par
                                                          les Picques.

les Picques:au quart y aura escript vn H,lequel vouldra dire que le ree soit
occiz a Harquebuzades:dont que les Iuges qui estimerõt le crime estre digne de l'vne de ces quatre cõditions de mort, mettront en la Crusche des
opinions,le boullet:par lequel sera signifié la sorte de mort que lesdictz iuges estimeront appartenir le mieulx au crime,duquel le ree aura esté con-
uaincu:& les autres trois boulletz seront mis dedés l'autre Crusche.Pour-
tant si dedens la Crusche ordónee pour les opinions y a plus grandz nom-
bres de boulletz,de T, que de l'vne des autres lettres:le ree sera condemné
adonc a perdre la teste.Et semblablement sil y auoit plus de boulletz de P,
que de l'vne des autres lettres,il s'entédra que le ree doibt estre passé par les
Picques:& tout ainsi des autres:Lequel iugement sera redigé par escript,&
prononcé apres par la bouche du Collonnel.Et si tant est que le ree doyue
perdre la teste,ou estre pendu, il sera baille au Preuost pour le faire execu-
ter.Et si cas est que la sentéce le condéne a estre passé par les Picques, ou a
estre occiz par les Harquebuziers, ceste charge appartiédra aux Souldardz:
& ainsi ledict ree sera baillé aux Sergens des Bédes.Et pource que ceste execution sera la premiere qui se soit point encores faicte ainsi solennellement
en la Legion,elle touchera aux Souldardz de la premiere Bende. Et la seconde execution se fera par les Souldardz de la seconde Bende. Et les autres execucions se feront apres par les autres Bendes,tant que chacune en
passe a son tour.En ceste forme donc sera procedé toutes & quátes fois on
vouldra condemner quelqu'vn a mourir,& encores plus cerimonieusemét
sil est possible.Et quant & quant,il est necessaire que ces sentences de mort
soient executees sans faire grace a qui que ce soit : car si vn mesfaict estoit
vne fois pardonné,les gens de guerre seroiét apres tant moins soigneulx de
soy garder de mal faire. Et si d'auéture quelqu'vn estoit attainct de crime qui
meritast mort,il la supporteroit a grand' difficulté, voyant que grace seroit
faicte aux vns & non pas a tous.Quant a la forme de cógnoistre sur les appellations,& es causes ou ne gist mort,il suffira que toutes les sortitions se
facent,hormis la derniere:car pour iuger vne personne a mort,il fault proceder couuertement comme i'ay dict : Ce qui ne sert de gueres a faire, lors
qui n'est question de condemner quelqu'vn si griefuemét : ains peult on en
ce cas opiner apertemét, & dire son aduis de parolle,sans vser de boulletz.
Touchãt la punition des Gens a cheual, elle appartient a leur Capitaine:&
des Capitaines a leur Chef general,lequel est aussi soubz la iustice du Lieutenant de Roy,tandiz qu'ilz sont a la guerre,ou ailleurs soubz sa charge:Au
trement,si c'est en temps de paix, la iustice ordinaire du pais cõgnoist sur
eulx,reserue des differentz qui peuent estre parmy eulx,a cause de leur e-
stat,auquel cas messieurs les Mareschaulx de France en congnoissent:mais
puis qu'ilz sont en Cáp ou ailleurs soubz Lieutenant general,la iustice d'vn
chacun Capitaine de C, hommes d'armes,doibt punir les siens: & a faulte
de ce, l'on peult recourir a leur General. Le Capitaine de C, hommes d'armes qui veult punir quelqu'vn de sa compagnie , pourra eslire vn certain
nombre des siens,pour assister quant & luy au iugement sil veult . Et en
cecy pourra vser dé son authorité,ou bien de sort, comme bon luy sem-

blera, ou fans y appeller perfonne autre que fes membres, lefquelz y doyuent eftre appellez du moins:touteffois les gens de guerre fupporterõt tant
plus patiément vne punition,filz voyent que plufieurs iuges foient affem-
blez pour les iuger,qu'eftant feulement remis au iugement de trois ou de
quatre. Et fi l'on f'aydoit en ce cas icy du fort,il ne fauldroit trãfmuer gueres de la forme fufdicte,pour ce que parmy ces gens de cheual y a auffi bien
des Chefz,que parmy les Pietons,defquelz en pourroit eftre dreffé vn certain nombre,pour congnoiftre du faict d'vn ree,& que le Marefchal des logis feift l'office de Preuoft,tãt a informer que a accufer:& aufurplus que l'ex
cecution fe feift par le Preuoft du Chef general des gens de cheual,ou bien
par eulx mefmes tout en la forte que les gens de pied font : Car fi les vns
ont des Picques,les autres ont auffi des Lances,& l'vne cõdition,& l'autre
ont des Harquebuziers:mais ie ne me veulx point arrefter en ceft endroit,
ains ie m'en voys monftrer en peu de parolles que la forme de iuger ainfi
par Boulletz,garde deux bien bons moyens.Le premier eft,que le Collonnel n'a nulle puiffance de iuger tout feul,ne femblablement les Capitaines.
L'autre eft,que les iugeans ne difent leur opinion de parolle, & apparte-
ment:ains que fans fonner mot & a cachettes, il baillent leur fentéce a tout
vn boullet:lefquelles deux facons me femblent trɛsbónes:car de ne bailler
entieremét au Collónel, ou aux Capitaines la puiffance de iuger,eft a celle
fin qu'ilz ne iugent point vne perfonne a leur appetit,& fans cógnoiffance
de caufe,comme ilz pourroiét faire aucuneffois par hayne,ou les abfouldre
par faueur. Et d'auange fi vn ree eftoit abfoulz,ou cõdéné par fi petit nõbre
de iuges,ceulx qui n'approuueroiét la fentence, auroiét pluftoft mauluaife
opinion du petit nombre,que des prou: & les fimples Souldardz crieroient
que le droit des petitz feroit foullé,n'ayant perfonne de leur party pour le
fouftenir. A raifon de quoy i'y ay mis certain nombre de Chefz de châbre,
lefquelz ont plus grande familiarité auec les petitz, & authorité de parler
aux principaulx,que n'ont pas les fimples Souldardz auec les Capitaines. I'y
ay mis auffi des Caps d'Efquadre, Capporalz & membres,autãt des vns que
des autres,pour les faire tous egaulx d'authorite en ce faict de iuftice,& que
l'vn ne fe puiffe glorifier plus que l'autre. Au remenant pour euiter toutes
les occafions d'auoir enuye l'vn fur l'autre, ie les ay efleuz par le fort, tellement que l'vn ne peult dire a l'autre qu'il ayt efte prefere,ne pas vn fe plain
dre d'auoir efté reiecté,fauf fi le ree en recufoit quelqu'vn,& que les caufes
de recufation fuffent iuftes.Quant a ce que les fufdictz Confeilliers opinent
a cachettes,c'eft pour & a fin qu'ilz iugent tant plus franchement,qu'ilz ne
feroient pas filz eftoient tenus de dire leur opinion de bouche, oyant tous:
car par fois ilz pourroient eftre deftournez de iuger droictement,a caufe du
Ree qui pourroit eftre parent des aucuns,ou leur amy,ou bien qu'ilz en auroient receu autreffois quelque plaifir:furquoy ilz pourroient par aduéture penfer que ce feroit eftre grandemét ingrat de non recógnoiftre le plaifir au befoing:qui eft vn fondement pour ofter a ceulx qui luy feroient obligez,le cueur de iuger a la raifon, nonobftant que le crime fut enorme ou
excecrable le poffible:mefmemét fi le iugement que chacun en auroit dó-
né,deuoit

né,deuoit eſtre ſceu apres:car a peine ſen trouueroit il vn ſeul entre les iugeans qui en ce cas voulut renoncer a l'amitié du ree, ne qui fut content
d'encourir l'indignation de ſes parens,ſ'il eſtoit homme d'eſtat:aincois tous
enſemble feroient difficulté de commettre quelque choſe côtre celluy qui
leur auroit faict plaiſir autrefois, ou qui auroit le moyen,& les parens pour
leur rendre la pareille.Oultre plus ſi les opinions ſe diſoient ainſi de parolle,il y auroit danger que les vns ſe remiſſent au dire des autres : principallement ſilz auoient fantaſie que les premiers opinans fuſſent gés de ſcauoir:
& peult eſtre qu'il y en auroit de telz qui n'oſeroient contredire a ceulx qui
auroient parlé les premiers:leſquelles choſes ſemeroient pluſtoſt nouuelles
queſtions en vn Oſt, que nó pas les deſraciner.Pourtát & quiconque vouldra que toutes occaſions de conceuoir nouuelle hayne parmy les Souldardz ſoient eſtainctes du tout & amortyes,& que les hommes meſchans
& qui ne font leur office en la forme qu'il appártiét, ſoient oſtez d'entre les
bons & exterminez:n'y a que iuger ſelon droicture.Et en iugeant ainſi iuſtement,& ſelon la loy , le plus ſeur eſt que chacun donne ſa ſentence a cachettes,& a tout des boulletz : de ſorte qu'il ſoit impoſſible aux autres,& a
eulx meſmes de cóprédre qui ce aura eſté qui aura abſoubz ou condemné
le ree : tellemét que chacun des Iuges ſcache ſeulemét ce qu'il en aura faict
quát a ſoy,& non point ce que ſes compaignons en auront determiné. Ce
faiſant,chacun ſ'attédra a faire le deuoir de ſon office,& a iuger ſelon la loy
ſans vouloir nullement eſtre periure, ne charger ſa conſcience pour eſpar-
gner celluy,ou le códemner a tort : qui ne pourra iamais ſcauoir a la verité
qui feſt qui ſe ſera efforcé luy faire bien ou mal. Pour concluſion,ie repute
ceſte forme de iuger la meilleur & la plus ſeure que lon puiſſe vſer en tel cas:
iacoit que le iugement ſe puiſſe auſſi faire en autres & diuerſes ſortes : & de
ceſte cy ſe pourroit ayder vn chacun Collonnel qui vouldroict maintenir
bonne Iuſtice parmy ſes Bendes,& faire vn chef d'œuure de ſes Souldardz.
Mais ſi tant eſtoit que les choſes par moy dictes ſemblaſſent eſtre trop longues a faire:ie ne ſcay autre conſeil, que de laiſſer aux Preuoſtz la congnoiſſance de toutes les cauſes,& qu'ilz ayét auſſi a cógnoiſtre ſur tous les Souldardz,ſoient Chefz,Officiers,ou ſimples cópaignons:leſquelz Preuoſtz fuſſent tenuz adminiſtrer bóne & briefue Iuſtice a vn chacun,& a punir rigo-
reuſemét les crimes & les deffaultes de tous ceulx qui n'excerceroient leur
eſtat en la forme,& tout ainſi qu'ilz doyuét. Et la & quát les crimes fuſſent
telz ou les perſonnes de telle qualité qu'il ne fut poſſible les empoigner ſur
l'heure,pour en faire la punitió tout de ſuitte,a cauſe du mutinemét & eſcá
dalle qui en pourroit venir:ce ſeroit aſſez,mais que cela ſe feiſt le pluſtoſt
qu'il ſeroit poſſible:& au cas que lon ne peult apprehéder les delinquans en
plain iour,ou qu'il y euſt peril a en faire la Iuſtice publicquemét,il fauldroit
attédre & de les empoigner, & de les punir iuſques a ce que ló verroit ſon
poinct : & au pis aller, on les pourroit prendre de nuict au pied leué,ou bié
adonc qu'ilz penſét que leur meffaict eſt oublié du tout,& lors qu'ilz ne ſ'en
donnét de garde,a celle fin que Iuſtice ſoit bié entretenue,& que le crime
duquel la peine eſt differee a certain téps,ne demeure pas pourtát impuny.

Comment plusieurs crimes ont esté puniz aigrement le temps
passé, & qu'il est necessaire qu'vn Lieutenant general soit
vn peu cruel, s'il veult ioyr de ses Souldardz. Chap. IIII.

IE VEVLX mettre en ce lieu icy quelques exéples
de la seuerité que les anciens ont gardee sur leurs Souldardz, quád ilz cómettoiét vne grand' faulte: i'entendz
des principalles: lesquelles faultes pour ce qu'elles estoiét
commises en l'vne de deux sortes, ou par vn seul, ou par
plusieurs Souldardz : ou bien que par fois les Legions
toutes entieres les commettoient : les faultes estoient
aussi punies ou particulierement, ou en general. Quand aux particulieres, ie
trouue que les anciens punissoient capitalement tous ceulx qui ne se trou-
uoient aux guetz auec leurs Enseignes, ou auecques ceulx qu'ilz deuoient
suyuir en telz actes: ceulx la aussi qui abandonnoient le guet sans congé depuis qu'ilz y estoient assiz. Pareillement si quelcun laissoit le lieu ou il auoit
esté colloqué pour combatre, ou qui se vantoit d'auoir faict quelque beau
faict d'armes, & que lon sceut apres le contraire: il estoit certain de perdre la
vie aussi bien comme s'il eust combatu contre les ennemis, n'ayant permis-
sion de ce faire ou charge expresse. En oultre, ceulx qui iettoient leurs armes de paour des ennemis, & ceulx qui sen fuyoient de la bataille, passoient
par la, ne plus ne moins que les autres. Touchát les faultes generales, si les
Legions vsoient de rebellion contre leurs Chefz, ou si elles se mutinoient,
ou bien si elles se mettoiét en fuitte, la punition estoit d'en faire mourir vne
grand part ou les principaulx : pour le moins elles estoient cassees tout a
plat, de toutes leurs ordonnances : & par consequent declarees infames, &
priuees de tous les priuileges que les autres Souldardz qui auoiét seruy leur
terme, & qui en estoient renuoyez du bon gré de leurs Chefz, vsoient eulx
& les leurs: desquelles faultes particulieres & generales, i'en ay inseré quelques exemples sur ce passage: par lesquelz se monstrera cóment les anciens
& autres gens de bien depuis en ca, ont puny aigrement ceulx qui l'aissoiét
a faire leur deuoir au mestier de la guerie: & ceulx la aussi bien qui cómettoient quelque crime de consequence. Premierement la desloyaulté estoit
descriee a merueilles parmy eulx: & tous ceulx qui faulsoiét leur foy & serment, estoient puniz de la plus cruelle mort qu'ilz se pouoient aduiser: sicomme nous appert de Metius Suffetius, lequel fut desmembré a tous deux
chariotz: a cause de ce qu'il fut desloyal enuers Tullius Roy de Rome, en
l'abandonnant: sur ce que les Romains & ledict Roy combattoient contre
leurs voisins, & qu'il les deuoit secourir auec sa puissance estant illec present aussi bien qu'eulx, & l'ayant appellé a ces fins: toutesfois en lieu de prester ayde ausdictz Romains, & d'entrer en la Bataille comme eulx: il se tint
coy sans bouger pour vn ne pour autre, en attendant quelle issue les vns &
les autres en auroient: pour raison de laquelle dissimulation, les Romains
furent en tres grand peril se voyant trahyz, & qu'il leur falloit resister a
deux grosses puissances: ascauoir est des Veientins & des Fidenates qui se-

stoient

ſtoient aſſemblez contre la cité de Rome.Tát il y a, que la fortune du cóbat fut telle pour eulx,que la victoire demoura riere leſdictz Romains:la-
quelle obtenue , Tullus ſe ſaiſit du ſuſdict traiſtre, & le feit mourir deuant
les yeulx de ceulx de ſon party, en la forme que i'ay dict cy deſſus . Ie metz
auſſi au nóbre des deſloyaulx tous les eſtrangiers qui ſeruent quelque téps
le Roy,& qui l'abádónét apres au beſoing,ou qui ſen vont deuers ſes enne
mis ſans prendre congé : laquelle deſloyaulté eſt bien a mon iugemét ſi excecrable,que lon ne la pourroit deteſter aſſez,ne la punir ſi aigremét,qu'elle
merite:pour ce que c'eſt tróper Dieu & les hómes.Cedict crime ſe praticque
au iourdhuy plus que iamais : meſmement parmy vne grand' partie des Italiens, leſquelz font office formé d'aller & venir maintenant deuers l'vn, &
demain deuers l'autre,ſans arreſter gueres en vn lieu ne plus ne moins que
pois en pot :& ce pour peu qu'vne mouche les picque : de ſorte qu'il en eſt
bien peu qui ſe puiſſent vanter d'auoir touſiours ſuiuy vn party,tant icelle
nation eſt naturellement ſubgette a changer ſouuent d'opinion:& qui pis
eſt,ceulx la meſme que ledict Sieur aura entretenuz longuement,l'abandónent,comme ſilz ne l'auoient oncqueſmais congneu, & auſſi toſt ſans dire
a Dieu qu'autrement:& durant la guerre, comme durant la paix,qui eſt vn
fait deſhonneſte & infame:car du moins ilz deuroiént dire gare, & prédre
congé deuant que renoncer a ſon ſeruice:& de ceulx qui ont faict ce tour,y
en a eu prou:ſi a il bien auſſi de ceulx qui ont faict le contraire, & qui l'ont
touſiours bien ſeruy & loyaument,& encores le ſeruét, & d'autres qui ſont
mortz en ſon ſeruice. I'oſe bié dire vne choſe,que parmy les ſimples Souldardz,n'y en a pas VI douzaines qui ayent demouré ordinairement de ſon
coſté durát vne guerre,ſans aller ſeruir les ennemis:ſinó que leurs Chefz
y ayent eu l'œil de ſi pres,qu'ilz ne ſoiét peuz eſchapper a leur aiſe:auſſi en
vient il du coſté des ennemis vers nous: & voyla cóme ilz trotent ſans ceſ-
ſe.Ie vous laiſſe penſer ſilz auront point attédu la fin du mois, & ſilz n'en
porterót pas la ſoulde deſle l'endemain qu'ilz aurót faict móſtre.Les noſtres
n'en font pas moins ſouuentefois:car il en eſt de ceulx qui imitent la facon
des Italiens,& qui vont ſeruir noz ennemis ſans en faire non plus de difficulté,que ſilz eſtoiét eſtrangers : il en eſt ſemblablemét beaucoup de ceulx
qui ſe retirent,& ſen retournent chez eulx, ou qui ſen vont de l'vne Béde
a l'autre incontinent apres auoir prins argét ſans faire nul compte du ſer-
ment qu'ilz auront fait , & ainſi de ſoy mocquer de Dieu comme de leur
compaignon:ne de ce qu'ilz emportét les deniers du Roy, & qu'ilz le deſ-
robent comme larrons prouuez , traiſtres, periures qu'ilz ſont : tellement
qu'il n'y a a peine Souldard qui ait la crainéte de Dieu,ne la reuerence de la
religion Chreſtienne au iourdhuy deuant les yeulx:car ſilz l'auoient,les ſer
mens & promeſſes qu'ilz font,ſeroient obſeruees, ce qu'ilz ne font pas : &
les meſchanſetez qu'ilz commettent, ne ſeroient pas commiſes : touteſfois
pour ce qu'ilz ne le craignent point, ilz le meſpriſent:& en le meſpriſant,il
n'eſt poſſible qu'ilz gardent rien de ce qu'ilz iurent en ſon nom. Mais ſeroit
il poſſible qu'ilz euſſent quelque crainéte de celluy qu'ilz blaſphement &
deſpitent ainſi a tous propos,comme nous voyons qu'ilz font:il n'y a donc

autre remede que leur faire obferuer par les Loix humaines, ce qu'ilz ne font cópte de garder pour raifon des diuines. Et pourtát ie feroye d'aduis qu'il fut ordóné que le premier qui feroit trouué en cefte faulte, fut il Fráçois ou eftrangier, fut quant & quant mailloté ou enterré tout vif, ou defmembré a quatre cheuaulx, ou empallé : car les autres punitions font trop legeres pour vn tel crime. Et quant a la defloyaulté que font ceulx la qui f'en vont deuers les ennemis, fans prendre congé auant que f'armer contre le Roy: laquelle liberté eft feulemét permife a ceulx qui ne luy font tenuz par foy ne par hommage : l'en ay leu vne exéple en l'hiftoire de Henry VII de ce nom Empereur de Rome, d'vne Iuftice qui fe feit en fon Cáp du téps qu'il tenoit affiegee la ville de Breffe: & ce d'vn Capitaine Italien, nommé Galeas Bruzat, qui l'auoit abandonné fans dire a Dieu, & feftoit tourné du party de fes ennemis : lequel ayant efté pris en vne fortie qu'il feit d'icelle ville fur les gens dudiĉt Empereur, fut defmébré fur l'heure a tout des chariotz. Cefte exemple ne fe peult pas mettre pour eftre aduenu lóg temps a: car il n'y a gueres plus de deux cés ans que ce faiĉt aduint: neátmoins ie l'ay allegué pour anciĕ: car la forme de punit ce deliĉt, me plaift mieulx que celle que nous vfons de noftre téps, qui eft de pendre, ou de decoller, ou de paffer par les picques: lefquelles punitions me femblent bien affez rigoreufes pour plufieurs autres crimes que les Souldardz commettent : mais quant a ceftuy cy, ie les eftime trop gratieufes: parquoy ie m'arrefte a l'vne des fufdiĉtes, attendu que ces gentilz coureurs font caufe de trop d'inconueniens, & ainfi il fault fi bien mettre la main quát on en attrappe quelqu'vn, que l'exé plé & la memoire en demourent a iamais: & fur tout, qu'il ne nous aduiéne en facon que ce foit, de laiffer vn tel crime impuny, fi d'auenture nous auons l'opportunité de le punir : car la confequence va merueilleufement loing, & eft trop dangereufe. Les Romains n'auoient garde de pardonner a leurs fuytifz, ne de les reintegrer en leurs premiers biens & honneurs: ne femblablement leur fier iamais charge en leurs mains, quelle quelle fut, cóme lon faiĉt a prefent : car ilz eftoient certains de mourir cruellement de quelque heure qu'ilz feroiét prins. Nous en auós plufieurs exemples en leurs hiftoires, mefmemét de ceulx que Fabius Maximus trouua dedens certaines villes qu'il reprint fur Annibal: lefquelz eftant enuoyez a Rome, furent fouëtez premieremét, & puis ruez du hault d'vn rocher en bas. Les fúytifz qui furent deliurez a Scipion par l'accord qui fut paffé entre les Romains & les Carthaginois, les vns perdirent la tefte, & les autres furét crucifiez. Le fufdiĉt Fabius feit vne autre fois trécher les mains a tous ceulx qu'il peuft empoigner des fiens, ou de ceulx qui auoient tenu le party des Romains qui f'en eftoient allez rendre aux ennemis : & cecy feit il affin que la memoire en fut tant plus durable, fachant qu'elle fe refrefchiroit toutes heures & quátes que lon verroit iceulx hómes eftre ainfi manchetz. Bien me femble que cefte pefte de gens, iacoit qu'ilz foient affolez de leurs mains, qu'ilz ne l'airront pas pourtant de faire encores prou de mal ayant les autres parties entieres: parquoy i'en defpefcheroye le moindre tout d'vn train. Paulus Aemilius apres auoir vaincu Perfeus Roy de Macedone, feit occire par les Ele-

phans

phans qu'il auoit, tous les fuytifz qui fe trouuerent en l'Oft dudict Roy. Le
filz de ce Paulus, c'eftafcauoir icelluy Scipion qui raza Carthage, condemna
auffi les fuytifz qu'il peult empoigner, a eftre efcartelez & deuorez par les
beftes fauluaiges. Auidius Caffius & infinis autres, ont procedé enfembla-
bles chofes bien feuerement, combien que non pas fi rigoreufement que le
crime ne meritaft d'auantage. En oultre cefdictz anciens puniffoient trefai-
grement tous ceulx qui defobeyffoient peu ne prou aux cries, & aux deffenfes que les Chefz auoiét faict faire, ainfi qu'il appert par l'exemple de Manlius Torquatus, lequel feit defcapiter fon propre enfant, pour ce qu'il auoit
côbatu contre les ennemis, nonobftant fa defenfe: & n'y feruit de rien la victoire que fondict filz auoit r'apportee de fon aduerfaire, ne cella auffi qu'il
auoit efté requis par luy de côbatre corps a coprs: de laquelle requefte il ne
fe pouoit honneftement deffaire, fi la prohibition n'euft efté de l'autre quar
tier : car le fufdict Manlius prefera l'obferuation de la difcipline militaire
a l'amour paternel: & ainfi feit mourir fondict filz. Peu de temps apres y euft
affaire a appaifer le Dictacteur qui eftoit pour lors, que Q. Fabius Capitaine
general de la cheuallerie Romaine, combatit fes ennemis contre la defenfe
que ledict Dictateur nómé Papyrius Curfor luy auoit faicte: car iacoit que
les ennemis euffent efté deffaictz par luy, fi eft ce qu'il vouloit a toute force
que cedict Capitaine print mort, pour ce qu'il auoit defobey, tant cefte difcipline eftoit fouuerainement recommandee parmy eulx, & l'obeyffance
fur toutes chofes, fans laquelle ilz fcauoient bien que le meftier des armes,
duquel ilz faifoient profeffion adonc : & par lequel ilz eftoient redoubtez
& honorez plus que nulz autres, f'aboliroit en peu d'heure, ne les Chefz ne
pourroient eftre dictz vrais Chefz, ne les Souldardz vrais Souldardz : mais
que feulement vne multitude defordonnee, finon que les Chefz fuffent
obeis, & que les Souldardz fe monftraffent obeiffans tout oultre : & c'eft
touchant les faultes principalles que les Souldardz commettent durant la
guerre, quant aux defordres qu'ilz font en tenant les champs: car ilz courét
le pais, ilz ranconnent leurs hoftes, ilz les mangent iufques aux os, ilz les pillent, ilz les battent, ilz les occient, ilz leur forcent leurs femmes & les filles.
Et pour abreger, ilz leur font tous les oultrages de quoy ilz fe peuent aduifer. l'en ay leu quelques exéples qui vallent bien d'eftre ramentues en femblable cas: & mefmement qu'ilz font aduenuz entre Payens, n'ayant aucune congnoiffance de Dieu ne de fa verité: & neantmoins ilz n'ont peu fouffrir que cefte mefchanfeté regnaft parmy eulx: car le fufdict Auidius Caffius
lequel feit tout fon deuoir de reftituer la difcipline militaire en fon entier,
apres ce quelle feftoit abaftardie & venue cóme a néant, ordonna que les
Souldardz de fonOft qui auoiét ofté quelque chofe aux bónes gés du pais
ou il fe trouuoit pour lors, feuffent crucifiez fur iceulx lieux ou ilz auoient
commis le mal. Pefcénius le Noir grand obferuateur de l'ancienne difcipline, auoit condemné a mort tout vne chambree de Souldardz, pour autant
qu'ilz auoient ofté vn cocq a vn paouure payfant, & puis l'auoient mangé.
Tant il y a que pour faire plaifir a fon Oft, lequel le prioit inftamment leür
faire grace, il leur pardonna : parmy ce que la chambree fufdicte fatiffift au

paisant autant que le cocq valoit dix fois : & oultre plus, qu'il ny euſt Souldard de toute la chambree qui peult allumer du feu ce temps pendant que
celle guerre dureroit, ne manger autre choſe que pain & viande crue. Ale-
xander Seuerus reprenoit aigrement, & puniſſoit ces Souldardz la qui ſe
deſtournoiét de leur chemin pour courre a quelque maiſon, & y faire dómaige, ayant en ſa bouche a tout propoz ce beau mot, N E F A I Z A
autruy ce que tu ne vouldrois que lon te feit. Il ſeroit neceſſaire que les
Capitaines du téps preſent vſaſſent de ceſte diligéce, pour obuier aux deſ-
arrois que les Souldardz font en allant leur voye : car a peine y aura il maiſon ne village ſur le chemin, ne bié loing de la, qui ne ſen ſente : & ſeroient
bien marriz que le pais n'euſt occaſion de ſe ſouuenir d'eulx long téps apres
qu'ilz y ſerót paſſez, & de non y laiſſer bónes enſeignes cóme ilz y ont eſté.
Ie ne parle pas des lieux qui refuſent aucunefois le logis aux ſeruiteurs du
Roy, qui marchent par ſon commandemét, & pour le ſecourir a ſon extremité, ainſi que pluſieurs villes cloſes de ce Royaulme ſont couſtumieres de
faire : pour peu d'auantage qu'elles penſent auoir ſur eulx, ou pour peu que
leſdictes villes ſoient fortes : iacoit que les gens de guerre ne demandent ſinon loger & viure. Auquel cas me ſemble n'y auoir grand danger ſi lon
leur remonſtre la difference qui eſt entre ces ſubiectz qui abandonnét toutes choſes, & qui hazardent les propres vies a ſeruir leur Prince naturel :
Et entre ceulx qui ne ſont bons qu'a couuer les cendres, & pour nuyre a
quiconque luy faict ſeruice : mais i'entédz, & vous dictz des villages ouuertz
& des maiſons eſcartees ca & la, qui n'ont puiſſance ne volonté de reſiſter :
leſquelles ſeront traictees de meſme les lieux qui leur auront reſiſté, & faict
prou mal : de ſorte qu'il n'y aura gueres ville, villaige, ne maiſon qui ſe puiſſent vanter d'eſtre eſchappees quittes, d'vn paſſage de gens de guerre, qu'ilz
ne ſoient ſeignez de la bourſe, par les Capitaines, ou par leurs fourriers, ſi
tant eſt qu'ilz ſoient trop eſloignez pour les Souldardz : car adonc y auroit
bien pis que ſeignee, attédu qu'il n'y a hóme parmy les bendes, ou ſil y en a,
c'eſt bien peu, qui retire les gens de mal faire : a ce que beaucoup des Chefz
font leur compte que chacun face ce qu'il pourra de ſon quartier : pour ce
qu'ilz beſongnent bien du leur : auſſi ſeroit il grandement difficile de faire
que les ſimples compagnons veſquiſſent honneſtemét, & que leurs ſupe-
rieurs feiſſent leur main : car il fault que la reigle ſoit generalle, & que les pe
titz imitent les gros larrons. Ce que ie dy eſt tellement accouſtumé au téps
qui court, qu'il ſemble que le deſrobber ſoit rente : auſſi ne ſe faict il aucun
compte de punir ceulx qui renconnent ainſi les lieux qui ſont ſur leur paſſaige : i'entendz des Capitaines qui le font, ne pareillemét les Souldardz qui
pillét le pais. On deuroit punir ne plus ne moins ceulx du pais qui ſeſſaient
corrópre les Capitaines ou leurs Fourriers, pour les oſter d'vne part, & les
enuoyer en l'autre : & ceulx la ſemblablement qui les prient de loger en
quelque part en intention de faire leurs vengeáces, par le moyen de ces gés
icy : pource que telles choſes ſeruent d'aiguillonner d'auátage noſtre maul-
uaiſe volonté, laquelle eſt ſi prompte a faire mal d'elle meſme, qu'elle n'a nul
beſoing d'aiguillon : ioinct a ce qu'il ne ſe trouue que trop de demandeurs

en tel

en tel cas,& ainſi lon n'a que faire de ſauácer.La ſuſdicte maniere de rebeller,meriteroit qu'il ſen feiſt pareillemét vne ordónáce expreſſe:par laquelle
fut cómandé d'obeyr promptement aux Souldardz qui marcheroient auec
bóne commiſſion:Et ſi cas eſtoit que ceſdictz Souldardz feiſſent des maulx
ſans ce que le Capitaine y meiſt ſoubdain ordre,que lors les villes ou les cri
mes ſeroiét commis,fuſſent tenues d'enuoyer les charges & les plainctes au
Lieutenát general,ou au gouuerneur du pais pour ſen prédre au Chef meſ-
me.Vray eſt auſſi que de ſouffrir qu'vne meſcháte ville,ne vne bonne auec,
donne a tous propos des portes ſur les nez aux gens de guerre qui vont ſeruir le Roy par ſon commandement,& leſquelz ſe gouuernét au reſte bien
honneſtement:me ſemble n'y auoir raiſon ny apparence:car c'eſt premierement reſiſter au vouloir du Prince,qui les ſouldoye , apres c'eſt aſſez pour
affamer les compagnons:d'auantage ilz ſont gens pour ſen retourner le che
min qu'ilz ſont venuz : voyant la rudeſſe dequoy on les ſert,& de laiſſer en
blanc le Capitaine qui aura beaucoup trauaillé & deſpédu du ſien a les le-
uer:En oultre ce refuz pourroit donner cueur a ceulx du pais qui ſeroient
auſſi deſraiſonnables que ſont ceulx des villes que ie dy, de ſaſſembler en
gros nombre pour charger ſur eulx,penſant auoir bonne cauſe de ce faire:
veu que ceſdictes gens de guerre auront deſia trouué reſiſtence ailleurs.Et
ie vous laiſſe penſer a quelle fin peuent tendre tous ces inconuenientz al-
leguez, & auſſi de faire coucher les Souldardz au ſerain ſur la dure , pour
ſexempter d'vn logis:cecy a la verité eſt ſeulement pour les ruyner, attendu que lon ne trouue pas touſiours les faulx bourgs d'vne ville ſi amples
que tous les compagnons puiſſent auoir le couuert:& en tel lieu pourra ce
eſtre,qu'il n'y aura maiſon illec entour ne buron : dont ſilz n'ont quant &
eulx des tentes (qui n'eſt pas leur couſtume) ou ſilz ne couppent pluſieuts
arbres,qui ſeroit trop grád dómage,il leur conuiendra ſouffrir le ſerain toute nuict:& a ceſte occaſion tát peu ſoit que ce train dure , les veoir tumber
malades,& demourer mortz par les chemins en lieu qu'ilz deuroiét arriuer
fraiz au Cáp,& en poinct pour ſeruir a vn bó affaire.Sóme toute,c'eſt mettre les Capitaines & les Souldardz au deſeſpoir, & leur mettre en teſte de
faire choſe qui deſplaira apres aux vns & aux autres quát elle ſera faicte:&
le tout bien cópté,c'eſt vn faire le fault,puis qu'on eſt en ceſte dáce:car lon
dit cómunemét,qu'il conuiét euiter de deux maulx le plus grád : or eſt ce,a
mon aduis,moins mal faict de forcer vne de ces villes rebelles,& pluſtoſt la
premiere qu'vn autre,ſi elle vſe de ces termes,pour faire paour aux autres:
pourueu qu'il ne ſy tue perſonne ſil eſt poſſible,& qu'il ne ſy cómette for-
cemés de fémes,ſacrileges,ne autre deſarroy,ſi lon ſen peult garder:que nó
pas de ſe laiſſer affamer, ou auoir tout le long du chemin la guerre au pais:
ou de doubte de mourir de fain, ou d'eſtre deſfaictz, ou de tumber malades a
faulte de logis,ſen retourner a ſa maiſon : car ceſtuy cy eſt trop plus dóma-
geable,que n'eſt pas celluy la:pour autát que de ceſtuy la ne ſenſuyt ſinó le
dómage de quelques cótrediſans,qui ſe trouuét les fins premiers au debat:
& que de ceſtuy cy procede le deſcriemét du paoure Capitaine qui n'aura
peu amener ſes gés ſeruir ſon Prince:qui eſt pour luy vn dur coup de baſtó,

& affez pour le reculler toute fa vie de venir a hôneur,fans le peril ou il eſt
de ſa pérſonne d'eſtre occis par ſes Souldardz,ſi cas eſt qu'il ſe mutinét durant ces troubles, ainſi qu'il eſt aduenu maintefois en pareil cas. D'autrepart
le Roy ſe peult telle fois trouuer ſi deſpourueu de gens, & ſi preſſé de ſes
ennemis,qu'vn petit ſecours luy fera grand bié:& parauenture luy dónera
la victoire:car ia dict le prouerbe,que mille n'en vallent pas vn,& qu'vn en
vault aucunefois plus que mille:ioinct a ce que ſi toutes les Bédes qui ſe leuent en Fráce,trouuoiét ces rebellions:il n'y auroit ame,quát il le vouldroit
bien,qui luy peult faire ſeruice : ains ſe trouuerroit ledict Sieur ſeul, & ſans
gens a tous les coups. Parquoy les choſes ſuſdictes bié cóſiderees,me ſemble
qu'il y auroit lieu de chaſtier ces rebelles,puis que les Souldardz logét & entrét es meilleurs citez de ce Royaume,quád ilz ont cómiſſion de marcher:
ou faire vne loy generale que tous logent aux champs ſur la dure,ou qu'ilz
entrét en toutes les villes,ou leur logis ſ'addreſſera:& non pas ſouffrir que
certains particuliers reſiſtent, la ou toute la France en general obeyt.Mais
pour laiſſer cecy apart,& que tant les Capitaines comme les Souldardz có-
gnoiſſent la vertu des Payens auoir eſté telle,qu'ilz defendoient a leurs gés
ce que nous faiſons entre nous Chreſtiés, en nous mangeant & oultrageát
les vns les autres:& que par ce moyen les mauuais amendent leur facon de
viure,ie vois eſcripre en ce lieu ce que l'Empereur Aurelian manda par lettres a ſon Lieutenant general, veuillant que chacun veſquiſt en homme de
» bié:or eſtoit ſa lettre de telle teneur: S'IL eſt ainſi que tu ayes deliberé eſtre
» mon Lieutenant,ou pour mieulx dire ſi tu veulx gueres viure,il eſt neceſ-
» ſaire que tu face en ſorte qu'il n'y ait Souldard ſi hardy,qui prengne vn ſeul
» poulet,ne vne brebis de l'autruy : ne qui emporte vn raiſin d'vne vigne, ne
» qui gaſte les ſemailles ſur les champs : ne ſemblablement qui ſe face don-
» ner huylle,bois,ne quelconque autre choſe:ains ſoit content des viures qui
» touchent a ſa part,leſquelz luy ſont deliurez a la munition. Oultre plus, tu
» leur defendras qu'ilz n'ayent a faire proye,ne butin du bien des bonnes gens
» qui ſont noz amis,mais que ſeulement des ennemis:& quant & quant leur
» enioindras qu'vn chacú d'eulx ait a toutes heures ſes armes claires & nettes,
» & ſon baſton affillé,& trenchant,& luy bien chauſſé. Toutelfois & quátes
» il aura nouueau accouſtrement, qu'il laiſſe le vieil a part, & ſ'en defface du
» tout,& qu'il garde ſagemét ſes gaiges en ſon bauldrier:nó pas qu'il les deſ-
» péde en yurógnerie,& parmy les cabaretz.S'il a quelquefois obtenu aucun
» pris par faict d'armes,ſicóme braceletz,ou colliers,ou anneaulx,qu'il les por
» te ordinairement. En oultre, ſil faict le meſtier de la guerre a cheual,qu'il
» eſtrille & frotte ſon cheual de pris,luy meſme. S'il a faict quelque butin de
» beſtial,qu'il ne le véde point : aincois qu'il demeure en l'Oſt pour le ſeruice
» des Souldardz,ou pour leur nourriſſemét:& qu'il penſe a ſon tour le mulet
» ou ſommier qui eſt deputé a porter le bagaige de la centaine,ou de l'eſqua-
» dre dót il eſt. D'auátage,tu dóneras ordre que les Souldardz ſe facét ſeruice
» les vns aux autres,ne plus ne moins que filz eſtoiét tenuz a ce deuoir cóme
» eſclaues:& que les Medecins les gueriſſent ſans rien prédre d'eulx:finable
» mét qu'ilz ne donnét rien aux deuins,& qu'ilz ſe cótiénét chaſtemét chez

leurs

leurs hoftes:& quiconque fera mutinemét,foit afpremét puny. Telle eftoit
la lettre que ledict Empereur efcripuoit a fon Lieutenát:laquelle ne fut iamais mieulx efcripte a propos pour les Souldardz qui furent d'icelluy téps,
qu'elle feroit neceflaire au iourd'huy pour nous:au moins vne grád' partie
d'icelle:ne il ne fut oncquefmais plus neceffaire s'ayder de la feuerité qu'i-
celluy Empereur vfoit fur ces Souldardz,qu'il feroit befoing en vfer au iour
d'huy fur les noftres : ne on ne pourroit affez dire le deffault de Iuftice que
nous auons parmy nous:pour ce que tous vices y regnent, & que lon les
paffe prefque tous par diffimulation:ou fi tant eft que lon en face Iuftice de
quelqu'vn, la punition ne fera pas fi afpre qu'elle deuroit eftre : aincois les
grandz crimes & les petitz (puis que mort fen doibt enfuyur) font puniz
d'vne mefme forte:& auffi bien fera quitte pour eftre pendu celluy qui aura forcé vne femme,comme celluy qui n'aura faict que defrober vn pain,ou
autre chofe : nonobftant que les peines deuffent eftre diuerfes,veu que le
crime de forcer eft fans comparaifon plus fcandaleux & excecrable , que
n'eft pas celluy de defrober. Ie vouldroye que la feuerité dudict Aurelius
euft lieu en ce temps icy : car ie penfe que ces gentilz forceffeurs de femmes feroient traictez bien fauluaigement,fi nous voulons prendre pied a la
punition qu'il feit d'icelluy qui auoit commis adultere auec la femme de
fon hofte : laquelle voix d'adultere emporte vn franc arbitre quant & foy,
& ne femble point fi eftrange que le forcement : & neantmoins il le feit
mettre entre deux haulx arbres qu'il feit ployer contre bas a fine force, & a
l'vn defdictz arbres fut attaché l'vne iambe du paillard, & l'autre iambe a
l'autre:& eftre bien lyé qu'il fut,on lafcha les arbres d'vn coup : lefquelz fe
reffortirent par telle puiffance, qu'ilz partirent l'homme en deux moyties,
& chacun defdictz arbres en emporta fa part. Laquelle forme de iufticier
euft long temps depuis telle vertu,qu'il ne fe trouua vn feul Souldard des
fiens qui ofaft commettre aucun forfaict,eftant efpouentez de la punition
qu'il auoit faict faire d'vn paoure adultere,q eftoit lors vn vice pres que auffi commun qu'il eft au iourd'huy. L'empereur Macrinus feit auffi mourir
d'vne eftrange maniere deux des fiens,pour auoir forcé la chamberiere de
leur hofte:car il feit fendre deux grádz bœufz, & enclorre les Rees chacun
dedens le fien,& puis coudre:& a celle fin qu'ilz peuffent parler l'vn a l'au-
tre:il ordonna qu'ilz euffent les teftes deliures:donc que ces deux malheu-
reux fe pourrirent leans , & furent mangez de la vermine qui iffoit de la
chair des bœufz corrópue:non pas fi toft qu'ilz n'y euffent languy plufieurs
iours.De telles rigueurs vfoient donc les anciens contre les mefchans qui
faifoient quelque mal,& non feulement contre ceulx la,mais auffi contre
ceulx qui fe mettoient en deuoir de trahir vne ville , & la vendre aux ennemis,ou de leur mettre quelque trouppe de gens dedens leurs mains ou
autre chofe, ainfi qu'il appert de la trahyfon que quelques ieunes hommes Romains braffoient pour remettre Tarquin en leur cité:laquelle eftant
defcouuerte,fut caufe que plufieurs des complices furent decolez : & entre autres,deux enfans de Brutus,qui eftoit Conful par lors, & du commá-
dement duquel cefte punition fe feit. De noftre temps a efté faicte vne Iu-

ſtice de ces traiſtres qui vault bien le parler : ce fut adonc que le Seigneur
Rance eſtoit Lieutenant pour le Roy dedens Barlette, au Royaume de
Naples, qu'vn Capitaine Italien nommé Hieronyme de Cremone, ayant
charge de gens au nom dudiͨt Sieur, auoit vendue icelle ville aux Eſpagnolz qui ſe tenoient dedens Andrie ſoubz le Conte de Boriel : lequel a-
uoit tant aduancé ſa beſongne, qu'il ne reſtoit autre choſe que mettre ſon
entrepriſe a exccecution:ce qui euſt eſté faiͨt bien toſt apres, ſi Monſeigneur
le Prince de Melphe n'euſt ſenty ceſte menee de bonne heure:lequel ayant
la charge dudiͨt Barlette pour lors : a cauſe de ce que lediͨt Sieur Rance
eſtoit abſent, & occupé a prendre certaines places ſur le mont ſainͨt Ange,
feit empoigner ſur l'heure le Capitaine ſuſdiͨt, & ſon Sergent : leſquelz ſe
trouuerent ſeulement coulpables:& ceſte prinſe fut faiͨte en tel poinͨt, que
la trahyſon ſe deuoit excecuter le rier'endemain: dont que le Capitaine &
ſon Sergent eſtre conuaincuz qu'ilz furent, ſe trouuerent dignes de mort:
parquoy ilz y furent condemnez : & la condition de la peine fut qu'ilz de-
moureroient penduz par les piedz,tant qu'ilz auroiét vie au corps, & n'eurent autre mal. Ceſtediͨte ſentence ſ'excecuta ſubitement , & le Sergent
fut pendu ſur le portail qui tend vers la marine , & le Capitaine aux fene-
ſtres de l'vne des tours du Chaſteau. Et ie les veiz en ce poinͨt adonc que ie
me retiray audiͨt Barlette venant du Camp des Eſpagnolz, auec leſquelz ie
m'eſtoye tenu depuis noſtre deffaiͨte de Naples, ſás pouoir trouuer le moyé
de m'en partir pluſtoſt. Vne autre Iuſtice a eſté faiͨte auſſi en pareil cas dedens Thurin, par Monſieur de Boutieres, & ce d'icelluy traiſtre qui mei: les
Eſpagnolz iuſques dedens l'vn des Baſtions:de ſorte que ſi lediͨt Seigneur
de Boutieres ne ſe feuſt trouué au lieu ou il ſe trouua pour ſon grád bien, il
eſtoit faiͨt de la ville a celluy coup:mais par la ſe peult cógnoiſtre ſa vigilance, & qu'il n'eſtoit pas a prédre ſes aiſes cóme maintz autres font, lors qu'ilz
ſont deputez au gouuernemét de quelque place qui vault le garder. Le ſuſ.
diͨt traiſtre fut tiré a quatre cheuaulx, comme lon ma diͨt:auſſi l'auoit il bié
merité, & encores pis:attendu le grád dómage que ſ'en pouoit enſuyuir de
perdre icelle ville, laquelle eſt bien de telle importance, que ceſt raiſon d'y
auoir des Chefz qui ſoient vigilans, cóme eſtoit le ſuſdiͨt Seigneur de Boutieres , & cóme eſt Monſeigneur de Langey qui la gouuerne au iourdhuy :
lequel ne pourroit faillir nullemét en ſa charge aux bónes qualitez qu'il a
en ſoy, & a la perfaiͨte congnoiſſance qu'il a des lettres & des armes. I'oſe
bié dire auſſi qu'il a a la barbe, de prendre garde ſongneuſemét a la charge
qu'il a ſur ſes bras:aſcauoir eſt dudiͨt Thurin:car a la bóne enuie que les ennemis ont de la nous gripper des mains, & au deuoir qu'ilz en fót a tous les
coups, c'eſt a mon aduis la plus couuoytee ville d'Italie:de laquelle par cóſe-
quét le Roy doibt faire vn treſgrád cas. Au ſurplus, par ce que i'ay diͨt que
les faultes cómiſes par quelques particuliers, eſtoiét punies particulieremét:
& celles que les Legiós cómettoiét, ou bié vne grád partie d'icelles, eſtoiét
auſſi punies en general. Il reſte a dire cómét les Legiós n'eſtoient pas quittes de la peine, ſi d'auéture elles faiſoient aucun deſordre:& de cecy en auós
nous vn exéple en la vie d'Auguſte Ceſar, lequel caſſa ignominieuſemét la

diziesme

diziefme Legion, a caufe de ce qu'elle luy defobeit en certaine chofe: qui
eftoit vne tache d'infamie que les gens de bien redoubtoient trop plus que
la mort:pour autant qu'ilz eftoient toufiours repoulfez & reiectez de tous
les lieux honorables,depuis qu'ilz eftoient caffez vne fois : & ne leur eftoit
permis iamais plus faire le meftier de la guerre,ne excercer aucune charge,
ne obtenir office ne eftat quel qu'il fut.De cefte forme de caffer les Bédes en
a efté vfé de noftre téps en Prouence, par Monfeigneur le Conneftable,fur
vne partie de ceulx de la garnifon d'Arle, & par Mófeigneur le Marefchal
de Monteian dedens Thurin: non pas que la forme fut femblable en toutes
chofes,d'autant que les anciens declairoient les leurs eftre inhabiles a tou
te chofe honnefte:& que ceulx qui ont efté caffez par ces deux Seigneurs,
n'ont pas efté traictez de mefme : ains la voye de peruenir au degré qu'ilz
vouldront,leur eft ouuerte auffi bien que filz n'auoient oncquefmais efté
caffez. Ceftedicte cafferie eftoit pour caufe de mutinement,& qu'en tous les
deux lieux y auoit eu lefion contre la maiefté du Roy,entant que les vns
& les autres f'eftoient efleuez contre les gouuerneurs des deux villes fufdi
ctes:lefquelz reprefentoient la perfonne dudict Sieur,iufques a forcer leurs
propres logis.De ces mutinemés nous aydons nous fi bien au iourdhuy entre nous,qu'il n'y a nation qui nous puiffe comporter vne feule heure : &
qui n'ayme mieulx eftre loing de nous que pres:pour raifon de ce que nous
nous entrecourons fus les vns aux autres a petite occafion, & fommes plus
ardans a cómencer ces querelles parmy nous,que de combatre contre noz
ennemis quand il en eft temps. Ces defordes aduiennent le plus fouuent
adonc que nous auons les ennemis pres,que les ayant loing: en quoy fauldroit mettre quelque bon ordre , & vfer d'vne trefafpre Iuftice toutesfois
& quantes que ces mutinemens furuiennét,& que les Souldardz f'eflieuét
contre leurs Chefz.Quand aux Bendes qui fe mutinent entre elles,ie men
prendroye a ceulx qui en feroient la caufe,ou qui l'auroient commencé:&
les feroye mourir de l'vne des fortes que ló a accouftumé e punir au iourdhuy les mutins.Et fi tát eftoit que ce fut contre leurs Capitaines,ou côtre
leurs Chefz, il fauldroit que ceulx qui fingerent ainfi de courre fus a leurs
fuperieurs,mouruffent de quelque cruelle mort:ficomme de les faire enterrer,ou mailloter,ou les faire trainer a la queue des cheuaulx,iufques a ce que
leur corps fut mis par lambeaulx:ou bié quilz fuffent puniz en quelque forte que ce fut horreur & crainéte a chacun. Et la & quát ie ne me pourroye
faifir incontinét de ces matins icy,i'auroye la meilleure patiéce qu'il me feroit poffible,attédát mó poinct:& pluftoft ie diffimuleroye vn & deux ans,
que nó pas laiffer vn mutin quitte de la peine qu'il merite:& au cas que toute vne Legió fut en coulpe,& qu'il n'y euft,ordre de fcauoir les principaulx
mutins:il n'y auroit meilleur remede,qu'imiter les anciés en ce faict icy,lef-
quelz prenoiét la difme ou vne grand'partie de leurs gés lors qu'ilz auoiét
cómis quelque groffe faulte tous enféble:& cela fe faifoit par le fort,qui e-
ftoit la caufe que la peine en touchoit feulemét quelquesvns,&que tous tát
qu'ilz eftoiét,auoiét paour d'eftre du nóbre de ceulx que le fort códéneroit.
Parquoy vn chacü eftát a l'affaire,f'efforceoit de fon pouoir a faire iuftemét

ſõ office,pour n'eſtre apres au dáger de porter la peine de ceulx qui auroiét
faiǎ mal leur deuoir. Le ſort auoit lieu auſſi quád les Bédes ou les Legiós re
culloiét de leur place,ou qu'elles ſ'en fuyiét de deuát les ennemis:car de fai
re mourir toute larmee,euſt eſté vne trop groſſe perte : a cauſe de quoy ilz
en prenoiét la diſme,ou plus aucuneſois:& icelluy eſtoit iuſtitié ſur l'heure.
De mó dire peult teſmoigner ce que Appius Claudius feit de ſes Souldardz
qui auoient laſchemét cóbatu contre les Volſces, & fuy de la Bataille:car il
feit mourir tous les Capitaines,Céteniers,Capporalz, & Souldardz de ſon
Oſt,qui ſe trouuerent auoir perdu leurs armes en fuyant : & les port'Enſeignes qui auoient perdu leurs Enſeignes:& non cótent de ce, il feit mourir
d'auátage la diziéſme partie de tous ſes Souldardz. Auguſte Ceſar feit ſemblablement occire le diſme de certaines Bendes qui auoient reculé de deuant ſes ennemis.Maintz autres Chefz y ont procédé extraordinairement,
ſicomme les vns eſtoiét plus ſeueres que les autres. Les Lacedemoniens feirent vn ſtatut parmy eulx contre ceulx qui ſ'en eſtoient fuyz quelque fois
d'vne Bataille qu'ilz eurent, par lequel ces fuyans ne pouoient iamais obtenir aucun office en leur republicque,ne marier leurs filles, ceulx qui en
auoient, ne prendre femme, ſ'ilz eſtoient a marier.Oultre plus,il eſtoit permis a quiconque les rencontreroit emmy ſon chemin,de les battre & frapper a leur guiſe : & ces paoures miſerables eſtoient contrainǎz de ſouffrir
les coups, & mil infametez que le moindre citoyen leur pouoit faire.Et a
fin que ces gens fuſſent tant mieulx congneuz entre les autres citoyens,ilz
portoient leurs robbes bigarees , & la barbe raze d'vn coſté,& longue de
l'autre. Si ceſte ordonnance euſt eſté eſtablye en France durant les guerres qui ſe ſont faiǎes de noſtre téps,on euſt peu trouuer plus de Souldardz
bigarez & rez d'vne part,que non pas des autres.Mais laiſſons le paſſé:car
il ſuffiroit que nous euſſions volonté de reparer noz faultes pour l'aduenir,
& de faire mieulx noſtre deuoir doreſnauant que nous n'auons faiǎ iuſques
icy. Pour en faire court,la ſeuerité des anciens ne ſ'eſtendoit pas ſeulement
contre ceulx qui commettoient quelcune de ſes faultes icy, qui meritent
mort:mais encores elle prenoit garde a celles qui n'eſtoient pas de telle importance,pour ne laiſſer quelconque faulte ſans punition,pour peu qu'elle
fut contraire a la diſcipline militaire, ſi comme les hiſtoires nous monſtrét.
Noſtre General pareillement donnera ordre que tous les crimes que ſes
Souldardz commettront,ſoient aſpremét puniz:& ſemblablement toutes
les faultes, pour petit qu'elles ſoient preiudiciables a la diſcipline militaire,
ou au ſeruice du Roy:& ne ſuffiǎ pas qu'elles ne ſoient point dommagea-
bles pour l'heure,ains le tout eſt a la conſequence:parquoy cediǎ General
y aduiſera de pres,faiſant punir les rees ſelon la qualité du deliǎ qu'ilz auront commis ayant eſgard au mal qui ſ'en ſera enſuiuy:ou a l'inconuenient
qui en pourroit ſortir : a cauſe de quoy il eſt neceſſaire que ce General aucuneſois ſoit bien rigoreulx,ſ'il entend ioyr de ſes gens:principalement dü
commencement,& iuſques a ce qu'il les ait rengez a la forme de bien viure,
& au poinǎ d'excercer leur meſtier,comme il fault:& la & quant il ſeroit
ſi facile & pitoyable de ſa nature,qu'il ne pourroit vſer de telle rigueur enuers les

uers les Souldardz qui auroient failly:il eſt neantmoins requis que quelcun
en face faire la punition pour luy. A laquelle fin i'ay cy deſſus ordōné la Iuſtice des Legions,de laquelle forme il ſe pourra ayder, s'il veult: tant pour ſe
releuer de peine,qu'auſſi pour n'eſtre contrainct d'entēdre ailleurs,que ſeu
lement a ſa charge.Mais ſoit ce qu'il veult prédre la congnoiſſance des for-
faiz que ſes gens cōmettront,ou qu'il la laiſſe aux Chefz:ie veulx dire qu'il
fauldra vſer de rigueur enuers ceulx la qui ſeront tombez en quelque grief
crime:& entre autres,en l'vn de ceulx que i'ay dict cy deuāt deuoir eſtre pu
niz extraordinairemēt.Et a celle fin de punir ces meſchans Souldardz ſelon
leur deſſerte,& que l'exemple retire les autres de faire le ſemblable,il eſt be
ſoing de ſonger quelque nouueau tourmēt pour les faire mourir du plus ter
rible,que lon ſcaura deuiſer.Et ſi d'auenture quelquv'n me dict qu'vn Capitaine general doibt eſtre miſericordieux,& non pas tel que ie le faitz,ie
luy reſpōdz qu'excercer iuſtice n'eſt pas commettre cruaulté, ains c'eſt rendre a chacun ſon loyer,aſcauoir eſt aux bons tout bien,& aux mauluais tout
mal.Et tout ainſi comme nous tenons pour certain, que les gens de bien &
vertueux ne peuuét eſtre aſſez eſtimez, ne ſi bien traictez, qu'ilz ne meritét
mieulx : tout ainſi pouons nous dire de ceulx qui ſont meſchans a oultran-
ce,qu'il eſt impoſſible de les punir ſi aſprement qu'il ne meritent encores pis.
Or me ſemble il que tout homme qui trahiſt ſon Prince en quelque ſorte
que ce ſoit,ou qui laiſſe a faire les poinctz principaulx du meſtier de la guer
re: & generalement tout autre qui peult eſtre cauſe que ſon ſeruice ſoit re-
tardé:c'eſt a dire,s'il le reculle tout de gré,& qu'il erre a ſon eſcient,que les
telz meritent eſtre tourmétez en la plus cruelle ſorte qu'il eſt poſſible ſonger: & le General qui auroit telle maniere de gés en ſon Oſt,les deuroit faire mourir de l'vne des peines ſuſdictes,ſans leur faire iamais grace ne pardō.
Et poſé le cas qu'il deuſt eſtre tenu a cruel,en vſant ainſi de rigueur,ſi n'eſt
ce pas tiltre qui le doyue retirer de faire ſon deuoir:meſmemét que les gens
de bié ne l'en blaſmerōt ia,aincois l'en eſtimerōt mieux,&auecques ce,qu'il
en ſera bien eſtimé des bons:car d'eſtre blaſmé des mauluais , n'eſt pas choſe qui a compter face. Il trouuera qu'il eſt force d'ainſi le faire, ayant grand'
multitude de gens a gouuerner,ſoient ilz tous d'vne nation, ou de diuerſes
pieces :car ſinon qu'il ſoit crainct,& reputé pour tel,il ne pourra iamais tenir ſon Oſt en paix,ne ſemblablement l'auoir preſt & diſpoſé a toute heure pour luy obeyr.Entre tous les haultz faictz deſquelz on loue Annibal,i'en
trouue vn principal:c'eſt que luy ayant ſoubz ſa conduite vn treſgros exer-
cite,lequel eſtoit compoſé de diuerſes nations de gens,il le ſceut ſi bien regir,qu'il n'y euſt tout vn ſeul mutinemét en ſon Camp,i'acoit qu'ilz fuſſent
en pais loingtain,& qu'il ſe trouuaſſent maintenant a gaigner, & tantoſt a
perdre:qui eſt bien vn acte digne de louenge.Or ce qui eſtoit cauſe d'entretenir ſon Cāp en ceſte pacification,eſtoit a mon aduis,l'inhumaine cruaulté
dequoy il vſoit,laquelle enſemble pluſieurs vertus qu'il auoit, le feit touſiours eſtre reueré & crainct de ſes gens:mais ſans elle,ie croys que les bōnes
qualitez qui eſtoient en luy,euſſent ſeruy de bien peu,comme a Scipion les
ſiennes,lequel combien qu'il fuſt tenu pour l'vn des plus accompliz & ver-

tueux qui furent iamais: neantmoins ce qu'il n'eſtoit nullement cruel, mais le plus facile a pardonner que lon euſt ſceu veoir cela donna hardiſſe a ſes Souldardz en Eſpagne de ſe mutiner contre leurs Chefz, & de ſe rebeller d'ailleurs: ſa grande pieté fuſt occaſion vne autre fois de la deſtruction de de ceulx de Locres, & que pluſieurs meurtres furent commis entre ſes gens meſmes. Ainſi appert que facilité & pieté ne ſont point vtiles a vn Chef qui veult eſtre obey des ſiés, & que la cruaulté luy eſt neceſſaire. Mais pour autant que ce nom eſt vn peu odieux, ie l'appelleray Seuerité, & veulx dire que le General qui entend faire beauſaict, doibt eſtre ſeuere le poſſible. Et ſi tant eſt qu'il ne veuille vſer de ſi rigoreuſe punition, que ie diſoye tantoſt qu'il fauldroit vſer, que pour le moins il ne permette point qu'vne faulte tant ſoit elle legere, demoure impunie, encores que la peine ne doyue eſtre guere aſpre: car ce faiſant vn chacun ſ'attédra a bien faire, & ſe gardera tát mieulx de faire mal, voyát qu'il n'y a rien de mauluais qui ſoit ſupporté. Et ſi lon me demande ſil vault mieulx a vn General d'eſtre crainct que aymé de ſes gens, ou eſtre aymé que crainct, ie reſponderay breſuement, qu'il doibt tacher d'eſtre l'vn & l'autre, ſil eſtoit poſſible. Mais pour ce qu'il eſt difficile que la craincte & l'amour aillent enſéble, ie dy qu'il eſt beaucoup plus ſeur d'eſtre redoubté, que non pas aymé, quand ainſi ſeroit que lon ne pourroit eſtre tous les deux: Pour autant que l'on peult dire generalement cecy des Souldardz qu'ilz ſont ingratz, variables, fainctz, qu'ilz fuyét volótiers les pe rilz, & couuoytét le gaing, & que tádis que lon ſouldoye & appoincte a leur appetit, & que l'on a grandement affaire d'eulx, ilz ſe diſent eſtre promptz a ſeruir, & eſtre du tout au commandement de leur Chef: Mais quant le be ſoing arriue, & qu'il conuient mettre les mains a la paſte, c'eſt a lors qu'ilz ſe faignét malades, ou qu'ilz ſe deſrobbét, ou bien qu'ilz trouuét quelque ex- cuſe forcee pour ne faire rien de ce qu'ilz doyuét: entant que ſil n'y a quel que autre reſpect qui les induiſe adóc a faire leur deuoir, on ſe peult tenir pour dict, qu'ilz ne le feront pas d'eulx meſmes. Or ce reſpect icy ſera plu- ſtoſt la force, que l'amour qu'ilz porterót a leurdict General, a cauſe que lon a communement moins d'eſgard a offenſer vne perſonne qui ſe faict ay- mer, que celluy qui ſe faict craindre: pour raiſon de ce que l'amour eſt tenu d'un certain lyen d'obligation, lequel eſt rompu legerement par les hom- mes qui ayment plus leur proufſit particulier, que l'honneur: deſquelz ſont la pluſpart des Souldardz du iourdhuy. Mais la craincte eſt tenue pour vn doubte d'encourir la peine qui eſt ordónee en chacune faulte que lon peult faire, & ceſte craincte n'abandóne iamais ceulx qui font leur deuoir par for ce. Tant ya qu'vn General ſe doibt faire redoubter en telle ſorte, que ſil n'acquiert la grace de ſes gés, que du moins il ſe garde d'eſtre hay d'eulx: car ces deux choſes peuuét eſtre fort bien enſemble, c'eſt aſcauoir eſtre crainct, & non pas hay. Duquel moyen ſe ſcauoit auſſi bien ayder Monſeigneur de Lautrec, que General qui ait eſté deuant luy n'apres: car ſans eſtre hay des ſiens, il eſtoit tellement crainct, que chacun redoubtoit de luy deſobeyr. De cecy ſ'en monſtrerent pluſieurs exemples en diuers lieux, meſmemét le iour de Paſques, luy eſtant arriué aſſez pres de la ville de Naples, que ſon Camp

ſ'eſtoit

feſtoit mutine,les vns côtre les autres, ſans ce que Collonnelz ne Capitaines generaulx peuſſent remedier qu'ilz ne commençeaſſent a ſentrebatre,en
d'anger d'y auoir vne merueilleuſe meſlee,ſi ledict Sieur ne ſe fuſt entremis
de les deſpartir:ce qu'il feit a ſi peu de difficulté,que arriué qu'il y va eſtre,
n'y eut depuis coup rué,ne homme qui ſe tint en ſon lieu : ains qui ca qui
la ſeſuanouyſſoient ſubitement de ſa preſence,ſans eſtre batuz par luy ne
frappez:mais que ſeulement de la crainčte que chacun auoit de faire choſe
qui luy deſpleuſt.Auſſi a la verité c'eſtoit tout ce qu'il vouloit de ſes Souldardz,a raiſon de quoy il ne leur ryoit gueres:ſcachât que l'eſtre commun
& familier a chaců(i'acoit que ceſte priuaulté acquiere la grace & l'amour
des gens)pouoit eſtre cauſe de dôner hardieſſe aux ſiens de l'offenſer a moin
dre difficulté,que ſil ſe monſtroit difficile & ſeuere:ioinčt a ce qu'il ſcauoit
bien qu'encores qu'il ſe feiſt redoubter a ſes Souldardz,que ce n'eſtoit pas
pourtant ſe faire hayr: maiſque auſurplus il ne leur feiſt rien perdre,& qu'il
ſe monſtraſt tel qu'il vouloit que ſeſdičtz Souldardz feuſſent.Et ſemblablement ſil eſtoit queſtion de faire mourir quelqu'vn,que ce feuſt a iuſte cauſe:
toutes leſquelles choſes eſtoient tellemét obſeruees par luy,que l'on ne l'en
euſt ſceu reprendre.Ne plus ne moins fauldroit auſſi que noſtre General ſe
conduiſiſt auec les ſiens,ſinon qu'il euſt la grace de ſe ſcauoir faire aymer,&
craindre tout enſemble.

Comment il fault recompenſer les hommes apres auoir bien
ſeruy:Auec l'excuſe de l'Autheur.   Chapitre V.

A MONSEIGNEVR LE CONNESTABLE.

POVRCE que les Loix qui concernét la diſcipline militaire,& auſquelles les Souldardz qui l'excercent ſont obligez & ſubiečtz,ſont ſi treſrigoureuſes qu'il n'eſt poſſible de
plus:C'eſt raiſon que l'on ordonne de l'autre coſté certains
priuileges,hôneurs,authoritez,dignitez,dôs & prouffičtz,
pour én decorer ceulx qui ſe feront acquitez honneſtemét de leur office:&
qui aurôt ſupporté patiemmét le faix de la guerre,durant le téps que le Roy
ſe ſera voulu ſeruir d'eulx.Car il n'ya rien plus iuſte que la ou les peines ſont
grandes pour les meſchans,que les guerdons ſoient autant ou plus grandz
pour les bons:qui vouldra que les hommes craignent & eſperent tout a vn
coup.A ceſte cauſe les Romains auoiét ordonné certain pris en chacun ačte
vertueux,Aſcauoir eſt a quiconque ſauuoit la vie a vn ſien concitoyen en
côbatant contre les ennemis:Pareillemét a celluy qui môtoit le fin premier
a la muraille,ou qui entroit deuant les autres dedens vne breſche,ou dedés
le fort des ennemis:Item a celluy qui en combatant auoit bleſſé ou occis vn
des aduerſaires,ou a qui l'auoit abatu de ſon cheual a bas,ou bien a celluy
qui en vne ſortie de ville aſſiegee paſſoit le premier les trécheés des ennemis qui eſtoient au ſiege : Et en ſomme,tout ačte de vertu eſtoit recôgneu
par les Conſulz & guerdonné:& d'auantage loué de chacun publiquemét.

Et oultre l'hôneur & le bon bruiĉt que ceulx qui auoient ainſi obtenu ces
dons,acqueroiét parmy les autres Souldardz,ilz les pouoiét encores porter
entre leurs citoyés,& ſ'en agécer ſás que nul autre en oſaſt porter de pareilz,
ſil ne les auoit cóquis par la voye que deſſus.Ie ne m'arreſteray point a mô-
ſtrer quelz dons c'eſtoient,ne de quoy eſtoient les couronnes que l'on leur
donnoit:car il ſuffit que la recompence eſtoit aſſez belle : & combien qu'elle ne fut pas riche,ſi eſt ce qu'elle eſtoit honnorable.Le Roy vouloit par ſes
ordonnances que les Legionnaires qui feroient quelque aĉte de vaillance,
euſſent certains anneaulx d'or:Et l'ordre en euſt eſté fort beau,ſi l'on l'euſt
entretenu. Ie vouldrois ſemblablemét que ceulx de qui ie traiĉte icy dedés,
euſſeut couronnes,ou anneaulx,ou bracelletz,ou medalles,ne me chault de
quoy elles fuſſent, mais que cela feruiſt d'enſeignes,& de teſmoignage aux
gens qui ſe feroiét môſtrez vertueux: & au remenant, qu'ilz peuſſent vſer
des priuileges & autres droitz que les loix des Empereurs permettét,& enſemble des prerogatiues que les Souldardz vſoient anciennemét entre les
Romains.Le Roy les pourroit auſſi exempter des tailles, & ſinó de toutes,
au moins d'vne partie.Et ſi tant eſtoit qu'il vint au deſſus de quelque ville,
ou de quelque pais par force d'armes, il les pourroit peupler de ces Souldardz icy qui auroient fourny leur peine de le feruir,& en bannir les autres
habitans,comme ie diſoye tantoſt:ou ſans en deſchaſſer perſonne,y mettre
les vns & les autres,ſi le pais ou le terrouer les pouoit tous loger. L'ordonnance des Legions porte(ce me ſemble)que ceulx qui auront eſté affollez
de leurs mébres en ſon feruice,ſoient retirez aux places de garde pour eſtre
nourris illec,ne plus ne moins que les autres Mortepayes, & la recompenſe
eſt honneſte.Mais d'autant que ce n'eſt pas tout faiĉt de recompenſer ceulx
la,& oublyer les autres qui ſe feront monſtrez gens de bien,iacoit qu'ilz ne
ſoĕnt meshainez de leur perſonne,Ie feroye d'aduis que le Roy feit cas auſſi
de ceulx qui l'auroient bien feruy & loyaument en ſes guerres,& qu'il vouluſt entédre le merite de chacun,a celle fin que ce fuſt il apres qui taillaſt les
mórceaulx, & non pas vn quidam a qui le faiĉt ne touchera tant ne quant,
& lequel ſ'en paſſera de leger,ſinó que ce ſoit le General qui les aura euz en
charge,qui le face luy meſme,ou bien quelqu'vn autre qui le ſcache, & qui
le veuille bien faire,pour diſtribuer apres a qui vne choſe, & a qui vne autre,ſelon la valeur de chacun,ſoient ce lieux de Mortepayes, ou Chaſtelle-
nies,ou Capitaineries,ou bien Bailliages,Preuoſtez,Seneſchaucez,ou autres
eſtatz de courte robbe. Et ſi cas eſtoit que ces offices & eſtatz n'y peuſſent
ſuffire,le Roy a dequoy pour les recompenſer richemét par penſion,ou autrement:& au piz aller,il a pluſieurs commanderies en Fráce qui pourroiét
eſtre chargees d'en nourrir vn tres gros nombre.D'autre part les Prelatz &
gros beneficiez de Fráce pourroiét eſtre chargez d'en nourrir vne autre partie ſur le tiers de leur reuenu,quilz ſont tenuz employer au nourriſſement
des paoures,ce qu'ilz ne font pas:parquoy ce ſeroit tresbié beſongne de les
faire deuenir charitables par ce moyen,puiſque ilz ne le veulent eſtre d'eux
meſmes.Et cecy ſentend pour recópéſer les ſimples Souldardz,ou les paou
ures Gentilz hommes:car les Chefz pourroient eſtre pourueuz des offices
& eſtatz

& eftatz fufdi&z. Et maifque les Souldardz fattendiffent eftre. recompéfez
honneftement,lors qu'ilz auroient congé de fe retirer, fans craindre de demourer paouures:il eft plufque certain qu'ilz n'entendroient a autre chofe,
eftant fur la guerre,qu'a bien feruir le Roy:la ou ilz font contrain&z penfer
auant toute œuure a leur prouffit particulier,& apres a excercer leur me-
ftier.Dieu fcait comment le tout:pour ce qu'ilz voyent bien que qui n'en
gaigne par fon induftrie,perd fon temps de fattédre qu'autruy luy en donne. Cela eft caufe auffi que les Souldardz excercent a prefent le fai& de la
guerre pour leurs art propre,& non point en intétion de faire le feruice du
Prince qui les fouldoye. Parquoy apres que la guerre eft faillye,n'y a Souldard qui veuille trauailler,ne reprendre le meftier qu'il aura aprins en fa
ieuneffe: & voyla filz n'ont quelque bien pour fentretenir a rien faire,
qu'ilz fe font volleurs & guetteurs de chemins: & parfois ilz fe mettent a
courir les champs,mengeant & deftrouffant le peuple, comme les gens de
Montclou,& maints autres leurs femblables ont fai& en France,durant ce
regne.Ie ne dy rien des fineffes que les telz font,ne cóment ilz defirent que
la guerre dure toufiours, & que la paix ne reuienne iamais, a caufe de quoy
ilz ferchent plufieurs inuentions pour retarder que le feruice ne fe face bien
toft, ce qu'ilz ne feroient pas,fiz auoient efperance d'eftre recópenfez . Cóclufion,ie dy que celluy qui leuera de telz Souldardz,& de la forte que di&
a efté,& qui aura telle obferuation de peine & de merite que deffus ,en-
uers ceulx qui par leur bien ou mal fai& auront merité louenge ou blafme,
qu'il aura d'auffi bons Souldardz qu'il en fuft oncquefmais. Et de cecy ne
fault point doubter:car i'ofe affermer que ceulz cy font en toutes chofes au
tant bien addreffez,que Souldardz pourroient auoir efté depuis le téps que
les Romains eftoient en leur triumphe.Et qu'il foit ainfi,fi l'on y veult bien
prendre garde,ilz font tout premierement leuez & choyfiz felon la vraye
ele&ion,& quant & quant armez & embaftonnez fi feurement,qu'il n'y a
(a mon aduis)que redire.Leur diftribution eft aufurplus a l'imitatió en partie des anciens,& en partie des modernes:& la forme de les renger auffi eft
emprumptee de tous les deux:de forte que ce que ceulx la auoient de meilleur,& que les noftres ont,a efté obferué en ceulx cy. Quát au nombre,fil
femble trop petit,ie veulx dire qu'il n'eft pas defendu d'y en auoir d'auantage,fi befoing fai&,foit a pied ou a cheual.Bien me femble que l'Oft ordinaire d'un Conful Romain n'eftoit pas fi copieux entre citoyens & alliez,que
ceftuy cy eft:ne celluy que Vegece ordóne,ne l'eft pas de gueres plus,fi tant
eft qu'ilz ne foient pareilz toutes chofes cóptees.Et touteffois lefdi&z anciens fe font feruis de leur petit nombre contre la pluspart de leurs aduerfai
res,finon qu'ilz euffent a faire contre vne trop grande puiffance de gens,au-
quel cas ilz mettoient les Oftz des deux Confulz enfemble. Et fi a l'heure
ilz montoient a L M hommes au plus hault, c'eftoit tout le monde,parmy
Romains & alliez, & les volontaires qui fuyuoient le Camp fans party,ou
fans eftre comprins auec les Legions. Puis qu'ilz augmentoient donc leur
nombre a la neceffité,qui eft ce qui nous gardera d'en leuer tant que nous
en ayons affez,auffi bien qu'ilz faifoient iufques a L,ou C mil,fil eft requis?

Vray eſt que ceſte grád'leuee ſe doibt reſeruer a l'extremité,& ſe ſeruir dès quatre Legions ſuſdictes pour vne guerre de moyenne importance : c'eſt a dire ſi l'on n'a que XXX ou XL M hómes a l'encontre: car ie faictz mon compte que l'ordre de ce petit nombre vault mieulx,qu'auoir XV ne XX M hommes d'auantage. Et ſi tant eſt que l'on en veuille leuer quelque peu plus,ce doibt eſtre pour ſ'en ſeruir aux couruees, aux eſcarmouches, & aux garniſons des places que l'on conqueſte : car pour vn iour de Bataille il y a autant d'icelles quatre Legions auec leur attirail, cóme ſ'il y en auoit le dou ble,pour ce que le plus par aduéture ſe confondroit,ſicóme les grandz mul titudes ont accouſtumé de faire,leſquelles ne peuét ſi bien obſeruer l'ordre ne la diſcipline militaire,que ſera le moyen nombre.ioinct a ce que Pyrrhus Roy des Épirotes ſouloit dire,qu'il n'en vouloit que ſeulemét XV M pour combatre a vn iour contre tous hómes.Et le petit nombre des Souldardz d'Alexádre móſtra clairemét que le petit bien ordonné valoit mieulx,que la multitude de Darius mal ordonnee.   AV RESTE,ie cuyde auoir ad-uerty le General qui pourroit auoir la códuicte de ces gés de tát de poinctz qu'il perdra a ſa grand faulte,ſ'il perd: Et ſ'il ne viét a bout de toutes ces en-treprinſes,ce ſera ſa laſchette qui l'en gardera, & non pas la faulte de nó l'a-uoir aduiſé de tout ce que luy peult ſeruir pour les mener a fin:Car ie luy ay móſtré le moins mal que i'ay peu & ſceu la forme pour dóner vne Bataille, & pour obtenir la victoire. Apres il a veu les choſes qui peuuent ſuruenir durát le cóbat,ou apres, & la voye d'y remedier. Cóſequémét ie l'ay mené par le pais des ennemis ſi ſeuremét,qu'il n'euſt peu eſtre ſurprins d'aucú en-droict. D'autre part i'ay faict ample métion des incóueniés qui pourroiét cir conuenir vn Oſt en matchát aux cháps:Et tout de ſuyte ie l'ay logé en Cáp d'vne telle ſorte,qu'il y peult repoſer a tout ſes gens ſans crainâte de nully. Oultre plus il peult auoir entendues pluſieurs ruſes pour ſurmonter les en-nemis qui ſeroient demourez en piedz depuis la Bataille: Et en enſuyuát il a veu l'ordre qu'il fauldroit tenir pour conquerir vne ville. D'abondant ie luy ay aſſemblé les Loix qui luy pourront ſeruir & ayder pour iouyr des gés qu'il aura ſoubz ſoy : Et tout d'vn train ie luy ay deſcripte la mode que l'on pourroit garder toutes fois & quantes il ſeroit queſtion de condemner vn Ree,ou de l'abſouldre.Et finablement i'ay inferé a la queue des choſes ſuſ-dictes,quelques exemple de la ſeuerité que les anciens ont gardee, quand il failloit punir certains crimes d'importance: De toutes leſquelles a eſté par-lé ſi copieuſement,que tout ainſi que ie me ſuis faſché en les eſcriuant, ie me doubte auſſi que ceulx qui les vouldront veoir au long,ſ'ennuyeront de les lyre. Qui reſte il maintenant,ſinon a dire que ceſte leuee qui la vouldroit mettre debout,ſeroit la plus excelléte qui aiſt eſté depuis les Romains : la-quelle eſt au demeurant ſi aiſee a dreſſer en France,& a l'entretenir,qu'il n'y a rien plus aiſé.Que pleuſt a Dieu que la leuee de noz Legions euſt eſté pa-reille: car il eſt a croire que le Roy ſ'en feuſt ſi bien trouué,qu'il n'euſt pas voulu changer,ne les l'aiſſer pour ſe ſeruir des Eſtrangers,ou des Aduentu-riers,cóme il a faict : combien que i'eſpere encores auec le temps,que ledict Sieur ſe r'aduiſera,& qu'il fera ſes guerres a tout les ſiens.Et mettons le cas

qu'il

qu'il reiecte les Legions,& que l'ordre duquel ie parle icy dedens,luy semble indigne d'estre receu: si m'attens ie veoir en bref, que la discipline militaire sera restituee en sa vigueur ancienne par ledict Sieur,moyennant la diligence que vous Monseigneur y mettrez de vostre costé, comme il vous
appartient deuant tous autres,tant a cause de vostre office,que pour autant
aussi que ie pense que vous nous auez esté donné pour nous deliurer de la
seruitude ou les Estrangers nous ont detenuz iusques a present,lesquelz se
peuent vanter d'auoir esté les depositaires de toutes les guerres que nous
auons faictes de X X X ans enca, & de nous auoir faict perdre toutes les
fois qu'ilz ont voulu : car a la verité tout nostre fort cósistoit en eulx,& no
stre esperance: & a eulx estoit de nous garder,ou de nous destruyre , combien qu'a mon aduis nous ne serons plus d'oresnauant a leur mercy,au bon
ordre que vous y dónerez:qui est vne opinion que tant les Francois, comme noz voisins ont de vous, prenant leur argument sur ce que vous auez
commencé de monstrer aux Francois la maniere de pouoir resister a tous
noz ennemis:& d'ailleurs,sur ce que vous auez mise la main a reformer l'e
stat des Gens de cheual puis n'agueres: car il estiment que vous ne laisserez
pas les Pietons en arriere, n'en leur erreur accoustumee : mesmement que
la Gendarmerie n'auoit pas tel besoing de reformation,que l'estat des Gens
de pied.Et en oultre,il n'est pas tant requis que lon ayt bonne Cheuallerie,
comme il est necessaire auoir bons Pietons : car les Pietons sont ceulx qui
peuuent donner gaignee ou perdue vne guerre,& non pas les Gens de cheual, si ce n'est grand' auenture : Ie suis asseuré qu'en mettant la main a ceste
besongne,que vous vous trouuerez tresbien secouru de plusieurs bons &
anciens Capitaines,qui entendent ce faict trop mieulx que ie ne scauroye
exprimer.Et d'autre part,Messeigneurs les Mareschaulx y sont,& tant d'autres, qu'il n'est possible si la chose est vne fois entamee & mise en termes,
qu'elle n'ayst vne tresbonne yssue.Et pour la rendre tant plus facile,vous a-
uez ce Royaume si bien fourny de gens experimentez,de bon esprit,& de
bon vouloir,qu'il ne fault que les mettre en besógne,pour veoir cest art incontinent mis sus,pour peu que la maniere d'exercer les choses menues qui
luy appartiennent,leur soient monstrees.Il ne fauldroit donc sinon dresser
vne leuee en la forme que i'ay dict, ou en autre meilleur. Et quant & quát
la bouter es mains des plus idoines,& de ceulx qui s'entendront le mieulx
en ce faict, pour auoir le soing de la aguerrir. Et maisque ce que ie dy se face,vous pouez estre seur(ainsi que vous entendez trop mieulx) que ceste
discipline estant bien excercee,nous restituera la reputation que nous auós
perdue par nostre negligence: & auecques ce,vous en acquerrez vn nóm
immortel pour vostre peine.Ausurplus Monseigneur,si ie ne congnoissoye
la grande volonté que vous auez de longue main d'entendre a ceste reformation,ie mesforceroye de la vous persuader sur ce pas: mais congnoissant
que ce seroit follie a moy de vous en parler, attendu que c'est tout ce que
vous desirez,ie ne feray tant seulemét que vous exhorter que cestuy vostre
desir sorte tantost son effect , a celle fin que nous ayons encores vn iour la
faculté de pouoir essayer la valeur & l'auantage qu'vn Ost bien ordonné a

T

encontre celluy qui l'eſt mal: principalement pour nous enſeruir contre les
ennemis de la Foy, ſi tant eſt que le Roy entrepreigne quelque voyage cõ
tre eulx, comme chacun ſattend qu'il fera, ou bien qu'il attende leur venue
ſur ſes terres, au cas qu'ilz nous viennent aſſaillir ſur noſtre fumier, comme
il eſt taille d'aduenir bien toſt, ſi noſtre Seigneur n'y met la main : ce qui eſt
bien beſoing pour nous, qu'il face : pourautant que de leur cuyder reſiſter
auec noſtre mode accouſtumee de guerroyer , ſeroit abuz: attendu qu'ilz
nous aduancent de beaucoup en puiſſance & en diſcipline, & ſans reformer noſtre mauuaiſe facon de viure, tout vn : car chacun eſtime qu'ilz ſont
droictement le fleau de Dieu , par lequel il nous veult punir des enormes
faultes que nous commettons. Tant ya que ceſte partie de nous améder, ſera trouuee trop forte par ceulx qui ſont accouſtumez de viure a leur appetit: i'acoit que lautre ne le ſoit pas gueres moins, pour le ply que nous auons
prins deſia: neantmoins que la premiere eſt facile, pourueu que l'on y veuille vn peu trauailler : & l'autre n'eſt pas impoſſible, ſi nous voulons imiter le
Seigneur Camille Vrſin, lequel a ſi bien reduictz & reformez les Souldardz
Italiens qu'il auoit n'agueres ſoubz ſa charge en Eſclauonne pour les Venitiens, (la vie deſquelz eſtoit trop manifeſtemét corrompue au parauát, cóme l'on ſcait bien qu'entre tous ceulx qui ſont le meſtier de la guerre , n'y
en a point de ſi treſuitieux, que les Italiens ſont communemét) que de telz
que ie dy qu'ilz eſtoient, il les a renduz de ſi bonne ſorte, que le moins bon
d'entre eulx, ſe peult cóparer a l'vn des meilleurs religieux qui ſoient point
dedens noz monaſteres. Auſſi a la verité dire, c'eſt vn droit miracle de noſtre temps: & les actes qu'ilz faiſoient, & les victoires qu'ilz ont obtenues, ſe
peuuent dire droictes merueilles. Ie veulx dire que les noſtres ne ſont pas
plus d'acier ne de pierre que les ſiens eſtoient, parquoy ilz ne peuſſent eſtre
rengez a la mode de bien viure, auſſi bien que ceulx la y ont eſté régez: mais
que nous euſſions entre nous vn autre Camille, ou bien que les Capitaines
qui auroient adonc charge de gens, ſe meiſſent en deuoir de l'imiter au plus
pres qu'ilz pourroient : & a ceſte cauſe ay ie voulu faire mention de luy ſur
ce pas, & auſſi pour monſtrer que de reformer vne bonne partie de noz
Souldardz, c'eſt a dire de ceulx qui ſont les moins mauluais, ne ſeroit pas du
tout impoſſible: mais que chacun des Chefz ſe reformaſt premierement de
ſon coſté: & apres qu'il allaſt en ce voyage en autre & meilleure intétion,
que ceulx qui vont auiourdhuy a vne guerre, ne font pas. Touteſfois que ie
ſortz maintenant hors de mes termes, & en lieu que ie me deuroye depe-
ſcher, ie m'empeſtre plus auant que iamais en ce propos : & ainſi ie preſte
nouuelle occaſion aux meſdiſans de me pouoir reprendre: Et d'autát auſſi
que ie deuiſe des affaires a ma poſte, veuillant que cecy & cela ſe face, comme ſi c'eſtoit a moy de l'ordóner, ou que ie feuſſe meilleur que les autres, ce
que ie ne ſuis pas, ains tout le pire : Parquoy & auſſi pour ne vous detenir
plus en parolles, & pour ne vous faſcher d'auantage par mes redictes, ce que
ie crainctz trop plus que la langue de ceulx qui me decouperont a tort & a
trauers, ie m'en voys oſter la main de la beſongne: car il en eſt téps, vous ſup
pliant Monſeigneur, vouloir prendre ma defenſe en main, contre ceulx qui

cótrerolleront

contrerolleront ce liure en plufieurs guifes, & qui en feront leurs rifees en
voftre prefence, reprenant qui vne chofe, qui autre: comme la plufpart des
gens du iourdhuy font, quãd quelque chofe nouuelle tübe en leurs mains:
principalement fi elle procede de la forge de quelqu'vn qui foit de leur con
gnoiffance, ou bien de leur profeffion: & comme ie fuis certain que plus de
quatre de ceulx qui vous pourront eftre alentour, feront: lefquelz feroient
bien marriz de n'en dire leur rattellee, pluftoft en mauuaife part, qu'en bonne. S'il fen trouue de ceulx que ie dy, ie m'appelle de leur fentence dores &
defia par deuant vous: & pour fouftenir mon droiĉt, ie leur boute en barbe
l'honnefte defir que i'ay eu de long temps de faire, ou d'efcrire quelque cho
fe qui vous peuft eftre agreable, lequel m'a efmeu a traiĉter ceft argument,
comme celluy qui vous conuient le mieulx. Et ainfi puifque c'eft il qui m'a
faiĉt entreprendre ceft œuure, c'eft raifon qu'il m'excufe des faultes que ie
pourroye auoir commifes icy dedens: ou au cõtraire, qu'il defende mon in-
nocence contre ceulx qui me reprendront a tort, aufquelz vous plaira defendre qu'ilz n'ayét entrer en lire pour difputer de ceft affaire, ne pour cor-
riger mon dire, finon qu'ilz ayent mieulx efcrit a ce propos que ie n'ay pas:
ou bien que vous les tinffiez du renc de ceulx qui ont perfaiĉte cõgnoiffan-
ce de la difcipline militaire: car a ceulx la confentz ie & permeĉtz de bon
cueur, qu'ilz me puiffent reprendre franchemét, & qu'ilz raclent a leur volonté tout ce qu'ilz y trouueront eftre mal couché, & contraire a leur opinion. Et tant fen fauldra il que ie foye defplaifant de ce qu'ilz auront rayé,
ou deffiré vne grand' partie de ce liure, ou le tout, qu'encores fi ie puis eftre
aduerty du nom d'iceulx, ie les en mercieray: & d'autre part me reputeray
grandement tenu a eulx de l'honneur qui m'auront faiĉt, d'auoir voulu dire
leur aduis d'vne chofe de fi petite recommendation. Quant aux autres qui
ne l'entendent point mieulx que moy, ou qui vouldront iuger par enuie, ie
les tiens pour fufpeĉtz, tant a caufe de leur infuffifance, que femblablement
pour ce que ie les ay par auenture picquez en quelque endroit, a raifon de
quoy ilz fe reuencheroient volontiers pour peu de fondement qu'ilz trouuaffent ou me pouoir mordre: il peult eftre auffi qu'ilz font mal cõtentz de
ce que i'ay parlé contre les Aduenturiers, en blafmant leur leuee: mais plus
encores leur mode de viure: combien que ie cuyde auoir bien diĉt. Et fil
eft ainfi que ie les aye reprins a bonne caufe ou non, ie m'en remeĉtz a voftre iugement, qui fcauez combien en vault l'aulne, & qui n'eftes a vous apperceuoir maintenant, comme ie croy, de la faulte que l'on cõmeĉt a fe feruir d'eulx: & d'autant que l'on ne dreffe vne force de gens en France, felon
la vraye eleĉtion, de laquelle vn Lieutenãt general fe feruiroit trop mieulx
en tout & par tout, qu'il ne fe peult feruir des autres. Mais quant pourriez
vous Monfeigneur, faire apporter a noz Aduéturiers plus de harnois qu'ilz
n'ont accouftumé, & qu'ilz portaffent fur leur doz certaine quantité de viures, & d'auantage quelques ouftilz aptes a remparer, attendu qu'ilz font
fi delicatz, qu'ilz fe font porter la picque a leurs pages, ou la harquebuze,
eftant en ordonnance, ou leur commun habillement, pour eftre tant moins
chargez: & aucuneffois qu'ilz rompent en pieces leurfdiĉtes Picques, pour

T ii

eſtre excuſez de les porter, & qu'ilz ayment mieulx geƈter leurs harnois &
autres armes dedens vn foſſe, qu'en charger leurs perſonnes. Quand leur
mettriez vous en teſte qu'ilz doyuent faire ordinairement l'office de Pionniers, veu qu'au beſoing ilz n'en veulét rien faire: ains qu'ilz dechaſſent arriere d'eulx, ceulx la qui réparent de leur gré. Si tant eſt qu'en tout vn grád
nombre ſ'en puiſſe trouuer quelqu'vn, ilz les deſeſtiment, & fuyent ne plus
ne moins que l'on fuyt les excommuniez & infeƈtz, & comme l'on deſeſtime les hommes recreantz & laches. Comment les tiendriez vous en armes
tous les iours certaines heures pour les exercer es Batailles ſainƈtes, pour
vous en pouoir apres ſeruir mieulx au combat, que ſilz ne ſ'eſtoient exerci-
tez, veu que ſil eſt queſtion qu'ilz faſſent Guet en X V iour vne fois, ou que
l'on les enuoye a vne coruée vne fois le mois, ilz murmurerót contre vous,
diſant que l'en les gourmande par trop, & que c'eſt a faire a facquins. Ie ne
dy rien des braues qui deſdeignét de ſ'y trouuer, pour aut .nt qu'ilz ſcauét
renier plus oultrageuſement que les autres, ou pour ce qu'ilz ſont plus ri-
chement veſtuz. Comment les induyriez vous a faire vne diligence extreme a pied, que ſeulement pour marcher vne lyeue, il fault qu'ilz montent
a cheual au partir du logis: de ſorte qu'vne petite Béde de Gens de pied mene a preſent autant de train & de cheuaulx, comme vne groſſe compagnie
de Genſdarmes ſouloit faire: ou bien ſilz font vne telle diligence de leurs
piedz, il y conuient plus de prieres & de remonſtrances que ie ne ſcauroye
dire de tout vn iour. Et par fois il leur fault vſer de menaſſes & de force, tel
lement que ie puis dire, que tout ce qu'ilz font de bon, au cas qu'ilz en facét
d'auenture, que c'eſt par force, & qu'ilz n'en font gueres iamais de leur gré.
Quant ſe vouldroient ilz abſtenir de iouer, de paillarder, de blaſphemer, &
de commettre les inſolences qu'ilz cómettent tous les iours auſſi toſt contre les amys, comme contre les ennemis? ou pour les en garder, combien ſer
roit il requis que vous euſſiez de peine, & que vous feiſſiez mourir de gens?
Seroit il poſſible iamais les reduire a telle mode de viure, qu'vn prunier char
gé de prunes, eſtant au dedés d'vn des champs que nous faiſons, ſe trouuaſt
apres que nous en ſeriós deſlogez, en ſon entier, ſans que perſonne y euſt at-
touche, comme nous liſons qu'il aduint mainteſſois au temps iadis, que meſ
me les choſes ſacrees ne ſont pas ſeures dedens les Eſgliſes, ne la cuſtode ou
le precieuz corps de Ieſuchriſt repoſe, n'en peult eſtre ſauué, d'autant qu'ilz
pillent tout, ne le bien de ceulx qui logent enſemble n'en eſt pas quiƈte: car
ilz ſe deſrobbent l'vn l'autre a qui mieulx mieulx. Fault il faire mention du
païs par ou il paſſe, veu qu'il luy vauldroit autant eſtre conſumé par le feu,
qu'attendre vn paſſage de ces gens icy, puiſque auſſi bien ilz n'y laiſſent ne
riffe ne raffe, & qu'ilz forcét, & qu'ilz meurtriſſent tant de femmes & hommes qu'ilz en peuuent empoigner. Ie veulx dire en ſomme, que c'eſt vne códition de gens incorrigibile, qui y penſera bien, tant qu'il n'y a Capitaine ne
autre qui en puiſſe iouyr: Car ſi vn Capitaine leur veult oſter la liberté de
mal faire, ilz diront qu'il en leue quelque prouffit par deſoubz main: ſil les
reprend, ilz font pis, ou ilz l'abbádonnét: ſil les puniſt, ilz ſe mutinent, & aucuneſſois ſe prenent a ſa perſonne. Mais en quelle ſorte ſe vouldroient ilz

amender

amender par luy,qu'vn Capitaine general n'y pourroit luy mefme, a toute
peine dóner ordre.Arresteront ilz pour ce qui font du pais de leur Capitai
ne?Non:car ilz ne font pas fes fubieātz,n'y n'en cógnoist peult estre le difme,si ce n'est de veue:Parquoy sil fen fuyēt apres auoir faiāt quelque mal,
il ne fcaura en quelle part les deuoir fercher, pour les faire punir.Et fuppofé qu'ilz fe deuffent trouuer,fi est ce qu'il fauldroit que les Capitaines en feif
fent la pourfuitte a leurs defpens,qui n'est pas leur plus court:car ilz fe de-
struyroient par aduenture en vain,pour faire ce a quoy la Iustice est tenue.
En apres cuideroient ces Capitaines pouoir faire contenir leurs gens en
leur faifant honte,puis qu'ilz font nez & nourriz fans auoir oncques aprins
que c'est que de vergogne?Quelle chofe leur promettront ilz estant fur la
guerre,moyennant laquelle leurs Souldardz foient incitez ou tenuz auec
toute reuerence les aimer & craindre:attendu que la guerre finie ilz n'auront plus rié a faire auecques eulx,& fans en attédre la fin,qui fen ira d'vne
part,& qui d'vne autre. Pourquoy fera ce que les Souldardz obeyront a
leurs Chefz fi lz ne fentrecongnoiffent:quel ferment feront ilz , fera ce par
nostre Seigneur,veu qu'ilz le trópent a tous propos,&qu'ilz le blaphement
fi excecrablement : fera ce par leur part de Paradis ? veu qu'ilz n'y en ont
point : comme ainfi foit qu'ilz font rempliz de toute iniustice, de fornica-
tion,de malice,d'auarice, de mauluaistié, d'enuie, d'homicides, de noyfe,de
fraulde , de mauuais couraige : & qu'ilz font murmurateurs, detracteurs,
haiffans Dieu,iniurieux,orguilleux,váteurs, inuenteurs de maulx:defobeif-
fans a peres & meres, au Roy, & a leurs fuperieurs : fans entendement, fi
ce n'est a faire mal,& tout le demeurant qui fen enfuyt : tous lefquelz font
banniz de la vifion diuine auffi bié que le diable d'enfer est banny de Para-
dis.Puis ie croyre que telles gens obferuent iamais ce qu'ilz auront promis
au nom de celluy qu'ilz mefprifent a toute heure?comment feroit il poffible
que ceulx qui defprifent Dieu, puiffent reuerer les hommes ? car il est ainfi
que ceulx de qui ie parle,en font moindre cópte que de rien, & non feulement ceulx la , mais auffi les Souldardz estrangers que le Roy tient en fon
feruice,ou la plus grád' part. Quelle bonne forme feroit dóc celle qui pourroit estre imprimee en ceste matiere? Certes Monfeigneur vous me refpon-
drez que nulle:mais que fi fera bien es hómes fimples & groffiers:pouruu
qu'ilz foient fubieātz du Roy,lefquelz vauldroit trop mieulx prendre pour
fen feruir,prefuppofe qu'ilz fuffent leuez & choyfiz ainfi qu'il appartient,ia-
coit qu'ilz ne fe foiét oncquefmais trouuez en affaire,& qu'ilz ne facét que
partir de guider la charue que ceulx qui ont defia excercé longuement le
mestier des armes : tant foient ilz aguerriz & experimentez que lon vouldra,filz font autremét mal conditionnez:Pour ce que vous trouuerez qu'il
est plus ayfé de rendre les hommes fimples & nouueaulx bons Souldardz,
qu'il n'est pas de ramener les mauuais au bon chemin , puis qu'ilz fen font
vne fois defvoyez. Ce n'est pas donc fans caufe fi ie loue la leuee de ceulx
qui peuent estre faiātz bons a peu de difficulté,& fi ie crie contre ceulx qui
font fi oultreement mauuais,qu'il n'ya cóme point de remede de les amender. Et pour autant ne feroit pas conuenable que lon defestimast mon di-

re,ne que lon le condemne,si i'ay parlé contre les mauluais : car mon intention estoit de picquer ceulx la seulemét,& nó point autres : ne il n'est point
raisonnable que ie soye repris,encores que i'aye blasmee la mode que nous
auons de leuer Aduenturiers , auant qu'auoir prisé iustement laquelle des
deux leuees,c'est ascauoir de Legiónaires ou de cesdiétz volontaires,vaul-
droit le plus:ne auant qu'auoir prins garde diligément a l'vtilité qui pourroit venir des vns , & aux inconueniens & maulx desquelz les autres font
communement en cause : Car si ie n'en auoye faicte comparaison de mon
costé,ie ne seroye iamais si temeraire iusques la,que y vouloir asseoir le iugement que i'en faiz : mais soit ce que ceulx qui soustiendront leur party,
doyuent trouuer mauuaise mon opinion,& la liberté que i'ay vsee en mon
parler: si n'arreterayie pas pourtant d'exhorter tous ceulx qui hantét le mestier de la guerre,& qui se deleétent d'auoir ce tiltre d'Auenturiers,qu'ilz se
changét en vne autre facon qui soit meilleur,que n'est celle que nous auós
menee desia bien longuemét: & que de mal viuans que nous sommes,que
chacun mette peine de deuenir homme de bonne vie:& si nous auons esté
mal expertz au faiét des armes le temps passé,que nous nous efforceós pour
l'aduenir de nous y addresser en si bonne sorte , que le Roy nous voyant
bien conditionez & adroiétz, s'estime heureux:d'auantage se voyant auoir
telz Souldardz en son Royaume, & que noz ennemis ou bien les voysins
qui nous rencónent iournellement , quant ilz feront aduertiz de nostre
valleur,facent tant plus grand' difficulté,qu'ilz n'ont accoustumé,de mouuoir guerre audiét Sieur demain ou pour demain : ou de le rencónner,sil
auoit besoing de l'ayde desdiétz voysins, scachant combien c'est que nous
vallons en vertu,& en discipline mieulx qu'ilz ne font.

Fin des trois liures de la discipline miliaire.